历史中国书系

隋朝原来是这样

王觉仁——作品

中国出版集团　现代出版社

图书在版编目（CIP）数据

隋朝原来是这样 / 王觉仁著. -- 北京：现代出版社, 2024. 12. -- （历史中国书系）. -- ISBN 978-7-5231-1098-0

Ⅰ. K241.09

中国国家版本馆CIP数据核字第2024U9V474号

隋朝原来是这样
SUICHAO YUANLAI SHI ZHEYANG

著　　者	王觉仁
选题策划	张　霆
责任编辑	袁子茵
责任印制	贾子珍
出版发行	现代出版社
地　　址	北京市安定门外安华里 504 号
邮政编码	100011
电　　话	010-64267325
传　　真	010-64245264
网　　址	www.1980xd.com
印　　刷	三河市宏盛印务有限公司
开　　本	710mm×1000mm　1/16
印　　张	21
字　　数	341 千字
版　　次	2024 年 12 月第 1 版　2024 年 12 月第 1 次印刷
书　　号	ISBN 978-7-5231-1098-0
定　　价	898.00 元（全 14 册）

版权所有，翻印必究；未经许可，不得转载

目　录

一 / 秉承天命的官二代 /001

二 / 权力旋涡中的勋贵子弟 /007

三 / 潜龙勿用 /013

四 / 首辅是怎样炼成的 /020

五 / 杨坚摄政：从国丈到丞相 /027

六 / 三方之乱 /035

七 / 大隋开国 /042

八 / 功臣谋反案 /049

九 / 北方的狼烟：平定突厥 /056

十 / 陈朝的丧钟 /064

十一 / 平灭陈朝，一统海内（上）/069

十二 / 平灭陈朝，一统海内（中）/073

十三 / 平灭陈朝，一统海内（下）/081

十四 / 魔鬼与天使：杨坚的帝王术 /088

十五 / 一代雄主的严重缺陷 /093

十六 / 风云再起：江南、岭南之乱 /100

十七 / 危险的仕途 /106

十八 / 苛酷的法网 /115

十九 / 边塞烽火：不安分的突厥 /122

二十 / 元勋末路：隋朝的员工不好当（上）/130

二一 / 元勋末路：隋朝的员工不好当（下）/135

二二 / 杨广的"道德秀"/142

二三 / 夺嫡进行时 /148

二四 / 杨勇：从太子到废人 /155

二五 / 杨素弄权与杨坚之死 /163

二六 / 杨谅起兵 /173

二七 / 骨肉相残的悲剧 /180

二八 / 恶之花：杨广的"大业"/185

二九 / 经略四夷：大国的虚荣（上）/191

三十 / 经略四夷：大国的虚荣（下）/197

三一 / 盛世蓝图上的小小斑点 /203

三二 / 惨重的失败：一征高丽 /209

三三 / 疯狂的战车：二征高丽 /216

三四 / 杨玄感叛乱 /222

三五 / 杨广的自慰：三征高丽 /230

三六 / 雁门之围：惊魂三十三天 /235

三七 / 天下无贼 /240

三八 / 李密：穿越生命的细管 /245

三九 / 瓦岗的新任大佬 /250

四十 / 杨广的鸵鸟术 /256

四一 / 大泽龙方蛰，中原鹿正肥 /263

四二 / 翟让之死 /270

四三 / 江都政变 /279

四四 / "轻薄公子"的摄政之路 /287

四五 / 后杨广时代的逐鹿游戏 /293

四六 / 英雄末路：瓦岗的覆灭 /300

四七 / 李密之死 /307

四八 / 最后一个影子朝廷 /314

四九 / 来世不生帝王家 /320

大事年表 /325

一 / 秉承天命的官二代

寺院本是清修之地，可这年夏末的一个夜晚，关中冯翊郡（今陕西大荔县）境内的般若寺，却显得有些忙碌和不同往常。般若寺是一座尼寺，在重檐复宇的三进大殿背后，有一排僻静素雅的尼众禅房。若是平日此时，尼众们肯定都已熄灯就寝了，因为次日还得早早起床做早课。可这天晚上，禅房里却灯火通明，只见一群官宦人家的婢女和六七个女尼正忙里忙外，进进出出，脸上无一例外地带着紧张的表情。

其实也无怪乎她们紧张，因为一向庄严清静的这座般若寺，此刻却变成了临时产房，准备给一位临盆的贵妇接生。从禅房紧掩的窗户中，不时传出产妇剧痛之下的呻吟，那令人揪心的声音一下一下敲击着尼众的耳膜，仿佛是在告诉她们：出家纵有万般清苦，但至少有一个好处，就是可以躲过每个俗世妇人必经的这一劫。

产妇的呻吟很快就转成急促而干哑的嘶喊，显示出那个即将投奔人间的小生命正在进行最后的冲刺。约莫半炷香的工夫后，产妇的嘶喊在最后的爆发中戛然而止，取而代之的是初生婴儿异常嘹亮的第一声啼哭。

这个婴儿就是杨坚。

他出生的这一天，是西魏大统七年阴历六月十三，时当公元541年。

这一年，西魏的实际统治者宇文泰与东魏的实际统治者高欢还在进行旷日持久的拉锯战。多年来，这对你死我活的冤家你来我往、缠斗不休，大大小小数十百战，都想把对方一口吞掉，可费尽九牛二虎之力，还是谁也奈何不了谁。

这一年，南朝的梁武帝萧衍还在佛教信仰的世界里痴迷不返，屡屡把身为皇帝的职责抛诸脑后。十几年来，他不近女色，诵经茹素，还先后"舍身出家"两次（不久还将陆续出家两次），每次都把大臣们搞得六神无主，最后只好捐出巨资将他赎回，可他却浑然忘我，乐此不疲，誓将这场"皇帝菩萨"的出家秀进行到底。

这一年,东罗马帝国的皇帝查士丁尼正在雄心勃勃地进行着针对西地中海世界的征服战争,试图重新统一罗马帝国。可就在他的梦想刚刚展开之际,属地埃及却爆发了大规模瘟疫,疫情迅速蔓延到首都君士坦丁堡,并席卷整个地中海沿岸的国家和地区,导致大量人口死亡,其中仅君士坦丁堡就死亡约八十万人,占城市总人口的三分之一以上。长期肆虐的大瘟疫使得东罗马的劳动力和兵力锐减,继而引发饥荒和政治动乱,从而彻底粉碎了查士丁尼重建罗马帝国的雄心。

这一年,已然在分裂和动乱中生活了三百多年(自东汉灭亡算起)的中国人,无论是南方人还是北方人,对于无休无止的战争和恍如轮转的政权更迭,似乎早已见怪不怪,甚至到了麻木的程度。作为普通老百姓,不管明天的城头又要变换哪一杆大王旗,只要还有一亩三分地可以种,只要老婆孩子还有一口饭吃,这日子就可以照旧过下去,无所谓痛苦和伤感,也没什么追求和祈盼。

所以,大统七年(541)这个燠热难当的夏夜,在关中一隅的某座寺庙里,诞生了某个哭声嘹亮的婴儿,对于这个扰攘纷乱的世界来说,实在构不成任何意义。换言之,杨坚来到这个世界的第一声哭喊,除了惹来附近村落的几声犬吠,骚扰了个把村民的夜半好梦,影响了寺中尼众的次日早课之外,恐怕就真的没什么了。假如这时候有人说,若干年后,这个男婴将终结三百多年的乱世,缔造一个统一的帝国,并且带给芸芸众生传说中的太平盛世,人们肯定都会当成笑话来听。

不过,般若寺中一位法名智迁的女尼并不认为这是笑话。恰恰相反,自打杨坚呱呱坠地的这一刻起,她的目光就被襁褓中的婴儿牢牢吸引住了,同时心里不断响起一个神谕般的声音——这孩子定非凡人,日后必有一番惊天动地的造化!

所以,当杨坚的母亲吕氏从产后的短暂晕厥中幽幽醒转时,就听见智迁尼师用一种毋庸置疑的口吻告诉她:"此儿所从来甚异,不可于俗间处之。"(《隋书·高祖纪》)也就是说,这孩子大有来头,不能跟普通的孩子一样在俗世中养育。

据说,这位智迁尼师从小出家,戒行精严,尤其擅长禅观,也就是能在深入的禅定状态下观照宇宙世间的万事万物,因而"时言吉凶成败事,莫不奇验"(《佛祖历代通载》卷十)。现在,尼师对刚刚出生的这个孩子如此另眼相看,实在是让吕氏惊喜莫名。所以，她没有过多犹豫就答应了智迁的要求——把孩子交给她抚养。

后来，杨坚刚刚满月，就被智迁尼师从吕氏身边抱走了。智迁将杨坚"舍于别馆，躬自抚养"，给他起了一个佛教法名"那罗延"（梵语，意为金刚力士），从此独自承担起杨坚的启蒙教育工作，并一直把他培养到了十二岁。

在完全佛教化的教育环境中，杨坚的精神成长自然与世俗之人大异其趣。从懂事的时候起，智迁尼师就反复告诉他：你不是凡人，而是护法金刚转世，今生必当成就一番济世安民、弘法利生的伟业。她对杨坚说过的最重要的一句话，不啻是对未来中国佛教的准确预言："儿当大贵，从东国来，佛法当灭，由儿兴之！"日后，北周武帝宇文邕果然大举灭佛，"熔佛焚经，驱僧破塔"，而登基后的杨坚则大兴佛法，曾先后两次在天下各州兴建舍利佛塔达八十三处，而中国佛教也正是在隋朝至初唐之际臻于极盛。

智迁给予杨坚的特殊教育，无疑在他幼小的心灵刻下了永难磨灭的烙印，并且赋予了他宏大高远的志向和抱负。多年以后，已然君临天下的杨坚每每回忆起这位非同寻常的女性，总会怀着无比敬仰和感激的心情，亲切地称她为"阿阇黎"（梵语，意为导师），并命史官为智迁立传，命画师将她与自己画一张合像，然后颁发天下，让大隋帝国的万千臣民顶礼膜拜。

尽管杨坚的母亲吕氏笃信佛教，也非常信任这位德高望重的智迁尼师，但孩子出生不久便被抱走，感觉就像被剥夺了抚养权一样，心里难免有些酸楚和失落。当然，吕氏还是拥有"探视权"的。智迁不辞辛劳地把杨坚放在一个相对封闭的环境中亲自抚养，并不是为了隔绝她们的母子亲情，而是为了给孩子提供严格且高质量的早期教育。

吕氏自然深知这一点。可饶是如此，每次去看望孩子，心里还是充满了难言的酸涩，每回离开更是恋恋不舍。直到有一天，吕氏无意中目睹了令她万分惊愕的一幕，才真正体会到——智迁将孩子"舍于别馆"的做法，是一种多么明智且用心良苦的选择。

那是杨坚出生不久的时候，吕氏去"别馆"探望孩子，抱在手里亲抚逗弄，可忽然间，她的眼前出现了可怕的幻觉，只见怀里的孩子突然"头上角出，遍体鳞起"，露出了一副张牙舞爪的龙的模样。吕氏大惊失色，下意识松开了手，连连退了好几步。孩子掉在地上，哇哇大哭。智迁闻声从外间跑进来，抱起孩子，看着张皇失措、惊魂未定的吕氏，淡淡地说了一句："已惊我儿，致令晚得天下。"

你把我们的孩子吓着了，害他要晚几年才可得到天下。

天可怜见，真正被吓着的其实不是襁褓中的杨坚，而是吕氏。那天她再也不敢伸手去抱孩子，并且一直愣在原地，许久没有回过神来。之后很长一段时间，吕氏始终心有余悸，每当再见到孩子，都会不由自主地产生心理障碍。当然，说这件事带给吕氏的纯是惊愕，也未必尽然。准确地说，吕氏的惊愕之中，其实包含了很大程度的惊喜。毕竟，这世上只有极个别的母亲，才能生出"头上长角，身上长鳞"的真龙天子。智迁尼师不动声色的那句话，其实也已经明白无误地向她泄露了天机。至于孩子为何经此惊吓就会"晚得天下"，则大可不必深究。因为"得天下"三个字才是重点，其他皆可忽略不计。

总之，"龙子事件"虽然在一定程度上给吕氏造成了困扰，但自此以后，她已经发自内心地认同了智迁的做法，相信自己的孩子确非凡夫俗子，所以必然要采取跟别的孩子完全不同的教育方式。

杨坚在智迁的特殊教育下慢慢长大，无论是体貌特征还是性情举止，似乎都在逐步印证尼师当初所做的预言。史称，杨坚相貌与常人迥异，天生一副"龙颜"，具体特征是"额上有五柱入顶，目光外射"，且手上有一个奇特的掌纹，细看分明是一个"王"字，而身材则是"长上短下"，亦即上半身较长，腿却比普通人短（据说这是帝王之相，比如刘备也是身长腿短，方能"两手过膝"）。除了外貌，杨坚的性格也与同龄人有很大差异：别的孩子成天活蹦乱跳，他却打小就庄重自持、沉默寡言。大约在十二岁以后，杨坚从女尼的"别馆教育"中毕业，进入西魏的官办学校太学就读。此时的杨坚俨然一副小大人模样，举止沉稳，不言自威，就连亲朋好友也不敢随便接近他。（《隋书·高祖纪》："虽至亲昵不敢狎也。"）

杨坚与生俱来的种种天命征兆，与史书记载的其他帝王一样，都不可避免地带有强烈的神秘主义色彩，在今天的读者看来肯定是不值一哂的。不过，如果我们换一个角度，从心理学的眼光来看，则不难发现，即便围绕在杨坚头顶的种种天命预言和宗教光环并不符合唯物主义者眼中的客观真实，但只要当事人相信、认定其为真，那么这些东西就会对他产生强烈的心理暗示作用，从而潜移默化地成为他的人生目标，并推动他去实现它们。

换言之，古人的理性思考能力和科学精神固然弱于今人，但他们对神秘主义的笃信和热衷，却可以给他们带来心理学意义上的无穷妙用，并给他们的人生和事业注入强大的动力。这一点对杨坚来说也不例外。日后，当杨坚在北周朝廷的地位节节攀升并逐步成为手握大权的辅弼重臣的时候，从出生之日起便围绕着他的种种天命征兆，肯定会带给他无比强大的信心和能量，并推动着他去完成改朝换代、经天纬地的事业。

无论杨坚身上的种种帝王之相是否为真，有一点是毋庸置疑的，那就是——他拥有比别人高得多的人生起点。毫不夸张地说，杨坚是含着金钥匙出生的。

据隋朝宗室自己的谱牒记载，其祖籍地是弘农郡华阴县（今陕西华阴市），并声称东汉名臣、官居太尉的杨震，就是杨坚的十四世祖。由于自汉代以降，弘农杨氏便是名闻天下的世家大族，所以后世许多姓杨的人往往喜欢冒认祖先，以此光耀门楣、自抬身价。而据有关学者考证，杨隋宗室出自弘农杨氏一说，实际上也是附会。不过，虽然杨坚的祖上和地望不像他自称的那么显赫，但是，从史籍可考的杨坚的六世祖杨铉以下，杨氏历代皆为官宦则是不争的事实：杨铉官至北平太守，子杨元寿官至武川镇司马（武川，今属内蒙古，北魏"六镇"之一，宇文泰家乡），后代子孙便世代居住于此；杨元寿生子杨惠嘏，官至太原太守；杨惠嘏生子杨烈，官至平原太守；杨烈生子杨祯，官至宁远将军；杨祯因战功卓著，死后追赠"柱国大将军"，其子杨忠，就是杨坚的父亲。

西魏的军事制度是府兵制，最高阶设置八个柱国大将军，即宇文泰、元欣、李弼（李密曾祖）、独孤信、赵贵、于谨、侯莫陈崇、李虎（李渊祖父）。按府兵制规定，宇文泰位总百揆，是最高军事统帅；元欣是西魏宗室，仅为挂名性质；余下六个柱国，每人统率两个大将军，共计十二人；每个大将军统率两个开府，二十四开府下辖全国一百个军府。十二大将军分别是：元赞、元育、元廓、宇文导、侯莫陈顺、达奚武、李远、豆卢宁、宇文贵、贺兰祥、杨忠、王雄。

这"八柱国十二大将军"，大多是战功赫赫的一代名将。他们既是西魏王朝的中流砥柱，也是宇文泰逐鹿天下的军事资本，更是宇文家族日后篡魏立周的佐命功臣。以他们为首的政治军事集团（被陈寅恪先生命名为"关陇集团"），对当时和此后的中国历史产生了极为深远的影响。而杨忠作为关陇集团的核心成员，在西魏、北周的权势和地位自不待言，对杨坚的荫庇作用也是可想而知的。

显赫的官二代背景，十二年特殊而严格的教育，加上两年太学的深造，把杨坚打造成了一个品学兼优、出类拔萃的贵族少年，也使他成长为最符合关陇集团标准的后备人才。难怪当时西魏的实际掌舵者宇文泰只见过他几面，就对他大加赞叹，称："此儿风骨，非世间人！"（《北史》卷十一）

西魏恭帝元年（554），年仅十四岁的杨坚从太学毕业，被授予京兆府功曹的勋职，开始登上西魏的政治舞台。十五岁，因父亲杨忠攻取南朝的江陵（今湖北省荆州市）立下战功，杨坚又被授予散骑常侍、车骑大将军、仪同三司之勋官，封成纪县公。十六岁，迁骠骑大将军，加开府衔。

尽管这一系列勋位和爵衔都属恩荫和荣誉性质，并无实际职权，却都是贵族身份和政治地位的标志，也是杨坚作为关陇集团后起之秀的"资格认证"。有了这些勋位爵衔，总有一天，杨坚能从父亲杨忠那里继承所有的世袭利益和政治资源。换句话说，此时的杨坚虽然还没有正式踏上仕途，但是一条前程似锦的星光大道，已经确凿无疑地摆在了他的面前。

关陇集团内部非常流行政治联姻，亦即通过子女通婚的方式，加强彼此的利益联结和情感纽带。其中，西魏八柱国之一、大司马独孤信就是一位著名的"纽带人物"。他的长女嫁给了宇文泰的长子，即北周明帝宇文毓；四女嫁给了李虎（八柱国之一）的儿子李昞（李渊之父）；而七女独孤伽罗（梵语，意为香炉木），则大约在西魏恭帝三年（556）年末，由独孤信和杨忠亲自主婚，许配给了杨坚。

独孤信与杨忠都是武川人，两人自幼便是好友，从北魏末年起，杨忠便追随独孤信南征北战，两人称得上是过命的交情，如今再加上这桩婚事，双方的关系自然更为紧密。独孤信一直以来都是杨忠的顶头上司，眼下在西魏朝廷的地位也比杨忠高得多，所以，杨坚能够成为独孤信的乘龙快婿，对其未来的政治前程来说无异于锦上添花。

然而，就在杨坚和独孤氏成婚不久，西魏帝国突然间风云变幻，一场改朝换代的政治动乱迅速把独孤信和杨忠这两个家族推入了权力旋涡之中。原本一帆风顺、前程似锦的杨坚，生平第一次感受到了政治斗争的血腥和残酷，以及鼎革之际高层博弈的云波谲诡与惊心动魄……

二 / 权力旋涡中的勋贵子弟

556年阴历十月，西魏帝国的实际统治者、一代枭雄宇文泰猝死于北巡回京途中。由于担心自己的几个儿子过于年轻，缺乏军功和政治号召力，宇文泰不得不在临终之前，把朝政大权交给了他一向赏识的侄子宇文护。

宇文护虽属关陇集团第二代中的佼佼者，多年来一直得到宇文泰的大力栽培，但资历和功勋毕竟不如"八柱国"这一批老一辈革命家。当时，尚存的西魏八柱国除了宇文家族外，还有五家，即李弼、独孤信、赵贵、于谨、侯莫陈崇。宇文护深知，仅凭宇文泰的口头遗命，他肯定镇不住这些元勋大佬，所以，必须在他们中间物色一个政治同盟和利益代言人，才有可能顺利执掌权柄。

宇文泰死后数日，未及下葬，西魏高层便匆忙举行会议，商讨新的执政人选。不出宇文护所料，其时"群公各图执政，莫肯服从"（《资治通鉴》卷一六六）。不过，早在举行会议之前，宇文护就已私下取得于谨的支持，与他达成了利益共识。因此，在会上，于谨不仅慷慨激昂地发表了一番力挺宇文护的声明，而且屈尊俯就，当场向宇文护叩拜如仪，宣誓效忠。众大佬见状，不管心里服不服，表面上也只能做做样子，跟着于谨行叩拜之礼。于是，宇文护正式接过宇文泰的权柄，成为西魏王朝的实际掌舵者。

然而，关陇集团的高层博弈并没有就此终结，而只是刚刚开始。

对于晚生后辈宇文护的强势上位，五柱国的反应各不相同：于谨最先倒向宇文护，第一时间与他结成了利益联盟；李弼和侯莫陈崇的态度不甚明朗，属于骑墙派；赵贵则是最坚定的反对派，"自以元勋佐命，每怀怏怏，有不平之色"（《周书·赵贵传》）；至于独孤信，则更有理由对宇文护心生不满。

首先，独孤信和赵贵一样，自认为跟宇文泰是平辈，所以对宇文护的专权揽政"皆怏怏不服"，不愿向其低头；其次，也是更重要的是，独孤信曾经在宇文家族继承人的问题上，与宇文泰产生了一定的矛盾。众所周知，独孤信长女嫁给了宇文泰的长子宇文毓,在独孤信看来,宇文毓就是宇文泰当然的继承人,一旦宇文家族代魏自立,他独孤信就成了国丈,在朝中的地位将无人可以比肩。然而,独孤信忘记了一点:宇文毓虽是长子,但宇文泰的嫡子是年少的宇文觉。而宇文泰为了防止独孤信将来以外戚身份揽政,便把继承人(世子)的位子给了宇文觉。在这件事情上,独孤信虽然没有当面表示不满,但内心的失落可想而知。如今,宇文觉又在宇文护的拥立下登基,这就意味着宇文毓从此与皇位绝缘,作为丈人的独孤信自然不会有好心情。所以,尽管独孤信不像赵贵那样怒形于色,可他对宇文护的不满是不言而喻的。

元勋集团内部错综复杂的关系,让宇文护意识到,纵然辅政大权已经到手,却不等于从此高枕无忧。而且,从法理上讲,八柱国同朝为臣,相互之间属于平行关系,其他柱国并不必然要对宇文家族唯命是从。当初大家拥护宇文泰,是因为他的能力、功勋和威望确实无人可及;如今宇文泰已死,宇文护要想彻底而长久地驾驭诸位大佬,不仅实力不足,更缺乏制度保障与政治上的合法性。是故,宇文护现在最需要做的一件事,就是宇文泰为之奋斗多年却出于各种原因始终没有跨出的那一步——篡魏。

只有篡夺西魏皇权,建立新朝,宇文家族才能名正言顺地凌驾于其他柱国之上,而宇文护也才能以摄政大臣的身份雄踞关陇集团的权力之巅,并长久把持帝国的实际统治权。

556年阴历的最后一天,亦即这一年除夕,宇文护逼迫西魏恭帝退位,并于次日即新年第一天,扶立宇文泰世子宇文觉(时年十六岁,是为北周孝闵帝)登基,正式建立了北周帝国。

同日,宇文护以明升暗降的手法,表面上把李弼、赵贵、独孤信奉为三公,实际上却取代了独孤信的大司马(相当于国防部长)之职,把兵权牢牢抓在了手中。紧接着,宇文护又采取了分化瓦解的手段,引五柱国中的于谨、李弼、侯莫陈崇共同"参议朝政",把他们拉进了自己的阵营,同时把反对他的赵贵和独孤信排除在了权力核心之外。

宇文护拉一派打一派的做法,进一步激起了赵贵的愤怒。赵贵旋即与独孤信密谋,准备发动政变除掉宇文护。到了约定日期,赵贵打算动手,但生性谨慎的独孤信却感觉时机不成熟而阻止了他。稍后,政变密谋不知何故竟被时任盐州

（今陕西定边县）刺史的宇文盛获知，宇文盛立即入京告发。宇文护遂先发制人，在赵贵上朝之时将其捕杀，并以同谋罪名罢免了独孤信的职务，将其勒归私第，不久又逼令其在家中自杀。

赵贵和独孤信之死，意味着宇文护已经举起了铲除政敌、杀戮立威的屠刀，这对于以独孤信为首的势力集团显然是一个极端危险的信号。而杨忠是独孤信的嫡系，杨坚又是独孤信的女婿，如此紧密的关系，自然不能不引起宇文护的猜忌。换言之，北周王朝建立伊始，杨忠父子已经不可避免地卷入了高层权力斗争的旋涡。

此刻，无论是久经宦海、政治经验丰富的杨忠，还是初出茅庐、从未见识惊涛骇浪的杨坚，都必须韬光养晦，谨言慎行，白天夹起尾巴做人，晚上睁着眼睛睡觉。这不仅对于杨忠父子，而且对于所有独孤集团的人来讲，都是最好的也是唯一的生存策略。

然而，总有人愿意冒着杀头诛族的危险，贸然挑战宇文护的权威。

就在独孤信被逼自杀的短短数月后，功高勋重的李远家族，便再次因密谋反对宇文护而遭到残酷清洗。李远是西魏十二大将军之一，此时已升任柱国（但含金量与西魏柱国已不可同日而语），早年长期追随独孤信征战沙场，和杨忠一样，都是独孤信手下的得力干将。当初，宇文泰在继承人问题上当众逼迫独孤信表态，就是这个李远挺身而出，用巧妙的方法帮独孤信化解了危局，称得上是独孤信最重要的亲信之一。

独孤信死时，李远正坐镇弘农（今河南灵宝市东北），远离朝廷，原本是不会轻易被宇文护瞄上的，可不幸的是，他有个儿子叫李植，几年来一直在宫中担任机要职务，属于皇帝近臣。而在宇文护正大力铲除异己的时候，置身于权力中枢无异于置身于屠刀之下——李远的家族之祸，便是因李植而起。

宇文护总揽大权，少帝宇文觉只是个傀儡，这样的局面令李植无法容忍。因为皇帝无权，像他这样的年轻侍臣就永远没有出头之日。当时，李植的同僚孙恒、乙弗凤、贺拔提等人，都和他一样深有同感，常为此愤愤不平。终于有一天，李植等人再也按捺不住，便一起向少帝进言："护自诛赵贵以来，威权日盛。谋臣宿将，争往附之，大小之政，皆决于护。以臣观之，将不守臣节，愿陛下早图之！"（《资治通鉴》卷一六七）

少帝宇文觉虽然是被宇文护拥立的，但他生性刚烈，不甘受人摆布，对宇文护的专权也早已心怀愤懑，一听此言正中下怀，遂命李植等人暗中部署，准备找机会除掉宇文护。李植为了加强政变集团的力量，又把计划透露给了一个叫吴光洛的侍臣，打算拉他入伙。可李植万万没想到，吴光洛其实是宇文护安插在宫中的眼线。

很快，宇文护得到密报，立刻采取措施，将李植和孙恒外放为地方刺史。他没要这两个年轻人的脑袋，并不是一时心软，手下留情，而是想引蛇出洞，把所有可能参与政变密谋的人引出来，最后再一网打尽。

李植和孙恒被贬后，乙弗凤等人大为恐惧，遂仓促制订了一个政变计划，准备以少帝名义召集全体高官入宫赴宴，然后在宴会上一举诛杀宇文护。可是，计划刚刚订下来，吴光洛就第一时间报告了宇文护。宇文护随即命令禁军统领尉迟纲，以开会为由将乙弗凤等人召集起来，然后悉数逮捕，关进宇文护私宅。

同日，宇文护又命贺兰祥（西魏十二大将军之一，此时已升任柱国）勒兵入宫，胁迫宇文觉逊位。随后，宇文护召集所有高层官员，宣布废黜宇文觉，迎请时任岐州（今陕西凤翔县）刺史的宇文毓入京即位。满朝大佬面面相觑，却无人敢发表异议，最后只好异口同声地说："此公之家事，敢不惟命是听！"（《周书·晋荡公护传》）

数日后，宇文护将乙弗凤、孙恒等人全部诛杀，并征召李远、李植父子回京。李远自知此行凶多吉少，犹豫多日，最后还是秉持"宁为忠鬼，不做叛臣"的信念慨然入朝。宇文护当着李远的面，命李植与宇文觉当廷对质，于是政变密谋就此公之于众。李远本来以为儿子是被冤枉的，至此才知他不但不冤，而且还是政变主谋，顿时绝望。宇文护当即下令，将李植和三个成年的弟弟李叔诣、李叔谦、李叔让全部处死，逼李远自尽，又将李远之兄李贤、弟弟李穆及其子嗣的官爵一律免除，贬为庶民。

同年九月下旬，宇文护诛杀废帝宇文觉，拥立宇文毓登基，是为周明帝。

在宇文护的铁腕整肃之下，朝廷内外的反对势力基本上被诛除殆尽，公卿百官纷纷依附。当然，也有一部分人不愿屈服。尽管不敢公然表现出任何抵抗姿态，但他们至少选择了独善其身，不向宇文护屈膝折腰。比如杨忠父子，就是属于这种既不对立也不依附的中间派。

对付这种人，宇文护自有他的手段。

差不多在宇文毓即位后不久，杨坚忽然接到朝廷的一道诏书，宣布授予他"右小宫伯"之职，并晋爵为大兴郡公。此前，杨坚获得的那些官衔虽然从名字上看很拉风，动不动就是"车骑大将军""骠骑大将军"什么的，但仅能代表身份和地位，并无实权。而这次授予的官职看上去似乎很不起眼，其实恰恰是手握实权、位居要津的肥缺。

首先，右小宫伯的职责是掌管公卿、勋贵子弟的任用、俸禄和奖惩，手中握有这样的权力，就很容易在满朝公卿和官二代中建立强大的人脉关系网。其次，右小宫伯还兼有皇宫的戍卫之责，属于皇帝近臣，位居权力中枢，极易获得升迁，是通往帝国高层的一条快速通道。

面对这突如其来的任命和始料未及的荣宠，不仅杨坚大为惊讶，就连杨忠也有些意外。不过，凭借杨忠的政治智慧，很容易就能发现——这份任命绝非来自新君宇文毓，而是出自权臣宇文护！

宇文护此举，显然是要拉拢杨忠父子，把他们从不偏不倚的中间派变成自己的死党。早在辅政之初，他就已经对于谨、李弼、侯莫陈崇等大佬用过这招了。而且，一旦把勋贵子弟杨坚收为心腹，就能作为一条重要的眼线，随时监控宇文毓，防止他像宇文觉那样暗中发难。总之，宇文护打的是一石二鸟的如意算盘。对此，杨忠当然是心知肚明。

不出所料，杨坚刚刚接受任命没几天，宇文护就频频向他抛出橄榄枝，邀请他到府上赴宴做客，"欲引以为腹心"。杨坚不知该如何应对，赶紧去问父亲。杨忠思忖良久，最后只告诉他一句话："两姑之间难为妇，汝其勿往！"（《资治通鉴》卷一七〇）

夹在两个婆婆之间当不好媳妇，你千万别去！

在杨忠看来，宇文护提拔杨坚虽是出于笼络的目的，但毕竟是公开任命，而且这个机会对杨坚的前途至关重要，所以没有理由拒绝。但是，如果让杨坚出入宇文护私邸，成为他的座上宾，那就等于向皇帝和朝野表明，他们父子投入了宇文护的阵营。这既不符合杨忠为官和做人的原则，也等于是在自己和儿子的仕途上埋下一颗定时炸弹。所以，杨忠才会让杨坚断然拒绝宇文护的招揽。说白了，杨忠的生存策略就是——宁可与宇文护保持若即若离的关系，遭受他的一些猜忌，也绝不介入皇帝与权臣之间的殊死博弈！

杨忠父子不偏不倚的骑墙姿态，让宇文护非常不爽。可是，这爷儿俩一直低调做人，又让他始终抓不住把柄。宇文护为此懊恼了一些日子。直到有一天，当他无意中端详了一下杨坚的相貌之后，就无声地笑了。

踏破铁鞋无觅处，得来全不费工夫。眼前这副天生"龙颜"，不就是老子出手的最佳借口吗？

后来的一天，宇文护暗中安排了一个名叫赵昭的相学大师，让他当着天子宇文毓的面给杨坚看相。可想而知，一旦赵昭说出一两个跟"天命"有关的词，杨忠父子就死到临头了。宇文护甚至不用动一根手指头，只需假宇文毓之手，便能以"谋逆"罪名砍下杨忠父子的脑袋。

那天，当赵昭的目光在杨坚脸上一寸一寸地慢慢游走时，杨坚感觉自己就像掉进了寒冬腊月的冰窟窿，四肢僵硬，大脑缺氧，呼吸急促，全身上下都被瞬间迸出的冷汗浸湿。结果，赵昭眯着眼睛看了半天，只是不咸不淡地跟皇帝说了一句："不过做柱国耳！"

看这长相，显贵固然是显贵，但最多就当个柱国而已！

那一刻，立在丹墀下的杨坚如逢大赦，吐出了平生最长的一口气。与此同时，躲在帷幕后的宇文护则大失所望，心里大骂赵昭。

其实，赵昭是一个不但善于看相，还善于投资未来的高手。那天，看完相后，他便找了个四下无人的机会凑到杨坚身边，小声嘀咕了一句："公当为天下君，必大诛杀而后定。善记鄙言。"（《隋书·高祖纪》）

说完，赵大师带着若有若无的笑意飘然而去。而杨坚则瞬间石化，木立当场。

小人物赵昭的灵机一动，不仅挽救了杨坚，也挽救了整个杨忠家族，还挽救了若干年后将要横空出世的大隋帝国。由此可见，一个人要想成就一番伟业，能力和智慧固然重要，但是好运气也是不可或缺的。

杨坚的好运气帮他逃过了一劫。但是，未来的日子，随着帝国政局的演变和高层权力斗争的加剧，更多的劫数还将接踵而至，杨坚将如临深渊，如履薄冰……

三 / 潜龙勿用

宇文毓登基之时，已经是个二十四岁的成年人，且从十八岁起，便先后在华州、宜州、陇右、岐州担任地方行政长官，并取得了良好的政绩和声望，"治有美政，黎民怀之"。因此，无论是从人生阅历还是从政治经验来看，宇文毓都完全能够履行统治者的职责，亲手打理北周帝国。而随着时间的推移，宇文毓越来越年长，宇文护"辅政"的必要性与合法性必然要受到质疑。

到了宇文毓即位的第三年，朝野上下"还政于君"的呼声渐起，宇文护迫于时势，不得不"上表归政"，把大部分权力还给了宇文毓，但仍把军权牢牢抓在手中。"帝始亲览万机；军旅之事，护犹总焉"（《周书·明帝纪》）。

北周建国之初，君主不称皇帝，而称"天王"，且不设帝王年号。宇文毓亲政不久，便"遵秦、汉旧制，称皇帝，建年号"，以此方式为北周帝国的历史掀开了新的一页；稍后，他又颁布诏书，进封了当时北周最重要的一批宗室成员和元勋重臣的爵位，且将其食邑全部加至一万户（杨忠原为陈留公，就是在这次进封中晋爵为隋国公）。

宇文毓的上述举措，显然意在巩固皇权，彰显皇恩，提升其个人的统治威望。人们完全有理由相信，假以时日，这个意气风发的年轻皇帝必将从宇文护手中收回所有的权力。对此，宇文护当然感到了莫大的恐惧。为了保住自己的地位并重新夺回执政大权，宇文护断然使出了撒手锏。

北周武成元年（559）四月，宇文护授意在宫中负责膳食的心腹李安，将毒药投进糖饼呈给了皇帝。宇文毓吃下后，立刻病倒。弥留之际，宇文毓料定是宇文护下了毒手，遂口授遗诏，宣布把皇位传给弟弟宇文邕（宇文泰四子）。

四月二十日，宇文毓驾崩。次日，十八岁的宇文邕登基，是为周武帝。

次年，北周改元保定，以时任天官大冢宰（相当于宰相）的宇文护"都督中外诸军事，令五府总于天官，事无巨细，皆先断后闻"（《资治通鉴》卷一六八）。

宇文护如愿以偿，再度总揽朝政，独专大权。

对于宇文护的弑君之举，北周的元勋大佬们嘴上不说，可人人心知肚明。对此，侯莫陈崇尤感义愤。尽管宇文护摄政后，侯莫陈崇曾一度投入他的阵营，但眼见宇文护两度弑逆，在专权自恣的道路上越走越远，侯莫陈崇便再也无法容忍了。

保定三年（563）正月，侯莫陈崇随从武帝北巡原州（今宁夏固原市），但不知何故，天子一行忽然在预定日期之前连夜赶回了长安。朝野大感蹊跷，议论纷纷。侯莫陈崇对左右说："我最近听术士传言，晋公宇文护今年流年不利；天子车驾今夜突然回京，肯定是因为晋公死了。"

此言一出，不啻一条爆炸性新闻，一夜之间传遍了长安城。但问题在于——宇文护根本没死。这下麻烦大了！武帝深感震惊，赶紧召集高层官员开会，当众斥责侯莫陈崇。侯莫陈崇自知口无遮拦闯下大祸，只好惶恐谢罪。可是，即便武帝有心救他，也拦不住宇文护的屠刀。当日，宇文护派兵包围了侯莫陈崇的府邸，逼令他自杀。

侯莫陈崇之死，表面上是因为一句近似玩笑的牢骚话，实则是元勋集团与宇文护之间仍然存在着无法化解的矛盾。眼见侯莫陈崇一言不慎便丢了性命，杨忠越发生出唇亡齿寒之感。不久，北周朝廷准备征发十万大军进攻北齐，杨忠自告奋勇，愿领一万步骑出战。

同年年底，杨忠出师塞北，在突厥军队的配合下，突破北齐的雁门防线，一路所向披靡，连克北齐二十余城，兵锋直逼北齐军事重镇晋阳（今山西太原市），吓得亲率大军来援的北齐皇帝高湛差点弃城而逃。后来，虽因突厥突然撤兵导致战斗失利，但杨忠此次出征的战果仍然十分辉煌，且一举扭转了北周偏于防守的战略颓势，其意义极为重大。

杨忠班师后，武帝论功行赏，准备晋升杨忠为太傅，却遭到宇文护大力阻挠。结果，杨忠非但没得到晋升，反而被外放为泾州刺史。对于如此不公的境遇，杨忠却毫无怨言。因为在他看来，远离朝廷这个是非之地，远比加官晋爵重要得多。事实上，他之所以只领一万人马便敢进攻北齐，其目的也并不是立功，而是避开朝中的权力斗争。

杨忠屡建战功却仍遭排挤，杨坚的仕途命运也就可想而知了。武帝即位后，他的官职仅从右小宫伯变为左小宫伯，几乎等于没动，此后几年也一直被钉在这个位子上。若从明帝即位、杨坚正式入仕算起，他在这个侍臣的职位上已经待了八年之久。放眼望去，身边那些年龄相仿的官二代们早已步步高升，飞黄腾达，可他却像被施了定身术，丝毫不得动弹。

一直到了保定五年（565），二十五岁的杨坚才被提拔为大将军，出任隋州（今湖北随州市）刺史。但是，还没等杨坚在封疆大吏的任上一展身手，宇文护很快又发出调令，将他重新召回了京师。

杨坚心灰意懒，干脆借母亲生病之机淡出政坛，一连三年在家中照顾母亲，"昼夜不离左右"。杨坚此举，本意是为了回避当时无处不在的政治倾轧，没想到居然赢来朝野上下的交口称赞，被冠上了"纯孝"的美名。而在当时的北周朝廷，名声太大显然不是什么好事。宇文护本来就对杨坚心存芥蒂，如今又见他盛名满朝，自然不想放过他。于是，就在杨坚敛藏锋芒、闭门不出的这三年中，宇文护一天也没有停止过对他的算计，"屡将害焉"，幸赖杨忠的好友、大将军侯万寿等人一再出手相救，杨坚才得以免遭毒手。

这段失意困顿、险象环生的岁月，无疑是杨坚生命中最黯淡的时光。天和三年（568），杨忠患病，回到京师调养，不久便亡故了。杨坚按例承袭了隋国公的爵位。虽然此时的杨坚已经二十八岁，且入仕多年，早已在北周官场积累了相当的政治资源和人脉关系，但骤然失去父亲的荫庇，还是让他对未来的人生和仕途充满了茫然和不安全感。

就是在这段抑郁苦闷的日子里，杨坚开始了与术士来和等人的交往。

来和，长安人，从小精研相术，所言多有应验，颇受宇文护赏识，"引之左右，由是出入公卿之门"。杨坚有一天百无聊赖，和一位好友一起去拜访来和。刚开始，来和对他们爱答不理，表现得很冷淡，直到其他客人——离去，才接待了他们。攀谈之中，来和一直凝视着杨坚的脸庞，心中若有所思。一阵寒暄过后，友人提起杨坚有一项常人莫及的本领。来和问："是何本领？"杨坚答："我只要听到脚步声，就知道来人是谁，从未有错。"来和意味深长地笑了。许久，他才慢慢凑近杨坚的耳边，一字一顿地说："公眼如曙星，无所不照，当王有天下。"（《隋书·来和传》）

其实，杨坚对这样的结论并不感到诧异。因为自从懂事的时候起，他就确信自己是上膺天命的人。只不过，这几年的仕途失意和政治倾轧，多少打击了他的自信心，让他充满了临深履薄的无力之感。如今，来和在他最无助、最消沉的时候说出这番话，尽管并无新意，却仍然具有强心剂的作用，足以让杨坚一度动摇的信念再次得以巩固。

多年以后，杨坚位登九五，来和就曾"上表自陈"，称"臣早奉龙颜，自周代天和三年以来，数蒙陛下顾问，当时具言，至尊膺图受命，光宅区宇，此乃天授，非人事所及"，并历数自己在杨坚"龙潜"之时立下的种种功劳。杨坚见表，感慨万千，当即授予来和开府之职，并赐绢帛五百匹、米三百石、地十顷。

除了来和，杨坚"龙潜"之时与道士张宾、焦子顺、董子华等人也多有往来，而这些人也都异口同声地告诉他："公当为天子，善自爱。"所以即位之后，张宾等人全都鸡犬升天，官居高位。由此可见，杨坚在天和年间的"事业空窗期"中，从来和等人那里获得的精神支持是相当巨大的，否则也不会在登基御极后依然念念不忘，并且对这些人恩赏有加。

就在杨坚因仕途困顿而不得不从术士那里寻求精神慰藉的时候，北周的政局正暗流涌动，一场围绕着帝国统治权的君臣博弈已经悄然展开。

武帝宇文邕自即位以来，表面上甘当傀儡天子，对宇文护尊崇备至，实际上一直在暗中积蓄力量，随时准备夺回权力。当然，权倾朝野的宇文护不是那么好对付。要想除掉这个根深势大的权臣，不仅需要足够的实力，更需要足够的勇气和智慧，否则就有可能重蹈孝闵帝和明帝之覆辙。

尽管对手十分强大，可宇文邕的能量也不容小觑。史称他自幼就"聪敏有器质"，稍长更是"性沉深，有远识"，所以父亲宇文泰很早就对他寄予厚望，曾当众说过："成吾志者，必此儿也！"（《周书·武帝纪》）而长兄宇文毓在位时，也对他极为倚重，"朝廷之事，多共参议"，所以临终前才会把皇位传给他，并在遗诏中称："鲁国公邕，朕之介弟，宽仁大度，海内共闻，能弘我周家，必此子也。"（《周书·明帝纪》）

事后来看，宇文邕显然没有辜负父兄的期望。从他十八岁即位到设计诛除宇文护，中间隔了整整十二年。在这漫长的十二年中，宇文邕始终采取隐忍之术，韬光养晦，示敌以弱，从而彻底麻痹了宇文护。直到天和七年（572），经过漫长等待的宇文邕才等到了一个铲除宇文护的机会。

这个机会源于宇文护阵营的分裂。

宇文邕有个弟弟叫宇文直，虽然跟他是一母同胞，但很早就投靠了宇文护。五年前，时任襄州总管的宇文直在一次对陈作战中失利，被宇文护撤了职，之后一直没有被重新起用，遂对宇文护怀恨在心。天和七年（572）春，不甘心被长期闲置的宇文直暗中向宇文邕献计，劝他诛杀宇文护。宇文邕意识到时机成熟，遂召集心腹侍臣宇文神举、王轨、宇文孝伯等人，与宇文直一起密议。

这年三月十四日，宇文护从同州返回长安，照例入宫觐见宇文邕。平时，宇文邕为了表示对宇文护的尊崇，总是以家人之礼相待。每当宇文护入宫，宇文邕也总会跟他一起去拜见太后。这天，宇文邕照旧对宇文护嘘寒问暖，随后便拉着他的手前往太后所居的含仁殿。一路上，宇文邕长吁短叹地对宇文护说："太后年纪大了，却喜欢喝酒，我怕她伤了身子，屡加劝谏，可她就是不听。兄今天入宫，还请帮我劝劝她老人家。"说完，宇文邕从怀里掏出一份《酒诰》（西周时期，周成王亲自撰写的戒酒文告），让宇文护照这个念给太后听。

宇文护当然不知道这张《酒诰》就是他的死亡通知书，遂一口答应。进殿后，宇文护对太后行完礼，就掏出《酒诰》煞有介事地念了起来。宇文邕悄悄绕到他背后，突然举起一块玉圭，狠狠砸在了他的后脑上。宇文护一声闷哼，当即倒地。宇文邕赶紧把佩刀递给身边的宦官何泉，命他砍杀宇文护。怎奈宇文护平日威权太盛，何泉拿着刀哆嗦了半天，竟然砍不下去。这时，躲在内室的宇文直纵身而出，一刀砍下了宇文护的脑袋。

当天，宇文邕便下令捕杀了宇文护在京的四个儿子、五个弟弟及一干党羽；数日后，又下诏赐死了宇文护的世子、时任蒲州刺史的宇文训，同时遣使前往东突厥，将宇文护的最后一个儿子、不久前出使突厥的宇文深就地斩杀。

至此，被宇文护集团把持了十六年之久的朝政大权，终于回到了刚届而立之年的武帝宇文邕手中。北周帝国的历史从此掀开了新的一页，而在杨坚生命中弥漫数年的阴霾，也就此悄然散去。然而，多年来一直被多少人预言和称颂的天命，似乎仍然只存在于杨坚的信念之中，丝毫没有向现实转化的迹象。

武帝亲政后，杨坚虽然摆脱了朝不保夕的境况，再也不用战战兢兢地过日子了，但依旧没有得到重用。此时的杨坚已经三十多岁，除了从父亲那里继承的隋国公爵位外，生命中就再也没有任何骄人的业绩或成就了。眼见时光飞逝、岁月蹉跎，杨坚内心的焦灼与苦闷可想而知。尤其是那些关于"天命"的预言，在如此不堪的现实面前，几乎变成了令人难以忍受的反讽。

建德二年（573）下半年，武帝开始为太子宇文赟选妃。北周的世家大族和豪门显贵们无不焚香祝祷，祈盼自己的女儿能够在这场海选中艳压群芳，成为未来母仪天下的皇后。九月，太子妃海选活动结束，一道诏书飞出皇宫，越过所有豪门大族和长安士民翘首以待的目光，翩然落进了隋国公杨坚的府邸。

武帝在诏书中宣布——杨坚的女儿杨丽华，被正式册立为太子妃。

接到诏书的那一刻，杨坚感觉这个秋天的阳光突然变得无比灿烂。

九月十九日，在所有人既羡且妒的目光中，杨坚的女儿被皇家的迎亲车辇接入了皇宫。从此，杨坚不仅是北周王朝的勋贵，还成了太子的岳父、未来的国丈。许多年后，当北周帝国的臣民脱下旧王朝的服饰冠带，向大隋帝国的天子杨坚跪拜如仪、三呼万岁时，他们肯定会回想起建德二年（573）的这个秋天，也肯定会回想起，在这年秋天金黄的阳光下——杨坚那张否极泰来、踌躇满志的笑脸。

女儿嫁入东宫成为太子妃，无疑是杨坚人生中的一大转折点。作为皇帝的亲家，杨坚在北周王朝的地位自然得到了极大的提升。别人在官场或战场上奋斗半辈子，显然都无法与他的龙门一跃相提并论。

然而，天赐洪福的背后往往隐藏着无形的危险。因为在这个世界上，没有人喜欢别人一夜之间大富大贵或大红大紫。倘若你真的在别人始料未及的情况下一夜显贵，那么紧随而来的，很可能就是让你始料未及的嫉妒、诽谤和陷害。

在杨坚走背运的那几年，除了宇文护想搞他，其他人通常对他没什么兴趣，甚至有可能对他寄予同情，但是到了建德二年（573）以后，看杨坚不爽的人就慢慢多起来了，而他那异于常人的相貌，自然又成了别人攻击的焦点。比如武帝的弟弟、齐王宇文宪（宇文泰六子）就曾私下向武帝进言："杨坚相貌非常，臣每次看见他，都觉不寒而栗；此人恐非久居人下之辈，宜尽早铲除。"

武帝闻言，虽不尽信，但不免狐疑。他旋即密召来和入宫，问："朝廷诸公你都认识，说说隋公的相貌和福禄怎样。"来和答："从相学上看，隋公是恪守臣节之人，可任封疆大吏，镇守一方；若为将领，则攻无不破。"

来和的回答让武帝很满意。回头武帝就对宇文宪说："杨坚充其量就是个大将军，不足为虑。"宇文宪的暗箭就此脱靶。但是，想扳倒杨坚的却不止他一个。不久，武帝的心腹王轨再度进言："杨坚貌有反相，终非人臣。"所幸，"守护神"来和又一次为杨坚举起了挡箭牌："杨坚是守节之臣，绝无异相。"

武帝把来和的原话告诉了王轨，可王轨还是一口咬定杨坚貌有反相。武帝被他搞得心烦意乱，愤然道："必天命有在，将若之何！"（《隋书·高祖纪》）

假如他真有天命，谁能奈何！

此言一出，王轨只好悻悻闭嘴。然而，武帝没有听信宇文宪和王轨之言，不等于他心里对杨坚就没有半点猜疑。正所谓众口铄金、三人成虎，历史上因流言和诽谤被冤杀的人多了去了，谁也不敢担保武帝不会在将来的某一天突然疑心大起，干脆杀了杨坚以绝后患。

是故，建德二年（573）的那些日子，杨坚虽然成了太子岳父，但戒慎恐惧之感始终笼罩着他，使他不得不"深自晦匿"，继续夹着尾巴做人。一直到了建德四年（575），随着武帝巩固皇权的工作告一段落，北周帝国开始对日渐衰落的北齐发起一连串军事行动，年已三十五岁的杨坚才终于有了跃马扬刀、驰骋沙场的机会，得以在统一中原的战争中一试身手并崭露头角。

四 / 首辅是怎样炼成的

建德四年（575）七月，北周军队兵分数路，对北齐发起了大规模进攻。武帝御驾亲征，自率主力大军六万进攻河阴（今河南孟津区北）；杨坚奉命率领舟师三万，自渭水进入黄河，负责策应主力及各路偏师。

八月，北周军队一路势如破竹，各路人马一共攻克北齐三十余座城池。其中，武帝和齐王宇文宪分别攻克河阴、武济、洛口等地，迅速进围洛阳，但在此遭遇齐军顽强抵抗。九月，北齐援军大举南下，偏巧武帝又在这个时候患病，北周军队为了保存有生力量，不得不放弃已经占领的三十余座城池，全线撤军。杨坚担心舟师逆流西返很容易被齐军追及，遂下令焚毁舰船，与陆军主力一起撤回关内。

此次东征虽然未能取得胜利，但从战争一开始取得的辉煌战果来看，周军的战斗力显然远远高于齐军。有了这样的判断，武帝灭齐的决心便越发坚定了。用他自己的话说，正是这次东征让他"前入齐境，备见其情"，才发现"彼之行师，殆同儿戏"，所以有了"穷其巢穴，混同文轨"的必胜信念。

建德五年（576）十月，经过一年时间的养精蓄锐和周密部署，武帝再度集结重兵，对北齐发动了最后一次致命的攻击。这一次，杨坚被任命为右翼第三军的主将。十月底，武帝亲自督战，指挥各军攻克了北齐的军事重镇晋州（今山西临汾市）。齐后主高纬亲率大军从晋阳（今山西太原市）南下，对占领晋州的周军进行了猛烈的反攻。两军在此激战了一个多月，齐军始终未能夺回晋州。

十二月六日，武帝亲率八万大军，与齐军在晋州城外展开决战。战前，武帝策马巡视了各军阵地，对各军主将一一勖勉，极大地鼓舞了官兵士气。与之形成强烈反差的是，在这个决定帝国命运的重大时刻，齐后主高纬居然还把宠妃冯小怜带在身边，片刻不离。两军开战后，齐军东翼稍稍退却，跟高纬一起在山冈上并辔观战的冯小怜便花容失色，惊呼"我军败了"，高纬遂不顾左右劝阻，带着冯小怜仓皇北逃。

皇帝一跑，齐军顷刻溃散。武帝挥师追击，于十二月中旬攻克晋阳。高纬再度北窜，本欲流亡突厥，被部下谏阻，才向东逃回邺城（北齐都城，今河北临漳县西南）。此时，北齐人心已去，凡北周军队所到之处，各地官员守将皆开门迎降。高纬惶恐无措，遂听信术士"当有革易"的谶言，于次年正月传位给年仅八岁的儿子高恒，自称太上皇，企图以皇位的更易禳解灭国之灾。

建德六年（577）正月十八日，武帝率周师进抵邺城。次日，高纬仅带百余骑弃城而逃，携幼帝亡奔济州（今山东聊城市茌平区西南）；邺城旋即陷落。两天后，高纬逃到济州，再次把儿子的皇位禅让给任城王高湝，然后继续逃亡，打算从青州（今山东青州市）南下，投奔陈朝。正月二十五日，当高纬带着冯小怜和幼子逃至青州附近的南邓村（今山东临朐县西南）时，被一路尾追的北周前锋尉迟勤追及，全部被捕，随后押送邺城。

稍后，杨坚奉武帝之命，与宇文宪联兵北上，进攻任城王高湝驻守的冀州（今河北冀州市）。高湝出兵迎战，被周军打得大败，旋即被俘。高湝是东魏实际统治者高欢唯一一个在世的儿子，辈尊望重，且名义上受幼帝禅让，称得上是凝聚北齐人心的最后一面旗帜。如今这面旗帜黯然倒下，意味着北齐已经彻底丧失了与北周抗衡的资本，只能乖乖接受被北周吞并的命运。

至此，立国二十八年的北齐宣告覆灭。

灭齐之后，武帝论功行赏，擢升杨坚为柱国、定州（今河北定州市）总管，让他出镇河北。北齐刚刚平定，河北显然是亟须镇抚的要地，杨坚能够获得这个任命，足见通过此次灭齐之战，他的能力已经得到了武帝的认可。

然而，当杨坚风尘仆仆地进入定州城，还没来得及熟悉当地的风土人情，一纸调令便从长安飞到了他的手中——武帝决定将他调往亳州（今安徽亳州市），并命他即刻赴任。

杨坚强烈地意识到，武帝对他的猜忌之心犹存！

原因很简单，就当时北周的战略格局而言，亳州的战略价值明显要比定州小得多。虽然从地缘角度看，亳州与陈朝接壤，一般来讲也属于军事重地，但是，眼下北周的当务之急却不是对付陈朝，而是肃清北齐的残余势力，镇抚刚刚归降的北齐官民，让长安的统治权能够渗透到中原与河北的每一个角落。只有做完这一切，彻底安定北方的局势，继而积蓄力量，才谈得上南征陈朝，完成统一大业。换言之，亳州的战略意义，势必要到几年以后才能显现。可如今，武帝却迫不及待地把杨坚从河北调往南方，摆明了就是不信任他。

让杨坚百思不得其解的是，既然武帝一开始敢把定州交给他，那就说明信任他，可为什么这么快就出尔反尔、改弦更张了呢？

这个问题的答案，与定州的一则传说有关。

自从北魏末年以来，定州的西门就长年关闭，从未打开过。没人知道这是为什么，只知道朝廷不允许。直到北齐初年，定州官民感到出入太不方便，就上奏当时的齐帝高洋，要求开启西门，"以便行路"。没想到高洋竟然不批准，还说了这么一句话："当有圣人来启之。"（《隋书·高祖纪》）定州官民大为郁闷，但也没办法，只能一边忍耐一边企盼"圣人"早点降临。

杨坚被任命为定州总管后，当然不会理睬北齐朝廷的什么奇葩规定，到任的第一天就命人打开了西门。当关闭多年的城门訇然大开的一瞬间，定州百姓顿时欢呼雀跃。欣喜之余，人们也不约而同地想起了高洋当年说过的话——当有圣人来启之。

莫非，杨坚就是传说中的"圣人"？

于是，从杨坚来到定州的那一天起，有关他是圣人的说法就在河北传开了。而时隔不久，武帝的调令就发到了定州。

尽管没有证据表明武帝是听了这个传说才把杨坚调离河北的，但这种可能性肯定存在，尤其是考虑到围绕在杨坚身上的种种天命预言，我们就更有理由相信，武帝心里一直没有排除对杨坚的猜疑，所以不管听到什么传言，都有可能立刻采取防范措施。更何况，燕赵自古多豪杰。作为河北的军事要地，定州的民风历来彪悍。在武帝看来，若杨坚以定州为根据地，在河北长期经营，未来的势力必定难以估量。因此，最好的办法就是赶紧把他调走。

接到调令后，杨坚大为不快，但圣命难违，他也只好打点行囊准备起程。就在这时候，一位密友特地从附近的常山赶过来见他，并且说了一句令他心惊肉跳的话："燕、代精兵之处，今若动众，天下不足图也。"

燕赵之地多有精兵猛将，如今若聚众起事，要夺取天下也不是什么难事。

这个怂恿杨坚起兵造反的人，名叫庞晃，时任常山太守。早在杨坚十几年前出任随州刺史时，在襄阳任职的庞晃便因公务往来与其相识，"知高祖（杨坚）非常人，深自结纳"。两人结为好友后，庞晃就曾当面对杨坚说："公相貌非常，名在图箓。九五之日，幸勿相忘。"杨坚当时笑着叫他别乱说话，可实际上已经在心里把他视为知己。从此，两人便"情契甚密""屡相往来"（《隋书·庞晃传》）。

这些年，庞晃看见杨坚屡遭排挤，时常替他抱冤叫屈，如今又见他被武帝猜忌，更是愤懑不已，所以才会一见面就劝他造反。

不过，杨坚之所以是杨坚，就在于他的隐忍功夫远超常人。在杨坚看来，被皇帝猜忌固然不爽，失去定州这个颇具军事价值的地盘固然令人遗憾，但是，这些都不足以作为起兵叛乱的借口，更不能成为争夺天下的理由。换言之，在宇文邕刚刚吞并北齐、整个北周帝国气势如虹的这个时候贸然起兵，无异于飞蛾扑火，自取灭亡。

所以，面对庞晃热血沸腾却轻躁冒进的建言，杨坚只是淡淡地说了四个字："时未可也。"然后便起程赴任了。

北齐的灭亡令南方的陈朝深感唇亡齿寒。为了避免战略上的被动，当年十月，陈朝主动打响了一场北伐，由老将吴明彻率水师进围彭城（今江苏徐州市），企图趁北周在中原立足未稳夺取徐、兖二州。不料彭城一战，陈军不仅未能克城，后路反被周军切断。次年二月，陈军突围未果，全军覆没；吴明彻被俘，忧愤而死。

彭城之战极大地打击了陈朝的北伐士气，而北周的上上下下则大为振奋。尤其是对于一心想要一统天下的武帝而言，帝国的南线既已得到巩固，他就可以腾出手来，全力对付北方的突厥人了。当年五月，踌躇满志的武帝集结了五路大军，自长安大举北上，准备进攻东突厥。然而，车驾刚刚进抵云阳宫（今陕西泾阳县西北），武帝忽然患病，不得不让大军停止前进。

宣政元年（578）六月一日，病势沉重的武帝被紧急送回长安。是夜，武帝宇文邕带着壮志未酬的深切遗憾离开了人世，年仅三十六岁。次日，二十岁的太子宇文赟即位，是为周宣帝。

一代雄主宇文邕的英年早逝，对于如日中天的北周帝国来讲，无疑是一个沉重的打击，但是对于屡遭排挤、备受猜忌的隋国公杨坚而言，却无异于冰河解冻，枯树逢春，令他长久压抑的人生忽然间豁然开朗。

太子登基成了皇帝，杨坚就升格成了国丈。这一年，杨坚三十八岁，人生差不多已经过半，可政治上的春天似乎刚刚来到。宇文赟一即位，杨坚就被授予上柱国、大司马，一举掌握了北周帝国的兵权。

宇文邕雄才大略，可惜儿子宇文赟却是个地地道道的顽主。

早在宇文赟还是太子的时候，就与东宫侍臣郑译、王端等人沆瀣一气，多有不法之举。武帝曾命宇文赟与王轨一同出征吐谷浑，宇文赟却成天与郑译等人嬉戏宴乐，把军旅事务全都扔给了王轨。班师后，王轨向武帝举报。武帝大怒，立刻对宇文赟和郑译等人施以杖责，并将郑译等一帮东宫佞臣悉数革职。可没过几天，宇文赟就暗中把郑译等人都召了回来，"狎戏如初"。

对于太子的种种劣迹，宇文邕其实也都心中有数，所以对他管教甚严，动不动就是棍棒"伺候"。他知道太子嗜酒，便严令一滴酒也不能进入东宫，并且命人时刻记录太子的一言一行，每个月准时向他奏报。尽管如此严厉，可宇文赟表面上不敢造次，暗地里却恶习不改。为此，王轨屡屡向武帝进言，称太子不仁不孝，品德恶劣，"非社稷主"。然而，在武帝看来，宇文赟终究是长子，其他几个儿子都还年幼，倘若废长立幼，不仅于礼制不合，且幼主在位，极易被权臣架空，就像当年擅权揽政的宇文护一样。因此，虽然武帝比谁都清楚宇文赟身上的问题，却始终下不了决心把他废掉，只能寄希望于通过"棍棒教育"让他改恶从善。

遗憾的是，这样的教育方式非但没能改变宇文赟，反而加重了他的逆反心理。武帝驾崩后，宇文赟刚一即位，其骄奢荒淫的本性便暴露无遗。武帝的棺椁尚在灵堂，宇文赟就一边摸着身上被杖打的伤痕，一边破口大骂："老东西，死得太晚了！"然后命后宫的嫔妃宫女全部集合，供他"检阅"，看上眼的立刻拉上床，"逼为淫欲"。

随着顽主宇文赟的登基，以郑译为首的一帮宠臣便相继被越级提拔，纷纷进入朝廷的权力中枢。同时，宇文赟开始下手剪除武帝一朝的元勋重臣。他命心腹于智、郑译等人暗中策划，短短一个月内，便以图谋叛乱的罪名，将齐王宇文宪及亲信王兴、独孤熊、豆卢绍等人全部诛杀；次年，又相继除掉了王轨、宇文孝伯、宇文神举、尉迟运等大佬。

对前朝元老进行大清洗的同时，宇文赟当然没有忘记扶植自己的势力。大成元年（579）正月，宇文赟在原有的行政架构上增设了"四辅"：以越王宇文盛为"大前疑"（四辅之首），相州总管、蜀国公尉迟迥为"大右弼"（四辅之二），申国公李穆为"大左辅"（四辅之三），大司马、隋国公杨坚为"大后承"（四辅之四）。

宇文赟上位后的一系列政治动作，几乎颠覆了武帝一朝的高层人事布局。然而，就是在这种云谲波诡的政治变局中，杨坚才得以从满朝文武中脱颖而出，扶摇直上，不仅掌握了兵权，而且跻身四辅，一举跃居帝国权力的最高层。

武帝之死令北周的政局急转直下，但客观上成全了杨坚。从这一刻开始，一个无比辉煌的政治生涯，已经在杨坚面前徐徐开启。

在北周的历任皇帝中，宇文赟无疑是最另类、最病态的一个。他性情暴戾，行为乖张，喜怒无常。从当太子的时候起，他就在武帝的管束下备感压抑，即便坐上了皇帝宝座，手握生杀予夺之大权，可以尽情杀戮看不顺眼的大臣，随意更改朝廷的典章法令，他还是感到拘束和不自由。因为，皇帝不仅要按时坐朝，还要受一大堆礼法规范束缚，更得随时面对朝臣的谏诤。如此种种，都让宇文赟十分懊恼。

在这个世界上，权利和义务通常是对等的，没有人可以只享受权利而不承担任何义务。权力与责任也是对等的，也没有人可以只享受权力而不承担责任。但是，宇文赟对此却有不同的看法。他喜欢皇帝的权力，却讨厌制度赋予皇帝的种种责任和义务。为了解决这个矛盾，宇文赟想出了一个绝妙的办法。

大成元年（579）二月，宇文赟即位才半年多，就忽然宣布，把皇位传给年仅七岁的儿子宇文阐（是为周静帝），改元大象，自称天元皇帝（相当于太上皇）。这个突如其来的决定让百官目瞪口呆，但是宇文赟却对自己的创意自豪不已。因为这样一来，他就卸掉了所有责任和义务，把种种束缚转嫁到了幼子身上，自己却依然享有至高无上的属于皇帝的一切权力。

传位以后，宇文赟开始变本加厉地放纵自己的欲望，"骄侈弥甚，务自尊大，无所顾惮"。自古以来的皇帝，冠冕上只有十二旒，他就命人把自己的冠冕加到二十四旒。此外，举凡车辇、服饰、旗帜、鼓乐，等等，其规模和档次也都要翻番。以前的皇帝都自称天子，他却"自比上帝"，自称为天。他规定，无论官员还是百姓，只要官名或姓名中含有"天""高""上""大"等字眼的，全部要改掉。比如姓高的一律改为"姜"，宗族所称的"高祖"，一律改为"长祖"。

除了这些堪比"自大狂"的荒谬举动之外，宇文赟的"虐待狂"倾向也在传位以后愈演愈烈：朝廷自公卿以下的官员，动不动就遭到毒打；每次打人，至少要打一百二十下，称为"天杖"，后来甚至加到二百四十下；后宫的妃嫔们，即便是受他宠幸的，挨板子也是家常便饭。一时间，恐怖气氛笼罩了北周的外朝和内廷，"人不自安，皆求苟免，莫有固志"（《资治通鉴》卷一七三）。

宇文赟的倒行逆施彻底摧毁了武帝一朝辛苦打造的政治凝聚力，而人心的离散无疑是一个王朝崩溃的可怕前兆。很快，朝野上下对宇文赟的怨恨情绪便迅速滋长并弥漫开来。对此，宇文赟当然不会没有警觉。为了进一步巩固权力，防止宗室亲王和朝中大臣联手对付他，宇文赟采取了三个举措：一、驱逐宗室。二、监控百官。三、重用外戚。

首先，宇文赟下令，把宗室中辈分最高的五个亲王，即宇文泰在世的五个儿子宇文招、宇文纯、宇文盛、宇文达、宇文逌全部逐出京师，命他们各往自己的封国就任；其次，"密令左右伺察群臣，小有过失，辄行诛谴"；最后，把国丈杨坚从四辅的末席一下子提拔到首席，以"大前疑"之尊位总百揆。之后，宇文赟每次出巡，皆令杨坚留守京师，代行朝政。

至此，杨坚终于成为一人之下、万人之上的首辅大臣，登上了北周帝国的权力巅峰。

从人臣的角度讲，杨坚走到这一步，既是辉煌灿烂的顶点，也是理所当然的终点，因为再往上就是皇帝，其职业生涯显然没有了上升空间。可是，如果我们站在几年后回头来看，则不难发现，这个首辅大臣的位子，不过是杨坚生命中一个全新的起点而已。换言之，在杨坚篡周立隋的历史大戏中，最精彩的一幕刚刚开场。

五 / 杨坚摄政：从国丈到丞相

　　自从把年幼无知的儿子推到朝堂上应付百官，再加上有年富力强、经验丰富的岳父帮着打理朝政，宇文赟的日子过得更为惬意了。他马不停蹄地到处巡幸，一边游山玩水，一边四处搜刮美女充实后宫。由于美女太多，原有位号不够用，他就挖空心思增设位号，不仅一般嫔妃多到"不可详录"，就连皇后的位子上也满满当当地坐了五个人：太皇后杨丽华、天皇后朱氏（宇文阐生母）、天中太皇后陈氏，天右太皇后元氏、天左太皇后尉迟氏。

　　杨丽华性情柔婉，且深知丈夫是什么货色，所以尽管后宫的"姐妹"人满为患，她却丝毫不妒忌，对每个人都很体贴。按理说，像这样一个从不吃醋的皇后，任何一个心理正常的丈夫都会感激才对。可出人意料的是，对于贤良温婉、深识大体的杨丽华，宇文赟非但不感激，反而日渐生出厌憎之情。

　　大象二年（580）五月的一天，宇文赟又借故怒斥杨丽华，可谓是"欲加之罪"。可是，面对声色俱厉的宇文赟，杨丽华却从容自若，不卑不亢，自始至终没有表现出丝毫恐惧之色。宇文赟越发怒火中烧，当即下令将杨丽华赐死，命她回宫自裁。

　　表面上看，宇文赟无缘无故就要逼死皇后，似乎是出于他那一贯残忍暴戾的变态心理，如史书在讲到这件事的时候，就归因于宇文赟"昏暴滋甚，喜怒乖度"（《资治通鉴》卷一七四）。可事实上，问题并没有这么简单。

　　尽管宇文赟做过的很多事都无法以常情揣度，可至少在这件事上，其行为动机还是有理可循的。那么，他的动机是什么呢？

　　四个字：敲山震虎。

　　说白了，宇文赟针对的目标根本不是杨丽华，而是她的父亲杨坚。

　　杨坚自从升任首席辅政大臣以来，在朝野的威望就日渐提升，宇文赟凭直觉就能感到，杨坚对他的地位已经构成了威胁（《隋书·高祖纪》："高祖位望益隆，帝颇以为忌。"）。但是，宇文赟一时半会儿却动不了他。原因很简单，武帝一朝的元勋重臣已经被宇文赟诛杀殆尽，辈分高、能力强的宗室亲王又深受宇文赟猜忌，被一一放逐，如今有资格、有能力帮宇文赟打理朝政，并且算得上是自己人（外戚）的，也只有杨坚了。

因此，宇文赟一方面不得不重用杨坚，另一方面又生怕他篡位夺权，便只能拿杨丽华开刀，借此震慑杨坚，迫使他老老实实干好辅政的工作，不要有什么不轨的企图。

那么，宇文赟到底有没有冤枉杨坚呢？换句话说，此时的杨坚，是否真的有什么不轨企图呢？

答案是肯定的。

事实上，早在杨坚被宇文赟提拔为大前疑不久之前，就曾在一个私密的场合，对亲信宇文庆说过这么一番话：

天元实无积德，视其相貌，寿亦不长。加以法令繁苛，耽恣声色，以吾观之，殆将不久。又复诸侯微弱，各令就国，曾无深根固本之计。羽翮既剪，何能及远哉！

这段话的大意是说：宇文赟德行浅薄，看他的相貌，也不是长寿之人。而且，他施行的法令过于严苛，自己又纵情声色，以我看来，国运必不能长久。此外，宗室亲王的人数本来就不多，现在又把他们遣到了封国，毫无巩固社稷的根本大计。羽翼既已剪除，如何飞得高远？

紧接着，杨坚又把目光从朝廷转向地方，着重分析了几个最有实力也最有可能在未来成为他对手的封疆大吏：

尉迟迥贵戚，早著声望，国家有衅，必为乱阶。然智量庸浅，子弟轻佻，贪而少惠，终致亡灭。司马消难反覆之虏，亦非池内之物，变成俄顷，但轻薄无谋，未能为害，不过自窜江南耳。庸、蜀险隘，易生艰阻，王谦愚蠢，素无筹略，但恐为人所误，不足为虞。（《隋书·宇文庆传》）

尉迟迥（时任相州总管，辖境在今河南、河北）贵为国戚，声望最高，国家一有事端，必成祸乱之源。然而，此人智浅量狭，子弟多是轻佻之辈，生性贪婪，少树恩德，最终必定灭亡。司马消难（时任郧州总管，辖境在今湖北）为人反复无常，也非池中之物，极易生变，但是轻薄无谋，构不成什么危害，最终也只能逃亡江南（陈朝）。还有一个是王谦（时任益州总管，辖境在今四川、重庆），其辖下的庸州、蜀州地势险要，易成障碍，但此人愚蠢，素无谋略，最多就是被别人怂恿，成不了事，不足为虑。

上述分析和论断，无疑是对当时北周政局所做的一次全方位的"CT扫描"。如果不是心存异图并且蓄谋参与皇权博弈的人，很难把时局和所有利害关系看得这么透彻，也绝对不敢说出这一番大逆不道的话。事后来看，整个形势的演变与最终结局几乎与杨坚所言如出一辙。由此也可以说明，杨坚很早就开始了代周自立的筹划，故而对所有潜在对手都进行了深入的研究和分析，否则他的预测就不可能那么精准。

杨坚与宇文庆的这番密语，绝非他蓄谋篡周的孤证。差不多在同一时候，他也对另一位密友郭荣说了这么一句话："吾仰观玄象，俯察人事，周历已尽，吾其代之。"（《隋书·郭荣传》）

还有什么比这句话更直白、更露骨、更能表明杨坚心迹的呢？

所以，宇文赟怀疑杨坚，实在是有理由的，既非胡思乱想，也非心血来潮。

得知女婿宇文赟要将女儿赐死，杨坚的恐慌自不待言。他很清楚，宇文赟是冲着他来的，所以自己绝不能出面。要想救女儿，就只有让妻子独孤氏上场了。

独孤氏旋即入宫去见宇文赟，涕泪横流，拼命求饶，乃至"叩头流血"。宇文赟本来就没什么正当的理由杀皇后，而且也不是真的要杀，现在看见丈母娘都快把头磕破了，知道"敲山震虎"的目的已经达到，才做出一副余怒未消的样子，悻悻然收回成命。

虽然宇文赟暂时放过了杨丽华，但并不等于他从此就不再怀疑杨坚。时隔数日，宇文赟又找了个借口痛骂杨丽华，最后竟然愤愤地说："必族灭尔家！"（《资治通鉴》卷一七四）随后，宇文赟便命人宣召杨坚入宫，并吩咐左右："要是他神色有什么异常，马上杀掉。"杨坚入宫后，神色自若，举止从容，凡有所问皆对答如流。宇文赟找不出什么破绽，才打消了杀他的念头。

形势一下子恶化到这种程度，实在是杨坚始料未及的。现在的局面明摆着，宇文赟对他的猜忌已经很深，如果继续在首辅的位子上待下去，恐怕迟早会付出血的代价——轻则自己人头落地，重则整个家族被满门抄斩。而今之计，只能找机会谋求外任，暂时远离朝廷，然后根据时局的发展再做打算。

为了尽早脱离虎口，杨坚随即找到了宇文赟身边的一个重要人物。

这个人就是郑译。

从少年时代起，郑译与杨坚就是太学同学，两人很早就有了私交。而且早在那时候，郑译就对杨坚异于常人的相貌深感惊奇，因而"倾心相结"。如前所述，郑译一直是宇文赟的心腹宠臣，当初在东宫就成天陪着宇文赟一起纵情声色。宇文赟即位后，对郑译越发宠幸，先是把他越级提拔为开府仪同大将军、内史中大夫，不久又擢为内史上大夫，赋予了他"交通内外承上启下"的内廷枢机大权。

如果说，身为大前疑的杨坚算是"外宰相"的话，那么郑译就是当之无愧的"内宰相"。从郑译对宇文赟的影响力而言，他的实际权力甚至比杨坚有过之而无不及。所以，杨坚想谋求外任，只能找郑译帮忙。

当然，这个忙郑译肯定是会帮的。杨坚刚提出来，他马上表态："以公德望，天下归心。欲求多福，岂敢忘也！谨即言之。"（《资治通鉴》卷一七四）以您的德行和威望，足以令天下归心。我欲自求多福，岂能忘了您交代的事！我这就帮您进言。

郑译效率很高，几天后就帮杨坚搞定了。当然，他的方法是很巧妙的。他先是向宇文赟提出，如今北周国力强盛，应该举兵讨伐陈朝。宇文赟深以为然，马上让郑译全权负责南征事宜。郑译说，首先要确定元帅人选。宇文赟问他谁比较合适。郑译答："若要平定江东，必须由皇亲国戚或朝廷重臣出马，否则难以镇抚。臣以为，隋国公是最合适的人选，可以任命他为扬州（今江苏扬州市）总管，指挥这次军事行动。"

宇文赟当即准奏。

消息传来，杨坚心中的千钧之石终于落地。

大象二年（580）五月五日，宇文赟正式下诏，任命杨坚为扬州总管，同时命郑译征调各路兵马，准备前往扬州集结。之后的几天，杨坚一直忙着打点行囊、移交手头工作、制订南征计划等等，忙得不亦乐乎。然而，当所有事情做完，预定的起程日期也到了，杨坚还是没有离开长安半步。

他对外宣称的理由是自己得了"足疾"，故而无法成行。事实上，这是借口。真正的原因是——杨坚改变主意了。

他为何改变主意？难道他不再惧怕悬在他头顶上的那把屠刀啦？

是的，此时的杨坚已经不再惧怕。

因为，此时的宇文赟虽然年仅二十二岁，但他的人生游戏已经玩到头了。

这年五月十日夜，宇文赟忽然玩兴大起，连夜离京前往天兴宫。可第二天，盛大的天子车队就突然掉头，十万火急地赶回了长安。自从宇文赟即位以来，每次出巡都是这样，既不看时辰也不跟任何人打招呼，不管白天黑夜还是刮风下雨，想走就走，想回就回，所有侍从人员早就被折腾惯了，自然没人发现有什么不妥。

只有郑译等少数几个宠臣知道发生了什么，而杨坚当然也在第一时间得到了消息。

——就在前往天兴宫的路上，宇文赟突然发病，而且病情一发不可收拾。车驾匆匆回宫后，宇文赟自知不豫，急传内廷侍臣刘昉、颜之仪入内草拟遗诏。可当二人赶到寝殿，宇文赟已经陷入半昏迷状态，连话都不能说了。

在毫无征兆的情况下，死神一把攫住了宇文赟。面对这突如其来的变局，所有侍臣都有些不知所措。此刻，宇文赟已丧失神智，无法再做出任何决定，而小皇帝宇文阐年仅八岁，更不可能采取任何有效的行动。于是，北周帝国的命运就这样交到了一群侍臣手中。

当晚，以郑译、刘昉、柳裘为首的内廷侍臣们紧急召开了一个碰头会。众人很快达成共识，决定推举杨坚出面辅政，总揽帝国的军政大权。"以高祖（杨坚）皇后之父，众望所归，遂矫诏引高祖入总朝政，都督内外诸军事"（《隋书·高祖纪》）。

这样的结果当然是杨坚做梦也不敢想象的。

也不过就在几天前，饱受猜忌的杨坚还在苦思避祸之术，颇有朝不保夕之感；而此刻，人们却把摄政大臣的桂冠拱手送到了他的面前。命运之神的诡谲无常真是令杨坚感慨万千。当然，尽管内心翻江倒海，可杨坚的表情还是波澜不惊。他坚决推辞众人的拥戴，无论对方说什么，始终只回答三个字：不敢当。

刘昉急得脸红脖子粗，大怒道："你要干就马上干，不干我就自己干了。"杨坚这才做出一副勉为其难之状，无奈地接受了。

就在杨坚以"受诏居中侍疾"的名义入宫的同时，宇文赟也咽下了最后一口气，结束了他荒唐潦草的一生。当天深夜，郑译、刘昉等人秘不发丧，草拟了一道命杨坚摄政的诏书。在所有侍臣中，只有颜之仪保持着忠于宇文皇室的节操，拒绝认同这份所谓的"遗诏"。郑译等人联署签名后，逼着他签字。颜之仪愤然道："主上去世，皇嗣年幼，摄政之职应由宗室担任。如今赵王（宇文招）最为年长，无论是血缘关系还是德行声望，都应承担这个重托。你们这些人备受皇恩，当思尽忠报国，为何如此轻易把皇室权柄交给外人？我宁愿一死，也不能忤逆先帝。"

颜之仪说得慷慨激昂，义愤填膺，郑译和刘昉却只是报以数声冷笑，随即替他把名字签了上去，然后立刻颁发。京师禁军各部接到诏书，皆受杨坚一体节制。

控制了中枢的军事力量，杨坚就可以甩开膀子大干一场了。

接受拥戴的时候，杨坚表现得忸忸怩怩，欲拒还迎，可一掌权，其刚毅果决的霸气立刻显露无遗。他很清楚，纵然郑译等人帮他弄到了摄政之权，但说白了，这个权力不过是一场宫廷政变的产物。要想保住摄政大臣的位子，进而谋夺皇权，他要做的事还很多，要铲除的异己势力和威胁因素也还很多。

首先要对付的，就是赵王宇文招等五个辈尊望重的亲王。其次，是用最快的速度组建一支绝对忠于自己的政治团队，同时想办法镇抚文武百官。最后，就是用武力铲除尉迟迥、司马消难、王谦这三个拥兵一方的封疆大吏。

摄政次日，杨坚便找了个借口，宣召五王入朝。同日，杨坚向掌管皇帝符玺的颜之仪摊牌，逼他交出符节印信和传国玉玺。颜之仪义正词严地说："此天子之物，自有它的主人，宰相凭什么索要？"

杨坚大怒，立刻命人把他拖了出去，本来打算一刀砍了，可转念一想，此人在民间口碑颇佳，现在杀他不利于收揽人心，于是把他贬为边疆郡守。

当天，杨坚想要的符节玉玺就到手了。

五月二十三日，亦即宇文赟死后十多天，杨坚才正式发布国丧的消息；同日，以宇文阐的名义下诏，任命汉王宇文赞（宇文赟之弟）为右大丞相，然后自任为左大丞相。

北周尚右，表面上看，宇文赞的职位高于杨坚，可事实上，杨坚的职务前面还有一个定语："假黄钺"（持有皇帝专擅诛杀的铜斧），后面还有一句补语："百官总己以听于左丞相。"有了这两个至关重要的修饰语，北周帝国的最高权柄就被杨坚收入囊中了。至于汉王宇文赞，无非就是个政治花瓶，摆在那儿应景而已，"尊以虚名，实无所综理"（《资治通鉴》卷一七四）。

名位确立后，杨坚立刻组建了自己的政治班底：以郑译为丞相府长史，刘昉为丞相府司马；此外，原内廷侍臣高颎、李德林、庾季才也都被杨坚纳入麾下；内廷武官卢贲则被杨坚任命为丞相府的侍卫长。其中，高颎和李德林最具才干，在日后杨坚平定地方叛乱、篡周立隋的过程中，高颎和李德林都发挥了不可替代的作用。

高颎，父亲高宾，早年入仕北齐，后归附北周，官至郇州刺史。高颎小时候，家门口有一棵柳树，"高百尺许，亭亭如盖"，里巷父老都说："此家当出贵人。"史称高颎"少明敏，有器局"，十七岁入仕，"又习兵事，多计略"。杨坚摄政时，高颎正在宫中担任下大夫，杨坚早慕其名，遂托人转达了延揽之意。高颎欣然道："愿受驱驰。纵令公事不成，颎亦不辞灭族。"（《隋书·高颎传》）

李德林，父亲李敬族，官任东魏太学博士、镇远将军。李德林自幼聪明绝伦，几岁的时候，就能读诵左思的《蜀都赋》，并且只用了十几天便倒背如流。当时的北齐宰相高隆之见而嗟叹，逢人便说："若假其年，必为天下伟器。"稍长，李德林入仕北齐，"该博坟典，阴阳纬候无不通涉"。北齐亡后，周武帝宇文邕慕名召其入宫，授内史上士，不久擢升御正下大夫。宇文赟驾崩时，郑译和刘昉表面上引杨坚辅政，实则郑译自己打算当大司马，总揽兵权，而刘昉也打算尊杨坚为大冢宰，自任小冢宰将其架空。杨坚找李德林商议，问他自己该以何种方式摄政，李德林一针见血地说："即宜作大丞相，假黄钺，都督内外诸军事。不尔，无以压众心。"（《隋书·李德林传》）杨坚大悦，遂依计而行。

此时，尽管杨坚取得了摄政大权，可满朝文武对他的突然上位反应不一，上上下下人心浮动。杨坚为了试探并震慑百官，特地把幼帝宇文阐所住的正阳宫改成了丞相府。而正式前往丞相府就任的这一天，就成了杨坚镇抚百官的一个契机。是日，杨坚密令卢贲集合禁军，在暗处待命，然后召集文武百官，当众宣布："欲求富贵者，宜相随。"

此言一出，一副"顺我者昌，逆我者亡"的权臣面目已经暴露无遗。百官面面相觑，都吃不准该不该跟着杨坚走。一番交头接耳之后，不少对杨坚心存不满的人就打算开溜了。杨坚立刻递给卢贲一个眼色，早已在暗处待命的禁军旋即涌出，将百官团团包围。

众人登时色变，想开小差的官员无不当场腿软。

事已至此，满朝文武只能乖乖听任杨坚摆布了。众人在禁军的"护送"下一路来到正阳宫，不料守门官却拒不开门。卢贲上前交涉，宣布正阳宫已改为丞相府。守门官还是挡在门口不肯挪窝。卢贲大怒，手按剑柄，瞋目而视。守门官在他杀气腾腾的逼视下终于怂了，只好低头退下。

杨坚就此入主丞相府。

尽管从小就怀有"天命在我"的自信，可在这么短的时间内，如此轻而易举地攫取了摄政大权，还是让杨坚感到了一种莫名的心虚。入主丞相府后，杨坚在一天夜里密召善观天象的庾季才，说："我一无所长，却受先帝顾命，依你看来，天意人心是否会眷顾于我？"

庾季才答："天道精微，难以臆测。仅就人心民意而言，窃以为征兆已经十分明显。更何况，既然走到了这一步，就算我坚决反对，您又怎么肯罢手呢？"

杨坚沉吟良久，最后微微一笑："诚如君言。"

那些日子，妻子独孤氏也给了杨坚莫大的鼓励。她说："大事已然，骑虎之势，必不得下，勉之！"

开弓没有回头箭。一场篡周立隋的大戏就此拉开了帷幕。

六 / 三方之乱

大象二年（580）六月初，赵王宇文招等五个亲王奉召入京，杨坚马上命人把他们暗中监控了起来。控制了文武百官和宗室亲王，杨坚总算松了一口气。接下来要对付的，就是尉迟迥、司马消难、王谦这三个手握重兵的封疆大吏了。

在这三个人中，最让杨坚忌惮的，无疑是在朝野享有威望的尉迟迥。

尉迟迥，其母是宇文泰的姐姐，论辈分，算是幼帝宇文阐的舅公；本人是西魏驸马，娶魏文帝之女金明公主，自少年时代起便追随宇文泰南征北战。史称其"通敏有干能，虽任兼文武，颇允时望"，深受宇文泰器重。可想而知，这样一个位尊势重、资历深厚的政坛大佬，在北周帝国的影响力是绝对不容小觑的。

杨坚首先采取的办法，是对其进行智取。他先是以幼帝名义下诏，让尉迟迥之子尉迟惇带着诏书前往相州，命尉迟迥回京奔丧；接着又任命亲信韦孝宽为相州总管，打算夺取尉迟迥的兵权。

然而，尉迟迥不是傻瓜。当宣帝驾崩、杨坚摄政的消息传到相州，他就已经意识到杨坚最终必将篡位自立了。所以，韦孝宽刚刚抵达朝歌（今河南淇县），尉迟迥派出的部将贺兰贵早已在此恭候多时。韦孝宽与贺兰贵相互试探了一番，彼此都知道对方来者不善。韦孝宽意识到尉迟迥已有防备，不敢贸然急进，而是先派探子进入相州打探情报。

还没等派出去的探子回来复命，尉迟迥旋即又命属下的魏郡太守韦艺前去迎接韦孝宽。韦艺是韦孝宽的侄子。尉迟迥派他来接人，显然是为了麻痹韦孝宽。韦孝宽心知肚明，所以跟侄子喝酒的时候拼命套他的话。韦艺在尉迟迥手下打工，自然不敢为了叔叔出卖老板。韦孝宽大怒，当场抽刀准备大义灭亲。韦艺吓得差点尿裤子，只好把尉迟迥意欲举兵对抗朝廷的密谋和盘托出。

韦孝宽大惊，料定尉迟迥的兵马转瞬即到，慌忙拉上韦艺，跳上马背，风驰电掣地往长安跑。不出所料，他们前脚刚走，尉迟迥的追兵后脚就到了。所幸韦孝宽多留了一个心眼，每经过一处驿站，都吩咐驿司把所有马匹驱散，并准备丰盛酒席拖住追兵。待追兵在驿站里酒足饭饱却又苦于没有替换的马匹时，韦孝宽早已绝尘而去了。

智取之策失败，杨坚只好采取了第二个办法，一面派人去相州对尉迟迥下最后通牒，一面密令相州府长史晋昶暗中部署，准备从内部端掉尉迟迥。可是，这一切都没有逃过尉迟迥的眼睛。杨坚派出的使臣刚和晋昶接上头，尉迟迥便得到了消息，旋即将晋昶等人悉数捕杀。

随后，尉迟迥断然撕破假面，召集手下文武将吏和全体邺城（相州治所）士民，发表了一番慷慨激昂的演说，称"杨坚藉后父之势，挟幼主以作威福，不臣之迹，暴于行路"，"吾与国舅甥，任兼将相"，没有理由置社稷安危于不顾，遂正式宣布起兵，匡扶社稷，救护万民。

尉迟迥既已拔刀，杨坚当然只能亮剑了。

大象二年（580）六月十日，杨坚任命韦孝宽为元帅，率梁士彦、宇文忻、崔弘度、宇文述、杨素等人，征发大军讨伐尉迟迥。与此同时，尉迟迥的起兵檄文也传遍了黄河南北。

当时，尉迟迥下辖的相（今河北临漳县西南）、卫（今河南淇县东南）、黎（今河南浚县）、洺（今河北永年县东南）、贝（今河北清河县西北）、赵（今河北隆尧县）、冀（今河北冀州市）、瀛（今河北河间市）、沧（今河北盐山县西南）九个州，其侄尉迟勤下辖的青、齐、胶、光、莒（均属今山东）等十四州，全部响应，总兵力达数十万；此外，荥州（今河南荥阳市）刺史宇文胄，申州（今河南信阳市）刺史李惠，东楚州（今江苏宿迁市）刺史费也利进，潼州（今安徽泗县）刺史曹孝远等，也各据本州，纷纷响应。随后，尉迟迥命各部分头出击，先后攻克建州（今山西晋城市）、潞州（今山西长治市）、钜鹿（今河北藁城市）、曹州（今山东定陶县）、亳州（今安徽亳州市）、梁郡（今河南商丘市）、昌虑（今山东滕州市）、下邑（今河南夏邑县）、永州（今河南信阳市北）等地。

一时间，尉迟迥的势力范围急剧扩张，俨然据有了北周帝国的半壁天下。

此刻的形势，显然对杨坚极为不利。尉迟迥已占据了关东大部，而东南的司马消难、西南的王谦，也迟早会举兵反抗。偌大的北周帝国，只剩下两块地盘，一块是杨坚可以直接控制的关中地区,另一块,就是北面的并州(今属山西,治所太原)。因此,时任大左辅兼并州总管的李穆,就成了杨坚和尉迟迥都必须全力争取的关键人物。换言之,他倒向哪一边,将在很大程度上决定哪一方的胜负!

李穆是西魏大将军李远的弟弟,很早就是宇文泰的心腹,曾在战场上救过宇文泰一命,颇受重用。北周开国之初,李远家族被宇文护铲除,李穆受到株连被贬为庶民。周明帝宇文毓即位后,李穆被重新起用,于建德六年(577)进位上柱国,封并州总管;大象元年(579)迁大左辅,二年(580)又加太傅衔。

显而易见,这样一个位兼将相、举足轻重的人物,一旦选择与杨坚分庭抗礼、跟尉迟迥同声相应,不仅会在军事上让杨坚陷入四面楚歌的困境,更会在政治上对杨坚构成巨大的威胁。尉迟迥深知这一点,所以起兵不久便迅速派人找到了李穆,劝他一同起兵对抗杨坚。当时,李穆之子李士荣也倾向于尉迟迥,力劝李穆与尉迟迥联手。

差不多同一时候,杨坚也派遣柳裘和李穆的另一个儿子、在朝中担任侍臣的李浑来到并州,对李穆晓以利害,劝他与朝廷站在一边。

两边的实力都很强大,而且各有一个儿子充当一方的说客,李穆到底该做何选择?

经过一番深思熟虑之后,李穆毅然把筹码压到了杨坚一方。他对儿子李士荣说:"大周气数已尽,这一点朝野共知。上天眷顾丞相,我岂能违天!"

随后,李穆逮捕了尉迟迥的使者,把尉迟迥写给他的密信呈给了朝廷,并让儿子李浑带了两样东西回去献给杨坚:一个熨斗,一条十三环的金带。

这是何意?

关于熨斗,李穆让李浑传话说:"愿执威柄以熨安天下。"意思就是祝愿杨坚能够掌握威权,熨平天下。至于十三环金带,就不用解释了,因为这是天子的御用物品。见到这两样意味深长的礼物,杨坚大喜过望,马上派遣李浑前往韦孝宽的前线大营,告诉他李穆已经加盟,以此增强他扫平关东的信心。

李穆有个侄子叫李崇,时任怀州(今河南沁阳市)刺史,原本准备响应尉迟迥,得知李穆已归附杨坚,遂慨然长叹:"阖家富贵者数十人,值国有难,竟不能扶倾继绝,复何面目处天地间乎!"(《资治通鉴》卷一七四)尽管李崇心里并不认同李穆的选择，但是为了整个家族的利益，最后还是不得不归附了杨坚。

尉迟迥的儿子尉迟谊，在李穆手下担任朔州（今山西朔州市）刺史。李穆归附杨坚后，第一时间逮捕了尉迟谊，执送长安，同时派兵进攻潞州，旋即克复，生擒尉迟迥任命的刺史郭子胜，从而稳定了并州的局势。

在调兵遣将对付尉迟迥的同时，杨坚也没有忘记摆平长安城里的那些宗室亲王。

杨坚首先铲除的，是时任雍州牧的毕王宇文贤。雍州牧相当于首都卫戍司令，位高权重，比起那五个被召回朝中的亲王来说，宇文贤对杨坚的威胁无疑要大得多，所以理所当然地成了杨坚的首要打击目标。

六月下旬，也就是朝廷与尉迟迥正式开战前夕，长安突然爆发了一起大案。据称，是毕王宇文贤与赵王宇文招等五王暗中勾结，准备刺杀丞相。没有人知道诸王是否确有此谋，也不知道密谋是如何泄露的，总之，杨坚一得到消息，立刻发兵捕杀了宇文贤及三个儿子。而对于已成瓮中之鳖的宇文招等五王，杨坚则采取了安抚手段，非但不予追究，"掩五王之谋不问"，还对另外两个亲王进行了提拔：以秦王宇文贽为大冢宰，以杞公宇文椿为大司徒。

杨坚此举，显然是希望暂时稳住周室诸王，以免在大战之前节外生枝。然而，对于诸王而言，毕王宇文贤之死已足以令他们生出唇亡齿寒的忧惧，也足以让他们看清杨坚意欲篡夺皇权的野心。是故，赵王宇文招等人绝不会坐以待毙。

就在宇文贤死后数日，宇文招便给杨坚送了一份请柬，邀请他到府上赴宴。

这明摆着是一场鸿门宴，可杨坚还是带着一大车的酒肉去了。到了赵王府，宇文招很热情地把杨坚邀入寝室。当时，宇文招的儿子宇文员、宇文贯，妻弟鲁封等人都在场，而且跟宇文招一样都带着佩刀。而杨坚的随从只有族弟杨弘和心腹大将元胄，更糟糕的是两人还都被挡在了门外。

如此安排，傻子都猜得出宇文招想干什么。元胄虽然被挡在门外，可一直全神贯注地盯着里面的动静。酒过三巡，宇文招抽出佩刀，频频切瓜递给杨坚。元胄顿觉不妙，立刻闯了进去，大声禀报说相府有急事，请丞相不要久留。宇文招大怒："我和丞相谈话，你来干什么？"随即喝令元胄退下。可元胄充耳不闻，径直走到杨坚身边，手按剑柄，对席上众人怒目而视。

宇文招见状，只好干咳几声，堆起笑脸道："我又没什么恶意，你何必如此猜疑？"元胄不搭理他，脸上还是一副如临大敌的表情。杨坚似笑非笑，只顾低头喝酒不说话。宇文招大为尴尬，又劝了几轮酒后，忽然做出呕吐之状，连称不胜酒力，要到后阁歇息片刻，让两个儿子继续陪丞相喝酒。

可是，宇文招刚刚起身，元胄就冲过来一把扶住了他，手上却暗暗使力，硬是把他按回了坐榻。宇文招几次想起来，都被元胄按了回去。元胄的意思很明显——只要把你宇文招钉在这儿，谅他们谁也不敢轻举妄动！

宇文招苦笑，只好又说自己口干舌燥，让元胄到厨房给他拿些水来。元胄却纹丝不动。正在僵持之际，滕王宇文逌恰好姗姗来迟地前来赴宴，杨坚立刻起身相迎。元胄连忙凑到他耳边，压低声音说："情况不对劲儿，赶紧走！"杨坚不以为然："他们手里又没有兵马，还能怎么样？"元胄急道："兵马本来就是他们家的，如果他们抢先发动，大事就玩完了！我不在乎一死，就怕白白送死。"

杨坚不理，照旧回到榻上坐下。元胄心急如焚，又听到内室传出铠甲铿锵之声，遂大声道："相府一大堆事等着处理，丞相怎么还能坐在这儿！"旋即不由分说地扶起杨坚，连拉带拽地把他推出了门外。守在门外的杨弘立刻护送杨坚出去。宇文招赶紧起身来追，元胄却堵在门口不让他出去。宇文招气得脸色铁青，身后众人也都蠢蠢欲动，可看着元胄那张凶神恶煞的脸，还有那副铜墙铁壁般的身躯，终究还是没人敢动手。

杨坚就此逃过一劫。

关于这场"鸿门宴"，如果历史记载属实的话，那么杨坚在这件事上显然太过麻痹轻敌了。他自以为宇文贤一死，其他诸王就难有什么作为，这无疑是拿自己的性命和帝业在开玩笑。倘若没有元胄的警惕和果敢，他恐怕早就成为宇文招等人的下酒菜了。由此可见，能成大事的人并不见得永远英明，他也有脑袋短路的时候。但是在他偶尔犯糊涂时，身边却不能没有清醒的人。

事后想起来，杨坚肯定会为自己的轻率惊出一身冷汗。不过，这场"鸿门宴"倒也不全是坏事，因为它在客观上给了杨坚一个诛杀诸王的借口。

这一年七月末，杨坚断然出手，以阴谋叛乱为名，将赵王宇文招、越王宇文盛这两个最为年长的亲王，连同他们的儿子全部诛杀。

至此，北周宗室中最有威望的几个亲王都被干掉了，剩下来的那些，就只能变成砧板上的鱼肉，什么时候剁掉，就全看杨坚的心情了。

七月下旬，郧州（今湖北安陆市）总管司马消难也拉起反旗，与尉迟迥遥相呼应。杨坚即命襄州总管王谊为元帅，发兵征讨。差不多与此同时，韦孝宽的东征大军也已进至武陟（今河南武陟县），与尉迟惇的十万大军对峙于沁水。

正当大战一触即发之际，杨坚忽然接到前线密报，称梁士彦、宇文忻、崔弘度三员大将皆暗中收受尉迟迥巨额贿赂，以致军中骚然，人心浮动。杨坚大为震惊，连忙与郑译商议，准备找人把他们换掉。

临阵换将，无疑是用兵之大忌！关键时刻，心腹智囊李德林找到杨坚，说："您与前线诸将，都是国家贵臣，本来就谁也不服谁，今天所以能指挥他们，只因您用皇帝名义发令。如果疑心前面派出的将领不忠，那谁敢保证后面派遣的将领就一定对您死心塌地？至于尉迟迥贿赂一事，真假难辨，一旦把他们全部免职，极有可能畏罪潜逃；即便把他们全部逮捕，则军中必将人人自危，于军心大为不利。况且临阵换将，自古就是取败之尤。依在下愚见，当务之急，就是派一名有智慧、有谋略、素来为诸将信服的心腹之人，火速赶往前线，掌握军中的所有情况。就算有人心存异志，也不敢发动；即便发动，也可以控制。"

杨坚闻言大悟，感叹道："要不是你一席话，几乎坏了大事！"

主意是有了，但是什么人愿意提着脑袋去干这么危险的活呢？

杨坚先是找到侍臣崔仲方，可崔仲方却推说老父尚在关东，怕遭尉迟迥胁迫，所以去不了。杨坚想想也有道理，就去找刘昉。刘昉一听要派他上战场，吓得魂都没了，连连摆手，说自己从不曾带兵打仗，绝对不合适。杨坚无奈，最后只好对死党郑译说，没人去，只能麻烦你走一趟了。不料郑译却脸色大变，坚称老母尚在，不宜远行，说什么也不接这掉脑袋的活儿。

危急时刻，一个个都掉链子了。

杨坚气得吹胡子瞪眼，可愣是拿这几个贪生怕死的家伙没辙。最后，总算有人站了出来，主动接了这个活。他就是素以"有器局，习兵事，多计略"著称的高颎。杨坚大喜，当即颁发了监军的任命状。高颎接令，即刻起程，连家中老母都来不及辞行，仅让人向老母转达了一句话："忠孝不可两全。"然后便挥泪上路。

自此，李德林和高颎就成了杨坚最为倚重的左膀右臂。而本来居于杨坚集团核心圈的郑译和刘昉，则从此被杨坚彻底冷落，逐渐淡出了权力高层。

就在高颎奔赴前线的同时，帝国东南传来消息，司马消难以辖下的郧、随、温、应、土、顺、沔、儇、岳九个州（今均属湖北），以及鲁山、应城、平靖、武城等八个军镇（今均属湖北），投降了陈朝，并将其子司马永送至建康（今江苏南京市），作为人质换取陈朝的军事支援。

陈宣帝大喜，随即任命司马消难为大都督，总督九州八镇诸军事，并赐爵随国公。紧接着，又下令前方大将樊毅等人，出兵进攻北周，策应司马消难。

大象二年（580）八月初，紧继尉迟迥和司马消难之后，益州（今四川成都市）总管王谦也起兵叛乱，挥师进攻始州（今四川剑阁县）。杨坚即命亲信梁睿为元帅，进军讨伐王谦。

一切都不出杨坚所料，该反的一个个都反了。在杨坚看来，不管是司马消难还是王谦，其实都只是跳梁小丑，根本不足为虑。真正够分量的对手，还是占据了帝国半壁的老家伙尉迟迥。

高颎和韦孝宽能不辱使命、荡平关东吗？

面朝烽烟滚滚的东方，杨坚焦急地等待着答案。

七 / 大隋开国

高颎抵达前线后，很快就稳定了军心，旋即命人在沁水上搭建浮桥，准备渡河攻击。尉迟惇闻报，马上派人从上游放下火筏，打算烧毁浮桥。高颎随即命人在水中堆筑"土狗"，抵御火筏。所谓土狗，就是在水中积土成堆，前尖后宽，前高后低，形状就像一只蹲在水里的狗。

尉迟惇眼见抵挡不住朝廷军渡河，便下令全军稍稍后撤，准备等对手半渡之时发起进攻。可他的意图被韦孝宽识破了。尉迟惇军刚刚后移，韦孝宽立刻擂动战鼓，下令全军渡河。渡河之后，高颎就命人烧毁了浮桥，决定背水一战，不让士兵有后退的机会。

两军随即在沁水东岸展开会战。朝廷军后路已断，全体官兵不得不奋勇争先，全力进攻。尉迟惇军抵挡不住，迅速溃败。尉迟惇单骑逃亡。韦孝宽率大军乘胜追击，兵锋直逼尉迟迥的老巢邺城。

八月十七日，尉迟迥、尉迟惇父子集结十三万重兵，在邺城城南列阵，准备与朝廷军决战。尉迟迥亲率一万精兵，头裹绿巾，身穿锦袄，号"黄龙兵"。其侄尉迟勤率五万步骑自青州来援，尉迟勤自己担任前锋，亲率三千骑兵先行赶到。

这一战，尉迟迥几乎押上了自己的全部老本。其麾下将士多为关中人，长年追随他征战沙场，皆愿为他效死，且尉迟迥以老迈之躯披挂上阵，也极大地鼓舞了士气。开战不久，朝廷军便明显不支，开始向后溃退。千钧一发的时刻，朝廷军大将宇文忻忽然发现，战场附近居然围了好几万前来观战的邺城居民，男女老少都有。这一发现令他欣喜若狂。宇文忻当即向韦孝宽请命："事急矣！吾当以诡道破之。"

好奇心真是害死人。此刻，这些喜欢看打仗的男女老少万万没想到，他们马上就将成为朝廷军的靶子，而自以为胜券在握的尉迟迥更是不会料到，他匡扶社稷的大业竟然会毁在这数万名看热闹的围观群众手里。

趁着朝廷军尚未全线溃败,宇文忻抓住战机,命令部众一齐向围观人群放箭。观众大惊,一下子四散奔逃,互相踩踏,哭喊哀号之声响彻云霄。宇文忻回头向部众高呼:"贼人败了!"正在退却的将士闻声,士气复振,遂纷纷掉头发起反攻。

而这边的尉迟迥军却被抱头鼠窜的人群冲乱了阵脚。形势霎时逆转。尉迟迥再也无力重组阵形,只好随着溃退的部众退入邺城。韦孝宽趁势指挥大军将邺城团团包围。由于尉迟迥从一开始就打定主意要与朝廷军在野外决战,根本没有组织像样的城池防御,所以朝廷军轻而易举地攻上了城头。

城池既陷,尉迟迥就插翅难飞了。他踉踉跄跄地逃进内城的碉楼,在万般无奈中挥刀自刎。尉迟惇、尉迟勤等人带着残部准备退保青州,半路上被朝廷军追及,悉数被擒。随后,韦孝宽分兵横扫关东,所到之处纷纷平定。

杨坚得到捷报,连日紧锁的眉头终于舒展开来。他当即下令,将相州治所迁到安阳(今河南安阳市),然后将邺城的城墙和公私屋宅全部拆毁,整座城池夷为平地,同时划出相州下辖的一部分郡县,另行成立毛州(今河北馆陶县)、魏州(今河北大名县)。

至此,一度甚嚣尘上、声势浩大的尉迟迥之乱,仅历六十八天便宣告平定。令人遗憾的是,短短三个月后,率部平定尉迟迥的元帅韦孝宽因病逝世,未能等到杨坚龙登九五的那一天。

八月下旬,负责征讨司马消难的王谊率部进抵郧州。司马消难不敢抵御,亡奔陈朝。等到陈朝负责接应的樊毅赶到,司马消难早已逃得不见踪影。北周亳州总管元景山出兵进攻樊毅,将其击退。随后,元景山又会同南司州(今湖北武汉市黄陂区)总管宇文弼,一路追击樊毅,在漳口(今湖北汉川市北)一带与其会战,三战三捷。樊毅不得不退保甑山镇。元景山则乘胜进击,将司马消难献给陈朝的土地城邑一一收复。

陈宣帝白白欢喜了一场,最后得到的,只是一个轻于去就的反复小人而已。

就在关东与东南捷报频传的同时,帝国西南的战事也进展得极为顺利。负责征讨王谦的梁睿集结了二十万大军,攻入蜀地后,一路势如破竹。王谦分兵据守险要，企图借助蜀地险峻复杂的地形顽抗到底。为了阻滞朝廷军的攻势，王谦特地派遣骁将达奚惎等人率兵十万，攻击梁睿的必经之地利州（今四川广元市）。

当时，利州守军只有区区两千人，与敌人的兵力之比是一比五十，可守将豆卢勣却创造了以寡敌众的奇迹，在令人难以想象的困境中整整坚守了四十天，其间还经常出动小股部队对围城之敌进行袭扰。到了梁睿大军抵达的时候，利州城依然固若金汤，达奚惎等人不得不撤围而去。

随后，梁睿自剑阁一路攻至成都。王谦命达奚惎等人守城，自己亲率五万精锐出城迎敌，可一战便被梁睿击溃。当王谦仓皇逃回城下的时候，做梦也不会想到，达奚惎已经在城头插上了一面触目惊心的降旗。王谦破口大骂，瞋目欲裂，但一切已经无由挽回，只好带着三十余名亲信骑兵逃奔新都。可当他惊魂未定地逃进新都时，等待他的却不是压惊的酒宴，而是新都县令王宝专门为他准备的一条冰冷的绳索。

王谦被俘，并于十月底被梁睿就地斩首。至此，益州全境平定。

短短几个月时间，一度分崩离析的北周天下便再次完整地呈现在杨坚面前。如果说在此之前，人们对轻易夺取摄政大权的杨坚还有些鄙夷不屑的话，那么经过这几场快如闪电的平叛战争，恐怕就很少有人敢对杨坚的能力表示怀疑了。当然，也许还是有人会觉得这几场战争赢得太过容易，因此把一切都归因于运气。可是，当一个人的运气好到老天爷总是站在他那一边的时候，当普天之下的对手都已经被接二连三淘汰出局的时候，难道还不足以证明，这恰恰是一个秉承天命、注定要君临天下的人吗？

毫无疑问，三方之乱的平定，已经彻底夯实了杨坚通往帝座的道路。

从大象二年（580）的秋天起，杨坚的"禅代秀"就开场了；而刚刚建立才二十几年的北周帝国，也无可挽回地进入了倒计时状态。

——这一年九月二十八日，关东刚刚平定，杨坚便任命世子杨勇为洛州总管、小冢宰，负责统治北齐旧地，也就是整个关东、河北地区。

——九月三十日，北周朝廷取消左、右丞相，改任杨坚为大丞相。

——十月初，杨坚诛杀陈王宇文纯和他所有的儿子。

——十二月十三日，杨坚进位相国，总百揆，晋爵隋王，"赞拜不名"（启奏时不再称姓名），"备九锡之礼"（"九锡"即"九赐"，是天子赐予勋臣的九种器物和礼遇，事实上也是历代权臣篡夺帝位的必经程序）。杨坚接受了爵位和封邑，却装模作样地拒绝了其他的职位和荣誉。

——十二月二十日，杨坚诛杀代王宇文达、滕王宇文逌及其所有儿子（至此，五王被屠戮殆尽）。

——次年（581）二月四日，杨坚终于接受"相国，总百揆，九锡"等官职礼遇。

——二月六日，北周朝廷下诏，封杨坚之妻独孤氏为王后、世子杨勇为王太子。

走到这一步，接下来就该启动"劝进程序"了。开府仪同大将军庾季才率先站出来，劝杨坚于本月甲子（二月十四日）应天受命，登基称帝。太傅李穆和开府仪同大将军卢贲随即跟进，同声附和。按历史惯例，一场标准的"禅代秀"须经属下多次劝进，受禅者多次拒绝，最后才做出一副勉为其难的样子，以"天与不取，反受其咎"的姿态无奈接受。杨坚当然也不会例外。

数日后，北周幼帝宇文阐颁布了最后一道诏书，宣布逊位，移居别宫。

581年阴历二月十四，北周朝廷举行了最后一场国事典礼——禅位大典。有关官员奉命宣读禅位册书，并向隋王杨坚奉上皇帝玉玺。杨坚头戴天子冠冕，身穿黄袍，登上临光殿，即皇帝位，接受百官朝拜，宣布大赦，改元开皇。

同日，杨坚任命了新王朝的第一批大臣：高颎为尚书左仆射兼纳言，虞庆则为内史监兼吏部尚书，李德林为内史令。三人分别掌管尚书、门下、内史三省，同为宰相。韦世康为礼部尚书，元晖为都官尚书，元岩为兵部尚书，长孙毗为工部尚书，杨尚希为度支尚书。

北周王朝就此终结，大隋帝国宣告诞生。

这一年，杨坚周岁恰好四十，正处于一个男人生命中的巅峰时期，经验、阅历、脑力、精力都处于最佳的状态。对于帝国的万千臣民来讲，这自然是一件幸事。人们完全有理由期待，这样一个盛年即位的开国之君，终将带给他们向望已久的太平。

二月十六日，杨坚下诏，封独孤氏为皇后，杨勇为皇太子。

二月十九日，杨坚将已逊位的周静帝宇文阐降格为介国公，同时把北周宗室

七 / 大隋开国 · 045

的所有亲王全部降爵为公。不久,虞庆则劝杨坚把宇文家族全部屠灭,以绝后患。高颎和其他朝臣心里并不赞同,却不敢公开反对。只有李德林一直与杨坚面折廷争,坚决认为不可。杨坚大怒道:"君书生,不足以议此!"遂下令,将宇文泰所有在世的子孙,全部诛杀,一个不留。

二月二十五日,杨坚封弟弟杨慧为滕王,杨爽为卫王;封次子杨广为晋王,三子杨俊为秦王,四子杨秀为越王,五子杨谅为汉王。

李德林原本最受杨坚倚重,可自从上述事件触逆龙鳞,便日渐被疏远,"由是品位不进",再也未获重用。而与此同时,由高颎引荐的苏威则迅速博得杨坚青睐,并逐渐取代李德林,成为杨坚的股肱重臣。

苏威,父亲苏绰,官任西魏的度支尚书(财政部长)。从少年时代起,苏威便以"治身清俭"、廉慎自律而名重当世,西魏末年入仕。北周初年,宇文护欣赏苏威的人品,强行把女儿许配给了他。苏威见宇文护擅权揽政,担心有朝一日祸及己身,便逃入山中,隐居深山古寺,以吟诵诗书自娱。武帝宇文邕即位后,闻其贤名,授予他车骑大将军、仪同三司等职,却都被他以身体不适为由婉拒。直到宣帝宇文赟即位,隐居多年的苏威才接受了开府仪同大将军之衔,重返朝廷。

杨坚摄政后,积极延揽人才,高颎屡屡称赞苏威贤能,大力推荐。杨坚随即召见苏威,一番交谈后,心中大悦,准备予以重用。可没过多久,苏威风闻杨坚打算禅代自立,遂再度遁归乡里。高颎请示杨坚,表示要亲自把他追回来,杨坚马上制止,说:"他是不想介入这件事,由他去吧。"

还是杨坚了解苏威。他很清楚,苏威并不是反对他自立,而只是因为爱惜羽毛,不想沾惹篡周的骂名而已。果不其然,当杨坚受禅之后,征召苏威入朝担任太子少保,他便欣然接受了。开皇元年(581)三月,杨坚又命苏威兼任纳言、度支尚书,委以他宰相兼财政大臣的重任。

让苏威专门负责财政工作,也算是让他子承父业。早在苏威童年时代,其父苏绰担任西魏度支尚书时,他便从父亲那里耳濡目染地受到了许多影响。当初,西魏因连年征战,财政状况异常糟糕,一边是国库空虚、财用不足,另一边老百姓却又承受着十分沉重的赋税,苏绰常为此悲叹:"如今的征税制度,就像一张紧绷的弓,只能作为紧急情况下的应对措施,不能变成常态化的制度。不知道将来的贤人君子,谁能让这把紧绷的弓回归常态!"

幼小的苏威听见父亲的这番感叹,就牢牢记在了心里,此后更是以改革帝国财政、减轻百姓负担作为自己的使命。所以,现在一接手财政工作,苏威便全力以赴,"奏减赋役,务从轻简"。对于苏威提出的改革措施,杨坚悉数采纳,从此对他愈加倚重,把朝政决策权全盘交给了他和高颎。

要看清杨坚对苏威的倚重程度,有个例子很能说明问题。

有一次,某个朝臣不知何故触怒了杨坚,杨坚立刻下令把他杀掉。苏威力谏,杨坚不听,还打算出宫,亲自动手宰了那个人。苏威挡在殿门口不让他出去,怒气冲天的杨坚只好绕道,想从别的门出去,没想到苏威又赶在皇帝前面堵住了门口。杨坚和他对峙许久,苏威始终不肯让步。最后杨坚无奈,只好拂袖回宫。

事后,杨坚意识到了那天的冲动,庆幸苏威能够坚持原则,及时纠正自己的错误,便当面向他道歉,说:"公能若是,吾无忧矣。"随即赐马二匹、钱十余万。不久,更让苏威兼任大理卿、京兆尹、御史大夫,而纳言和度支尚书仍然保留。

至此,苏威一人身兼五个要职,可谓权倾朝野,荣宠无匹,满朝文武无不充满了羡慕嫉妒恨。很快,有个叫梁毗的御史就上疏弹劾苏威,骂他太过贪权,恋栈禄位(安繁恋剧),一人戴那么多顶乌纱,也不舍得拿出来跟别人分享一下(无举贤自代之心)。

杨坚见疏,当即表态:"苏威尽忠为国,朝夕忙碌,孜孜不倦,志存远大。他不是不肯举贤,而是暂时没有合适人选,你们凭什么逼他?"之后,杨坚更是在朝会上,当着文武百官的面说:"苏威不遇到我,才能就得不到施展;我不遇到苏威,政令就得不到推行。当今朝中,真正的人才并不多,比如杨素,虽然才辩无双,但是说到深研古今政治制度,并且能够斟酌采择、助我宣化者,还是非苏威莫属!"

皇上都把话说到这份儿上了,百官当然只能唯唯。不过,杨坚把苏威宠成这样,终究还是让一个人吃醋了。

他就是把苏威引荐给杨坚的高颎。

杨坚在朝会上力捧苏威不久,高颎就打了一份辞职报告,表示自己才疏学浅，难以胜任目前的工作，有负皇上所托，愿意把自己的职位也让给苏威。

高颎这么做，说好听点儿叫作高风亮节，说难听点就是吃醋撒娇、要挟皇上！杨坚当然不会闻不出高颎的酸味儿，同时也肯定不会允许他辞职。因为苏威和高颎都是他最宠信的人，手心手背都是肉，放弃谁杨坚都舍不得。如果一味说好话劝高颎留下，当然也可以摆平这件事，可问题是，高颎以宰相之尊学小女子争风吃醋，难免会给满朝文武带一个坏头，以后大家有样学样，动不动就闹辞职，朝廷成何体统？杨坚还怎么坐天下？

所以，怎么才能既让高颎留下，又让他意识到自己的错误，就成了考验杨坚政治智慧的一道难题。

深谙御人之术的杨坚，很漂亮地通过了这次考验。

首先，一接到高颎的辞职报告，他就既不慰留也不斥责，而是以"君子成人之美"的姿态，同意了高颎的请求，免去其左仆射之职。高颎一下子蒙了——他万万没料到，自己争风吃醋不但没争来任何东西，反倒把仅有的老本都赔了进去。正当高颎深为自己的弄巧成拙而懊悔不迭、却又碍于脸面不敢向皇上讨回职位的时候，杨坚又下了一道诏书，说："苏威在前朝曾经隐居不仕，皆因高颎慧眼识英，朕才得此贤才。朕过去经常听人说，推荐贤才的人应该得到最高的赏赐。所以，怎么能让这种人失去官职呢？"

随后，杨坚下令恢复了高颎的职位。

经此一事，高颎彻底服帖了。一想起辞职的事他就觉得自己特傻，没事闹什么辞职啊，压根儿就是吃饱了撑的跟自己过不去嘛！从此，高颎老老实实与苏威搭班唱戏，"同心协赞"；而杨坚也努力做到一碗水端平，"政刑大小，帝无不与之谋以，然后行之"。

史称，在杨坚、高颎、苏威君臣三人的默契配合与励精图治之下，隋朝开国短短几年后，天下便初步呈现出繁荣稳定的太平景象（《资治通鉴》卷一七五："故革命数年，天下称平。"）。

然而，高颎不再吃苏威的醋，并不等于其他开国功臣就不会吃他两人的醋。不久，好几个创业元勋就拉帮结伙，对高、苏二人发起了挑战。

八 / 功臣谋反案

头一个对高颎和苏威因妒生恨的人，就是当初以武力护持杨坚摄政的卢贲。

在拥戴杨坚的人中，卢贲跟高颎一样，都算得上是元老级人物。在卢贲自己看来，就算他的功劳总体来说不及高颎，但也不至于相差太多。可是，隋朝开国后，高颎贵为尚书左仆射兼纳言，位在百官之首，卢贲却只当了个小小的太子左庶子（东宫侍从总管），只有区区四品。如此悬殊的待遇，自然令卢贲深感不平。此外，就连那个长年躲在深山老林里的苏威，也一出山就获重用，甚至身兼五职，比高颎还牛……如此种种，无不让卢贲妒火中烧。

与卢贲有着同样感受的，还有刘昉。

众所周知，刘昉是把杨坚扶上摄政之位的头号功臣，一开始也颇受杨坚器重，可自从他危急时刻掉链子、死活不肯上前线之后，在杨坚心目中的地位就一落千丈了，从此被日益疏远。隋朝开国后，刘昉仅仅捞了个"柱国"的虚衔，其他职务一概没有，这当然令他十分郁闷。当时，与刘昉一样对政治待遇深感不满的大臣还有上柱国元谐、上柱国李询、华州刺史张宾等人。

出于相同的怨恨和不甘，卢贲很快便与刘昉等人结成了利益联盟，决定联手扳倒高颎和苏威，然后五人同揽辅政大权。为了增加政治筹码，卢贲又瞄上了太子杨勇。当时，杨勇虽贵为太子，但杨坚夫妇最宠爱的还是次子杨广。也就是说，杨勇的太子之位并不稳固。因此，卢贲自作聪明地认为，只要向太子宣誓效忠，把他拉入自己的阵营，夺权计划就十拿九稳了。随后，卢贲便私下对太子说："我一直想与殿下建立私人情谊，却唯恐皇上降罪；如今斗胆向殿下致意，愿殿下体察微臣区区赤诚之心。"

卢贲此举貌似聪明，其实愚蠢至极。暂且不说杨勇敢不敢私自和他缔结小集团，就算敢，这个小集团也很难在精明过人的杨坚眼皮底下搞什么小动作。况且，大臣私自与太子交结，说轻了叫行为不检，说重了就是谋反篡逆。所以，卢贲这么做，只能是玩火自焚。

很快，杨坚就通过眼线获悉了卢贲的密谋，遂下令彻底追查。刘昉等人大惊失色，慌忙把罪责全部推给卢贲和张宾。有关部门查清案情后，满朝文武纷纷上奏，要求处死卢、张二人。杨坚念在二人拥戴有功，不忍诛杀，仅将二人革职为民。

无独有偶，就在卢贲等人案发后不久，另一个开国元老也遭到了贬黜。

这个人就是郑译。

毋庸讳言，在杨坚上位摄政的过程中，郑译和刘昉一样，都是功不可没的佐命元勋，杨坚也一直待其不薄。当初杨坚晋位丞相，便拜郑译为柱国、丞相府长史；杨坚为大冢宰时，郑译又兼领天官都府司会，总六府事，且"出入卧内，言无不从，赏赐玉帛不可胜计"，可谓权倾一时。然而，郑译生性浮躁浅薄、贪财好利，自从手握大权后，便大肆贪污受贿、卖官鬻爵，日渐荒废了政务。

杨坚把这一切都看在眼里，却不动声色，表面上对郑译一切如旧，暗中却交代郑译手下那些官员，以后所有政务都不必经过郑译，可以直接向他禀报。从此，郑译被架空，看上去职务和地位都跟从前一样，实则毫无权力，"犹坐厅事，无所关预"。尤其是三方之乱时，郑译跟刘昉一样，在危急时刻掉链子，更是让杨坚对他大失所望。

后来，郑译虽然进位为上柱国，但也仅仅保住了这个荣誉衔，其他实权职务均被解除。郑译意识到自己已被彻底冷落，常怀忧惧，不得不主动提出辞职。杨坚考虑到时局未稳，遂好言慰留，并对其恩礼如故。直到隋朝开国后，杨坚才让郑译以上柱国的职位退休，给了他丰厚的赏赐，并封他的两个儿子一个为城皋郡公、一个为永安男，另追赠其亡父、亡兄为刺史。

按说杨坚给了郑译这么高的致仕待遇，也算是对他仁至义尽了。可是，任何一个在高位上待过的人，一旦下台，其内心感受都是比死还难受，而像郑译这种嗜权如命的人，当然更不例外。他离职归家后，整天抑郁寡欢，随即暗中找了一帮道士，天天作法祈福，并施行巫蛊之术（就是民间所称的"扎小人"）。

然而，让郑译万万没料到的是，他身边的一个婢女竟然是杨坚很早就安插的卧底，所以他的所作所为，都被这个婢女一五一十地密报给了杨坚。东窗事发后，杨坚召郑译入宫，脸色阴沉地说了一句："我不负公，此何意也？"（《隋书·郑译传》）郑译冷汗直下，无言以对。

稍后，有关部门又上疏弹劾，称郑译大不孝，把老母迁移别处，不与母亲同住。杨坚顺势下诏，革除郑译所有官爵，并称："郑译为官，嘉谋良策从来没有，卖官鬻爵却很有一套。这种人若留在世上，在人间是不道之臣；若将其杀掉，在地下则为不孝之鬼。阳世阴间都无法容他，且赐《孝经》一部，命其在家熟读。"随后又命令他把母亲接回家中奉养。

杨坚不杀郑译，已足以称得上法外开恩。郑译当然不敢有丝毫怨言，从此老老实实在家读经，奉养老母，再也不敢有任何忤逆之举。尽管不久之后，杨坚念其真心悔过，又给了他复出的机会，可都不是什么重要职位。换言之，此后的郑译虽然没有完全淡出政坛，可他的政治生命，在隋朝立国之初便已终结。

在杨坚摄政上位的过程中，功劳最大的无疑是郑译和刘昉，可隋朝开国后，这两个家伙自恃功高，贪赃枉法，几乎同时被杨坚疏远，并相继遭贬，称得上是一对难兄难弟。不过，郑译后来洗心革面，总算保住了晚节；而刘昉却不懂得夹起尾巴做人，所以下场比郑译难看得多。

卢贲一案，杨坚有意对刘昉网开一面，可刘昉非但不思悔改，反而变本加厉，很快又跟两个心怀怨望的开国功臣勾搭上了，日夜密谋，企图推翻杨坚。这两个开国功臣，就是三方之乱时负责征讨尉迟迥的梁士彦和宇文忻。

梁士彦，自幼喜读兵书，颇涉经史，很早便以军功拜仪同三司。北周武帝时，进位上开府，封建威县公，后迁熊州刺史。武帝伐北齐时，随军攻克晋州，其后武帝暂返关中，由梁士彦独守孤城，在被北齐大军围攻时临危不惧，身先士卒，一直坚持到武帝大军回师。北齐灭后，因功晋爵郕国公，进位上柱国。周宣帝时，任东南道行台、徐州总管等职。杨坚摄政时，转任亳州总管。三方之乱爆发后，杨坚任命梁士彦为行军总管，随韦孝宽出兵讨伐尉迟迥。在围攻邺城的战役中，梁士彦命家将梁默等人为前锋，率先攻入北门，杀进城中，然后开启西门，引宇文忻部进入，旋即占领全城。

平定尉迟迥后，梁士彦因首破邺城之功，被杨坚任命为相州刺史。然而，杨坚对他并不放心。因为，早在尉迟迥被平定之前，杨坚便风闻他和宇文忻等人暗中收受尉迟迥的巨额贿赂。尽管此事后来不了了之，但杨坚始终心存芥蒂。此外，梁士彦年少之时，曾有相师为其相面，称其"年过六十，必据九五"。杨坚耳闻后，越发怀疑梁士彦有不轨之心，所以很快就把他召回京师，且没有授予任何职务，仅让他以上柱国的虚衔在家赋闲。

宇文忻，祖、父皆为北周显宦，自幼聪慧，儿童时代喜玩打仗游戏，并自任指挥官，把一大群孩子操练得如同军队，见者皆称奇。十二岁，便能"左右驰射，骁捷若飞"，曾对朋友说："自古名将，唯以韩信、白起、卫青、霍光为美谈，但我考察他们的作为，其实不值得如此誉美。倘若我和他们出生在同一时代，一定不会让这几个小子独占美名。"此言尽管豪迈，但自负与疏狂之态已溢于言表。

十八岁，宇文忻跟随齐王宇文宪征讨突厥有功，拜仪同三司，封兴固县公，之后又屡建战功，加位开府，晋爵化政郡公，赐食邑二千户。北周武帝灭齐时，随军连克晋州、并州、晋阳等城，并于北齐援军大兵压境时，多次谏阻武帝的退兵之念。北齐灭后，进位大将军、柱国，旋任豫州总管。

三方之乱爆发后，宇文忻与梁士彦一道，被杨坚任命为行军总管，出关征讨尉迟迥。朝廷军与叛军对峙河阳时，各军将领皆畏惧不前。此后高颎驰赴前线监军，只有宇文忻与高颎一起谋划进兵事宜。武陟一战，宇文忻为前锋，击败尉迟惇。在相州附近的野马冈，宇文忻率五百骑兵袭破尉迟迥埋伏于此的三千精锐。朝廷军进至草桥时，尉迟迥再度屯兵据守，宇文忻又以奇兵击破，并引导大军直趋邺城。在邺城之下，当朝廷军一度失利退却时，还是宇文忻急中生智，箭射围观群众，一举扭转战局，使朝廷军转败为胜。

尉迟迥败亡后，宇文忻因战功卓著进位上柱国，赐奴婢二百人、牛马羊数以万计。杨坚还亲自召见他，大为赞叹："尉迟迥倾山东之众，动百万之师，而你屡出奇策，战无不胜，诚可谓天下英杰！"旋即加封英国公，增食邑三千户。

杨坚年轻时，与宇文忻有不错的私交，如今宇文忻又在平叛中立下大功，杨坚当然对他更为器重。史称"自是以后"，宇文忻便"每参帷幄，出入卧内"；杨坚篡周立隋时，宇文忻更是极力拥戴，旋即拜右领军大将军，"恩顾弥重"（《隋书·宇文忻传》）。

杨坚与宇文忻貌似君悦臣欢、同心同德，可事实上，杨坚对宇文忻早就起了猜忌之心。其因有三：一、当初前线纷传尉迟迥重金收买朝廷大将时，宇文忻也是收受贿赂的嫌疑人之一，尽管此事并没有任何确凿证据，但杨坚心里不免疑窦从生。二、宇文忻虽然骁勇无敌，但生性自负疏狂，从不把任何人放在眼里，这一点从他少年时代的豪言壮语便足以见出。因此，宇文忻的军事才能越高，杨坚对他就越不放心。三、宇文忻虽与杨坚私交甚厚，但自从杨坚摄政后，早年的友情被上下级关系所取代，所以当宇文忻奉命征讨尉迟迥时，心里其实一直有一种担心，怕杨坚事后会采取鸟尽弓藏的手段对付功臣。当杨坚得知宇文忻的这种心态后，自然大为不悦。在他看来，若宇文忻对他忠心不二，就不必担心被鸟尽弓藏；既然担心，就说明宇文忻对他怀有二心。

宇文忻的心态之所以被杨坚掌握得一清二楚，是因为他曾向一个叫于仲文的人吐露过心事。那是韦孝宽率大军与尉迟迥对峙于永桥（今河南武陟县西南）的时候，于仲文被任命为河南道行军总管，奉命与韦孝宽部配合作战。当于仲文从长安抵达前线时，宇文忻当即把他请到自己帐中，问："您刚从京师来，据您所见，执政（杨坚）对今后的事有何打算？要平定尉迟迥其实很容易，我唯一担心的是，叛乱平定后，执政会行鸟尽弓藏之事。"

于仲文唯恐宇文忻生变，马上答道："丞相宽仁大度，明察秋毫，若我等竭诚尽忠，丞相必对我们信任不移。我在京城仅三天，就发现了丞相的三个优点，以此看来，丞相显然不是寻常之人。"

宇文忻赶紧问："哪三个优点？"

于仲文说："有一个叫陈万敌的叛军将领，刚刚归附朝廷，丞相对他毫无疑心，还让他弟弟回乡招募乡勇，随军征讨叛贼，可见丞相之大度，此其一。朝臣宋谦，奉命巡视地方，打算采取暗访的方式，遍求地方官吏之罪。丞相知道后，当即斥责他说：'若真触犯法律，自不难查，何须暗访，有失朝廷体统！'可见丞相并不随便罗织他人罪名，此其二。我的妻子儿女均被尉迟迥所杀，丞相每言及此，必潸然泪下，可见丞相之仁心，此其三。"

宇文忻闻言，一颗惴惴不安的心终于放了下来。

宇文忻是放心了，可杨坚得知此事后，心里却七上八下，对宇文忻大生疑猜。隋朝开国后，有一次突厥入寇，杨坚倚重宇文忻之将才，准备命他率军抵御，高颎当即阻止，说："宇文忻心怀异志，不能把大军交给他。"

高颎向来深受杨坚信任，如今连他都这么说，杨坚对宇文忻的猜忌自然就更深了。随后，杨坚便借故免除了宇文忻的官职。

宇文忻最担心的事情终于变成了现实。他大为恼怒，悔不该轻信于仲文之言。

有道是同声相应，同气相求。刘昉、梁士彦、宇文忻这三个自恃功高又相继遭贬的人，很快就因相同的愤懑和不甘走到了一起。三人日夜密谋，准备发动叛乱，事成后推梁士彦为帝。宇文忻对梁士彦拍胸脯说："帝王之位岂是一人可以久占？只要有人扶助便可登之。您若在蒲州起事，朝廷肯定命我随军征讨。到时候两军相对，你我即刻连兵，天下可图也！"

梁士彦本来是想趁杨坚出宫祭祀宗庙之机，率家将亲兵发动政变，听了宇文忻的话，决定改在蒲州起兵。蒲州（今山西永济市西）位于黄河东岸，北控河东，南临潼关，自古乃兵家必争之地。梁士彦的计划是，一旦起兵，便"略取河北，捉黎阳关，塞河阳路，劫调布以为牟甲，募盗贼以为战士"（《隋书·梁士彦传》）。

世上没有不透风的墙。正当梁士彦等人频频接头、蠢蠢欲动之时，其外甥裴通便已察觉了他们的阴谋，遂密报杨坚。杨坚获悉后，却若无其事，不仅不予追究，反而授予梁士彦晋州（今山西临汾市）刺史之职。梁士彦意外获得封疆大吏之任，觉得起兵更有把握，顿时欣喜若狂，对刘昉等人说："此乃天助我也！"

临行前，梁士彦又奏请杨坚，要求任命其在朝中的好友薛摩儿为晋州长史，与他一同赴任。杨坚毫不迟疑，一口答应。此时的梁士彦当然不会料到，杨坚是在用欲擒故纵之计，让他尽情表演，以便将其所有潜在的同谋者全部挖出来，然后一网打尽。

开皇六年（586）八月，杨坚因事命一些刺史回朝述职，梁士彦也在被召之列。他不知道杨坚已经准备收网，遂匆匆赶回长安，并与在朝的公卿百官一道入宫朝谒，刘昉、宇文忻等人当然也在其中。

当天的朝会，与往常并无不同，可就在朝会举行到一半的时候，杨坚突然脸色一变，命左右禁军将梁士彦、刘昉、宇文忻等人当廷拿下，并厉声质问："朕早知尔等欲反！今日就是想问问尔等，何敢发此意？"

梁士彦等人起初还想辩白，口口声声大喊冤枉，直到禁军士兵把薛摩儿推到他们面前，一五一十地供出了叛乱阴谋，面无人色的梁士彦才咬牙切齿地对薛摩儿说了三个字："汝杀我！"刘昉知道自己难逃一死，于是从头到尾都垂头不语。

宇文忻仍然心存侥幸，趴在宰相高颎脚边不停叩头求饶。刘昉见状大怒，骂道："事已至此，还磕头干什么！"

当天，杨坚便下令将梁士彦、刘昉、宇文忻等参与谋反的人悉数斩首，家产全部抄没，兄弟子侄为官者皆除名，十五岁以上者发配边疆。数日后，杨坚换上素服，亲临射箭堂，并命人把三人家中抄没的财物当堂摆开，让文武百官各自拿弓箭去射，射到什么就拿走什么，以此对百官进行惩前毖后的教育。

梁士彦集团谋反案，是隋朝开国以来性质最严重的一起政治案件，虽然未及事发便被扼杀，没有给刚刚建立的隋朝造成什么负面影响，但足以可见杨坚与开国功臣之间的紧张关系。当然，这些开国元老自身都有问题，落得如此下场也算咎由自取，但不可否认的是，杨坚多疑、猜忌的性情，也是造成这些悲剧的原因之一。

九 / 北方的狼烟：平定突厥

在古代传说中，突厥人是狼的后代。

其中一个姓阿史那，最为贤能，被推为君长，从此建立了自己的部落。

这个"人狼情未了"的故事，就是突厥的起源，而阿史那部落的旗帜，赫然就是一面绣着狼头的大纛！

北魏太武帝时，阿史那部落逐渐繁兴，便走出大山，归附柔然，定居于金山（今阿尔泰山）南麓，专门从事冶铁工作，为柔然锻造武器。因金山状似兜鍪（头盔），民间又习惯称兜鍪为"突厥"，从此，阿史那部落便以突厥为号。

北魏末年，突厥逐渐强大，第一任可汗伊利兴兵攻击铁勒（匈奴后裔），对其实施了毁灭性打击，收降五万余家，其后又率部进攻柔然，大获全胜。伊利死后，第二任可汗又屡次击破柔然，至第三任木杆可汗时，终于将一度强大的柔然消灭，此后大举扩张，相继降服北方各族，最终称雄漠北，并将战争的矛头指向了中原。

木杆可汗在位二十年而卒，其弟继任为第四任佗钵可汗。因领土急剧扩张，为便于管辖，佗钵可汗自为总可汗，然后将辖境一分为二，以儿子摄图为东面可汗，以侄子为西面可汗。当时，北魏已分裂为东魏和西魏，不久又演变为北齐和北周，二者一直互相攻伐，而突厥势力则如日中天，不但疆域辽阔，而且兵强马壮。史称："佗钵控弦数十万，中国惮之，周、齐争结姻好，倾府藏以事之。"故而佗钵可汗日益骄狂，常对左右说："我在南两儿常孝顺，何患贫也！"

突厥的传位制度，一直是兄终弟及。佗钵临终前，感念其兄木杆可汗传位于他的恩情，便命其子菴罗不得争位，应让木杆长子大逻便即位。可是，佗钵死后，其子东面可汗摄图却力挺兄弟菴罗，不让大逻便继任。因摄图向来骁勇善战，在族人中威望很高，所以众人不敢违背，只好立菴罗为可汗。大逻便不服，频频向菴罗叫嚣。菴罗自感能力不足，怕制不住大逻便，引发内乱，遂将汗位让给兄弟摄图。摄图当仁不让，旋即即位为第五任可汗，史称沙钵略，牙帐设在都斤山（今蒙古国杭爱山）。随后，沙钵略把菴罗迁往独洛水（今蒙古国土拉河），以他为第二可汗。

大逻便见摄图夺了汗位，便转而跟他叫板，说："我和你都是可汗之子，各承父业，可你今天贵为可汗，我却什么都没有，这算哪门子事儿？"沙钵略初登汗位，权力并不稳固，当然不希望激化矛盾，于是做出让步，立大逻便为阿波可汗，让他仍旧统领原有部众，势力范围大致在都斤山和金山之间。

至此，突厥的汗位之争虽然以和平方式解决，可汗之位却一分为三，显然不利于其内部的长期稳定；加上当初佗钵所设立的西面达头可汗，此时的突厥相当于有了四个可汗，也就等于有了四股各自独立、相互博弈的势力。尽管沙钵略雄踞北方，领土最广，兵力最强，威望最高，但他上位前后发生的这一切，已经为突厥日后的斗争和分裂埋下了伏笔。

差不多在沙钵略上位之际，杨坚也已颠覆北周，建立了隋朝。开国后，他一改此前北周、北齐对待突厥的卑躬屈膝之态，对突厥很冷淡，令沙钵略极为恼怒。同时，沙钵略的妻子又是北周的千金公主，她对颠覆北周并屠杀宇文宗室的杨坚更是恨之入骨，遂日夜向沙钵略吹枕头风，要求他为北周复仇，消灭杨坚。沙钵略气不打一处来，终于在隋开皇元年（581）年底大举发兵，入侵隋朝。

杨坚立即下诏，一边命人巩固边防，修缮长城，一边派遣精兵数万，由阴寿和虞庆则率领，分别进驻幽州和并州严阵以待。

就在大战一触即发之时，杨坚意外地收到了一封来自突厥的密信。看完这封信，原本忧心忡忡的杨坚顿时转忧为喜，战胜突厥的信心大增。

写这封密信的人，名叫长孙晟。如果有人觉得这个名字不太熟悉的话，那么只要提起他的一儿一女，相信所有人都不会陌生：他的儿子，就是日后大唐帝国的开国元勋、一代权相长孙无忌；而他的女儿，就是李世民之妻、历史上以贤良淑德著称的文德皇后长孙氏。

长孙晟，祖上是北魏显宦，从小机敏过人，精于骑射。十八岁时，长孙晟进入北周宫廷，担任禁军低级军官。由于禁军中高手如云，所以长孙晟在宫中当值几年，一直默默无闻，很少有人认识他。有一天，他和一群官兵在校场上操练，杨坚偶然目睹，便找他谈话，之后大为赏识，拉着他的手对左右说："长孙郎武艺超群，适才一席话，又多有过人智略，假以时日，此子必为名将！"

从此，长孙晟便在北周朝野声名鹊起了。

宣帝年间，当时还只是突厥东面可汗的摄图（即后来的沙钵略）请婚于北周，周室以赵王宇文招之女千金公主嫁之。长孙晟担任和亲副使，护送公主抵达摄图王庭。当时，北周与突厥往来频繁，摄图见过的北周使臣不下数十个，从不把谁放在眼里，唯独一见长孙晟，便异常敬重，颇有相见恨晚之感。其原因，当然不是长孙晟给他送来了美女，而是因为长孙晟那一手漂亮的骑射功夫。

此后，摄图便把长孙晟留了下来，经常让他陪自己打猎。有一次，两人并辔奔驰在猎场上，忽见上空有两只雕在争抢一块肉，摄图当即递给长孙晟两支箭，让他把两只雕分别射下来。长孙晟搭上一支箭，却不急于射出，而是静静地看着那两只雕，直到它们抢着抢着纠缠到一块，他才嗖地一箭射出。结果，应声掉下的不是一只雕，而是被一箭贯穿的两只！

当长孙晟把剩下的那支箭还给摄图时，摄图才知道，原来"一箭双雕"这个成语就是这么来的。摄图大喜，当场命部落的所有贵族子弟都跟长孙晟拜师学艺。在向长孙晟学艺的人中，有一个叫处罗侯，是摄图的弟弟，因深得众心而遭摄图猜忌，惧不自安，便私下与长孙晟结成深交，最后还与他达成了一个生死同盟的协定。

长孙晟被摄图强行留在突厥，虽然表面上没说什么，心里却是很不爽的，所以，能够结交处罗侯这样一个有实力的盟友，对他来讲当然不是什么坏事。随后的日子，长孙晟经常跟处罗侯四处游猎，趁机暗中观察各地的山川形势，默记突厥各部的兵力部署和战斗力强弱，以备日后派上用场。

开皇元年（581），沙钵略大举入侵隋朝，长孙晟掌握的军事情报终于有了用武之地。他立刻给杨坚写了一封密信，对突厥的内部形势做了一番透彻的分析。他说："突厥兵力强盛，但内部矛盾丛生，如果我们发兵征讨，他们必定一致对外，所以不宜强力征讨，而应用计离间。如今，突厥西面的达头可汗虽然位在沙钵略之下，但兵力强大，名义上是沙钵略的部属，实则心怀异志，若怂恿达头夺位，必能令其自相残杀。还有，沙钵略的弟弟处罗侯，势力虽弱，但为人奸险，善于笼络人心，颇受沙钵略猜忌，故而疑惧不安，尽管表面上不敢跟沙钵略叫板，可内心极为不服，这就是我们可以利用的因素。此外，沙钵略的堂兄弟阿波可汗，目前虽受制于沙钵略，但其人首鼠两端，谁强大就投靠谁，纯属没有立场的墙头草，也可加以充分利用。"

分析完突厥内部的博弈形势后，长孙晟提出了八个字的对突战略：远交近攻，离强合弱。具体的做法是：派遣密使，分别与达头可汗和阿波可汗联络，让他们联手对抗沙钵略，迫使其分兵抵御西面之敌；然后再扶植处罗侯，让他与奚、霫、契丹等部族联兵，在东面牵制沙钵略。若依此计而行，长孙晟最后得出结论说，突厥必将"首尾猜嫌，腹心离阻，十数年后，承衅讨之，必可一举而空其国矣"（《隋书·长孙晟传》）。

杨坚见信大悦，立刻派人暗中传召长孙晟回国。

长孙晟入朝后，当面向杨坚汇报，"口陈形势，手画山川，写其虚实，皆如指掌"，令杨坚惊叹不已，遂全盘采纳他的对突战略。

随后，杨坚立即行动，命大臣元晖秘密前往伊吾（今新疆哈密市），会见达头可汗，表明隋朝将全力支持他，同时还赐给他一面狼头大纛。达头大喜，当即遣使觐见杨坚。杨坚对达头使节礼数甚周，甚至将其座次安排在沙钵略使节之上。与此同时，杨坚又任命长孙晟为车骑将军，让他携带大量金银财宝，前往东北地区收买奚、霫、契丹等部族，然后又命他们派出代表，与长孙晟一道秘密潜入处罗侯辖地，与其缔结同盟关系，并要求这支整合起来的势力必须全体效忠隋朝，而隋朝也承诺作为他们的坚强后盾。

这一系列计谋的成功实施，使得突厥内部的矛盾和分裂不断加深。"反间既行，果相猜贰"。隋朝未动一兵一卒，便已极大地削弱了突厥的整体实力。随后的日子，长孙晟这个"远交近攻，离强合弱"的对突战略，就像插在沙钵略背上的一把刀一样，令他痛不欲生却又无计可施。

开皇二年（582），沙钵略强令达头与他联兵，共发四十万大军，经兰州入侵隋朝。隋朝大将达奚长儒仅率两千兵马，在周槃（今甘肃庆阳市南）与突厥前锋的十几万大军展开了一场遭遇战。双方兵力虽然极为悬殊，但这场仗打得异常惨烈。面对强敌，达奚长儒临危不惧，率部众且战且退，一昼夜交战十四次。将士们兵器尽毁，便与敌军进行肉搏，仍杀敌一万余人。达奚长儒身中五伤，其中被刺透的就有两处，却仍坚持指挥，部众阵亡十之八九，也没有一人逃跑。

虽然达奚长儒打得极其顽强，但终究寡不敌众，未能挡住突厥的兵锋。随后，突厥大军兵分两路，从木硖（今宁夏固原市西南）、石门（今固原市）大举南下，杀入武威、天水、敷州（今陕西富县）、弘化（今甘肃庆阳市）、延安，将沿途所经城池的家畜掳掠一空。

眼看突厥大军即将逼近关中，长孙晟的反间计终于发挥了重大作用。沙钵略本欲一鼓作气，直逼长安，可达头可汗与隋朝有密约在先，且此次南下已经抢了个钵满盆满，故坚决不从，旋即率本部兵马打道回府。

紧接着，长孙晟又派人去找沙钵略的侄子染干（处罗侯之子，早年便与长孙晟有私交，后继位为启民可汗，一心归附隋朝的），让他向沙钵略谎报军情，称铁勒诸部造反，正欲偷袭可汗王庭。沙钵略大惊失色，遂匆忙引兵北还。

长孙晟的计策虽然不能从根本上打消沙钵略的南侵意图，却为隋朝争取了部署防御的宝贵时间。开皇三年（583）四月，沙钵略发现后方无虞，遂再度纵兵入寇。此时，隋朝早已完成战略部署，杨坚即命卫王杨爽等人兵分八路，北上迎敌。

四月中旬，杨爽所部在白道（今内蒙古呼和浩特市北）与沙钵略亲率的主力正面遭遇。杨爽麾下大将李充献计："突厥自视常胜，必有轻我之心，若趁其不备以精兵袭之，必能破之。"杨爽随即拨给李充五千精锐骑兵，于深夜对突厥大营发动奇袭。突厥果然毫无防备，被打得措手不及。从睡梦中惊醒的沙钵略连铠甲都来不及穿，窜进深草中逃遁。随后，沙钵略虽然重新集结了逃亡的部众，但军粮皆已落入隋军之手，故饿死者甚众，加之瘟疫流行，又倒毙了一大片，再也无力南侵，只好黯然撤兵。

五月，隋军一部由窦荣定、长孙晟率领，出凉州道（今甘肃武威市），在高越原（今甘肃民勤县西）与阿波可汗会战。阿波屡战屡败，只好主动与隋军言和，准备退兵。当时，虽然阿波早就上了隋朝的反间名单，但隋朝还没来得及把工作做到他头上。现在，长孙晟当然不会放过这个机会。他马上派人去找阿波，说："摄图出兵，每战必胜，你首次南来便遭大败，回去如何向他交代？摄图早就想吞并你，你现在带着战败的耻辱回去，不是刚好给他一个灭你的借口吗？"

阿波一听，觉得很有道理，赶紧派人去见长孙晟。长孙晟趁机对来使说："达头早已跟隋朝达成和平协定，所以摄图拿他没辙，你们可汗若依附大隋，与达头联手，便可保万全，何苦回去束手就戮呢？"

阿波深以为然，遂遣使随长孙晟入朝，表达归附之意。

沙钵略风闻阿波投降了隋朝，勃然大怒，立即率兵攻击阿波王庭，一举吞并了他的留守部众，并杀了他母亲。阿波老巢被占、后路已绝，只好率部投奔达头可汗。

达头听说沙钵略血洗了阿波王庭，顿生同仇敌忾之心，遂拨给阿波数万精兵，让他回去报仇雪恨。随后，阿波杀回老家，重新召集了流亡的部众，麾下兵马很快就达十万骑，遂对沙钵略频频发起进攻。双方数次大战，沙钵略屡屡败落。阿波旋即收复了所有被占领的地盘，兵势日益强盛。原本便与沙钵略有隙的几个部落首领，趁机纷纷倒戈，或投奔达头，或依附阿波。

至此，突厥陷入了全面内战，长孙晟的对突战略取得了预料之中的辉煌硕果。沙钵略的实力大为削弱，自顾尚且不暇，更无余力南侵。隋朝随即对其展开反攻，并屡屡获胜。开皇四年（584）九月，倍感内忧外患的沙钵略不得不遣使朝贡，向隋朝求和。为表诚意，当初一心想报仇的千金公主也被迫捐弃前嫌，主动要求改姓杨氏，并把当初不共戴天的"仇人"杨坚认作义父。

在致杨坚的国书中，沙钵略异常谦卑地说，从今往后，自己跟杨坚就是翁婿的关系了，而女婿就跟儿子一样，"两境虽殊，情义如一"，并表示："自今子子孙孙，乃至万世，亲好不绝，上天为证，终不违负！"（《资治通鉴》卷一七六）

杨坚欣然接受了沙钵略的求和之议，当即改封千金公主为"大义公主"，并称"既为沙钵略妇翁，今日视沙钵略与儿子不异"，然后派遣虞庆则和长孙晟出使突厥。

沙钵略迫于形势当了杨坚的"女婿"，心里当然很憋屈，于是就在迎接隋使的仪式上搞了很大阵仗，又是集合部队炫耀兵威，又是陈列财宝炫富什么的，一心想挽回点面子。虞庆则和长孙晟到来后，沙钵略坐在榻上称病不起，还说："自从我父亲去世，我就从没向谁拜过，包括对我那些叔伯也一样。"

虞庆则当场就发飙了，指责沙钵略不遵礼节，毫无诚意。沙钵略面含怒色，却不敢轻易发作。一时间，现场的气氛非常尴尬。千金公主连忙把虞庆则请到一旁，低声说："可汗性如豺狼，硬要让他下不来台，他可是会吃人的。"

表面上，这话好像是替虞庆则着想，实际上无异于威胁恐吓。虞庆则虽然不买她的账，但心底已经有了三分惧意。就在双方僵持不下之际，长孙晟站了出来，对沙钵略说："突厥可汗与我大隋皇帝都是大国天子，可汗不起，我等岂敢违意？但是，可贺敦（可汗之妻，即千金公主）既然已经是大隋皇帝之女，那可汗就是大隋女婿，岂有女婿不拜丈人之理？"

长孙晟这话就高明多了，既给了沙钵略面子，又坚持了己方的立场。沙钵略无言以对，只好干笑着对左右说："这话还有点道理，女婿是该拜丈人！"说完便起身迎拜，跪受诏书。

沙钵略虽然通过议和解除了来自隋朝的压力，但是阿波和达头却始终不给他好日子过。尤其是阿波，自从与沙钵略撕破脸以来，便在战场上接连获胜，兵力迅速壮大，地盘不断扩张，其势力范围东起都斤山（今蒙古国杭爱山），西至金山（今新疆阿尔泰山），大有后来居上之势；此外，龟兹、铁勒、伊吾，以及西域其他小国也纷纷归附。阿波踌躇满志，遂正式立国，与沙钵略分庭抗礼，国号西突厥。

开皇五年（585）七月，在阿波、达头、处罗侯、奚、契丹等多方势力的联合攻击之下，沙钵略终于支撑不住，赶紧遣使向隋朝告急，并要求准许他的部落南迁，借居白道川（今内蒙古呼和浩特市北）。

时移势易。当初最强大的沙钵略，现在已经岌岌可危，而曾经弱小的阿波、处罗侯等势力，如今却已强势崛起。因此，从长孙晟"离强合弱"的战略思想出发，此时隋朝最应该扶持的力量，无疑就是沙钵略了。杨坚当即下诏，同意他南迁，并派次子晋王杨广出兵支援。沙钵略有了退路和援兵，顿时底气大增，遂发兵反攻阿波，并取得了一次前所未有的胜利。然而，沙钵略万万没想到，就在他与阿波大战的同时，一个名叫阿拔国的部族（位于今蒙古国东部），居然乘虚偷袭了他的王庭，并将其妻儿全部掳走。

杨坚闻讯，立刻派兵攻击阿拔国，将其掳掠的突厥人口和牲畜又全部抢了回来，送还给沙钵略。沙钵略感激涕零，当即上表，说："天无二日，土无二王，大隋皇帝真皇帝也，（我）岂敢阻兵恃险，偷窃名号！今感慕淳风，归心有道，屈膝稽首，永为藩附。"（《资治通鉴》卷一七六）并派遣其子库合真入朝（实际上就是作为人质），以示真心归附之意。

至此，沙钵略彻底向隋朝称臣，并年年遣使入朝，"贡献不绝"。

杨坚登基不过数年，就通过长孙晟"远交近攻、离强合弱"的战略，把曾经盛极一时的突厥搞得四分五裂、内讧不断，彻底扭转了中原王朝在北方游牧民族面前的弱势局面，诚可谓厥功甚伟。这项功绩的获得，首先固然要归功于长孙晟的过人谋略，但同时也与杨坚的知人善任密不可分。此后，虽然阿波、处罗侯等势力也曾一度坐大，但终究没能恢复过去的强势，并且始终未能突破长孙晟给他们撒下的"反间之网"。

从沙钵略南迁内附，到他儿子阿史那染干（启民可汗）最终向隋朝举国称臣，其间虽因阿波、处罗侯等势力的存在而有所反复，但隋朝一直牢牢掌握着战场上和外交上的主动权，几乎完全将突厥各部拨弄于股掌之上。

也正是由于对突战略的极大成功，杨坚才得以从狼烟渐熄的北方转过身来，把目光投向江南。那里，有一个绮丽、萎靡、苟延残喘的偏安王朝——陈朝。

它，就是杨坚下一个要征服的目标。

十 / 陈朝的丧钟

杨坚即位之初，由于权力未稳，且北方的突厥虎视眈眈，所以对陈朝一直表现得很谦卑。当时，陈朝经常派间谍深入隋境刺探情报，每每抓获，杨坚都会下令释放，而且还奉送车马和礼物，恭恭敬敬地把他们送回去。

杨坚如此隐忍，却被当时的陈宣帝视为软弱可欺，故屡屡纵兵，侵掠隋朝边境。开皇二年（582）春，陈宣帝驾崩，忍无可忍的杨坚终于逮着机会，命大将元景山对陈朝发动了一次试探性进攻。出乎杨坚意料的是，隋军仅出兵四千，就击败了一向号称强大的陈朝水师，并一口气拿下了三座城池。虽然这三城都不是隋军打下来的，而是陈朝守将弃城而逃拱手相送的，但恰恰是这一点，更加暴露了陈军外强中干的真实战斗力。

杨坚本欲乘此机会对陈朝动手，但恰在此时，沙钵略率四十万铁骑大举入寇，杨坚不得不全力对付北方之敌。而刚刚即位的陈叔宝一听边境丢了三城，也忙不迭地遣使向隋朝求和。杨坚赶紧顺坡下驴，以"礼不伐丧"（陈朝正处于国丧期间）为名，命前线军队班师。

此后数年，杨坚一直忙于对付突厥，始终腾不出手来跟陈朝过招。

不过，尽管杨坚迫于北方的压力而不敢两线作战，但这并不等于他会完全把陈朝置之脑后。事实上，就在杨坚采纳长孙晟的对突战略，在北方搞了一系列大动作的同时，他也采纳了左仆射高颎的对陈战略，对陈朝搞了一系列小动作，从而为日后平灭陈朝奠定了坚实基础。

高颎的对陈战略，由两个行动组成：一是"狼来了"行动，二是"火烧屋"行动。

关于"狼来了"行动，高颎打给杨坚的报告是这么说的：由于长江以北气候寒冷，庄稼收割时间较晚，而长江以南气候温暖，水稻成熟时间较早，我们可以利用这个时间差，在南方收割水稻的时候，小规模地征召府兵（按隋朝从北周承袭而来的府兵制，士兵们农忙时是农夫，农闲时操练，一有战事就要马上回军队报到），扬言要对陈朝发动进攻，陈朝必定集结军队严加防范，如此便会耽误收割。等他们把士兵集结好了，田里的水稻也差不多烂光了，咱们就把军队解散。如此一而再、再而三，他们就会认为我们是虚张声势，以后就不会再轻易相信。最后，一旦我们真的发动南征，他们肯定会狐疑不决。趁此机会，我们的大军便可迅速越过长江。

关于第二个"火烧屋"行动，高颎是这么说的：长江以南，地下水离地面很近，不能挖掘地窖，敌人的所有军用储备物资，都只能存放在地面上，而库房一般都由竹子和茅草搭成。如果我们派出间谍，利用风势放火，等他们修复之后，咱就派人再烧，用不了几年，不管是民间的粮食还是官方的物资，都会被我们烧个精光。

高颎这两招显然都很阴损，跟长孙晟一门心思离间人家兄弟叔侄的做法有一拼。不过，有道是兵不厌诈，在战场上，越损的招数，往往越是成本最低而效用最大的。杨坚欣然采纳了高颎之策，果然不出数年，陈朝就被隋朝的一系列小动作搞得身心俱疲、财竭民困。

到了开皇七年（587），当北方的突厥因忙于内讧而日渐衰落，再也构不成对隋朝的威胁时，杨坚终于把目光转向了陈朝。

一看天子有了南征之意，朝野上下立即闻风而动。杨素、贺若弼、高劢、崔仲方等人纷纷呈上平陈方略。正当隋朝举国上下摩拳擦掌之际，多年来一直困守江陵一隅的后梁小政权又不识时务地归降了陈朝，更是令杨坚怒不可遏。他愤愤地对高颎说："我为民父母，岂可限一衣带水不拯之乎？"意思是，我身为天下百姓的父母，岂可因为隔着一条衣带宽的长江，就不去拯救那里的人民呢？

随后，杨坚立刻命信州刺史杨素在其辖境永安（今重庆奉节县）督造战船。隋朝当时的造船工艺绝对是世界一流，所以杨素所造的战舰堪称巨无霸，其中最大型的"五牙"足足有五层，高百余尺，前后左右共设置六根"拍竿"（攻击型武器，可伸出捣毁敌舰），每根拍竿有五十尺长；一艘"五牙"可装载士兵八百人。比"五牙"小的叫"黄龙"，每艘也可装载士兵一百人。

隋朝在长江北岸大举造船，其战略意图昭然若揭。有大臣提醒杨坚，说这种战略行动应该越隐秘越好，不可大张旗鼓。杨坚不以为然地说："我欲替天行道，有何隐秘可言？"遂命人把造船的木屑全部投入江中，故意让其漂往下游的陈朝。

仅凭这句话和这个动作，就完全可以看出杨坚平灭陈朝的决心。

当杨坚已然磨刀霍霍的时候，陈朝的陈叔宝在干什么呢？

很遗憾，这位历史上著名的亡国之君，似乎自始至终都没有意识到即将来临的灭顶之灾。自从即位以来，陈叔宝几乎从未正儿八经地治理过一天朝政，而是终日沉溺后宫，纵情声色，饮酒作诗，听歌观舞。他最宠幸的嫔妃有张贵妃、孔贵嫔等十几人，同时遴选了一批色艺双馨的宫女充当"女学士"，此外还挑选了一千多名宫女组成合唱团；每次举办宫廷宴会，这些女人必定全部上场，汇成一个莺歌燕舞、温香软玉的声色海洋，把陈叔宝彻底淹没。被后人视为亡国之音的《玉树后庭花》，就是此时陈朝宫廷最流行，也是陈叔宝最喜欢的曲目之一。

陈朝的悲哀在于：不仅皇帝很不敬业，而且他底下的宰相和大臣也都跟他一个德行。史称，时任陈朝仆射的江总，"虽为宰辅，不亲政务，日与都官尚书孔范、散骑常侍王瑳等文士十余人，侍上（陈叔宝）游宴后庭，无复尊卑之序，谓之'狎客'"。

皇帝和宰辅重臣都耽于玩乐，政务自然是没人管了。无论百官有什么奏报，都只能通过宦官蔡脱儿、李善度呈递。陈叔宝听取奏报的时候，一般是把他最宠幸的贵妃张丽华抱在怀里，让她坐在自己大腿上，然后一同决断政务。

说是一同决断，其实大多数时候做主的还是张丽华。因为这个女人不仅美艳动人，而且脑子好使。由于百官奏章通常是堆积如山才集中转呈的，所以每次处理的工作量都相当大，陈叔宝懒得管，充其量就是起一个签字盖章的作用，相当一部分处理意见实际上是出于蔡脱儿、李善度之手，而主要决断权还是在张丽华手上。"李、蔡所不能记者，贵妃并为条疏"，"由是益加宠异，冠绝后庭"。

皇帝的权力落入女人和宦官之手，这个国家的政治局面也就可想而知了。"宦官近习，内外连结，援引宗戚，纵横不法，卖官鬻狱，货赂公行；赏罚之命，不出于外（外朝，即政府职能部门），大臣有不从者，因而谮之。于是，孔、张（孔贵嫔、张贵妃）之权熏灼四方，大臣执政皆从风谄附"（《资治通鉴》卷一七六）。

内廷由女人和宦官把持，外朝也基本上成了都官尚书孔范、中书舍人施文庆、沈客卿等一帮佞臣的自留地。陈叔宝最讨厌有人说他的过失，而孔范则最善于帮他文过饰非，"每有恶事，必曲为文饰，称扬赞美，由是宠遇优渥，言听计从"。只要有正直的朝臣谏诤，孔范必定想方设法给他栽一个罪名，然后贬谪放逐。

为了培植自己的势力，孔范不仅在朝中党同伐异，而且还把手伸到了地方上。他对陈叔宝说："各地将领大多出身行伍，只有匹夫之勇，缺乏深谋远虑，应该换一些更有谋略的人。"陈叔宝深以为然。此后，各地守将只要稍微有点过失，马上会被朝廷褫夺兵权，转由孔范派出的文官接任。从此，举国武将与朝廷离心离德。日后，隋军的平陈之战之所以打得那么轻松，一个重要的原因正是在此。

施文庆是陈叔宝的东宫旧人，因生性精明，博闻强记，且熟悉官场的运作规则，故而深受宠幸。陈叔宝上位伊始，便大肆修建宫殿台阁，穷极耳目之欲，没几年时间，国库就见底了。施文庆立刻向皇帝举荐了"理财高手"沈客卿。沈客卿为了帮皇帝搞钱，便不顾一切地搜刮聚敛。按陈朝旧制，军人和官员是不用纳税的，可沈客卿为了扩大税源，遂改订税法，对这两个人群全面征税，同时又对一般百姓加重赋税。这样子一搞，朝廷每年收缴的税收居然是过去的几十倍。陈叔宝喜笑颜开，认为施文庆有知人之明，遂更加倚重，"小大众事，无不委任"。而对此竭泽而渔、杀鸡取卵的做法，朝野上下自然是极度不满，于是群言汹汹、"士民嗟怨"。

陈祯明元年（隋开皇七年，587年），陈朝大臣章华对国家的现状忍无可忍，遂上疏力谏："陛下即位，于今五年，不思先帝之艰难，不知天命之可畏，溺于嬖宠，惑于酒色。""老臣宿将弃之草莽，谄佞谗邪升之朝廷。今疆场日蹙，隋军压境，陛下如不改弦易张，臣见麋鹿复游于姑苏矣！"

最后这句话是伍子胥当年警告吴王夫差的经典语录，章华把他放在这里，摆明了就是警告陈叔宝：若再不悔改，亡国灭种就在眼前！

陈叔宝勃然大怒，当天就把章华砍了。

陈祯明二年（隋开皇八年，588年）春，隋文帝杨坚意识到伐陈的时机已经成熟，遂正式颁布诏书，称："陈叔宝据手掌之地，恣溪壑之欲，劫夺闾阎，资产俱竭,驱逼内外,劳役弗已",还说他"穷奢极侈""欺天造恶""自古昏乱,罕莫能比",所以决定出师讨伐,"永清吴越"。然后,杨坚还命人把诏书复制了三十万份,遍撒江南。

隋朝已经亮剑,陈朝的丧钟也已敲响,可令人感到不可思议的是,此刻的陈叔宝却不是忙于调兵遣将、组织防御,而是在忙着废立太子。

陈朝太子陈胤是沈皇后所生,因陈叔宝宠幸张丽华、孔贵嫔等人,沈后早已失宠,所以太子自然不招人待见。张丽华为了让自己的儿子始安王陈深入主东宫,便日夜向陈叔宝吹枕头风,构陷沈后和太子,而孔贵嫔、孔范、吏部尚书蔡征等人也在一旁极力帮腔,更是令陈叔宝对沈后和太子愈发厌恶。

祯明二年(588)五月,陈叔宝终于下诏,废太子陈胤为吴兴王,立始安王陈深为太子。

废掉太子后,陈叔宝原本打算把沈后也一起废掉,立张丽华为皇后的,可是,还没等他行动,江山社稷就已经落入杨坚之手了。

隋开皇八年(588)十月,隋朝伐陈的一切准备工作均已就绪,杨坚立即下令在寿春(今安徽寿县)设置淮南行省,以次子晋王杨广为尚书令,实际上就是赋予他伐陈最高军事统帅的职权。

同年十月二十八日,杨坚祭告太庙,当天发布了战争命令,早已在长江沿岸各地待命的隋朝大军同日出发,大举南征:晋王杨广出六合(今江苏六合区),秦王杨俊出襄阳(今湖北襄阳市),清河公杨素出永安(今重庆奉节县),荆州刺史刘仁恩出江陵(今湖北江陵县),蕲州刺史王世积出蕲春(今湖北蕲春县),庐州总管韩擒虎出庐江(今安徽庐江县),吴州总管贺若弼出广陵(今江苏扬州市),青州总管燕荣出东海(率舰队出海,自东海南下)。隋朝总共出动大将九十人,士兵五十一万八千人,以晋王杨广为大元帅,高颎为元帅府长史,在东接沧海、西连巴蜀,首尾横亘数千里的战线上,对陈朝发起全面进攻。

十一 / 平灭陈朝，一统海内（上）

隋军南征的第一仗，由杨素打响。

他率舰队东下，迅速穿过三峡，进抵流头滩（今湖北秭归县东）。当时，陈朝大将戚昕率青龙舰队一百余艘，据守狼尾滩（今湖北宜昌市西北）。隋军将士都担心狼尾滩地势险恶，而陈军据险而守，隋军很难突破。杨素说："诸位的担心是有道理的，若我军白天顺流而下，敌人很容易看出我军的实力，且滩流湍急，舰船很难控制，这对我极为不利，所以我决定，在夜晚发起进攻。"

十一月初的一个深夜，杨素命所有将士全部衔枚（口含木片，以防出声），然后亲率黄龙舰队数千艘沿江而下；同时，命部将王长袭率一支步兵悄悄在南岸登陆，袭击戚昕的一座营寨，对陈军形成牵制；又派大将刘仁恩率骑兵自北岸攻击白沙城（今湖北宜昌市东），截断陈军退路。

拂晓时分，杨素主力与戚昕水军接战。片刻后，其他两路的战斗也按预定计划打响。陈军后路被断，士气大挫，故迅速被隋军击溃。戚昕独自逃窜，部众悉数被俘。杨素对所有战俘一律优待，随后又将其全部释放。

此后，杨素大军一路东下，舰船布满江面，旌旗遮天蔽日，军容极为壮观。杨素的相貌本来就很威武，又坐在巨型五牙战舰上，其气场更不是一般的强大。沿途的陈朝军民一看，不禁纷纷惊呼："清河公即江神也！"

风闻杨素大军东下，长江沿岸的陈朝守军无不震恐。很快，一封封加急战报就像雪片般飞进了建康皇宫。同时，陈朝各地守军也纷纷奏报隋军入侵的消息。但是，它们全都被施文庆和沈客卿一一扣下了。所以，陈叔宝只知道隋军发动了南侵，可到底来了多少人，从多少个方向一起打过来，他一概被蒙在鼓里。

湘州（今湖南长沙市）历来是陈朝的军事重地，其地刺史晋熙王陈叔文（陈叔宝之弟）在职日久，深受当地士民拥戴。陈叔宝对他极为猜忌，于是决定把他调回建康。但是，满朝武将几乎没有一个跟陈叔宝是一条心的，所以该找什么人继任，让他大为头疼。最后，陈叔宝想来想去，只能派自己最宠信的施文庆去了。他随即征召陈叔文回京，并命施文庆择日赴任，同时许诺拨给他一部分禁军精锐，让他带往湘州。

眼看杨坚的刀都快架到脖子上了，陈叔宝还在跟自己的亲兄弟玩"君臣相猜"的游戏，实在是令人无语。

施文庆对这个封疆大吏之任垂涎已久，接到调令也是暗自窃喜。不过，他又怕自己一旦离朝，好不容易窃取的朝权又会白白落到别人手里，遂推举死党沈客卿接替自己的现职。两个人办理交接期间，关于禁军的所属和调动问题，却出现了极大的争议。

当时，只要是还有点公心的大臣，无不对陈朝面临的严峻局势深感忧虑。比如，禁军大将樊毅就数度向仆射袁宪进言，认为京口（今江苏镇江市）和采石（今安徽马鞍山市西南）都是拱卫京师的战略要地，必须各发五千精锐驻防，且派出金翅舰二百艘，沿长江上下日夜巡航，以备不测。

袁宪深以为然，遂举行会议，召集文武百官商讨。施文庆唯恐把精锐都调往京口和采石，就没有精兵强将跟自己去湘州了，遂要求百官把意见写成奏章，由他呈送给皇帝裁决。随后，他便拿着百官的奏疏去见陈叔宝，说："隋军犯边是常事，边城将帅足以抵挡，若军队舰船大举出京，恐怕会扰乱人心。"

陈叔宝觉得有道理，便没有同意出兵。袁宪等人心急如焚，又再三上疏，极言边境危急。陈叔宝终于生出了一丝忧惧。施文庆赶紧对他说："元旦的朝会大典马上就要举行，另外还有南郊的祭天大典，到时候禁军都要担任警戒任务，如果现在把禁军派出去，这两件大事就都办不成了。"陈叔宝说："暂且先出兵去看看，若北边确实无事，就让水军在长江上为大典警戒，也没什么不可以。"施文庆道："如果稍有风吹草动就把军队调来调去，我担心邻国会耻笑我们胆小怯懦。"

施文庆虽然好几次阻拦了禁军北上的计划，但还是担心陈叔宝会迫于百官压力而改变主意，遂拿了重金去贿赂朝廷大佬江总。江总收了钱，便不断进宫游说，屡屡向陈叔宝强调出兵的坏处。陈叔宝举棋不定，只好命百官继续开会研究。

于是百官只好继续研究。在会上，江总又利用自己老宰相的身份，屡屡压制袁宪等人的意见。就这样，百官天天开会讨论，可始终没有结果。直到后来隋军打过长江，陈朝的衮衮诸公还在为禁军要不要北上而口沫横飞、久议不决。

那些日子里，陈叔宝还是活得优哉游哉，超级淡定。有一天，他对左右侍从说："天下王气，一向都在建康。北齐三次渡江，北周两次南下，没有一次不被我们打败。他们这次来，还能有什么作为呢？"

左右纷纷附和。孔范也赶紧说："长江天堑，自古以来限隔南北，而今蛮虏军队岂能飞过来不成？边防将领急于立功，才谎报军情紧急，其实都是危言耸听。"说完，孔范瞄了皇帝一眼，发现他面露笑容，急忙又故作幽默地补了一句："我一直嫌官职太小，所以巴不得蛮虏渡江呢。他们一过来，臣一定可以当上太尉公（三公之一，掌管全国兵马）！"言下之意，他孔某人谈笑之间，便可令隋军灰飞烟灭，为国家立不世之功。

陈叔宝闻言大笑，对孔范的自信和忠心深感满意。

几天后，有人为讨好皇帝，就说隋军的战马因水土不服死了很多。孔范一听，当即正色道："那是我们的马，怎么能死呢？"意思是隋军的战马终归是要被陈朝俘获的，所以死了很可惜。陈叔宝听了，再度开怀大笑。

陈朝君臣就这样在自欺欺人的迷梦中沉睡不醒。此后，陈叔宝几乎再没关心过御敌的事情，每天"奏伎、纵酒、赋诗不辍"。

醉生梦死中，时光很快走到了祯明三年（隋开皇九年，589年）。

新年的正月初一，当陈朝君臣正在建康的皇宫里举行隆重的元旦大典时，隋朝南征大军的贺若弼部，已经在不费一兵一卒的情况下，神不知鬼不觉地渡过了长江。

贺若弼之所以能悄然渡江，正是采用了高颎的"狼来了"之计。

起初，贺若弼卖掉了军中的很多老马，暗中向陈朝购买了许多船只，都藏在隐秘的地方，然后另外买了五六十条破船，停泊在码头。陈朝间谍侦察后，认为隋军装备很烂，仅凭这些破船根本过不了长江，所以放松了警惕。

第一步计划成功后，贺若弼又向朝廷奏请，要求整个长江下游的江防部队，换防的时候都要到广陵（今江苏扬州市）集中。朝廷很快批准。于是每逢换防之际，广陵城外都会旌旗蔽日，营帐遍野。陈朝守军以为隋军大举集结，遂紧急动员，增调附近部队到广陵南岸戒备。可他们随后便得知，隋军只是正常换防而已，遂解散了增援部队，从此便把隋军的大举集结视为常事，不复戒备。第二步得手后，贺若弼又经常派部队沿江打猎，每次都搞得人喊马嘶、尘土漫天。对岸的陈军在恐慌了几次之后，也就习以为常了。

所以，当贺若弼在正月初一之夜挥师渡江时，陈朝守军几乎没有察觉。

就在贺若弼渡江的同一天，韩擒虎部也从横江（今安徽和县东南，长江渡口）南渡，在采石矶（今安徽马鞍山市西南）登陆；当时，陈朝守军正在庆贺新年，一个个喝得酩酊大醉，韩擒虎遂兵不血刃地拿下了采石城，陈朝采石守将徐子建侥幸脱逃。同日，杨广也亲率主力推进到长江北岸的桃叶山（今江苏浦口区东北15公里处），与南岸的建康（今南京）隔江相望。

刚刚新年头一天，隋朝的三路兵马，已经在北、南、中三个方向，对陈朝都城建康形成了合围钳击之势。

正月初二，徐子建仓皇逃回建康，向朝廷告急。至此，一直在温柔乡中乐而忘返的陈叔宝才猛然清醒过来，慌忙召集文武百官，于初三举行了军事会议，商讨御敌之策。

正月初四，陈叔宝宣布戒严令，任命骠骑将军萧摩诃、护军将军樊毅、中领军鲁广达为都督（首都城防司令），并以司空司马消难（就是那个隋朝叛将）、湘州刺史施文庆（此时依然没有赴任）为大监军，同时命大将樊猛率舰队从白下（建康城北）出发，迎战隋军主力杨广，并命散骑常侍皋文奏率军驰援姑孰（今安徽当涂县），迎战韩擒虎。

正月初六，贺若弼攻克京口（今江苏镇江市），擒获当地刺史黄恪。贺若弼军纪严明，入城后对陈朝百姓秋毫无犯。有个士兵偷偷溜出军营，跑到市场上买酒，立刻被贺若弼逮捕斩首。隋军此战共俘虏陈军六千人，贺若弼将其全部释放，并分发干粮和盘缠，让他们各自回家。当然了，贺若弼做这么多好事，还是需要一点小小回报的——俘虏们上路的时候，都带上了一包东西，那里面就是隋文帝杨坚那道平陈诏书的复印件。贺若弼要求他们一路上到处分发，不管发到哪里，只要能发完就行。

随着广告传单的大量散发，加上这些感激涕零的俘虏的现身说法，隋军吊民伐罪的王者之师形象，迅速在广大陈朝军民的心中树立了起来。与此同时，江南百姓对陈朝的忠心也随之瓦解，人人盼着"隋朝军"赶紧打过来，推翻万恶的陈家王朝，还给老百姓一个物阜民丰、海晏河清的太平天下。

十二 / 平灭陈朝，一统海内（中）

贺若弼在北线初战告捷，韩擒虎在南线也同时奏凯。

正月初七，韩擒虎进攻姑孰，仅用半天时间便将其攻克。当地守将樊巡（樊猛之子）及其家属全部被俘。皋文奏带着残部逃回建康。江南父老素闻韩擒虎威名，每天来军营拜见他的人络绎不绝。稍后，陈朝新蔡（今湖北黄梅县西南）守将鲁世真、鲁世雄兄弟（鲁广达之子）也率部向韩擒虎投降，并主动写信给其父鲁广达，劝他早日弃暗投明。

鲁广达见信后，又恨又惧，赶紧上疏自劾，并前往廷尉（司法部长）处请罪。陈叔宝虽然对其两个儿子的叛逃行为极度不爽，可如今还忠于他的大将已经没几个了，要是再把鲁广达逮捕治罪，谁来帮他御敌守城？

无奈，陈叔宝只好强作笑颜，好言劝慰，并赐给鲁广达黄金，还亲自送他回营。

此时，樊猛正率领青龙舰八十艘，在建康城北的江面上与隋军杨广主力对峙。陈叔宝得知樊猛的老婆、儿子和其他家眷都已被隋军俘虏，所以对他能否尽力死战深感怀疑，就动了心思，准备派镇东大将军任忠（时驻吴兴郡，今浙江湖州市）去接替樊猛。随后，萧摩诃奉命去找樊猛，婉转地传达皇帝的意思，樊猛闻言大为不满，狠狠发了一通牢骚。萧摩诃据实回禀。陈叔宝犹豫良久，担心把樊猛逼急了连他都跳槽，不得不打消了换防的主意。

隋军北南二部几乎同时拿下长江南岸的桥头堡后，便以惊人的速度向建康推进。贺若弼由北向南，韩擒虎自南向北，两军无形中展开了竞争，都想在对方之前攻进建康，夺一个首功。面对志在必得、来势汹汹的隋军，陈朝长江沿线的各个卫戍基地无不望风披靡——还没等隋军杀到，陈朝守军便丢盔弃甲，纷纷逃散。

贺若弼攻克京口后，派出一部南下攻击曲阿（今江苏丹阳市），切断了陈朝东面援军（太湖、钱塘江一带）驰援建康的交通线，解除了后顾之忧，然后亲率主力直逼建康，并迅速拿下钟山，推进到建康城下，在白土冈（今江苏南京市江宁区东）东面扎营。

与此同时，韩擒虎也已快速北上，在建康的西南面与杨广派出的杜彦部会师，两军共计步骑二万人，进驻新林（今江苏南京市江宁区西），与贺若弼遥相呼应，完成了对建康的战略合围。

当时，建康的作战部队还有十几万人，至少兵力上比城外的两支隋军加起来还多，可很多时候，战争的胜负并不是取决于兵力，而是取决于统帅的意志、智慧和谋略。遗憾的是，此刻的陈叔宝别说智慧和谋略，光意志这一条就远远不能达标。史称隋军兵临建康城下后，生性怯懦、不懂军事的陈叔宝"唯昼夜啼泣"，"台内处分，一以委施文庆"。

在此性命攸关的危急时刻，陈叔宝居然还把决策权交给施文庆，这当然只能加速他的灭亡。施文庆深知自己不得人心，更知道军界的人早就对他恨之入骨，一旦将领们得胜立功，绝对会对他构成很大的威胁，所以，凡是军方呈上来的关于防御部署、军队调动及后勤补给的所有奏章，大部分都被他否决了。他还对陈叔宝说："这些大老粗一肚子牢骚，平常对朝廷就有很多不满，如今这个危急关头，朝廷更不能随便听信他们的意见。"

世界上最坚固的堡垒都是从内部攻破的。此刻，不要说陈朝这座堡垒本身就很不坚固，即便其固若金汤，也经不住施文庆这个比隋朝间谍更有破坏力的家伙如此一而再、再而三地自毁长城。

贺若弼刚刚攻下京口时，萧摩诃就曾向陈叔宝请战，表示要率部迎击隋军，陈叔宝担心守卫京师的兵力不足，就拒绝了他的提议。此后，贺若弼推进到钟山，萧摩诃再次请战："贺若弼孤军深入，立足未稳，若我军发动奇袭，定可一战破敌。"可陈叔宝却再度否决。直到贺若弼兵临城下，陈叔宝才慌了神，赶紧召集萧摩诃、任忠（此时已率部进京勤王）等人，商讨应对之策。

任忠的意见是固守京城。他说："兵法有云：客贵速战，主贵持重（客场作战力在速战速决，主场作战最好稳扎稳打）。如今我们是主场作战，兵力充足，粮饷无缺，应该固守坚城，并沿秦淮河一线构筑防御工事，不主动与隋军交战，同时分兵切断敌人的长江交通线，让他们一封信都过不来。然后，请皇上拨给我精兵一万、金翅舰三百艘，渡江北上，直攻六合，隋军主力一定认为南岸部队已经溃败，士气自然丧失。而淮南一带的士民很多都是臣的旧识，听说我来了，一定会起兵响应。臣再放出消息，说准备收复京口，断其后路，隋军必定惊恐，不战而退。等到春天一来，江水上涨，再命长江上游的周罗睺率大军顺流而下，增援京师，此乃上上之策。"

应该说，任忠的计策还是比较稳妥的。若陈叔宝采纳，就算不能挽回败局，至少也能多撑一段时间。而只要能多坚持一阵子，陈朝广大的后方还是可能会有一些军队入京勤王的，就算隋军最后赢了，但也会赢得很辛苦，付出很大的代价。

只可惜，陈叔宝没有听从任忠的建议。他满面忧色地说："战事久拖不决，令人心烦意乱，不如让萧摩诃出兵干他一下！"

隋军刚打过长江时，他不敢派兵出战，怕削弱京师的守备力量；可当隋军兵临城下时，他又讨厌这种被围困的感觉，希望主动出击，一战击退强敌。可以说从头到尾，陈叔宝的决策没有一条是正确的。

任忠闻言，连忙磕头苦谏，极言不可。然而，他的声音很快就被另外一个人盖过去了。这个人就是讲话一贯很大炮的孔范。他说："臣愿意决一死战，为国家勒石燕然（东汉窦宪击破匈奴，在燕然山勒石记功）。"

孔大炮当然知道，即便上战场，皇帝也不会让他这个文官打前战，所以大可以把牛皮吹上天去。

陈叔宝很满意，转头对萧摩诃说："公愿意为朕决一死战吗？"

萧摩诃慷慨激昂地说："自古以来行军打仗，都是为了国家社稷，今天臣奉命出征，更是为了妻子儿女。"

乍一听，萧摩诃这话很有一种悲壮的力量，因为敌人都打到眼皮底下了，现在打仗当然是上保国家下保妻儿，可谓责无旁贷义不容辞。在场的所有人听了，包括陈叔宝在内，都不禁为萧摩诃的深明大义感动不已。然而，他们都没听出来，摩诃兄这话是充满了弦外之音的。不过，这层弦外之音，大伙要等到上了战场才能回味过来。

决战计划就此敲定。陈叔宝当即命人打开国库，取出大量金帛交给各军，准备等打完胜仗做赏赐之用。

正月二十，陈叔宝正式下令，命各军相继出发，与贺若弼进行决战：萧摩诃为左前锋，鲁广达为右前锋，樊毅为左军，孔范为中军，任忠为右军；各军南北鱼贯相接，首尾长达二十里，军容不可谓不壮观。然而，各军既没有一个共同的主帅，进退也没有一套统一的号令，所以，战线拉得越长，混乱越是不可避免。

陈军摆出这么大的阵仗，贺若弼不敢掉以轻心，立刻率轻骑登山眺望，随后立刻命部众在山下列阵，严阵以待。此时，贺若弼的部众只有区区八千人，而陈军的兵力至少是隋军的十倍。

双方摆好阵势后，按照原订计划，应该是由左前锋萧摩诃率先发起进攻。可是，陈朝各军左等右等，却始终不见他出兵。至此，反应快的人终于回过味来了——萧摩诃那句"今日之事，兼为妻子"绝不是说他要为国为家血溅沙场，而是说他今天要干的事情，和他老婆有关。

萧摩诃在关键时刻按兵不动，又关他老婆什么事呢？

原因很简单，色狼陈叔宝坐拥后宫三千佳丽还嫌不够，又暗中搞上了萧摩诃的老婆。萧摩诃被皇帝戴了绿帽，自然是敢怒不敢言，但心里总想找机会报复。因此自从隋军南来，他便频频请战，实际上就是故意想打败仗，耗光陈叔宝最后的本钱，以便他早日完蛋！

众人弄明白萧摩诃的真实意图后，也就不指望他能英勇冲锋了。右前锋鲁广达不得不主动出击，率部直扑隋军军阵。

隋军这一路南下，一直打得相当轻松，没料到陈军的精锐还是有一些战斗力的，所以刚开始被打得步步后退，前锋顷刻之间就被陈军砍倒了二百多人。鲁广达乘胜而进，很快杀到了贺若弼面前。

贺若弼万万没料到陈军还有这么猛的人物，慌忙命人燃起浓烟，以此阻挡陈军视线。浓烟一起，孤军突入隋军军阵的鲁广达显然吃亏了，攻势立刻受挫。趁此时机，贺若弼马上组织兵力发起反扑。

陈军出发前，所有人都看到了皇帝发给各军的金帛，如今鲁广达的部下们刚一开战就把隋军前锋打得落花流水，每个人腰间也都系了一两颗隋军人头，心里自然记挂着那些金帛。所以隋军一发起反攻，鲁广达的部众便纷纷脚底抹油，急着要回大营领赏去。

在反攻的间隙，贺若弼很冷静地观察了一下陈朝各军的阵势，发现孔范的中军阵形最乱，遂亲率主力直扑孔范。

孔大炮向来是个嘴上英雄，一看贺若弼居然直接就冲他来了，吓得面无人色，慌忙拍马而逃。手下一看主将逃跑，也都跟着四散逃命。其他各军一见中军溃退，更是无心恋战，人人夺路而逃。

陈朝大军就此全线崩溃，被砍杀五千余人。萧摩诃被生擒，贺若弼下令将他斩首。萧摩诃本来就是为了打败仗而来的，现在的结果不出他的意料，所以面不改色，一副视死如归的模样。贺若弼感到此人还有几分胆色，便亲自上前解开他的绳索，以礼相待。

任忠一路狂奔，逃回宫城，向陈叔宝报告战败的消息，最后说："陛下好好保重，臣已无能为力了！"

陈叔宝大恐，急忙拿出两袋黄金，颤抖着塞进任忠怀里，用一种央求的口吻，请他出城招兵买马，继续保卫京师。任忠意味深长地看了一眼怀里的黄金，说："陛下最好赶紧上船，往上游投奔大军（周罗睺军），臣自当拼死保卫！"

陈叔宝大喜，让任忠赶快去安排船只，接着匆匆回到内宫，命嫔妃宫女们收拾金银细软，然后在宫里踱来踱去，焦急地等候任忠来接他上船。

可是，陈叔宝最终并没有等来任忠，而是等来了韩擒虎。

任忠出宫后，并没有去码头，而是带着几个亲兵径直出城，向南狂奔。

很显然，他是要带着那两袋沉甸甸的黄金跑路了。可是，跑出没几里路，他就撞上了从新林杀过来的韩擒虎军。任忠乖乖投降，并自告奋勇充当隋军的向导。

当时，驻守朱雀桥（建康城南正门外）的是禁军大将蔡徵。他一听任忠领着隋军过来了，二话不说就带着部众跑了。

韩擒虎军如入无人之境，在任忠的引领下直趋朱雀门。守门的陈军正准备抵抗，任忠一马当先来到城下，对士兵们喊话："连老夫我都投降了，你们还想打什么？"众人一听，当即一哄而散。

至此，陈朝的军队和百官基本上已经逃得一干二净，只剩下仆射袁宪、江总等少数几个高官，还坚守在各自的岗位上，大有与国共存亡的意思。当时袁宪在内殿当值，陈叔宝愧悔难当地对他说："我平常待你不比别人好，今日才知谁是忠臣，心里唯有愧疚而已。只是今日之事，不仅仅是朕无德，更是江东士人丧失了

・十二／平灭陈朝，一统海内（中）・077

为臣之道啊！"（《资治通鉴》卷一七七："非唯朕无德，亦是江东衣冠道尽！"）

一千年后，当李自成的农民军杀进北京城的时候，绝望而悲愤的崇祯也曾在御案上写下这六个字："文臣人人可杀。"

尽管崇祯是个勤政的皇帝，陈叔宝是个荒淫的皇帝，但最终都一样亡国了。

江东衣冠道尽。文臣人人可杀。

这是两个亡国之君跨越千年的相同悲鸣。

当宫外的喊杀声渐渐逼近的时候，陈叔宝惊惶失措，准备跑路，袁宪一脸正色地向他呈上了最后一句谏言："隋军入宫，绝对不敢有何暴行。大势既已如此，陛下还能躲到哪儿去？臣愿陛下正衣冠，御正殿，以当初梁武帝面对侯景之乱的表现为榜样。"

陈叔宝不听他的，从御榻上跳了起来，连连摆手说："锋刃之下，什么都可能发生，可不敢乱碰运气，我自有妙计。"然后带着十几个宦官宫女一溜烟跑进后宫，打算藏到井下。袁宪一路跟着他，苦苦劝谏，一个姓夏侯的后阁舍人干脆挡在井口，不让他下去。陈叔宝急得跳脚，走过去推他，夏侯硬是不让。两个人推搡了好一会儿，夏侯才万般无奈地让开身子。陈叔宝赶紧命宦官帮他绑上绳子，然后缒进了井底。

韩擒虎军进入皇宫后，到处搜索陈叔宝。几个士兵最后找到后宫的这口深井，料定陈叔宝躲在里头，便向井里喊话。井下无声无息。几个士兵冷笑，就对着井口大喊："再不吱声，咱可要扔石头了！"

这一喊，井里果然传出声音。士兵抛下绳子，然后往上拉，奇怪的是，绳子居然重得半死，几个士兵险些没拉住。

陈叔宝有那么胖吗？

士兵满腹狐疑，到最后拉上来一看，不禁哭笑不得。原来绳子一共绑了三个人，除了陈叔宝，赫然还有两个披头散发的女人：张丽华和孔贵嫔。

当韩擒虎轻而易举地进入建康并抓获陈叔宝时，贺若弼还在城北跟强悍的鲁广达苦战。鲁广达带着残部力战不休，又砍杀了数百名隋军，但毕竟寡不敌众，只好且战且退，一路退到了禁苑。此时天已黄昏，鲁广达身边的将士越打越少，他意识到再抵抗下去已经毫无意义，遂放下武器，面向宫城叩首痛哭，然后对部众说:"我不能拯救国家,罪责深重!"将士们无不随之落泪。

最后,鲁广达和幸存的将士被隋军俘虏。三个月后,鲁广达因国亡而哀伤成疾,但他拒绝医治,终于"愤慨而卒"。

很显然,陈朝的官员和士兵若有一半像鲁广达一样,力战到最后一刻,那陈朝绝对不会这么快就亡国。

是日深夜,满身血污的贺若弼才带着精疲力竭的部众从北掖门进入建康。他得知韩擒虎已经捷足先登抓了陈叔宝,心里大为不甘,就命人把陈叔宝带来见他。

陈叔宝战战兢兢地被人押过来,扑通一声跪倒在地,浑身颤抖,汗流浃背。贺若弼冷冷瞟了他一眼,说:"小国之君相当于大国之卿,今天你拜我,固然是亡国之君该有的礼节,不过,入朝以后,你也不失为归命侯,不必过于恐惧。"

想自己拼死拼活还是没捞到头功,贺若弼越想越窝火,就去找韩擒虎,言辞极为不逊。韩擒虎当然不买他的账,于是两个人当场就拔了刀子。两边的部下拼命阻拦,才算避免了一场自相残杀的闹剧。

随后,贺若弼又挖空心思地想了一招,命蔡徵帮陈叔宝写一封投降书,然后把陈叔宝押上骡车带进自己军营,仿佛这样一来首功就是他的。

这么干显然很不靠谱,韩擒虎和他的部下们当然不答应,贺若弼自己的部下也觉得这么做不妥。最后,贺若弼只好悻悻作罢,但仍坚持把陈叔宝单独关押,以示他是整个隋军的战俘,而不是哪个人的战俘。韩擒虎苦笑不已,但也不好再坚持,只能依他。

隋军打进建康的当天,高颎也到了。此时,作为南征主帅的晋王杨广还没来得及渡江,仍在北岸的大营中。得知陈叔宝已被搞定,他当然很高兴。但是,这位风流倜傥的隋朝二皇子,此刻心头最惦念的除了陈叔宝,还有一个人。

准确地说,这是一个女人,一个美艳动天下的女人。

她就是张丽华。

高颎有个儿子高德弘在杨广帐下当机要秘书(记室),于是杨广命他赶紧先过江,告诉高颎务必留下张丽华。高德弘不敢拖延,立刻过江找到了他父亲。高颎一听,鼻子里重重哼了一声,说:"古时姜太公斩妲己,今天我岂能留张丽华？"随后便命人把张丽华拉到玄武湖边，一刀砍下了她的脑袋。

高德弘大为沮丧，只好回去复命。

听到自己日思夜想的大美人已然香消玉殒，杨广怅然良久，然后静静地看着高德弘，忽然咧嘴一笑，说："古人云：'无德不报'，我将来必有报答高公的时候！"

高德弘一听，顿时如释重负。

"看来，晋王也是深识大体的，不但不怪罪我父，还知道我父这么做是为了他好。"高德弘这么想着，不禁对杨广肃然起敬。

然而，高德弘还是太单纯了。他并不知道，杨广从这一刻开始，就已经把他老爸恨入骨髓了。若干年后，已经登上皇位的杨广终于给了高颎一份迟来的报答——杀头。

十三 / 平灭陈朝，一统海内（下）

隋开皇九年（589）正月二十二日，南征大军元帅晋王杨广正式进入陈朝都城建康。

从隋文帝杨坚发布命令到陈朝社稷覆亡，历时不到三个月。陈朝于557年建国，到这一年（589）覆灭，立国仅三十二年、历五帝而亡。此时，尽管广大的江南、岭南地区还有不少陈朝军队，但中枢政权的垮台无疑已经宣告了陈朝的灭亡。从这个意义上说，隋文帝杨坚已经完成了一统天下的历史使命。

杨广进入建康，一方面要保证军队对百姓秋毫无犯，以此收揽人心；另一方面却必须杀戮立威，以此震慑所有潜在的反抗势力。当天，杨广便逮捕了施文庆、沈客卿等一帮陈朝佞臣，宣布他们的罪状后，绑赴宫城之外斩首。

同日，杨广命高颎和另一个机要秘书裴矩收取陈朝的所有档案图籍，查封府库，无论官方还是民间的资财皆一无所取。此举迅速赢得了陈朝士民的心，也为年轻的晋王杨广树立了非常好的口碑。一时间，"天下皆称广，以为贤"（《资治通鉴》卷一七七）。

在隋军围攻建康的同时，长江中上游的隋军也与陈军展开了激烈的战斗。陈朝军队中实力较强的有两支：一是水军都督周罗睺；二是荆州（今湖北公安县）刺史陈慧纪。

当时，周罗睺与郢州刺史荀法据守州城（今湖北武汉市），与驻扎汉口的隋秦王杨俊（杨坚第三子）隔江对峙了一个多月，隋军始终未能前进一步。

荆州方面，刺史陈慧纪则派遣部将吕忠肃进驻歧亭（今湖北宜昌市北），扼守西陵峡，在两岸连接了三条大铁索，横截江面，阻止杨素东进。因当时朝廷已乱成一锅粥，施文庆又独掌大权，一意遏制军方，所以部队粮饷不济，吕忠肃就变卖了自己的全部家产，以供军需。

杨素和部将刘仁恩全力攻击吕忠肃,大小四十余战;吕忠肃据险而守,竭力死战,前后共歼灭隋军五千余人。陈军士卒每杀死一个敌人,必割下尸首的鼻子回去领赏,而杨素则明令部下,一旦俘虏陈军士兵,不但不能割鼻报复,反而必须将他们释放。

杨素的攻心战很快就取得了显著效果。所有被俘后又被释放的陈军士兵回到军营,莫不感叹隋军的仁义。于是,吕忠肃的军心逐渐瓦解,隋军开始反败为胜。吕忠肃不得不放弃阵地,退守荆门(今湖北宜都市西北)。杨素乘胜东进,率领以四艘五牙舰为首的舰队对陈军发起总攻,用撞击长杆击破陈军舰船十多艘,遂大破陈军,俘敌两千余人。吕忠肃全军溃散,仅以身免。

杨素率部继续东进,陈信州(今湖北宜昌市西)刺史顾觉弃城而逃。荆州刺史陈慧纪发现自己已经无险可守,便一把火烧掉了州城的所有武器粮秣和军用物资,率主力三万人和舰队一千余艘东下,准备回援建康。

陈慧纪行至汉口,遭遇杨俊阻截。而在此之前,被陈叔宝解除了职务的原湘州刺史、晋熙王陈叔文已偕巴州(今湖南岳阳市)刺史毕宝投降了杨俊。陈慧纪本欲拥立陈叔文为盟主,用他这面旗帜凝聚人心,得知他已降隋,顿时万念俱灰。

稍后,建康陷落,杨广命陈叔宝写信告谕长江中上游的所有军队将领,命他们投降。同时,杨广又派降将樊毅、陈正业(陈慧纪之子)去劝降周罗睺和陈慧纪。周罗睺意识到大势已去,遂与部将哀哭三日,然后解散部队,投降了杨俊。陈慧纪孤立无援,也旋即投降。

不久,杨素率部抵达汉口,与杨俊会师。至此,长江中上游全部平定。

随后,杨素派遣大将庞晖率部南下,兵锋直指湘州。此时,在湘州坐镇的是陈朝的岳阳王、年仅十八岁的陈叔慎(陈宣帝第十六子)。在社稷已经覆亡、整个长江防线的军事力量也已全盘瓦解的情况下,陈朝宗室的最后一脉骨血、年仅十八岁的陈叔慎顿时陷入了深深的忧惧和彷徨之中。

是要拿起武器战斗,为国家流尽最后一滴血,还是要开门迎降,当一个顺应历史潮流的识时务者?

陈叔慎思虑良久,最后决定试探一下众人的反应再做决断。他设下宴席,召集湘州的所有文武官员赴宴。酒酣耳热之际,陈叔慎端起酒杯,黯然神伤地说:

"君臣大义，难道就到今天为止了吗？"

湘州长史谢基看出了岳阳王的心思，遂跪伏在地，痛哭流涕。有了谢基的默契配合，现场的气氛顿时变得无比伤感。湘州城防副司令（湘州助防）陈正理当即起身，环视众人，说："主辱臣死。诸君难道都不是陈朝的臣子吗？如今天下有难，便是我等尽忠效死之秋，纵然于大局无补，也可见出人臣节操。今日共赴国难，不可再迁延犹豫，若贪生怕死、畏缩不前者，现在便可将其斩首！"

众人相顾片刻，随即纷纷起身，都表示愿与湘州共存亡。

所以，在这场酒宴上，陈正理这番慷慨激昂的话语就是第一个喊打的声音。当天，在场的所有文武官吏歃血为盟，并迅速制订了一个保卫湘州的计划。

众人决定以诈降的方式诱捕庞晖。

随后，陈叔慎便派人与庞晖接触，表示愿意投降。庞晖信以为真，带着一小队士兵就进城来了。陈叔慎设下埋伏，一举将其生擒，并装入囚车游街示众，最后将其全部斩首。紧接着，陈叔慎开始招兵买马，几天时间就募集了五千余人。同时，附近的衡阳（今湖南株洲市西南）太守樊通、武州（今湖南常德市）刺史邬居业也率部前来增援。

隋朝得知庞晖被杀，又派遣大将薛冑南下，并命刘仁恩和他配合，从北面和西面同时进攻湘州。陈叔慎闻报，急命陈正理和樊通出兵迎击薛冑，命邬居业迎战刘仁恩。然而，陈军虽有誓死保卫家园的斗志和勇气，却远远不具备与之配套的战斗力。两个方向的战斗同时打响后，陈军双双遭遇失败。陈正理、樊通、邬居业都被生擒，部众溃散。薛冑乘胜杀进湘州，抓获陈叔慎，并将其与陈正理等人全部押赴汉口，交给秦王杨俊。

等待陈叔慎他们的命运当然只有一个，那就是杀头。

这个年轻的陈朝亲王，终于为自己的国家流尽了最后一滴血。

建康陷落时，陈朝在太湖一带还拥有一定的势力。后梁宗室成员萧瓛投降陈朝后被任命为吴州（今江苏苏州市）刺史，颇受士民拥戴。陈亡后，萧瓛被士民拥立为抗隋盟主。

当时，负责攻击萧瓛的隋军有水陆两路：陆路由隋左卫大将军宇文述率领，从北面攻击吴州；水路由燕荣率领，由海上登陆，自东面攻击吴县（今苏州吴中区）。

萧瓛积极组织防御，一边命人在晋陵（今江苏常州市）东面设立木栅，并派驻一部分兵力阻击宇文述，一边留下将领王褒镇守吴州，然后亲率主力舰队，自义兴（今江苏宜兴市）进入太湖，准备袭击宇文述的侧翼。

然而，宇文述的战斗力却远远超乎萧瓛的想象。他派出几个间谍稍事侦察，就摸清了萧瓛的战略意图，随即进军攻破晋陵以东的防御阵地，然后立即回军攻击萧瓛主力，一战便将其击败。同时，宇文述又分兵进攻吴州。守将王褒风闻萧瓛已败，慌忙换上道士服装，弃城而逃。

萧瓛带着残兵败将退守包山（今太湖洞庭山），可喘息未定，隋燕荣已率部杀到。萧瓛稍作抵抗便再度被击溃，只好带着几个侍从躲进老百姓家里，但很快还是被隋军抓获了。稍后，东扬州（今浙江绍兴市）刺史萧岩（萧瓛叔父，二人同时降陈）也献出州城会稽，向宇文述投降。不久，萧岩与萧瓛皆被执送长安斩首。

至此，陈朝大部皆平，最后剩下的，就是自古以来民风彪悍、瘴气肆虐的岭南地区了。

开皇九年（589）二月，杨坚下诏，命柱国、江州（今江西九江市）总管韦洸负责讨平岭南。接到诏令时，韦洸顿时犯了踌躇。他倒不是怕岭南的瘴气，而是怕岭南的一个人。

准确地说，是个女人。

堂堂隋朝的正二品柱国、拥兵一方的封疆大吏，居然会害怕一个女人？

是的，不仅韦洸怕，当时很多人一听到这个女人的名头，脸上立马会露出敬畏的表情。

她，就是冼夫人。

冼夫人是岭南地区的土著，祖上世代皆为少数民族酋长，拥有部落十余万家。早从少女时代起，冼夫人就表现出了巾帼不让须眉的本色，不仅智略过人，而且精通军事，深受各部落的敬重。当时的梁朝罗州（今广东化州市）刺史冯融非常赏识这个奇女子，就上门提亲，让他的儿子高凉（今广东阳江市）太守冯宝娶了冼夫人。

冯家父子虽然名义上是地方官，但强龙难压地头蛇，当地少数民族大多不买他们的账。冼夫人嫁入冯家后，第一件事就是告诫并约束自己的族人，命他们遵守朝廷法令，学习汉人礼节。为了帮夫家树立权威，她还经常跟丈夫冯宝一起上堂断案，处理诉讼，凡是有部落首领犯罪的，即便是亲戚，她也毫不手软、严惩不贷。从此，冯家父子的政令才得以推行。

梁朝太清二年（548），侯景之乱爆发。次年五月，梁武帝萧衍饿死宫城，帝国陷入空前内乱，各地守将纷纷拥兵割据。大宝元年（550），广州都督萧勃大举募兵，准备北上勤王。高州刺史李迁仕遂以响应号召为名，出兵进驻大皋口（今地不详），并通知冯宝前去见他。

李迁仕是冯宝的顶头上司，冯宝不敢怠慢，连忙收拾行囊准备上路。即将出发时，冼夫人拦住了他，坚决不同意他前往。冯宝惊问何故，冼夫人说："刺史无故不得征召太守，我怀疑其中有诈，李迁仕必是想逼你一同谋反。"

冯宝问："何以见得？"

冼夫人说："李迁仕接到都督之命后，推说有病，没有立刻动身，同时却又大量制造兵器、操练士卒，然后才通知你去。以此来看，李迁仕必是想把你扣为人质，逼你交出兵权。所以，你还是先不要去，且看下一步有何变化。"

冯宝听从了她的建议。几天后，李迁仕果然揭起了反旗，并派部将杜平虏进驻赣江附近，在鱼梁（今江西万安县）修筑城堡，威胁南康（今江西赣州市）。此时，这一带是大将陈霸先（就是日后的陈朝开国皇帝）的地盘。他一看李迁仕居然敢打他的主意，顿时勃然大怒，立刻命部将周文育出兵攻击杜平虏。

冼夫人料定李迁仕不是成大事之人，便决定收拾他。她对冯宝说："杜平虏是李迁仕麾下的唯一猛将，他现在出兵鱼梁，正与陈霸先的朝廷军交战，一时半会儿回不了高州。李迁仕兵少将寡，我们很容易用计摆平他。但是，如果你亲自出面，肯定会跟他产生冲突。我建议派人去见他，态度恭敬，言辞谦卑，并送上一份厚礼，然后告诉他：'我有守城之责，不便晋见刺史大人，为表歉意，可由我妻子代表我去见您。'他一听肯定很高兴，自然会放松警惕。然后，我只要带上精锐一千人，对外宣称是运送金银布帛的挑夫，打算送钱去向他谢罪。只需让我接近他的军营，我定可一战将其击败。"

冯宝深以为然，随即依计而行。李迁仕果然毫无戒备，遂被冼夫人打得大败，仓皇逃往宁都（今江西宁都市）。与此同时，周文育也击溃杜平虏，夺取了鱼梁城。陈霸先早就听说冼夫人的威名，如今看她又轻而易举地收拾了李迁仕，大为叹服，遂约她在赣滩见面，交了她这个朋友。

回来后，冼夫人第一句话就对冯宝说："陈将军不是凡人，且极得部众拥戴，定可平灭侯景。依我看，他前程不可限量，你应该助他一臂之力。"

冼夫人交上陈霸先这个朋友，显然是交对了。两年后，陈霸先一路北伐，并与王僧辩一起平定了侯景。承圣四年（555），陈霸先除掉王僧辩，拥立萧方智为帝，总摄梁朝军国大事，并先后击退了北齐的两次大举进犯。太平二年（557），陈霸先终于废梁称帝，建立陈朝。

冼夫人当初的预言，果然成了现实。

而登基后的陈霸先，也没有忘记她这个有勇有谋的巾帼英雄。当时，冯宝已经病逝，陈霸先便任命冼夫人年仅九岁的儿子冯仆为阳春郡（今广东阳春市）太守。陈宣帝太建二年（570），广州刺史欧阳纥企图谋反，便设计诱捕了冯仆，企图逼迫冼夫人一同造反。冯仆无奈，只好派人把自己的处境告诉了母亲。冼夫人强忍悲伤，回信说："我忠贞贯注梁、陈二朝，岂能为了保你而负国家！"遂一面发兵抵御欧阳纥，一面派人迎接朝廷的平叛大将章昭达，并最终与章昭达联手，平定了欧阳纥的叛乱。

为嘉奖冼夫人的忠贞和功勋，陈朝旋即册封幸免于难的冯仆为信都侯，加平越中郎将，并迁石龙郡太守；封冼夫人为中郎将、石龙太夫人，赐刺史仪仗。

陈后主至德二年（584），冯仆病故，年仅三十五岁。白发人送黑发人，令冼夫人哀恸不已。可还没等她丧子的创伤平复，她效忠多年的陈朝又沦亡了。一时间，岭南地区一片慌乱，各族官民六神无主，几个尚未投降隋朝的郡守遂联合起来，共同推举冼夫人为盟主，号称"圣母"，请她出来主持大局，保境安民，最重要的当然是——抵抗隋朝的入侵。

韦洸率部南征，在南康就遭遇了陈朝守将徐璒的顽强阻击，许久未能前进半步。杨广觉得韦洸连一个小小的徐璒都搞不定，更不可能是冼夫人的对手，遂命陈叔宝写信给冼夫人，告知她陈朝已经覆灭，劝她顺从天意民心，归附隋朝。

冼夫人见信后，便集合属下的数千名大小酋长，通知了这个亡国的噩耗，并与酋长们哀哭尽日，为陈朝悼亡。随后，冼夫人擦干眼泪，命孙儿冯魂率众北上，迎接韦洸。

韦洸有了冼夫人的支持，顿时勇气倍增，遂一鼓作气攻克南康，斩杀徐璒，然后南下抵达广州。随后，在冼夫人的全力配合下，韦洸极力游说岭南各少数民族部落，宣传隋朝的优抚政策，终于使得他们全部归附。

作为乱世之中的杰出女性，冼夫人再次为新王朝立下了汗马功劳。隋文帝杨坚随即下诏，封冯魂为仪同三司，封冼夫人为宋康郡夫人。

至此，陈朝全境宣告平定。隋朝的疆域增加了三十个州、一百个郡、四百个县。自十六国后，分裂动荡了将近三个世纪的中国，终于在杨坚手上复归一统。从此，隋朝逐渐走上了繁荣强盛之路。

十四 / 魔鬼与天使：杨坚的帝王术

开皇九年（589）三月，杨广班师凯旋。

亡国之君陈叔宝和原陈朝的王公贵戚、文武百官及其他们的妻儿老小，全部作为战俘被押送长安。这些昔日养尊处优的达官贵人，此时一个个鬓发散乱、神色凄惶，不知道等待在他们前方的将是怎样的命运。江南的春天妩媚亮丽，沿途的美景更是美不胜收，可这支扶老携幼、步履蹒跚的队伍，却像极了饥荒年月里的逃难人潮，生生破坏了这个春天的美丽景致。远远望去，这支"大小在路，五百里累累不绝"的战俘队伍，成了这个绿意盎然的天地之间唯一的灰色风景线。

不过，当这群陈朝俘虏抵达长安后，一路上忧愁恐惧的心绪顿时涣然冰释。因为，隋文帝杨坚不仅派出使臣，在郊外给他们举行了一个盛大的欢迎仪式，并且征收了一大片长安士民的私宅，整修一新，作为他们在长安的新家。

当然，生活上的待遇可以尽量优越，但是亡国君臣的身份是无法改变的。

四月二十二日，隋朝举行太庙献俘仪式。陈叔宝和他的王侯将相们，被两队铁骑左右押着，跟在晋王杨广和秦王杨俊的高头大马后面，来到太庙的广场上下跪听宣；同时陈列在广场上的，还有陈叔宝君臣过去使用的车驾乘舆、服饰仪仗、簿册图籍，等等。一系列烦琐的献俘仪式举行完毕，杨坚才登上太庙门楼，隆重宣布：擢升杨广为太尉（三公之一），赏赐辂车、御马、衮袍、冠冕、玄圭（黑玉）、白璧（白玉）等物。

数日后，杨坚又命人把陈叔宝、原陈朝太子、亲王二十八人，及司马消难等原陈朝文武官员共二百多人，押到广阳门楼前，先让纳言宣诏慰抚，然后就命内史令宣读了措辞严厉的训诫诏书，谴责陈朝君臣"不能相辅，乃至灭亡"。陈叔宝君臣惶悚不已，趴在地上连大气也不敢喘。最后，杨坚才宣布将他们赦免。

处置完陈朝君臣，接下来就该对平陈将士论功行赏了。

几天后，杨坚再登广阳门，大宴南征将士，并命人从门楼两侧开始堆放赏赐用的绸缎布帛，自广阳门一直堆到南郭门，然后依照功勋等级分别赏赐。据说，那天一共赏赐了三百多万匹绢帛。同日，杨坚又宣布免除原陈朝境内各州十年的田赋捐税，并免除本土各州当年的田赋捐税，以示普天同庆之意。

作为平陈的副帅，高颎虽未上阵杀敌，却有谋划之功，故晋位上柱国，晋爵齐国公，食邑一千五百户，赏赐绸缎九千匹。此外，几大功臣也都封赏甚厚：杨素晋爵越国公，食邑三千户，赏赐绸缎一万匹，另赐粟米一万石，并赐其长子杨玄感仪同三司；贺若弼晋位上柱国，晋爵宋国公，食邑三千户，赏赐绸缎八千匹，另赐金银珍宝，并将陈叔宝的妹妹赐给他为妾。

对于上述几位功臣的封赏，朝野皆无异议。可是，对于率先攻进建康，并擒获陈叔宝的猛将韩擒虎，朝中却有很多不和谐的声音。

首先，一直与韩擒虎较劲的贺若弼就极力打压他。对此，韩擒虎当然不服。很快，双方的矛盾就从暗中较劲发展到了公开对骂。在一次朝会上，两人当着杨坚的面开始争功，贺若弼说："臣在蒋山（建康城东）死战，破敌精锐，擒其骁将，威震江左，遂平陈国，可韩擒虎几乎没打过一场硬仗，怎么能与臣相提并论？"

韩擒虎当即反唇相讥："臣遵奉旨令，与贺若弼南北合围以取建康，可他不遵照计划，擅自发起进攻，故而遭遇强敌，以致将士伤亡惨重。臣以轻骑五百，兵不血刃，直取建康，收降任忠，擒陈叔宝，据其府库，倾其巢穴。可贺若弼直到是日黄昏才抵达北掖门，是臣打开城门放他入城的，他连赎罪都尚且不暇，又岂能与臣相比！"

很显然，两人的说法各有道理，实在不好说孰是孰非，更难比个高下，所以杨坚呵呵一笑，当场下了定论："二将俱为上勋！"

可是，尽管皇帝定了调子，还是有人跟韩擒虎过不去，上疏弹劾他入据建康后，曾放纵士卒奸淫陈朝后宫。

此事是否属实，我们不得而知，但有一点可以确定：韩擒虎的群众关系远远不如贺若弼。

所以，看到弹劾韩擒虎的奏疏后，杨坚心里就犯了嘀咕，随即宣布：韩擒虎晋位上柱国，赐绸缎八千匹。

然后呢？

没有然后，就这些了。

像贺若弼得到的国公爵位、金银珠宝、江南美女等等，韩擒虎一样都没捞着。不久，杨坚好像是为了安慰韩擒虎，才给了他一个寿光县公的爵位，食邑一千户。可是，这个安慰奖实在没给韩擒虎带来多少安慰。因为，早在北周时代，年少的韩擒虎就已经从父亲那里承袭了新义郡公的爵位，如今从郡公降为县公，与其说是安慰，还不如说是惩罚。当然，那个"郡公"是前朝的，在隋朝并不具备认证资格，所以现在得了这个"县公"，韩擒虎还是要三呼万岁、叩谢皇恩的。

没过几天，杨坚又下了一道诏书，任韩擒虎为凉州（今甘肃武威市）总管，让他到边境去防御突厥。这表面上是委以重任，实则跟贬谪差不多。

跟贺若弼比起来，韩擒虎似乎很冤。不过，塞翁失马，焉知非福。韩擒虎没捞到贺若弼那么多东西，也没得到杨坚重用，但也因此避免了功高震主、兔死狗烹的下场。若干年后，贺若弼先是遭杨坚猜忌而下狱，此后更被隋炀帝杨广诛杀，未尝不是此时的荣宠所埋下的祸根。

陈朝的亡国君臣到了长安后，下场各有不同。

杨广初入建康时，只诛杀了罪大恶极的施文庆等人，直到将陈朝君臣押回长安，才得知以孔范为首的一帮佞臣，其罪恶比之施文庆也不遑多让。不久，杨坚便下诏将孔范、王仪等四人全部流放边地。

在政治上得到隋朝厚待的，有袁宪、萧摩诃、周罗睺、任忠等人，皆被授予开府仪同三司等勋职。其中，尤以袁宪最受杨坚赏识。杨坚称赞他的节操是江东第一人，除拜其开府仪同三司外，还任命他为昌州（今湖北枣阳市南）刺史。

而对于怀揣两袋黄金投降韩擒虎的任忠，杨坚则颇有微词，虽然也待他不薄，但还是在朝会上当着群臣说："平陈之初，我后悔没有立刻诛杀任忠。此人受主荣宠厚禄，加之被寄予重托，非但没有殉难报国，反而说他已经无能为力，和古代忠臣比起来，相差何其远也！"

陈朝降臣的最终遭遇之所以大相径庭，关键就在于杨坚要拿他们当样板，来对满朝文武进行"保持臣节教育"。至于陈叔宝本人，杨坚对他也是优容之至。

因为杨坚也必须拿他当样板,来向天下人显示自己的宽容和厚道。

陈叔宝来到长安后,杨坚对他赏赐极丰,基本上让他的生活水平保持在王公一级。此外,杨坚还多次召见他,嘘寒问暖,班位也跟三品大臣排在一起。每次召他赴宴,也总是细心叮嘱乐工不要演奏"吴乐",以免陈叔宝触景伤情。

当然,在生活上,杨坚可以对陈叔宝关怀备至,但是在政治上,他不会给他任何机会。有一次,负责监视陈叔宝的大臣向杨坚奏报,说陈叔宝要求给一个官号,否则每次参加朝见,总显得有些不伦不类。杨坚闻言,当即冷笑:"他还想得陇望蜀?真是没心肝!"

杨坚曾问监视者,陈叔宝每日都做些什么。那人回话说:"天天喝得酩酊大醉,几乎就没清醒的时候。"

杨坚好奇:"他每天喝多少酒?"

答:"和他的子弟每天能喝一石(相当于一百二十斤)。"

杨坚大为惊讶,立即下令减少对陈叔宝的酒水供给。可稍一转念,杨坚就改口了:"算了,还是让他喝吧,要不他怎么过日子!"

陈叔宝在长安的最后岁月,基本上是在酒池里度过的。对于这样一个行尸走肉、形同废物的家伙,杨坚感到很放心。他对陈朝君臣唯一采取的防范措施,就是把陈朝的宗室子弟迁出长安,发往边境各州安置,分给他们田地,让他们自力更生,每年定期发放一些衣料,以保障他们的基本生活。

综观杨坚上位之初对宇文宗室的屠杀,以及现在对陈朝宗室的优容,其态度可谓天差地别。同样是灭掉一个政权,为什么差别会这么大呢?

首先,杨坚以隋代周,说好听点叫禅代,说难听点就是篡逆,其上位的合法性先天不足,所以他必须把宇文宗室屠戮殆尽,以绝朝野之望,才能巩固自己的帝位,即便因此而遭骂名,杨坚也在所不惜。而陈朝与北周则不可同日而语:陈叔宝的荒淫无道人所共知,一帮佞臣又窃弄权柄,搞得朝野滋怨、上下离心,所以杨坚伐陈,打的是替天行道、吊民伐罪的旗帜,因此平陈之后,他越是表现出对陈朝君臣的优容,就越能凸显自己的正义性。

其次,杨坚代周之际,忠于周室或者说不服杨坚的人还为数不少,如果他不施展一些霹雳手段,就镇不住人心,控制不了局面,因此只有采取暴力方式将宇文一族斩草除根,才能震慑对手,消除潜在的反抗因素。而伐陈之时,杨坚已经在位多年，皇帝宝座也已坚如磐石，整个国家的综合实力更是远远高于陈朝，所以才能轻而易举地将其灭掉；而陈朝亡国之前尚且不是隋朝的对手，亡国之后就更是没有翻盘的可能。因此，面对陈叔宝这种毫无威胁的寄生虫，杨坚当然要极尽宽大与优容之能事，以树立自己圣主明君的道德形象。

总之，在该扮演魔鬼的时候，杨坚绝不会爱心泛滥；而在该扮演天使的时候，杨坚也绝不会乱舞屠刀。说白了，不管是杀人还是爱人，都只是杨坚施展帝王术的一种手段罢了。

十五 / 一代雄主的严重缺陷

古人经常说伴君如伴虎，对杨坚的臣子而言，对此肯定都有深刻体会。尽管杨坚很善于施展恩威并重的帝王术，可他多疑猜忌的性情，还是导致他在统驭臣下的时候，更多地表现出了魔鬼的一面。

杨坚即位之初，便诛杀了梁士彦、刘昉、宇文忻、王谊等一批开国功臣。虽说这些人也不是什么好鸟，但若不是因为杨坚的猜忌，他们也不会铤而走险，落得个身首异处的下场。因此，在杨坚的手底下做事，人人都得学会察言观色、谨言慎行，否则一句话说错，就有可能被杨坚一刀咔嚓了。

乐安公元谐，就是属于这种很容易说错话的人。

元谐是杨坚的太学同学，生性豪爽，不拘小节，跟杨坚从小就是铁哥们儿。杨坚代周自立时，元谐也是忠心拥戴杨坚的功臣之一。所以杨坚即位后，元谐官尊爵显，很是风光了一阵。然而，自从上柱国王谊参与卢贲、刘昉的谋反而被诛后，一直跟王谊关系很好的元谐就遭到了杨坚的猜忌，虽说没被株连，但从此被疏远了。

平陈之后，元谐为了重新争取杨坚的信任，就向他提了一个建议，说突厥沙钵略可汗（已归附隋朝）有利用价值，可任命他为间谍部门的长官（候正），专门对付突厥；同时任命陈叔宝为内政官员（令史），负责管理陈朝旧境的一些政务。

应该说，元谐提此建议的本意还是好的，也是希望朝廷能够人尽其才、物尽其用，让每个人都为国家做贡献，而不是整天坐着吃白饭。可是，元谐没有想到，在官场上，要判断一个主意是不是好，并不是看你的动机是否出于公心，而是要看你的建议是否符合杨坚的意图。

这就是所谓的"政治正确"。而元谐这个建议，在政治上显然是不正确的。所以杨坚一听，立马拉下脸来，说："朕讨平陈朝，本意在于铲除凶逆，拯民于水火,并不是好大喜功。你说的这些,完全不合朕的本意。朕问你:沙钵略对自己国家的山川地形尚不如长孙晟熟悉,如何当候正?陈叔宝整天烂醉如泥,怎么能把朝廷政务交给他?"

元谐好心提议却碰了一鼻子灰,只好默然而退。

事后,杨坚回味元谐的话,越想越不对劲——你一个在政治上早就靠边站的家伙,凭什么替沙钵略和陈叔宝伸手要官呢?是不是想借此树立私恩、拉帮结派,重启政治上的第二春?

让杨坚起了这个疑心,元谐的命运就不妙了。就在此时,元谐的一些政敌敏锐地察觉到了元谐的处境,便悍然出手,指控元谐与堂弟元滂,好友田鸾、祈绪等同谋造反。杨坚不由分说,立即将元谐等人逮捕下狱,命有关部门审理。

有关部门一看皇帝这态度,心里便明白了几分,于是立马对元谐等人大刑伺候,很快就从他们嘴里撬出了口供。据称:元谐曾阴谋派遣祈绪前往巴蜀,暗中勾结党项人,企图切断巴蜀交通线,发动叛乱。另外,元谐与元滂有一次上殿,曾偷偷对元滂说:"我才是人主。殿上那个人,不过是个贼!"然后就命元滂观察金銮殿的气象(古人所谓"望气")。元滂说:"杨坚之气象,有如蹲狗走鹿,不如我们有福德。"

其实这些所谓的口供,一看就知道是屈打成招的产物。可是,杨坚一听奏报,却雷霆大怒,立刻将元谐、元滂、田鸾、祈绪全部斩首。

元谐被杀,很多人并不觉得奇怪,因为他早已失宠,又不知轻重乱说话,掉脑袋很正常。但是,没过多久,一个贵宠无比的朝廷重臣也突然失势,就让朝野上下很是惊诧了。

这个人,就是杨坚的族侄、广平王杨雄。

当时,杨雄官任左卫大将军,是杨坚最为倚重的大臣之一,与高颎、虞庆则、苏威并称"四贵"。杨雄为人宽容豁达,礼贤下士,在朝野上下拥有很好的口碑。然而,正因为这一点,杨坚就把猜忌的目光瞄上了他。

一个人拥有皇帝宠幸,又手握兵权,还颇得人心。这样的人万一心怀不轨,后果岂不是不堪设想?

思虑及此,杨坚立刻解除了杨雄的左卫大将军职务,任其为司空。

这就是典型的外示尊崇,内夺其权。司空虽然贵为三公之一,却是个虚衔。

明眼人都看得出来，曾经"贵宠特盛"的杨雄，这回是彻底坐冷板凳了。杨雄自己也心知肚明，所以干脆闭门谢客，再也不与任何朝臣私下往来，以此避嫌自保。

开皇十年（590）四月，紧继杨雄之后，又一个开国功臣黯然落马。

他就是李德林。

常言道，木秀于林，风必摧之。李德林是一个很有才的人，可有才的人都有一个通病，就是难免有些恃才傲物。这样的人，群众关系自然是不会和谐的。所以，饶是李德林德才兼备，尽忠为国，并且还是佐命元勋，可在杨坚的朝廷里整整混了十年，还是在内史令的位子上一动不动，始终未获升迁。

当时，杨坚最宠信的大臣莫过于高颎和苏威，可李德林偏偏跟这两人水火不容。他经常与苏威在朝堂上吵得面红耳赤，而高颎当然每一次都站在苏威那边，故而经常私下告诉杨坚，说李德林性情暴戾，不堪大用。所以，李德林每次和苏威就某事争吵，杨坚最后都会听苏威的。

这年春天，杨坚考虑到李德林一直兢兢业业为朝廷做事，既未升职也很少获得封赏，想想有些过意不去，就打算赐给他一座田庄，并且在全国范围内由他任选。李德林最后挑了一间豪华酒店。这家酒店原为朝臣高阿那肱的财产，此人于开皇初年（581）因谋反事败被诛，酒店也被朝廷抄了，此时算是国有财产。该酒店位于卫国县境（今河南清丰县），地理位置很好，南来北往的商旅都会在此下榻，所以生意兴隆，日进斗金。李德林眼光贼亮，一挑就挑了这个聚宝盆。

杨坚本来就是要赏，所以也不在乎李德林挑的是什么，马上就批准了。

然而，李德林刚刚接手酒店没两天，就被当地的农民给告了。

严格来讲，农民告的并不是李德林，而是对酒店的地皮产权提出了异议。这个告状者说，这块地皮原来是他们家的，只因当初高阿那肱仗势欺人，才把地皮抢过去盖了酒店。后来虽说姓高的倒台了，可酒店旋即收归国有，他也只好认命，不敢说什么。如今，这酒店又变成私人产业了，他当然有权利把地皮讨回来。

本来这事跟李德林关系不大，因为这酒店本来就是杨坚所赐，出了问题，朝廷自然也有义务帮他摆平。可问题是这事刚一发生，苏威马上跳了出来，告诉杨坚说，李德林其实早知道这块地产权不清，可他贪图利益，事前曾给朝廷打报告，说这块地他已重新购入，现在看来，明显是欺君嘛！

苏威所言是否属实，我们不得而知，但杨坚一向信任苏威，所以一听就对李德林大为不满。此时，素来跟李德林关系不好的司农卿李圆通也趁机火上浇油，说："此店的利润，不亚于一千户食邑。李德林欺君罔上，臣建议将该酒店的营业利润按日计算，全部追缴。"

杨坚当然不会真的去追缴酒店利润。他毕竟是皇帝，真要这么干就显得太没水平了。此事后来的处理结果史书无载，但估计杨坚肯定是给告状的农民支付了补偿金。因为关于这块土地的争议纯属历史遗留问题，朝廷当然要出面摆平，没理由让李德林个人埋单。

虽然这件事就这么过去了，李德林在经济上也没遭受什么损失，但杨坚从此对他极为反感。以此而言，李德林在政治上的损失其实是不可估量的。

不久，李德林又在朝廷的一项举措上与杨坚产生矛盾，终于导致二人的关系彻底恶化。

这件事是关于隋朝的基层政权建设问题。

从春秋战国起，中国就有很严密的乡里制度。秦汉时，百家为一里，十里为一亭，十亭为一乡。至北魏、北周时，基层组织更趋严密，"五家立一邻长，五邻立一里长，五里立一党长"（《魏书》卷一一〇）。尽管基层官员拥有行政和司法权，可以有效地将政府的统治触角延伸到每家每户，但弊端也是显而易见的：这些基层官员跟当地百姓都是乡党宗亲，彼此身上有几根毛都是数得清的，一旦百姓之间发生纠纷，请托徇私在所难免，要保证司法审理的客观公正几乎是不可能的。因此，隋朝开国时，曾一度取消了基层组织的行政和司法权。

但是，到了开皇九年（589）二月，随着陈朝的平定和隋朝统治疆域的急剧扩大，加强中央政府在基层的控制力又成了势在必行之举。苏威为此上疏杨坚，建议每五百户设一个乡正（乡长），把行政权和司法权重新下放到地方。而李德林对此坚决反对。他认为，原本取消基层的行政和司法权，就是因为乡里之间不是亲人就是朋友，执法很难公平，如今又设置乡正，令其专管五百家，势必为害更烈；更何况，有些边荒小县，一县人口都不满五百家，此令若行，岂不是两个县要共管一个乡？

可是，杨坚还是不顾李德林的反对，采纳了苏威的建议，随即下诏，命一百家为里，设里正一人；五百家为乡，设乡正一人。

开皇十年（590）四月，也就是"酒店用地"事件过去没多久，虞庆则等人就奉杨坚之命，前往关东（函谷关以东）各地巡视，回朝后异口同声地奏报，称各地乡长在审理诉讼时普遍偏袒亲友，公开收受贿赂，以致老百姓怨声载道。

杨坚一看，赶紧下令，准备再度撤销里正、乡正的设置。

朝廷政策如此朝令夕改，让李德林深感不妥。他马上在朝会上提出异议："当初设立乡正，我就坚决反对，如今刚一实施，就又马上废止，如此政令不一，实在不符合一个帝王立法治国的本意。臣恳请陛下，从今往后，百官凡是有轻率更改律令者，即以军法从事。否则的话，民间必然无所适从。"

杨坚一听，顿时勃然大怒，指着李德林的鼻子大骂："你好大的胆子，居然敢把朕比作王莽？"

王莽篡汉后，实施了一系列制度改革，本欲强国富民，不料却因朝令夕改、举措乖张而导致经济崩溃，民怨沸腾，最终身死国灭。平心而论，李德林说杨坚朝令夕改，不过是就事论事而已，并没有把他比作亡国之君的意思。可是说者无心，听者有意，杨坚这段时间本来就对李德林很不爽，现在又被他当众顶撞，自然是气不打一处来，所以才会有如此过激的反应。

事情闹到这一步，君臣之间就算是彻底撕破脸了。紧接着，又发生了一件小事，终于成了压垮李德林的最后一根稻草。

这件事与李德林过世的父亲有关。

在古代，朝廷为了提高功臣待遇，通常会为其父祖追赠官爵，但所赠官爵高低通常要参考其生前的职务。李德林身为开国功臣，当然也能享受这个待遇。不过，他父亲生前，只是一个区区的校书郎（皇家图书院校勘官，正九品），即便有所追赠，官爵显然也不会高。李德林为了显扬其父，就谎称其生前官职是太尉谘议（太尉府首席参议官，从六品），企图获取朝廷更高的赠官。

李德林在朝中的人际关系本来就不好，如此弄虚作假自然逃不过政敌的眼睛。很快，就有好几个朝臣同时把他给告发了。

至此，杨坚新账旧账一起算，把李德林叫到跟前，毫不客气地历数其罪："你身为内史令，负责掌管朝廷的最高机密，可是最近，朕都没让你参与决策，原因就是你的心胸太过狭窄，难以和同僚共事，这些你自己都清楚吧？还有，你欺上瞒下，骗取卫国酒店；妄加父官，骗取朝廷追赠。所有这些，都让朕极为愤慨，可朕还是一再容忍，希望你能改过。但是现在，朕已无法容你，只能给你一个州安顿了。"

当天，杨坚便下诏，宣布将李德林贬为湖州（今河南唐河县）刺史。

李德林直到此刻才如梦初醒，只好叩首谢罪，说："臣不敢奢望再担任内史令一职，只求能留在京师，就算给臣一个荣誉官职也没关系。"

然而，杨坚不为所动，还是执意把他贬出了朝廷。贬谪不久，抑郁寡欢的李德林便死于地方刺史任上，终年六十一岁。

杨坚的猜忌，不仅表现在他与功臣的关系上，也体现在他执政的方方面面。

由于杨坚是以篡逆手段上位的，因此，一方面，对他每个人都疑心重重，总感觉臣子们心里都有各自的小九九，会不利于他的统治；另一方面，他又对自己的智慧和谋略颇为自负，总以为自己在统驭臣下的时候，完全可以做到明察秋毫。是故，杨坚经常会派遣左右近臣充当秘密警察，暗中监视文武百官的一举一动，一旦发现谁有问题，立马重重治罪。

为了打击官员贪污受贿，挖出一切潜在的腐败分子，杨坚还暗中派人向一些职能部门的官员行贿，一旦有人中招，不管受贿金额大小，立刻将其砍头（据黄仁宇先生称，当今美国政府也有类似做法，称为"敲诈行动"——sting operations）。

此外，杨坚在朝会上处理政务时，若发现哪个朝臣有问题，便会不顾司法程序，当场命行刑官将其抓起来暴打，有时候一天内要连打三四个辅臣。由于杨坚命人制作的刑杖比普通的粗，所以不少人禁不住打，当场毙命，以至行刑官都有些手软。有一次，杨坚发现行刑官在打人时下手不够重，二话不说就把行刑官砍了。为此，高颎等人频频规劝，说："朝堂非杀人之所，殿廷非决罚之地。"可杨坚根本听不进去。

高颎铁定了心要改变杨坚这个坏习惯，所以毫不气馁，过后便召集文武百官一起上殿，集体请求杨坚治罪。杨坚这才意识到问题的严重性，就问负责行刑的禁军大将田元："我的刑杖是不是太粗啦？"

田元答："是太粗。"

杨坚问他粗到什么程度。田元举起大拇指说："陛下的刑杖，就跟臣的大拇指一样粗，打人三十下，不异于普通刑杖数百下，所以很多人会当场毙命。"

杨坚听了，脸色变得十分难看，不过还是让田元把刑杖撤了。此后，凡是再发现朝臣有罪当罚，就没有在朝堂动手了，而是老老实实走司法程序，交给相关部门去处理。

然而，有道是江山易改，本性难移，杨坚忍了没多久，就再次发作了。

有一次，一个叫李君才的低级军官入朝奏事，斗胆说了一句话："皇上对高颎的宠信有些过分！"杨坚立刻火冒三丈，命人杖打李君才，可此时殿中已无刑杖，他就下令用皮鞭，当众将李君才活活抽死。

此后百官上朝，赫然发现那根粗大的刑杖又放回了原处。

过了几天，杨坚又因某事发火，又打算在朝堂上打人。兵部侍郎冯基看不过眼，一再劝谏。杨坚不听，执意把那人打死了。

事后，虽然杨坚有些后悔，对冯基好言慰勉了一番，还责怪百官没有像冯基那样及时谏诤，但是，纵观杨坚在位的二十多年，其猜忌、多疑、刻薄的性情几乎从未改变过。这，不能不说是杨坚身上令人遗憾的严重缺陷。作为一代雄主，杨坚统一海内的历史功绩不可谓不大，他在位期间的国力也不可谓不强，但他绝不会料到，隋朝会在他身后短短十几年间就分崩离析、轰然崩塌。尽管隋朝覆亡的原因很多，但杨坚因猜忌而废黜太子杨勇、改立次子杨广，未尝不是导致隋朝二世而亡的主要原因之一。

十六 / 风云再起：江南、岭南之乱

自东晋南渡后，中国南北分裂的局面整整延续了将近三个世纪，虽然隋朝轻而易举地消灭了萎靡不振、国力虚弱的陈朝，但这并不意味着江南士民从此就会老老实实地成为大隋王朝的恭顺子民。换言之，仅仅通过一场历时不过三个月的战争，并不足以消除南北两地的士人百姓在将近三百年里形成的文化差异，更不可能在短时间内自动获取江南世族对北方王朝的政治认同。

为了迅速弥合上述裂缝，在平陈之后，苏威便迅速编写了一本熔政治宣传与思想教育为一炉的小册子，名曰"五教"，命江南士民无论男女老少都要熟读背诵。苏威此举，本意是想统一人心，可结果却适得其反，引起了江南士民极大的反感和抵触。

此外，隋朝统一陈朝全境后，各级官吏为了维护稳定，也极力打压江南的豪门世族，直接或间接地剥夺了他们原本在陈朝所享有的诸多政治和经济特权。可想而知，在江南优渥了几百年的这些世家大族，绝不可能轻易放弃自己的既得利益。

所以，到了开皇十年（590）年底，江南各地士民对隋朝统治的怨恨和不满就已发展到了临界点，仿佛一座蓄满岩浆的活火山，随时会轰然喷发。

恰在这个时候，又不知从哪里传出一个谣言，说隋朝要把江南人迁往北方，以便加强对他们的控制。谣言一起，整个江南顿时沸腾了。很快，大大小小的叛乱在一夜之间遍地开花：婺州（今浙江金华市）人汪文进、越州（今浙江绍兴市）人高智慧、苏州人沈玄侩各自聚众起兵，自称皇帝，设置文武百官；此外，乐安（今浙江仙居县）、蒋山（今南京市东）、饶州（今江西鄱阳县）、处州（今浙江温州市）、杭州、泉州（今福建福州市）、交州（今越南河内市）等地豪强也纷纷揭起义旗，反抗隋王朝的统治。

一时间，"陈之故境，大抵皆反"。各地叛乱武装多则数万人，少则数千人，互相呼应，攻城略地。凡是抓到隋朝官吏，或开肠破肚，或剁成肉酱分食，还嘲

弄那些官吏说："你今天还能教我念诵《五教》吗？"

叛乱的奏报雪片般飞进长安。杨坚急命杨素再度南征。

同年年底，杨素率水师从扬子津（今江苏扬州市南）渡江，横扫京口（今江苏镇江市）、晋陵（今江苏常州市）、无锡一带的叛乱武装，旋即攻克苏州，生擒在此称帝的沈玄侩。此时，在越州称帝的高智慧正据守钱塘江东岸，修建了一百余里的军营，大小舰船也布满钱塘江面。杨素准备发动强攻，大将来护儿献计："吴人熟悉水性，水战对他们有利，且叛乱者多为亡命之徒，我军若正面强攻，必然付出很大的伤亡。请大帅严阵以待，不要交战，由我率数千精锐悄悄渡江，出其不意从敌营背后发起攻击，使其进退两难，定可一战破敌。"

杨素采纳了来护儿的建议。

是夜，来护儿率领数百轻舟渡过钱塘江，趁着夜色对敌营发动奇袭，并燃起冲天大火。杨素看见对岸火起，即刻率主力发起全面进攻，遂大破叛军。高智慧侥幸逃脱，率残部从海上逃亡。紧接着，杨素又平定了在婺州称帝的汪文进，以破竹之势扫平了江东一带的叛乱。

随后，杨素亲率主力继续向南挺进，同时，命大将史万岁率两千精锐为前锋，像一把钢刀直插南方。

史万岁是隋军中出了名的猛将。他是长安人，早年受人牵连发配敦煌，后被秦州（今甘肃天水市）总管窦荣定赏识，收入麾下。开皇三年（583）五月，史万岁随从窦荣定、长孙晟出征突厥，与阿波可汗对峙于高越原。窦荣定知道史万岁是个万人敌，便给阿波可汗捎话，提议双方各派一名勇士在阵前决斗，以决胜负。阿波遂派出一个他认为最能打的将领，到隋军阵前挑战。史万岁飞马出营，只一个回合，便把那个突厥人砍落马下，然后提着脑袋大摇大摆地回了军营。突厥人大为震骇，士气顿丧。阿波无奈，只好向隋军求和。

史万岁单挑厉害，打仗更不含糊。他率部从东阳出发后，一路跋山涉水，攻城拔寨，连克数百个大大小小的叛乱武装。在长达三个多月的时间里，史万岁用急行军的速度把杨素主力远远甩在身后，转战一千多里，大小七百余战，用一支两千人的先头部队横扫南方，期间自然是与隋军主力失去了联络，以至杨素和其他将领都以为这支前锋部队十有八九已经全军覆没。直到史万岁把战报放到竹筒里，任其在水中漂流，偶然被人拾起，送到隋军大营，杨素才得知他的战绩和下落。

杨素立刻将史万岁的事迹奏报朝廷。杨坚见到奏疏，大为感叹，马上赏赐给史万岁的家人十万钱，以示表彰。

就在史万岁直插南方的同时，杨素也在闽越取得了辉煌战绩。他先是击破了温州叛军沈孝彻，其后又在天台、临海一带会战百余次，基本上肃清了这一带的叛乱。一直在负隅顽抗的高智慧没了地盘，不得不南逃泉州（今福建福州），投靠当地叛军首领王国庆。

此时，杨坚认为江南大部已平，为了表示对杨素的体恤，便命其留下副手继续平叛，本人则可以回朝接受嘉奖。杨素感动不已，当即回朝，但做完述职报告后，马上要求返回江南，彻底荡平叛乱，以绝后患。

随后，杨素回到前线，立刻着手准备进攻王国庆。

此时，王国庆以为隋军不习水战，遂全力在陆路设防，而于海路毫无防备。可他万万没料到，杨素居然亲率舰队从海上对他发起了进攻。王国庆大为惊骇，弃城而逃，部众也随之一哄而散，或流亡海岛，或据守山洞。

杨素一边派遣将领，兵分数路清剿残敌，一边派密使游说王国庆，命他交出高智慧，投降隋军，以自赎其罪。王国庆无计可施，只好把高智慧押送到泉州，同时上表请降。杨素旋即将高智慧斩首。其部众风闻匪首已死，纷纷缴械投降。

至此，江南完全平定。

杨素班师凯旋时，杨坚派出禁军大将远赴浚仪（今河南开封市）迎接慰劳。回京后，杨坚更是天天派人前往杨素府邸，嘘寒问暖，赏赐不断，还封他的另一个儿子杨玄奖为仪同三司。如果说，第一次南征陈朝使杨素得以跻身功臣行列的话，那么第二次平定江南，则为杨素赢取了丰厚的政治资本，使他一跃而为杨坚最为倚重的心腹股肱之一。

杨素之所以能在战场上所向披靡，按史书的说法，是得益于两点："用兵多权略驭众严整。"（《资治通鉴》卷一七七）

史称，杨素每次出兵前，必定会千方百计挖出一批违背军纪的部众，然后将他们通通砍头，从而杀戮立威、震慑全军。每次杀人，多则百余，少则数十。行刑时，杨素必亲往现场观刑。而每次观刑时，眼前鲜血飞溅，杨素却故意视若无睹，跟左右谈笑风生。

很显然，对于杨素麾下的将士来讲，残忍的屠刀与轻松的笑容结合在一起，要远比声色俱厉的训话更能让他们感到军法的威严，也更能让他们对杨素生出彻入骨髓的敬畏感。

在战场上，每当杨素率部与强敌对峙时，他的克敌之法既简单又有效：挑选一两百名敢死队员，命他们不顾一切往前冲，能攻破敌阵当然最好，若攻不破，退回来的人不管还剩下多少，一律砍头；然后，又派几百人冲上去，进行第二波攻击，再败则再斩。面对这样的打法，全军将士无不断绝求生之念，人人抱定必死之心。反正横竖是个死，只能拼了命地往前冲。如此循环往复，直到陷阵破敌为止。因此，杨素的军队一旦打起仗来，都是不要命的；而杨素屡战屡胜的秘诀，也就是在这里。

当然，无论是杨素的治军之术还是克敌之法，其核心精神都可以用两个字来概括：残忍。

如果杨素只有这一手，那他固然可以打胜仗，但不可能永远打胜仗，因为一个残忍的将帅可以让将士们因恐惧而卖命，却不可能让他们自始至终都心悦诚服地效忠于他。

所以，杨素的带兵办法除了残忍之外，肯定还有另一手。

这一手是什么呢？

也是两个字：厚赏。

在当时的隋朝，杨素在杨坚心目中的分量是没有几人可以匹敌的。对于杨素提出的要求，杨坚几乎"言无不从"。是故，凡是杨素的部众，只要在战场上立下尺寸之功，杨素必定为其大书特书，上表求功；而立下大功的，加官晋爵、金帛犒赏更是不在话下。

跟杨素的部众比起来，其他大将的部属就没这么幸运了。很多人在战场上立了功，可在上报朝廷的过程中，却难免受到文臣和经办官员的掣肘和打压，所以有功无赏者比比皆是。而由于杨素得宠，他打的报告自然没人敢刁难。因此，尽管杨素残忍，可大多数隋朝将士还是愿意跟着他混。

江南的叛乱虽然很快就被平定，但杨坚深切地意识到，江南士民对隋朝的认同度要远比他想象的低得多。因此，在接下来的时间里，就必须有一个政治素质和文化修养绝对够硬的人物去镇抚，才可能在最大程度上获取江南世族和百姓对隋朝的政治和文化认同。

杨坚最终选择的这个人，就是晋王杨广。

平陈之后，杨坚本来把二子晋王杨广放到了并州（今山西太原市），以他为并州总管防御突厥，而把三子秦王杨俊放在江都（今江苏扬州市），以他为扬州总管镇抚江南，可现在看来，这样的安排显然是有问题的，因为江南远比西北重要得多，而综合素质和个人能力比杨俊要强得多的杨广，无疑更应该被放在江都。

开皇十年（590）十二月，杨坚下诏，将杨广和杨俊调了个位置，以杨广为扬州总管镇守江都，以杨俊为并州总管防御突厥。

事后来看，杨坚的这项决策显然是正确的——杨广到任数年后，就积极调动一切政治和文化手段，迅速获得了江南士民的忠心和拥戴，从而在"版图的统一"之后，真正实现了"人心的统一"（参见第二十三章《夺嫡进行时》）。

就在杨坚采取手段镇抚江南的同时，岭南忽然传来一道十万火急的战报，称番禺部落酋长王仲宣发动叛乱，并纠集岭南各部落酋长，联兵包围广州；其时镇守广州的柱国韦洸被流箭射中，壮烈殉国。

杨坚紧急下诏，命韦洸副手慕容三藏全权代理广州军务，并命给事郎裴矩迅速前往岭南，代表朝廷进行巡抚。裴矩抵达南康（今江西赣州市）后，很快招募了数千人马。此时，王仲宣已派出将领周师举北上，包围了东衡州（今广东韶关市）。裴矩闻讯，立刻率部南下，会同当地将领鹿愿攻击周师举，一战将其击溃，不仅解了东衡州之围，而且迅速南下广州，兵锋直指王仲宣。

正当广州危急之际，岭南奇女子冼夫人再次挺身而出，派孙儿冯暄率部驰援广州。可她没想到，冯暄与围攻广州的叛军将领陈佛智有私交，遂逗留不进，迟迟不发起进攻。冼夫人得到消息，勃然大怒，立刻命人逮捕了冯暄，同时派另一个孙儿冯盎出征。

冯盎不辱使命，一战便击斩了陈佛智，旋即与裴矩、鹿愿会师，并与广州城内的慕容三藏内外呼应，联手夹击王仲宣。王仲宣兵败逃亡，最后不知所踪。

至此，广州围解。但是，广大岭南地区的众多部落是否愿意降服，却还是个未知数。关键时刻，冼夫人亲自上场了。她一身戎装，亲率一支精锐骑兵，随同裴矩巡抚了岭南的二十几个州。苍梧郡（今广西梧州市）部落首领陈坦等人一见冼夫人出面，不敢迟疑，赶紧前来晋见特使裴矩。裴矩代表朝廷，分别任命陈坦等人为当地的刺史、县令，命他们仍统原有部众。于是，岭南地区完全平定。

　　裴矩大功告成，回朝复命。杨坚龙颜大悦，对高颎和杨素说："当初，韦洸率两万正规军，却迟迟不能进入岭南；如今，裴矩仅率三千临时招募的人马，便直取广州，平定叛乱。有臣若此，朕亦何忧！"随即将裴矩越级提拔，直接任命为民部侍郎。

　　同日，杨坚下诏，任命冯盎为高州（今广东阳江市）刺史，追赠冯宝为广州总管，封谯国公，封冼夫人为谯国夫人，授予她开府置官之权，还给了她调动六州境内各部落军队的权力，"若有机急"，可"便宜行事"。由于冼夫人的特殊功勋，杨坚还特赦了冯暄的逗留不进之罪，任其为罗州（今广东化州市）刺史。此外，独孤皇后听说了冼夫人的事迹，还特地赐给她皇家首饰一副、宴会服装一套。

　　冼夫人的传奇人生，至此达到辉煌的顶点。她把所有皇家赐物都盛放于金箧之中，并将梁朝、陈朝的皇家赐物分别存放。每逢部落举行节日庆典，冼夫人就把所有赐物陈列于庭院中，让子孙们观看，训诫说："我事三代主，唯用一忠顺之心，今赐物具存，此其报也；汝曹皆念之，尽赤心于天子！"（《资治通鉴》卷一七七）

　　杨坚给予冼夫人及冯氏子孙的特殊荣宠，首先固然是对其一门忠勇的表彰，但最重要的，还是着眼于岭南地区的维稳大局。换句话说，朝廷只要紧紧抓牢冼夫人一人，就等于给整个岭南少数民族地区的稳定买了保险。

　　很快，杨坚的付出就再次获得了回报。

　　当时，番州（原东衡州）总管赵讷贪污腐败，并且生性暴虐，导致当地的俚民族（黎族）、獠民族等部落纷纷叛逃。冼夫人意识到这是个潜在的祸患，便秘密遣使入朝，指出赵讷的斑斑劣迹，同时提出了一套针对南方少数民族的安抚计划。

　　杨坚闻报，立刻派出特使前往番州，对赵讷进行调查审讯，果然查出其贪污受贿的所有犯罪事实。杨坚旋即将赵讷斩首，并委派冼夫人全权招抚南方少数民族。随后，冼夫人带上皇帝诏书，以朝廷特使的身份，亲自前往南方少数民族聚居的十几个州，宣示朝廷的少数民族政策，并不断与其沟通谈判，最后，终于将该地区的所有少数民族部落全部招抚。

　　杨坚大喜，随即把临振县（今海南三亚市西）赐给冼夫人作汤沐邑，并追赠冯仆（冼夫人之子）为崖州（今海南儋州市）总管、封平原公。

十七 / 危险的仕途

开皇十二年（592）七月，隋朝发生了一场政治地震——自开国以来一直被杨坚视为心腹股肱的宰辅重臣苏威突然落马，同时受到株连的还有一百多个颇具名望的朝臣。

苏威的落马，起因是他与国子博士何妥的矛盾。

在当时的朝廷，苏威权大势大，很少有人敢跟他公开叫板，可偏偏何妥是根直肠子，从不买苏威的账，经常跟他就各种公事吵得面红耳赤。苏威有个儿子叫苏夔，官任太子通事舍人，年轻聪明，口才很好，尤其对音律很有研究，在朝中享有盛名。有一次，杨坚命何妥与苏夔共同制定音律，两人因一些细节问题发生了争执，互不相让。杨坚命百官公开讨论。百官都是聪明人，当然绝大多数都站在宰相公子这边，于是何妥的意见就被否了。

何妥怒火中烧，对亲信说："我当了四十多年的国子博士，难道就栽在这个后生小辈之手？"旋即回到家中，关起门来，把这些年暗中搜集的有关苏威的材料，全部集中起来，然后洋洋洒洒地写了一道弹劾奏章，第二天就交到了杨坚手里。

据何妥所奏，苏威依仗权势，与礼部尚书卢恺、吏部侍郎薛道衡、尚书右丞王弘、考功侍郎李同和等人，结成朋党，把持朝政。文武百官慑于这个小集团的淫威，都尊称王弘为"世子"、李同和为"阿叔"，以示王弘的地位有如苏威之子、李同和的地位有如苏威之弟。

此外，何妥又指控苏威滥用职权，以非法手段任用堂弟苏彻、苏肃为官。类似的事情还有不少。总之，这回何妥是豁出去了，拼了这条老命也要把苏威整垮。

杨坚见到奏疏，大为惊愕，马上命四子蜀王杨秀（时任内史令）与上柱国虞庆则共同查办此案。经过调查，何妥对苏威的所有指控几乎全部属实。杨坚怒不可遏，当即免除了苏威的所有官爵，仅保留开府仪同三司的勋职，将其勒归私第，并将卢恺等人除名，同时还把一百多个与苏威有关系的官员全部治罪。

表面上看，苏威的落马似乎是偶然事件所致，其实稍一分析，就不难看出其中的必然性。首先，苏威执掌朝柄十余年，且深受杨坚器重，无论他的本性如何淡泊自守、清廉自律，最终必然难逃"权力导致腐败，绝对权力导致绝对腐败"的官场铁律。所以，即便没有何妥，迟早也会有别人跳出来揭他的老底。

其次，如前所述，杨坚是历史上性情最为猜忌的皇帝之一。在他的手底下做事，小心谨慎尚且要遭殃，何况你居然敢在他眼皮底下缔结小集团，那当然要吃不了兜着走了。

不过，苏威的政治生命并没有到此终结。

因为，杨坚对他的器重终究还是异于常人。

苏威被勒归私第不久，杨坚就对他颇为想念，忍不住对左右说："苏威是一个有德行的人，只是被小人所误罢了！"旋即恢复了他入宫朝见的权利。

一年多后，苏威就被杨坚重新起用，不仅恢复了邳公的爵位，而且官拜纳言。此后，苏威的仕途还将几起几落，其人生轨迹不亚于一列急剧起伏的过山车。

当然了，这些都是后话。

就在苏威首次落马的三个月后，杨素取代他成为尚书右仆射，与高颎共掌朝政。几乎与杨素上位同时，一个同样在平陈之战中立下大功的重臣，却遭遇了与杨素截然相反的命运。

他就是贺若弼。

贺若弼当时的职位是右领军（十二禁军中第八军）大将军，官秩正三品。论权力，论品阶，杨坚都算对得起他了。可贺若弼生来就是个心高气傲的人，总觉得自己的功勋和威望都在同僚之上，经常以宰相自许。

杨素上位后，同为功臣的贺若弼却仍然待在将军的位子上，这口气让他无论如何都咽不下，于是愤愤不平，逢人便发牢骚，整天怒形于色。

一看贺若弼如此戾气冲天，杨坚当然很不爽，于是二话不说就把他的官给撤了。贺若弼没料到是这个结果，顿时"怨望更甚"，天天骂娘。杨坚忍无可忍，索性把他抓起来关进了监狱。

考虑到贺若弼立有大功,所以杨坚就给他最后一个面子,亲自审问他:"我让杨素、高颎当宰相,可你常常在大庭广众之下骂他们,说他们都是酒囊饭袋,你这是什么意思?"

贺若弼直到此刻还没意识到问题的严重性,梗着脖子说:"高颎是我的老友,杨素是我舅舅的儿子,我对他们知根知底,才会说这个话。"

贺若弼此言,往轻了说叫作口无遮拦,往重了说就是骂杨坚有眼无珠。道理很简单:人家皇帝都强调了,杨素和高颎都是他亲自任命的,显然是对他们青睐有加、寄予厚望,可你贺若弼却口口声声骂他们是吃白饭的,还说是因为了解他们才这么说,这不是明摆着扇杨坚的耳光吗?

不客气地说,贺若弼虽然打仗很猛,但在做人方面实在是很幼稚,尤其在政治上,更是个毫无头脑的低能儿。这样的人还敢公然跟高颎、杨素叫板,显然是活得不耐烦了。

随后,朝廷三公联名上奏,要求以"心怀怨望、辱骂朝廷"为由,将贺若弼处死。

杨坚最后又找他谈了一次话,说:"三公按照国法要治你死罪,朕也救不了你,你自己想想还有什么活命的理由?"

贺若弼到这时候才感到了恐惧,慌忙说:"微臣仰仗陛下神威,率八千军队横渡长江,生擒陈叔宝,这个活命的理由够不够?"

杨坚冷笑:"这份功劳早已得到格外重赏,现在还炒什么冷饭!"

最后时刻,贺若弼总算说了一句聪明话:"臣已蒙格外重赏,今还格外望活!"(《资治通鉴》卷一七八)

之所以说这是句聪明话,是因为这话虽然在逻辑上不通,可在语气上明显是低头服软了,而且听上去还稍稍有那么点撒娇的意味。

美女天天撒娇很正常,可一个粗人一辈子只撒一次娇,却有可能让人觉得可爱。杨坚闻言,又好气又好笑。考虑了几天后,终于将贺若弼特赦,只剥夺了他的所有官爵。

一年多后,贺若弼恢复了爵位,但仍深受杨坚猜忌,从此不再担任任何有实权的官职。可以说,走到这一步,贺若弼的政治生命就算彻底完结了。

隋朝建国后，经过杨坚君臣十余年的精心治理，人口逐渐增长，国民收入稳步提升，国家开始不差钱了。开皇十二年（592）年底，有关部门奏报，国库里面的钱粮布帛已经多得没地方放了，只好堆积在走廊和大厅。杨坚一听，又惊又喜道："朕实行轻徭薄赋的政策，又频频赏赐功臣，库藏怎么可能不少反多呢？"

官员答："这是因为每年的财政收入都大于支出。据粗略统计，朝廷每年赏赐所用的绢帛，最多也才几百万匹，所以对库藏没什么影响。"

杨坚很欣慰，便命人兴建了一座新国库，称为"左藏院"，存放那些多出来的钱粮布帛，同时下了一道"藏富于民"的诏书，称："宁积于人，无藏府库。河北、河东今年赋税减免三分之一，兵役减少一半，徭役全免。"

尽管杨坚的这道诏令并没有成为一项经常性政策，从而不可能真正实现"藏富于民"，可是"宁积于人，无藏府库"这八个字，却仍然值得后来的执政们思考。

国家不差钱了，大兴土木也就在所难免。

开皇十三年（593）春天，隋朝的避暑行宫仁寿宫开始兴建，地址选在岐州北部（今陕西麟游县），以杨素为工程总指挥。杨素推荐了两个心腹作为这项工程的主要执行人：宇文恺，任检校将作大匠（代理建筑部长）；封德彝，任土木监（土木总管）。

杨坚把这座行宫的建设全权交给了杨素，从规划、预算到设计施工、徭役征发，通通不予过问。这对于杨素而言，当然是一个表忠心、博欢心的大好机会。于是，杨素一开始就对工程高标准严要求，不仅规模要大、档次要高，而且质量要好、进度要快。在这样的指导思想之下，仁寿宫的建设就成了当地百姓的一场梦魇。为了达到杨素的要求，以宇文恺、封德彝为首的工程指挥部便对负责施工的各级官员下了死命令，"于是夷山堙谷以立宫殿，崇台累榭，宛转相属。役使严急，丁夫多死，疲屯颠仆，推填坑坎，覆以土石，因而筑为平地。死者以万数"（《资治通鉴》卷一七八）。

平山填谷建立宫殿，高台层榭蜿蜒相连；工程时间紧急，官员督促严苛，故民工大量死亡；那些因疲劳过度而昏倒的，也都被推进坑里，用土石覆盖，填为平地；死者数以万计。

开皇十五年（595）春夏之交，仁寿宫竣工落成。杨坚首次前往仁寿宫视察。由于当时天气逐渐转热，许多民工在完成最后的工程时纷纷倒毙于途，杨素便命人将死尸全部焚烧灭迹（在古代，死人均用土葬，焚毁尸体相当于是对罪人的一种惩罚）。

如此大规模的焚尸行动，难免会走漏风声。杨坚还没到仁寿宫，就已经有人跟他打了小报告。杨坚大为不悦。等到了仁寿宫一看，其雄伟奢华之程度顿时把杨坚吓了一大跳。他当即火起，愤愤地对左右说："杨素耗尽民力建此离宫，是要让我结怨于天下人。"

杨素听到这话，差点就晕了过去。

他费尽心机把这座仁寿宫建得有如天宫一般壮丽，就是想拍皇帝的马屁，如今却拍到了马腿上，自己花了半辈子换来的荣华富贵，岂不是要毁于一旦？

正当杨素惶惶不安、愁肠百结之时，心腹封德彝却对他说："杨公勿忧，等到皇后来了，一定会有恩赐慰勉的诏令。"

果不其然。第二天，宫里使者就传召杨素去面圣了。杨素惴惴不安地上殿，却不见杨坚，只见独孤皇后满脸笑容地等着他。杨素行过礼后，听见皇后说："您知道我们夫妇老了，没有什么可资娱乐的东西，因而尽心竭力建造这座行宫，这难道不是忠孝的表现吗？"遂赐给杨素钱一百万、绸缎三千匹。

事情果然不出封德彝所料，杨素不但没被责罚，反而受到了重赏。

杨素喜不自胜，从此对封德彝大为赏识，经常单独约见，和他讨论一些只有宰相才能参与的政务，并不止一次拍着自己的坐榻说："封郎迟早要坐上我这个位置。"随后便向杨坚大力举荐。很快，封德彝就被擢升为内史舍人（从五品）。

仁寿宫的兴建无疑为杨素赢取了又一笔不可小觑的政治资本。尽管以勤俭著称的杨坚对杨素的靡费之举一开始颇为反感，但后来的事实证明——这个世界上很少有人能抗拒享乐，即使是以勤俭朴素名垂青史的杨坚也不例外。

仁寿宫建成后，杨坚几乎每年都要到此避暑，就算头几年心里有些疙瘩，可日子一长，必定会体验到这座行宫带给他的种种好处，由此也必定会感念杨素的拳拳忠心。

所以，从开皇中期开始，杨素在杨坚心目中的分量就越来越重了。综观隋文帝一朝，绝大多数功臣元勋几乎都不得善终，可杨素始终稳居高位。别人的仕途走得危机四伏、险象环生，乃至最终连脑袋都不保，可他却风生水起，志得意满，不仅富贵终老，还能泽被子孙。

相对于从开皇中期开始富贵逼人的杨素，许多元勋重臣却在这时候遭逢了极为不堪的下场。比如虞庆则，就是其中最典型的一个。

虞庆则是隋朝开国第一任宰相班子的重要成员，与高颎、李德林位列同班。劝杨坚诛杀宇文宗室，就是他出的主意。当时，以高颎为首的宰辅重臣都不敢公开赞同，李德林更是坚决反对，可杨坚还是采纳了虞庆则的建议。

仅此一事，虞庆则就充分获得了杨坚的信任和倚重。开皇二年（582），突厥入寇，虞庆则挂帅出征，部将达奚长儒率两千人与突厥力战，几乎全部战死，可虞庆则担心突厥势强，却按兵不动，见死不救。按理说，这件事朝廷必然要加以追究，但事后杨坚不但不问责，反而还将虞庆则擢升为尚书右仆射，足见杨坚对他的偏爱。

开皇初年（581），虞庆则在满朝文武中可以说是最风光的人之一。他在杨坚心目中的印象开始变坏，是始于开皇四年（584）的突厥之行。

当时，虞庆则与长孙晟奉命出使沙钵略王庭，册封北周的千金公主为隋朝的"大义公主"。临行前，杨坚特意交代他："我想要扶植沙钵略这支势力，若他要赠送你马匹，你就取三五匹就行了。"

当时沙钵略已陷入内忧外患之中，势力大为削弱，隋朝为了达成"离强合弱"的战略目的，势必要竭尽全力保护沙钵略；而在冷兵器时代，马匹的重要性不亚于今天的坦克，拥有马匹数量的多寡，直接决定了一个游牧国家的战斗力。因此，杨坚才会叮嘱虞庆则，若沙钵略要送马给他，千万不能实收，拿个意思就行了。

虞庆则满口答应。到了完成出使任务要回国之前，沙钵略为了获取隋朝的支持，果然不出杨坚所料，忍痛要送给虞庆则一千匹马（这对当时内外交困的沙钵略无异于大出血）。照理说，这时候虞庆则就该按杨坚吩咐，只收三五匹，领对方的心意就好了。不料他见财眼开，毫不迟疑就收下了。此外，沙钵略为了讨好他，还主动提出把女儿嫁给他，虞庆则居然也毫不客气地照单全收了。

当虞庆则带着一千匹马和突厥美女浩浩荡荡地回朝后，杨坚心里的不爽是不言而喻的。然而，考虑到虞庆则此行还算成功，杨坚不但隐忍不发，还加授他上柱国、封鲁国公，赐食邑一千户。

杨坚如此对待虞庆则，诚可谓仁至义尽。假如虞庆则从此能够深惧盈满、低调做人，也绝不至于落到身首异处的下场。可惜，虞庆则并不懂得月盈则亏的道理。

开皇九年（589）平陈之后，杨坚大宴群臣。席间，杨坚对众人说："高颎平江南，虞庆则降突厥，可谓功勋卓著！"当时因平陈之功开始受到杨坚赏识的杨素赶紧说："这都是仰赖陛下的威德。"

本来，杨素此言纯属官场上惯用的马屁话，只要说的人不肉麻，听的人不恶心，也就没人会当回事。不料，虞庆则却当众发出冷笑，用眼角瞟了一眼杨素，说："杨素此前打的那些仗，若不是仰仗皇上威德，也断无获胜的道理。"

虽然这句话跟杨素说的没啥两样，但分明充满了揶揄和抬杠的意味。

此言一出，现场的气氛顿时凝固，本来觥筹交错、欢声笑语的宴会大厅忽然间鸦雀无声。与杨素交情甚笃的某位御史当场站出来，准备弹劾虞庆则。杨坚马上示意那人坐下，说："今日朕与诸贤卿计功为乐，不宜弹劾大臣。"

皇帝发话后，气氛才有所好转。稍后，众人比试射箭，输的人罚酒。虞庆则阴沉着脸坐在一边，并不参与。片刻后，忽然对杨坚说："臣蒙皇上赏赐酒食，命我等畅饮尽乐，但有御史在侧，实在不敢多喝，就怕酒醉遭人弹劾。"

见过小肚鸡肠的，可没见过这么小肚鸡肠的！我一个堂堂天子都出面替你们打圆场了，可你还是不依不饶，这也太没意思了吧？

当然，杨坚没有这么说。他只是笑笑，然后赐给御史一杯酒，就命他离席了。御史愤愤离场后，虞庆则脸上才重新有了笑容，遂举杯向杨坚敬酒。直到宴会结束，他的心情都一直很好。然而，虞庆则没有注意到，杨坚看他的眼神已经不对劲了。

原因很简单——这顿酒，杨坚喝得一点都不痛快！

宴会即将结束时，杨坚最后一次端起酒杯，对群臣说："饮此酒！愿我与诸公等子孙，常如今日，世守富贵。"

虞庆则赶紧起身，与众人一起，高高兴兴地喝下了这杯盛满天子祝福的酒。

可是，虞庆则压根儿没有听懂杨坚的弦外之音：如果大家谨守人臣本分，不骄不躁，那当然可以共保富贵，可要是给个鼻子就上脸、给点阳光就灿烂，所谓的"常如今日"就绝对是痴心妄想！

事后不久，虞庆则的宰相职位就被杨坚拿掉了，转任右卫大将军，没过几天，又被降为右武候大将军。

虞庆则开始感觉不妙了。然而，他真正的厄运还在后面。

开皇十七年（597）七月，岭南人李世贤起兵叛乱，杨坚与群臣商讨平叛人选，几个大将纷纷请缨，只有虞庆则缄默不语。杨坚乜斜了他一眼，冷冷地说："位居宰相（指他曾经当过宰相），爵乃上公，国家有贼，遂无行意（却无出征之意），何也？"（《隋书·虞庆则传》）

虞庆则惶恐不已，赶紧叩首谢罪。

随后，虞庆则奉命挂帅出征，他的小舅子赵什柱被任命为他的副手。虞庆则很信任这个小舅子，因为此人脑瓜活络，办事能力强。可虞庆则万万没料到，他最信任的这个小舅子，马上就将变成他的索命小鬼。

赵什柱之所以会窝里反，是因为他早就和虞庆则的一个爱妾私通。日子一长，他难免担心奸情败露，所以一直想找机会整死这个姐夫，好跟自己的情人双宿双飞、天长地久。

此次虞庆则被皇帝强令出征，心里多少有些不乐意。于是出发之前，赵什柱便抓住时机暗中散布言论，说虞庆则心怀怨望，对皇上不满。此言很快就传进杨坚耳朵。按惯例，将帅出征前，皇帝都要设宴壮行，赏赐金帛。可由于杨坚已经对虞庆则相当失望，所以在酒宴上自然没什么好脸色，赏赐也很菲薄。

虞庆则见状，心中大为忧惧。

此次出征，仗倒是打得挺顺手，因为叛军纯属乌合之众，所以没两下就被摆平了。但是，此战的胜利并没有给虞庆则带来丝毫喜悦。原因很简单——杨坚对他的态度已经让他生出了非常不祥的预感。

平定李世贤后，虞庆则班师走到潭州（今湖南长沙市）的临桂岭，忽然停下了脚步。他带着赵什柱在山里转了几天，仔细观察了此地的山川形势，忍不住说："这里实在是险要，若有良将驻守，加之粮食充足，一定不会被攻破。"

在此逡巡数日后，虞庆则实在是没有勇气回朝，遂命赵什柱先行回京，以禀报公事为由，观察杨坚的脸色和态度，然后再做下一步打算。而一心想置姐夫于死地的赵什柱，当然不会放过这个千载难逢的机会，立刻快马加鞭赶回长安，向杨坚举报了虞庆则的谋反企图。

杨坚当即授意赵什柱给虞庆则传送假情报，诱他回朝。随后，虞庆则得到小舅子的报告，说皇帝龙颜大悦，准备重重嘉奖他。虞庆则信以为真，遂兴冲冲地回到京师，可等待他的，并不是皇帝的接风酒宴和金帛重赏，而是冰冷的镣铐和阴暗的牢房。

当年十二月十日，朝廷经过调查，证实虞庆则的谋反罪名成立，遂将其斩首。同日，赵什柱一步登天，被杨坚授予柱国之职（正二品勋官）。

这个阴险毒辣的小舅子，终于踩着姐夫的尸体爬上了高位。虞庆则倘若冤魂不散，不知会不会变成厉鬼来找他索命？

仕途就是一条横跨悬崖、由低往高的钢丝，自古以来，很少有人能顺顺当当地通过它走到绝顶；而元勋重臣体量大，走在上面更是晃晃悠悠，比一般人更容易失足。因此，有隋一朝，走到半道便坠落深渊的功臣元勋比比皆是——虞庆则并不是第一个，当然也不是最后一个。

十八 / 苛酷的法网

作为一个雄猜之主，杨坚的刚猛严苛对于隋朝的维稳工作固然发挥了一定的积极作用，但其弊端也是显而易见的，那就是：法律变成了权力的奴仆。

如前所述，杨坚经常出于他的个人意志，绕过司法程序在朝堂上公开杀人。此举对隋朝政治造成的恶劣影响，并不在于那些被杀的人是否冤死，或者皇帝处置大臣是否公平，而是在于国家法律遭到了皇帝的公然践踏，从而在很大程度上削弱了法律应有的威信和尊严。

开皇十七年（597）三月，杨坚突然颁发了一道诏书，宣布自即日起，中央政府各部门及地方各级政府，其长官在处理下属的犯罪问题时，若发现适用刑罚很轻，但犯罪情节很严重者，可以特准该部门长官在法律之外斟酌惩处，必要时还可以将人犯杖毙。

据称，杨坚颁布这道诏令的理由，是因为他发现"所在属官不敬惮其上，事难克举"，亦即很多官吏都不敬重、不服从他们的长官，导致行政效率低下，政令难以推行。

杨坚颁行此令的初衷，当然不能说是错的，但他采取的这个解决办法无疑是极不靠谱的。这道诏令，明显是他自己在朝堂杀人的"经验推广"。而令人啼笑皆非的是，这个做法本来就是杨坚的弊政之一，可现在他不但不思悔改，反而将其放诸四海并且常态化，这对隋朝法律秩序和政治秩序的冲击和破坏，显然是难以估量的。

当朝廷律法变成了长官意志的附庸，甚至变成了随时可以被抛弃的赘物，那么法律所代表的客观、公平与正义即便不是荡然无存，至少也是变得面目全非。此外，法律存在的意义本来就是要在所有社会成员之间设定一个"权利的边界"，也就是说，它既要保障个人的权利不受他人侵犯，也要防止个人越过权利边界去侵犯他人。如今，杨坚赋予了各级长官法外惩处、甚至是法外杀人之权，这就意味着任何有权力的人，都可以出于私利或者私怨，肆意侵入他人领地，剥夺他人的一切权利，同时让自己的权力无限扩张。

可想而知，这道诏令是一条多么可怕的恶法！

史称，杨坚颁布此诏后，隋朝各级官吏便"上下相驱，迭行捶楚，以残暴为干能，以守法为懦弱"（《资治通鉴》卷一七八）。

在官场上，大多数人既是别人的下属，同时也是其他人的长官，所以，按照杨坚的这条诏令，你今天看哪个下属不爽就可以把他打个半死，明天哪个长官看你不爽也同样可以将你杖毙。如此"法外执法"、以个人意志凌驾法律的结果，就等于把官场变成了一条既残酷又无序的食物链——大鱼吃小鱼，小鱼吃虾米，你吃别人，别人吃你。而最后唯一不被吃的，恐怕就只有处于食物链最顶端的至高无上的天子杨坚了。

然而，当整条食物链因无序的相互吞噬而崩溃或者烂掉之后，身为"大鱼"的杨坚尽管没有被吃之虞，可他还能吃什么呢？

当然，现实情况也许不会发展到如此极端的境地，但至少从理论上看，杨坚所推行的这条恶法指向的就是这样的逻辑终局。

自古以来，许多统治者都有一个思想误区，认为法网越是严苛、刑罚越是残酷，老百姓就越会安分守己、不敢犯法。然而，无数的历史事实证明——这只是统治者的意淫。换言之，刑法宽松固然不一定制造良民，但是严刑峻法必然会制造更多的暴民。

杨坚马上就会用他的亲身经历，来向我们证明这一点。

由于当时天下盗贼繁多，所以杨坚就下了一道命令，宣布从今往后，凡是偷盗钱物达一钱以上者，一律斩首弃市。

不久，就有三个笨伯无视杨坚法令，居然顶风作案，联手偷了一个瓜。

三人共偷一个瓜，这在古今中外的任何一个国家，估计都很难构成犯罪，充其量也就是违反治安管理处罚条例，罚几百块或者关十五天了事。可是，这里是杨坚的天下，所以这三个偷瓜贼就在劫难逃了。

杨坚正准备树立典型，一看有人自动撞到枪口上，便一声令下，砍掉了这三个人的脑袋。

因为一个瓜而砍掉三个脑瓜，这绝对是古今奇闻。隋朝的老百姓们一听，个个都吐长了舌头，一脸匪夷所思之状。

于是，接下来的日子，全国老百姓一下子全都"安分"了，每天迟迟起床，早早就寝，而且不到万不得已绝不出门，以免惹上麻烦。这样的日子当然不是人过的，所以很快就有另外三个人跳了出来，联手犯了一件案子。

这次不是偷瓜案，而是一起绑架案，被绑的人是朝廷专门审理盗窃案的法官。奇怪的是，这三个绑匪绑了人之后，一不要赎金，二不扣人质，而是非常有礼貌地跟法官说了几句话："哥儿几个绑你，既不图财也不害命，只为天下人申冤。请你转告皇帝老儿，自古以来，国家立法，从未听说只盗一钱就砍头的。你要不代为转达，等我们再来，你就没命了！"说完，三个绑匪就把法官放了。

法官吓得面无人色，当天就入宫向杨坚做了奏报。

听完法官的转述，杨坚陷入了沉默。法官看见杨坚的眉头拧成了"川"字形，并且拧了很久。

第二天，一道诏书颁下，那条"盗一钱以上皆弃市"的法令被撤销了。全国人民欢天喜地，马上恢复了早出晚归、忙忙碌碌的生活。

杨坚的这个故事告诉我们——企图以严刑峻法来消灭犯罪，最终只能是一个笑话。

尽管实施史上最严峻法令的实验失败了，可杨坚动不动就杀人的脾气却一点没变。

按照中国古代的传统，每年处决囚犯的时间只能在秋季，因为秋天是肃杀的季节，在这个时候杀人才不违"上天好生之德"。可有一年六月，杨坚又因某事而大发雷霆，准备杖杀一个朝臣。时任大理少卿（最高法院副院长）的赵绰坚决反对，说："夏季盛暑，万物生长，不可在此时杀人！"

杨坚冷哼一声，说："六月之时，虽然万物生长，但上天也会降下雷霆，我代天而行，有何不可？"遂将那人活活杖毙。

有道是上有所好，下必甚焉。皇帝喜欢严刑峻法，底下当然有人会投其所好。比如赵绰的一个下属，时任大理掌固（普通办事员）的来旷为了搏出位，就上奏说，大理寺的审判一向用法太宽，今后应该一切从严。

杨坚认为来旷忠直敢言，遂授予他参加早朝的权利，并给了他位列五品的特殊待遇。来旷立马抖擞起来，以为自己的好日子到了，旋即打了一份报告，指控他的顶头上司赵绰随意为囚犯减免刑罚。杨坚立刻命人调查，结果发现来旷所言纯属子虚乌有。杨坚大怒，马上下令，要把来旷砍了。

照理说，来旷如此丧心病狂、诬陷上司，被砍头也是活该。而对于无故遭受陷害的赵绰来讲，来旷这小子更是罪有应得，早死早好。然而，赵绰却是一个公正的执法者，不是睚眦必报的小人。所以，他非但没有落井下石，反而挺身而出，在大殿上据理力争，认为来旷不应该死。

杨坚大为不悦，当即从御榻上站起，拂袖而去。赵绰急得在背后大叫："臣不再谈来旷的事了，但另外还有事要奏。"杨坚这才同意他进入内殿奏报。

进入内殿后，赵绰扑通一下跪倒在地，俯首谢罪说："禀报陛下，臣有三条死罪。"

杨坚愕然。

赵绰紧接着说："臣身为大理少卿，不能约束属下，致使来旷触犯天子，死罪一；人犯罪不至死，而臣身为执法者，却不能以死相争，死罪二；臣本无他事，却妄言有他事要奏，这是欺君，死罪三。"

这就是谏诤的艺术。明明句句是劝天子收回成命，却无一字不是自责谢罪之辞。听见如此高明、滴水不漏的谏言，杨坚就算有再大的怒气也无从发泄了，脸色随即缓和下来。当时，独孤皇后也在场，见赵绰如此言辞恳切，遂用两只金杯盛酒，赐予赵绰，喝完后连金杯都赏给了他。

随后，杨坚赦免了来旷的死罪，将其流放广州。

"来旷事件"过去没几天，杨坚又因为一件小事要砍一个大臣的脑袋，赵绰力谏，结果差点连命都搭进去。

这件事说起来有点搞笑，起因居然是一条内裤。准确地说，是一个大臣穿的内裤颜色不对，所以触怒了杨坚。

杨坚是不是有病，连人家内裤穿什么颜色都要管？

起因就是刑部侍郎辛亶听人家说，穿红内裤会官运亨通，所以就天天穿着红内裤上下班。可不知怎么着（估计是上厕所的时候被政敌看见了），马上就有人告到杨坚那里，说辛亶穿红内裤是在施行巫蛊，目的是诅咒皇上早点死。

于是，内裤的颜色问题就这样上升到了政治高度。

红内裤到底是不是跟巫蛊有关，我们不得而知，但是在古代，施行巫蛊确实是十恶不赦的重罪。杨坚闻言，怒不可遏，也不做调查，马上命人将辛亶砍头。

正当这个可怜的辛亶即将成为史上唯一一个因内裤颜色被砍头的大臣时，赵绰再度站出来据理力争，对杨坚说："依照法律，辛亶罪不至死，臣不敢奉命。"

这回，杨坚再不给赵绰面子了，阴着脸说："你珍惜辛亶的命，却不珍惜你自己的吗？"

面对赤裸裸的威胁恐吓，赵绰不为所动，还是坚持自己的立场。杨坚大手一挥，立刻命人把赵绰押下去砍了。赵绰面不改色地说："陛下可以杀我，但不可杀辛亶。"

随后，赵绰被押出大殿，推到外面。行刑官剥下他的衣服，把他的头按在了铡刀上。这时，传令宦官奉命来问赵绰最后一句话："你到底做何决定？"

赵绰只回了八个字："执法一心，不敢惜死！"

宦官回禀，杨坚顿时有些动容，但是一时又下不来台，只好拂袖而起，转身走进内殿。外面的宦官和行刑官面面相觑，都不知道这一刀该不该砍下去。许久，杨坚才从内殿放出话来，让他们把赵绰放了。

次日，整整想了一夜的杨坚终于有所悔悟，遂召见赵绰，当面致歉，并赏赐给他绸缎三百匹。

至此，辛亶才没有因为一条内裤而送命。不知道这位堂堂的刑部侍郎从此以后会不会患上"红裤恐惧症"，但我相信，他至少会从这件事中吸取一个教训，那就是——封建迷信害死人啊！

紧继"内裤事件"之后，赵绰和杨坚又闹了一次不愉快。

这一次可以称为"劣币事件"。

在古代，由于缺乏防伪技术，加之铸造货币的技术门槛很低，所以政府通常无法垄断货币的铸造权。也就是说，民间私自铸造的货币，经常跟政府发行的货币一起在市场上流通。当然，历朝历代也时常重拳打击私铸货币，可效果往往并不理想。

比如开皇年间，杨坚就明令禁止民间私铸的劣币在市场上流通，可还是有很多人因利益驱使铤而走险，坚持作案。有一天，相关官员就在市场上抓获了用劣币兑换良币的两个人。上报朝廷后，杨坚马上下令斩首。

赵绰当然又反对了。他说："依照法律，二人应处以杖责之刑。杀他们，于法无据。"

杨坚怒道："这事与你无关。"

赵绰说："陛下不以臣愚昧，让臣主管司法部门，如今却又胡乱杀人，岂能说与臣无关？"

杨坚一声冷笑："一个人去摇大树，如果摇不动，就应该知难而退。"

赵绰道："臣想摇动的是天子之心，岂止大树！"

杨坚又说："喝稀粥时，如果太烫，就要暂时放在一边。何况天子之威，岂是你所能压制？"

一个皇帝居然跟臣子如此打嘴仗，足见赵绰的气场之强大。杨坚说完，便喝令赵绰退下。可他非但不退，还一边磕头一边前趋，直逼杨坚御榻。杨坚大声呵斥，赵绰仍不肯退。

碰上这种不要命的，杨坚也实在是没辙，只好拿出他的"撒手锏"——拂袖回宫，眼不见为净，耳不听不烦。

赵绰能生生把皇帝逼退，顿时给其他正直的朝臣做出了强大的示范。随后，御史柳彧等人纷纷上疏，声援赵绰。杨坚无奈，只好打消原意，免了那两个人的死罪。

像赵绰这样的硬骨头，虽然杨坚从感情上很难接受，但是作为一个皇帝，至少在理智上，他是不得不承认赵绰的忠直的。是故，跟赵绰"博弈"了几个回合之后，杨坚对他就越来越赏识了。此后，杨坚经常召他入宫，让他直言批评朝政得失。独孤皇后在场的时候，往往会给赵绰赐座。而皇帝凡有所问，赵绰也总是知无不言，言无不尽。杨坚很高兴，给他的赏赐，前后数以万计。

然而，赵绰只有一个，国事却纷繁万千。因此，赵绰不可能事事知情，更不可能事事跟杨坚死谏。而杨坚苛酷猛厉的性情，则越到晚年越严重。仁寿初年（601），赵绰去世，杨坚就无所忌惮了，又恢复了从前动辄在朝堂杀人的恶习。

有一年元旦朝会，一些武官衣冠不整，而且佩剑的佩带方式也不符合相关礼仪。按规定，殿上的御史碰到这种事是必须当场弹劾的。可是那天，杨坚等了很长时间，御史始终没有发话。杨坚大怒，对那个御史吼道："你身为御史，莫非想弹劾就弹劾，想放纵就放纵吗？"遂下令将他斩首。

谏议大夫毛思祖赶紧出列劝阻。只可惜，这位毛老兄的气场远远不如赵绰强大，运气也没他那么好。杨坚只瞪了他一眼，就命人把他拖出去，跟那个御史一块砍了。

杨坚晚年，类似这种草菅人命、"激情杀人"的事情还有很多。比如，有关官员因征收田赋超过期限——砍头；武库守备官因办公处所的杂草没有清除——砍头；左右官员奉命出使地方，收受地方官员赠送的物品，小至一根马鞭、一只鹦鹉，被杨坚知道了，也无一例外，全部砍头，而且杨坚要亲自到场监斩。

杨坚晚年，对杨素越来越宠信。杨素便恃宠擅权，凡是跟他有过节的，必定遭殃。鸿胪少卿（藩属事务部副部长）陈延曾与杨素结怨，自然也逃不过他的黑手。有一次，杨素偶然经过专门招待外宾的蕃客馆，发现院中堆有未及清扫的马粪，而一帮工作人员聚在一起掷骰子赌博，立刻飞报杨坚。杨坚大怒，马上命人逮捕该馆的负责官员及所有参与赌博的人员，全部杖杀；陈延也被抓起来打了个半死，虽然侥幸保得一命，但仕途因此玩完了。

隋文帝杨坚在位二十四年，不仅完成了一统天下的历史使命，而且缔造了一个国力强大、民生富庶的太平盛世（史称"开皇之治"），其历史功绩可谓彪炳千古，加之其个人的俭朴寡欲和勤政爱民，使他完全有资格进入历史上为数不多的圣明帝王的行列。然而，毋庸讳言，其性情的猜忌严苛，以及因此导致的法网的苛酷猛厉，却无疑给他光辉灿烂的帝王生涯罩上了一层浓厚的阴影。

十九 / 边塞烽火：不安分的突厥

杨坚灭陈之后，把陈叔宝用过的一副屏风赐给了突厥的大义公主。此举的用意不言自明，就是想告诫公主：不管是北周还是陈朝，都阻挡不了隋朝统一天下的脚步，所以你最好安心当我杨坚的"义女"，别再七想八想。

遗憾的是，杨坚此举适得其反。他送过去的那副屏风不但没起到教育作用，反而勾起了大义公主的伤心往事。她一想起已然灰飞烟灭的北周王朝和宇文宗室，每每痛彻骨髓、悲不自胜，而又无由排遣，只好赋诗寄哀："盛衰等朝暮，世道若浮萍。荣华实难守，池台终自平。富贵今何在，实事写丹青。……余本皇家子，漂流入虏庭。一朝睹成败，怀抱忽纵横。古来共如此，非我独申名……"

杨坚看过大义公主的《题屏风诗》后，大为厌恶，从此对其恩礼渐薄。

当时，突厥的形势较之开皇初年（581）已有了一些变化：沙钵略于开皇七年（587）病卒，将可汗之位传给了弟弟处罗侯，是为叶护可汗；此后，叶护兴兵击破阿波，又大举西征达头，不料中流矢而卒；沙钵略之子雍虞闾继立，是为都蓝可汗。都蓝上位后，表面上延续了沙钵略的亲隋政策，"每岁遣使朝贡"，但心里一直想摆脱对隋朝的依附，重振突厥昔日雄风。

所以，他一直在等待机会。

开皇十三年（593），机会终于来了。隋朝有个被流放的犯人，名叫杨钦，这一年逃亡到突厥，为了改变生存处境，就费尽心机地设计了一个弥天大谎，然后向都蓝密报，声称隋朝彭国公刘昶（娶北周宗室女）与残余的宇文族人正在密谋，准备推翻杨坚，并派他来与大义公主联络，希望突厥发兵袭扰隋朝边境，与刘昶里应外合，颠覆隋朝。

都蓝闻言，虽然有些怀疑，但最终还是相信了杨钦的话。随后，都蓝对隋朝的态度大为转变，不但不再朝贡，而且经常发兵劫掠隋朝边境。杨坚随即命长孙晟出使突厥，看看到底出了什么问题。

长孙晟抵达都蓝王庭后，跟大义公主见了面，发现她言辞不逊，感到事情不妙。然后，长孙晟经过暗中调查，得知大义公主与情夫安遂迦天天跟杨钦计议，极力煽动都蓝与隋朝为敌。长孙晟意识到事情紧急，立刻赶回长安，向杨坚做了禀报。

杨坚命长孙晟再往突厥，务必逮捕杨钦，押回长安问罪。长孙晟遂返回突厥，找都蓝要人。都蓝两手一摊，说："我对境内所有的外国人都做了清查，没有你说的人。"长孙晟笑了笑，没再说什么。当天晚上，长孙晟就带上重金拜访了一个突厥高官，探听到了杨钦的藏身之所，然后连夜突击搜查，将其抓获，径直带到了都蓝面前。

事已至此，杨钦不敢抵赖，只好交代了所有事实，并揭发了大义公主与安遂迦的奸情。一时间，突厥国内舆论大哗，人人深感羞耻。都蓝又愧又怒，马上逮捕了安遂迦，跟杨钦一块交给了长孙晟。

长孙晟功成回国。杨坚大喜，当即加授其开府仪同三司，并准备命他三往突厥，逼迫都蓝废黜大义公主。

这个可怜的公主，此刻已经成了隋朝和突厥两方一致鄙弃的人，她的存在无论对谁而言，都已经没有了任何价值。在此情况下，杨坚仅仅想把她废黜，可以说已经是手下留情了。但是，大义公主最终的结局，却比废黜惨得多。因为，杨坚刚刚宣布让长孙晟第三次出使突厥，时任内史侍郎的裴矩就站了出来，自告奋勇要替长孙晟走这一趟。

裴矩为了建功，当然要把此行的难度系数提高一些，于是便向杨坚建言——鉴于大义公主背信弃义，应予以诛杀！

杨坚采纳了裴矩的建议。

当时，都蓝的堂兄弟染干（处罗侯之子）已被封为小可汗，号突利，位居北方。因突利早年便与长孙晟交好，一心亲附隋朝，所以不久前刚刚遣使入朝，请求迎娶隋朝公主。现在，杨坚既然想杀大义公主，便以此为交换条件，让裴矩去通知突利："要娶隋朝公主不难，但前提是要说服都蓝诛杀大义公主。"

裴矩抵达突厥后，向突利表明了隋朝的意思。突利遂极力游说都蓝，历数大义公主的种种过失。都蓝越想越怒，遂斩大义公主，然后遣使上表，要求再迎娶一位隋朝公主。

两个可汗都提出了相同要求，而都蓝是大可汗，突利只是小可汗，杨坚和多数朝臣当然都倾向于都蓝，只有长孙晟持有异议。他说："据臣观察，都蓝此人反复无常，没有信义，他现在之所以仍依附我朝，只因与西面的达头可汗结怨太深，需要借助我们的力量。所以，就算我们现在把公主许配给他，他总有一天也会反叛。而且他一旦势大，达头和突利也不是他的对手，这样对我朝将极为不利。依臣看来，处罗侯之子突利对我朝一向顺服，两代人皆是如此，不如将公主许配给他，命他南迁，以此牵制都蓝。"

杨坚深表赞许，遂让长孙晟出使突利王庭，同意了他的请婚要求。

开皇十七年（597），突利亲自入朝迎娶隋宗室女安义公主，杨坚为了进一步离间他与都蓝的关系，给了他非常高的接待规格，礼遇甚隆，赏赐极丰。成婚后，突利乖乖听从隋朝的建议，带着整个部族向南迁移，定居都斤山（今蒙古国杭爱山）。

隋朝这么做，显然根本不把都蓝放在眼里。都蓝怒不可遏："我一个堂堂大可汗，反而不如小小的染干吗？"从此，都蓝便与隋朝正式决裂，屡屡纵兵入寇。

而突利则成了隋朝安插在突厥的一枚钉子。都蓝每次出兵，他必先把情报送出，故隋朝边防极为严密，总是令都蓝无机可乘。

开皇十九年（599）春，突利又通过长孙晟向隋朝递送了一条加急情报，称都蓝正大肆制造攻城器械，准备进攻大同城（今内蒙古乌拉特前旗）。杨坚立刻下令出兵，分三路北伐：高颎率部出朔州（今山西朔州市），杨素率部出灵州（今宁夏宁武市），燕荣率部出幽州（今北京市），同时对都蓝发起进攻。

都蓝一看自己还没有动手，隋朝便已大举出兵，料定又是突利提供的情报，终于忍无可忍，决定消灭突利。

但是，突利有隋朝撑腰，单凭都蓝的力量，还不足以一战击溃突利。随后，都蓝立刻派人与达头可汗联络，用大量牛马换取了达头的支持，随即二人联手，大举进攻突利。突利猝不及防，在长城脚下被打得大败，部众全部溃散。

都蓝将突利的兄弟子侄杀了大半，并乘胜南下，兵锋直指蔚州（今山西灵丘县）。

突利与都蓝交战时，长孙晟恰好在突利帐内。突利溃败后，带着五个亲兵跟长孙晟连夜南逃，一夜之间狂奔百余里，到了凌晨时分，才陆陆续续收集了几百名残部。惊魂甫定之际，突利与部下商议，说："如今兵败入朝，我只是一个没用的投降者，大隋天子凭什么还要对我以礼相待？这一仗虽然达头也参与了，但我和他往日无冤近日无仇，相信如果投奔他，他还是会收留的。"遂与部众商定，准备天一亮便转而向西，投奔达头。

突利的话，一字不漏地落入了长孙晟的耳中。

跟突利打了这么多年交道，他自然早就在突利身边布下了眼线。得知突利的计划后，长孙晟颇感忧虑。因为突利是他花了好多年才扶植起来的一支突厥势力，如今虽说兵败，但留得青山在，不愁没柴烧。要是突利与他分手，即便半道上不被都蓝的人截获，到了达头那儿，也不见得能安全。万一达头把突利出卖，此后再无人牵制都蓝，自己苦心经营多年的对突战略，岂不是要毁于一旦？

思虑及此，长孙晟决定无论如何也要把突利带回长安。

但是，突利心意已决，怎样才能让他回心转意呢？

长孙晟眼珠一转，计上心来，马上暗中派了一个人，命他火速前往离此最近的一座隋军要塞，让守将即刻点燃烽火。

片刻后，远处即有四柱烽火熊熊燃起。

突利愕然，惊问长孙晟是怎么回事。长孙晟眯起眼睛，看了半天，才慢条斯理地对突利说："该要塞位于高处，我们处于凹地，所以他们能看到四周的形势，我们却看不到。据我估计，一定是守将远眺，发现了大量敌军。按照我朝的规定，若敌军人数不多，便点燃二烽；敌军人数稍多，点燃三烽；若有大队人马逼近，就要点燃四烽。照现在的情形看，烽火足有四柱，必定是有大量敌军杀到，而且距离很近。"

突利闻言，吓得腿都软了，慌忙对部众说："赶紧往南走，找最近的城池躲避。"

长孙晟在心里一笑，随即带着突利一行向南疾驰，找到一座隋朝城池后，把突利部众安顿在内，然后带着突利坐上驿车，直奔长安。

突利入朝后，得到了杨坚的厚待。长孙晟也因保护突利之功，被擢升为左勋卫骠骑将军（正四品上）。

与此同时，隋朝的北伐大军也与都蓝可汗的军队展开了激烈的战斗。

高颎的北伐中路军一路北上，其前锋大将赵仲卿率三千部众进抵蠡山（今山西大同市北），与突厥前锋遭遇，双方会战七日，隋军大胜。突厥败退，逃至乞伏泊（今内蒙古察哈尔右翼前旗）。隋军追至，双方再战，突厥又败，被俘千余人，同时被俘获的各种牲畜数以万计。

此时，突厥的大部队赶到，赵仲卿命部众结成反阵，四面拒敌，虽然敌众我寡，但隋军顽强地抵抗了五天五夜。到了第六天，高颎率主力赶到，遂与突厥军展开决战。

一番大战后，突厥军再度溃败，向北逃窜。高颎率部穷追不舍，一直追过白道川（今内蒙古呼和浩特市北），然后翻过秦山（今阴山山脉东段大青山），又追了七百余里，才勒住缰绳，班师回朝。

北伐的西路军由杨素率领，他的对手是达头可汗。

过去，隋军与突厥人交战，一向畏惧纵横奔突的突厥骑兵，所以长期采用消极防御的战术，让步骑兵与战车一起结成方阵，四面用鹿砦围成防御工事，把最精锐的骑兵包在了最里层。以此阵形战斗，自保固然有余，但战斗力一点都发挥不出来。

因此，杨素此次便采取了截然不同的战术。他把骑兵置于部队的最前方，命他们结成骑阵。突厥人历来自恃骑兵天下无敌，听说杨素改变打法，不禁窃喜。尤其是达头，更是欣喜若狂，大笑道："天赐我也！"然后下马仰天而拜，旋即亲率十几万骑兵直扑隋军。

由于达头根本不把隋军放在眼里，所以呼啸而出的十几万骑兵就像是在草场上打猎一样，根本没有一个像样的阵形。

此时，陈朝降将周罗睺也随部出征。他为了建功，便向杨素请战："敌军阵形混乱，末将愿予以迎头痛击！"杨素同意。周罗睺遂率领一支精锐骑兵冲向突厥军，杨素率主力随后投入战斗。

直到两军绞杀在一起，达头才第一次领教了隋朝骑兵的战斗力，包括他的部众，也一时都反应不过来。他们不禁为自己的大意轻敌而懊悔不迭。然而，此时双方已陷入混战，达头要想改变战术、重整阵形也已经来不及了。

两强相遇勇者胜。一边的隋军斗志昂扬、越战越勇，另一边的突厥人却军心散乱、越打越没有底气。很快，突厥大军就被隋军打得七零八落，完全丧失了建制，继而全线溃败。

混战中，达头可汗身负重伤，在贴身侍卫的保护下左冲右突，好不容易才突出重围，仓皇北遁。而他的十几万军队则大部被歼，残余部众一边哀号痛哭，一边追着达头的烟尘纷纷逃窜。

隋朝两路北伐军相继大捷。幽州的东路军并未遭遇突厥人，故很快收兵。

经此大战，都蓝和达头的实力大为削弱，而隋军则一举打破了对突厥骑兵的畏惧，全军上下都焕发出前所未有的自信和勇气。

开皇十九年（599）十月，隋朝册封突利可汗为"意利珍豆启民可汗"（简称启民可汗），汉语意思是"智慧勇猛的元首"。本来已经被打成光杆司令的启民，召集了散落各地的突厥军民一万余人，总算恢复了一点元气。杨坚命长孙晟率五万人，在朔州的辖境内，专门为启民修筑了一座大利城（今内蒙古和林格尔县），作为他的根据地。

突利娶了隋朝的安义公主后，公主未及两年病逝了，于是启民再向隋朝请婚，杨坚遂再度把宗室女义成公主嫁给了他。

虽然启民及其部众已经有了一个安身之所，但是在长孙晟看来，此地还并不是很理想。他上疏杨坚，提出了自己的建议："启民的原有部众，现在回归的已越来越多，但总体实力仍远远不及都蓝；此外，大利城虽位于长城之内，但仍然无法避免都蓝的劫掠攻击。臣建议，将他们迁移到五原（今陕西定边县）一带，这样除了长城之外，还可以多出黄河这一道屏障。同时，在南起夏州（今陕西靖边县）、北至胜州（今内蒙古托克托县）、东起黄河中游、西至黄河中下游之间，开凿一条方形的深沟，作为第三道屏障，然后把他们收容在里面，才能令他们安心畜牧，避免遭到都蓝的攻击。"

长孙晟给启民划定的这块保护区，就是河套地区，亦即黄河"几"字形的突出部。这里水草丰美，再加上有长城、黄河、深沟这三道屏障，足以让启民及其部众在此繁衍生息、壮大实力。

杨坚不仅立刻批准了长孙晟的计划，而且还给启民又加了两个保险措施：一、命上柱国赵仲卿率两万人进驻河套地区的西面，防御达头进攻。二、命代州总管韩洪率步骑一万，进驻恒安（今山西大同市），负责防御都蓝。

开皇十九年（599）十二月，为了彻底消灭都蓝，杨坚又集结了四路大军，分别由杨素、韩僧寿、史万岁、姚辩率领，准备大举北上。就在这时候，从突厥传来了一个令人意外的消息：都蓝被部下刺杀，达头自称大可汗，突厥国内一片混乱。

长孙晟赶紧向杨坚建议，趁突厥内乱之机，命启民派人分道招抚突厥各部，这样要远比出兵收获更大。杨坚同意。随后，突厥各部果然纷纷南下，归降隋朝。

开皇二十年（600）四月，达头稳定了突厥的内部形势后，再度南下，兵分两路入侵隋朝。杨坚命晋王杨广与杨素、长孙晟从灵武出兵，命五子汉王杨谅、史万岁从马邑（即朔州）出兵，分别迎击达头。

可笑的是，达头这一次南侵，根本没和隋军交上手，两路大军就都被吓跑了。

先来看杨广这一路。

此路隋军以长孙晟为前锋。由于长孙晟非常熟悉突厥人的生活习惯，知道他们出门从不带水，一路上都是以河水解渴，所以当他向西进至秦州（今甘肃天水市）时，命人在多条河流的上游投毒。很快，突厥的军民和牲畜便大量死亡。突厥人大为恐慌，以为这是上天降下毒水，要灭亡他们，慌忙撤退。长孙晟立刻率部追击，追斩了一千余人。

再来看杨谅这一路。

此路以史万岁为前锋，当他向北挺进到大斤山（今阴山东段大青山）时，与达头的主力部队正面遭遇。达头很早就听说过史万岁的威名（史万岁在高越原一个回合就将突厥第一勇士砍落马下，此事早在突厥人中传得神乎其神），这次风闻隋军前锋是他，不免心中惴惴。为了证实这一点，达头特意派人到隋军营门前喊话，问："隋将为谁？"

隋军士兵答："史万岁。"

那人又问："莫非就是当年的那个敦煌戍卒？"

答："正是。"

来人不敢再问了，赶紧拍马回去向达头禀报。达头一听，立刻下令拔营北撤。

得到突厥撤兵的消息，史万岁马上率部追击，一直追出了一百余里，斩杀数千人。这一来，突厥人更是吓得尿裤子，于是没命地向北逃窜。史万岁又一口气追进了沙漠，直到追出几百里后，连突厥人的影子都见不着了，才意犹未尽地班师回国。

数月后，不甘心失败的达头又派侄子俟利伐对启民发动了一次试探性进攻，结果又被隋军打了回来，从此再也不敢轻举妄动。

在隋朝不遗余力的支持和保护下，启民及其部众就像是生存在一个全方位、多层次的安全网和防护罩中。启民为此感激涕零，上疏向杨坚拜谢，发自肺腑地说："大隋圣人可汗怜养百姓，如天无不覆，地无不载。染干如枯木更叶、枯骨更肉，千世万世，常为大隋典牛马也。"（《资治通鉴》卷一七九）

二十 / 元勋末路：隋朝的员工不好当（上）

开皇末年，隋朝的国力蒸蒸日上，百姓安居乐业，除了北方边境偶有突厥入寇、岭南一带偶有叛乱之外，天下已逐渐呈现出一片海晏河清的太平景象。然而，天下的和谐并没有改变杨坚的苛酷性情。事实上，越到晚年，杨坚对元勋重臣的猜忌之心不但没有减弱，反而有愈演愈烈之势。

开皇十九年（599）六月，又一个开国元勋莫名其妙地掉了脑袋。

他就是平灭陈朝的功臣之一王世积。

早在北周年间，王世积便以军功拜上仪同，封长子县公。杨坚摄政时，尉迟迥叛乱，王世积随韦孝宽出征，每战必有功，遂被擢升为上大将军。隋朝开国后，王世积又进封宜阳郡公。平陈之战，王世积率水师攻九江，大破陈朝水师，此后又收降大批陈朝将领，兵不血刃地拿下了陈朝的数十座城池。

战后，王世积因功进位柱国，擢任荆州总管，获赐绸缎五千匹，食邑三千户。开皇十七年（597），桂州（今广西桂林市）俚民族部落酋长李光仕发动叛乱，王世积挂帅出征，迅速将其平定。班师后，进位上柱国，获赐绸缎二千匹。

有隋一朝，王世积的军功比之当时名将贺若弼、韩擒虎、史万岁等，亦可谓毫不逊色。但是，功成名就、位尊爵显并没有给王世积带来多少快乐，反而让他产生了深深的戒慎和恐惧。因为，随着时间的推移，他目睹了太多功臣无端获罪的残酷现实，也越来越强烈地感受到杨坚的猜忌和刻薄。所以，到了开皇后期，王世积不得不采取"自甘堕落"的手段来避祸，"由是纵酒，不与执政言及时事"，亦即把自己伪装成了贪杯酗酒、胸无大志的人，并尽量不与当朝的宰辅重臣交往，即便有所接触，也绝对不敢谈论时事。

王世积以为如此一来，自己一定可以远离权力斗争的旋涡、避开君臣相猜的陷阱。然而，一直很看重王世积的杨坚对他的"堕落变质"深感痛心，遂强行把他接进宫中住下，并命御医为他进行"戒酒治疗"。（《隋书·王世积传》："上以为有酒疾，舍之宫内，令医者疗之。"）

王世积顿时哭笑不得。

本欲借着纵酒的假象逃离杨坚的视线，不料反而弄巧成拙，天天得在皇帝的眼皮底下接受"领导的关怀"，还得被迫服用御医开出的各种戒酒药。

王世积受不了，赶紧上奏说自己病好了，并发誓从此一定滴酒不沾，这才得以逃离皇宫，回到了自己家中。

杨坚抓王世积去戒酒，到底是真的出于对他的关心，还是识破他的"自污"伎俩后逼他"自动现形"的一种手段？

根据后来发生的事实，我们有理由相信是后者。因为"戒酒事件"后，杨坚就把王世积派到了凉州去当总管，并且还命七百名禁军骑兵陪着他去上任，"令骑士七百人送之官"。如果不是对他不放心，又怎么可能派禁军"护送"他去呢？

开皇十九年（599），王世积的一个亲信部下皇甫孝谐不知犯了什么罪，遭到官府通缉。他四处躲藏，最后实在没地方躲，就找到王世积，希望老大收留他。可是，此时的王世积已因"戒酒事件"而遭杨坚猜忌，深感自身难保，当然不可能收留他，于是严词拒绝。

皇甫孝谐无处可藏，遂被逮捕，发配桂州。

对老大王世积的见死不救，皇甫极为愤怒，所以很快就给朝廷寄了一封揭发信，指控王世积谋反。

在信中，皇甫提供了王世积谋反的证据。这个证据是一段对话。说是有一天，王世积让一个道士算命，问自己未来能否大贵，道士答："公当为国主。"接着又对王世积的老婆说："夫人当为皇后。"然后又预言说，王世积不久以后将镇守凉州。王世积的亲信一听，就对王世积说："河西，天下精兵处，可以图大事也！"王世积答："凉州土旷人稀，非用武之国。"（《隋书·王世积传》）

这段对话绘声绘色，听上去很像那么一回事。杨坚大怒，当即把王世积逮捕入京，命有关部门审查。相关官员很清楚皇帝的心思，于是很快上奏，称王世积确有不轨之心。杨坚当即下令将王世积斩首。

可怜战功赫赫的一代名将，就这样稀里糊涂地掉了脑袋。

王世积到底是不是真的想谋反？

答案应该是否定的，而且这个问题不难判断。首先，王世积既然早就有戒慎恐惧之心，并且不惜"纵酒"以自污，就证明他对权力和富贵已经没有野心，只求能保持现状。那么，他又怎么可能当着一帮下属的面去跟道士讨论自己有没有当皇帝的命呢？

其次，就算这种可能性真的存在，朝廷也不能仅凭一个流放犯的一面之词就给王世积定罪。何况，皇甫孝谐对王世积怀恨在心是众所周知的事，其栽赃陷害、打击报复的动机也至为明显，可杨坚和有关审查官员，为何都对此视而不见呢？

最后，就算皇甫没有打击报复的企图，朝廷至少应该把涉及此案的道士、王世积亲信等人逮捕归案，以证明皇甫所言不虚。可是，朝廷并没有这么做，而是草率定案，并且非常匆忙地杀了王世积。这就有理由让人怀疑，皇甫的诬告只是王世积之死的一个引子，或者说只是一个借口，而不是真正原因。

换言之，从表面上看，害死王世积的好像是小人皇甫孝谐，其实，真正的凶手正是隋文帝杨坚。也就是说，就算没有皇甫孝谐这件事，杨坚迟早也会找别的理由除掉王世积。而王世积之死的真正原因，其实我们上面已经说过——自视甚高而且生性猜忌的杨坚，绝不容许任何人跟他玩心眼儿！

具有讽刺意味的是，王世积被杀同日，因犯罪而被流放边地的皇甫孝谐，居然以此举报之功而一步登天，被杨坚擢升为上大将军（从二品勋官）。

王世积出生入死打了一辈子仗，最终好像就是为了染红皇甫孝谐头上的乌纱。

就在王世积被冤杀的短短两个月后，隋朝政坛一位超重量级人物、自开国以来便执掌朝柄的宰辅重臣、杨坚最为倚重的心腹股肱（没有之一），也黯然落马了。

他，就是高颎。

如果说别的元勋重臣获罪，都是因为遭到杨坚猜忌的话，那么高颎获罪的理由显然更为充分——他不仅引起了杨坚的猜忌，还无意中得罪了一个绝不该得罪的人。

这个人就是独孤皇后。

所以，高颎不落马，简直是没有天理。

如果要评选史上对爱情最为专一的皇帝，杨坚一定是毫无争议的 No.1。别的皇帝都坐拥后宫三千佳丽，唯独杨坚一辈子就面对一个黄脸婆，偶尔偷腥劈腿一下，皇后就会很生气，后果就会很严重。

当然，至少在形式上，杨坚也是拥有后宫的，只不过天性善妒的独孤皇后常年把守着后宫的大门，所以后宫的那些美女都成了摆设，只可远观，不可亵玩。"独孤后性妒忌，后宫莫敢进御"（《资治通鉴》卷一七八）。

作为一个富有四海的皇帝，而且是一个功能健全的男人，杨坚拥有一大群合法的美女老婆，却生生被剥夺了与她们同床的权利，这样的处境，绝不比"问君能有几多愁，恰似一群太监上青楼"更好受。

在此情况下，"出轨"就是在所难免的事了。

有一年夏天，杨坚照例到仁寿宫避暑。尽管其后宫形同虚设，可按照礼制，仁寿宫还是要给他配备后宫嫔妃的（用不用是一回事，但配是肯定要配的）。往年杨坚来度假，也没有哪个嫔妃宫女让他特别动心，但是这一次，一个美女的出现让杨坚的内心忽然间波澜大起，于是当天夜里便临幸了她。

多年来为妻子守身如玉的杨坚，这回之所以没守住，其实也不能怪他，因为他遇到的这个美女，是尉迟迥的孙女（当年尉迟迥兵败后被没入后宫），从小就是名闻天下的美人坯子，后来又在宫里养了这么多年，自然出落成了一个举世无双的大美人。这样的美女，只要是个男人恐怕都难以抗拒，更何况杨坚还是她的法定丈夫。

跟尉迟氏的一夜风流，是杨坚这辈子第一次"出轨"，但也是最后一次。

因为，此事第二天就被一向忠于职守的"后宫守门员"独孤皇后知道了。她得知后什么也没说，一直到度完假，从仁寿宫回朝，还是没有任何反应。可就在杨坚暗自庆幸的时候，有一天早朝结束，就有人向他报告了尉迟氏暴亡的消息。

尉迟氏何故暴亡？

这个答案连傻瓜都知道。

杨坚悲愤莫名，可又不敢跟独孤后发脾气，只好牵上一匹马，独自奔驰出宫，并径直骑出城外，不走大路，专走小道，一口气在山谷中奔走了二十多里，以此发泄内心的愤懑。

时任尚书左、右仆射的高颎和杨素，从宦官口中得知皇帝"离家出走"了，顿时大惊失色，慌忙打马去追。追了半天，总算在深山中找到了失魂落魄的杨坚。

高颎和杨素双双下马，死死拽住杨坚的缰绳，苦苦劝谏。杨坚面朝苍天，长叹一声道："我贵为天子，却不得自由！"高颎赶紧说："陛下岂能因为一个妇人而轻天下？"

高颎这话的意思，可以做两种理解：一、这个妇人指的是尉迟氏，意思是不要为了一个美人而抛下江山社稷。二、这个妇人指的是独孤皇后，意思是不要因为皇后善妒就跟她一般见识，应以天下为重。

从当时的语境来看，前者的可能性更大。但是，高颎却无法阻止别人作第二种理解，尤其无法阻止独孤皇后做此理解。

杨坚听了高颎和杨素的劝谏，怒气稍稍缓解，但还是没有要回去的意思。高颎和杨素只好在旁边陪着他。君臣三人就这样在深山之中默然良久，直到深夜，杨坚才掉转马头，缓缓向城内走去。

杨坚回宫时，自知杀人理亏的独孤后早已在内殿等候多时。一见老公满面阴沉地回家了，独孤后赶紧扑通一声跪倒在地，不住地痛哭流涕、叩首谢罪。

反正那个狐狸精已经去见阎王了，此刻的独孤后也不在乎多流几滴鳄鱼眼泪、多磕几个响头。

人死不能复生，杨坚当然也没辙，而且看皇后磕头磕得那么辛苦，心头的愤怒也消了大半，加上高颎和杨素又在一旁拼命替皇后说好话，最终也就原谅了她，随即命人摆酒，跟皇后干了几杯，算是把这不愉快的一页翻过去了。

可是，杨坚原谅了独孤后，独孤后却不能原谅高颎。

因为，高颎说的那句话很快就传进了她的耳中，而且她偏偏又做了第二种理解——好你个高颎，居然敢把我一个堂堂皇后说成一个妇人，你也太不把老娘放在眼里了吧？

本来，独孤后是一直把高颎视为心腹的（因为高颎之父高宾是她父亲独孤信的旧部，曾被赐姓独孤），可经过这件事后，独孤后就对高颎恨之入骨了。

二一 / 元勋末路：隋朝的员工不好当（下）

开皇中后期，太子杨勇逐渐失去杨坚夫妇的宠爱，而晋王杨广则异常得宠，杨坚夫妇心里都已经有了废立之意。有一天，杨坚想试探一下高颎的态度，就说："有神梦中告诉晋王妃，说晋王当有天下，你看该怎么办？"高颎一听这话很不对劲，赶紧跪地，说："长幼有序，太子绝不可轻废！"

杨坚默然良久，一句话也没有再说。

当时，独孤后一心要废黜杨勇、另立杨广（参见第二十三章《夺嫡进行时》），得知高颎的态度后，当即下定决心要把高颎搞掉，否则，太子废立必然遭遇极大阻力。

事实上直到此刻，杨坚对高颎还是相当信任的。但是，紧接着发生的一件事，却让他对高颎生出了极大的防范之心。

这件事是关于东宫的卫队问题。

由于杨坚已经不放心杨勇，所以就打算征调东宫的一部分精锐卫士进入皇宫。高颎极力以为不可，说："若把东宫精锐调入宫中，那东宫的守卫就太薄弱了。"杨坚一听脸色就变了："我经常出宫，身边需要精锐护卫，太子在东宫修养德行，要那么多卫队干什么？其实，在东宫设立强大卫队，本身就是一种陋规，要照我的意思，宫中禁军轮值交班的时候，分出一部分去戍卫东宫就够了。宫中禁军与东宫卫队，本来就不该有归属和建制上的分别，若合二为一，岂不是一项很合理的改革？我对历史上有关这方面的得失利弊清楚得很，你大可不必拘泥于古人之法。"

在历史上，东宫依靠强大卫队发动政变、夺取皇位的例子并不算少，比如南朝刘宋时期，宋文帝因担心皇族政变，就极大地加强东宫兵力，致使太子刘劭的卫队多达一万人，与皇宫禁军的兵力相等，所以后来刘劭发动政变时，猝不及防的禁军根本无法抵御，导致宋文帝惨死在儿子手中。

像这种事，杨坚比谁都清楚，所以他必然要削弱东宫兵力，以防重蹈宋文帝覆辙。而在杨坚看来，高颎之所以反对裁减东宫兵力，根本就不是为了维护古制，而是为了维护他自己的利益——因为，高颎之子高表仁娶了杨勇之女，一旦将来杨勇即位，高表仁就成了驸马，而高颎就能以天子亲家的身份继续掌权、长保富贵。

一想到高颎有这么大的私心，杨坚长期以来对他的信任顿时消失了一大半。

开皇十七年（597），高颎的元配病卒，独孤后就对杨坚说："高仆射年纪也老了，没了老伴怪可怜的，陛下何不帮他再娶一位正室？"杨坚觉得有道理，就对高颎提了出来。没想到，高颎一听，不但没有喜色，反而声泪俱下，说："臣已经老了，每日退朝，唯有吃斋念佛、诵读佛经而已，虽然陛下厚爱老臣，但续娶正妻一事，实在非臣所愿。"

杨坚听了，也就作罢。不久，高颎的小妾生了个儿子，杨坚得知后，也很替他高兴。不料，独孤后却在旁边发出冷笑。杨坚问她为何如此，独孤后说："陛下到今天还在信任高颎吗？当初，您要帮他娶一房正室，他心里想着小妾，就说得冠冕堂皇，欺骗陛下。现在，小妾的儿子都生了，他那些什么吃斋念佛的鬼话，您还信吗？说大一点，他这个人的品质，您还能相信吗？"

杨坚一听，觉得大有道理，从此对高颎的信任荡然无存，开始日渐疏远他。

开皇十八年（598）春，高丽王高元纵兵入寇辽西。杨坚大怒，即命汉王杨谅为元帅、高颎为副帅，率王世积、周罗睺等将领及三十万大军，分水陆两路进攻高丽。不料大军启程后，陆路便遭遇水患，粮食不继，加之瘟疫流行，士卒大量死亡，而水路则在海上遭遇风暴，舰船大量沉没，不得不相继班师。

回师后，清点人数，三十万大军居然死了十之八九。此次出征，堪称隋朝自开国以来最惨痛的一次失败，也是最令人郁闷的一次失败，因为隋军连敌人的影子都没见着就差一点全军覆没了。

此次出征高丽，高颎原本就极力反对，如今损兵折将又劳而无功，至少可以证明高颎的意见是正确的。然而，这件事到了独孤后嘴里，又成了高颎的一桩罪状。她对杨坚说："高颎本来就不想走这一趟，是陛下硬逼着他去的，像这种赶鸭子上架的事情，臣妾早就知道不会有什么好结果。"

平心而论，不管高颎赞成不赞成此次出征，碰上天灾都不是他可以预料的，更不是他想要的，而独孤后这么说话，好像此次失利成了高颎的责任。要是在平时，独孤后这种逻辑混乱的话倒不至于影响杨坚的判断力，可现在杨坚正在气头上，且近来对高颎一直很不满，所以这话一到杨坚耳朵里，对高颎的杀伤力还是相当大的。

此外，汉王杨谅虽挂名为此次东征的元帅，但他毕竟还年轻，所以军事大权其实都在高颎手里。而高颎自认为肩负杨坚厚望，而且凡事都出于公心，所以也就不避嫌疑，对于杨谅很多不靠谱的提议都予以了否决。

高颎这么做，当然极大地伤害了这位五皇子的自尊心。回京后，杨谅就去找母亲独孤后哭诉，说："儿臣这次出征，差点就被高颎杀了。"独孤后马上告诉了杨坚。杨坚闻言，对高颎的不满和怨恨又增加了几分。

开皇十九年（599），王世积案发，有关部门审问王世积时，问出了一些宫禁中的事情。这些事虽属鸡毛蒜皮，但身为地方大将的王世积本来是不应该知道的。审讯官赶紧追问，王世积供称是从高颎那里听来的。这下子，高颎的麻烦大了。

有关部门将此事上奏，杨坚一听，顿时大为惊愕。在杨坚看来，这件事的关键并不在于高颎向王世积透露了什么，而是高颎身为首席宰相，居然与手握重兵的封疆大吏私下讨论宫禁中事，这种事情的性质是极其严重的，给他定一个谋反的罪名都不算冤枉他。

紧接着，审讯官又再接再厉，从王世积口中挖出了更让人惊骇的事情：说高颎和左卫大将军元旻、右卫大将军元胄等人，都曾与王世积私下交结，还收受了王世积的名马馈赠。

本来，大臣之间互相馈赠物品，也属人之常情，没什么好大惊小怪的，可对于现在正风声鹤唳、草木皆兵的杨坚来说，这种种迹象似乎都能与结党和谋反挂上钩。

杨坚当即撤了元旻、元胄二人的禁军大将职务。此时，京师内外许多大臣都看出皇帝很可能要对高颎动手了，于是纷纷上疏，异口同声地证明高颎无罪。在声援高颎的人中，为首的有上柱国贺若弼、吴州（今浙江绍兴市）总管宇文弼、刑部尚书薛胄、民部尚书斛律孝卿、兵部尚书柳述等人。

面对这样一个力挺高颎的豪华阵容，杨坚这一惊真是非同小可——怎么回事？你们这些当朝重臣和封疆大吏拿着我杨坚的薪水，屁股怎么都坐到高颎那边去了？莫非你们都成了高颎的私人班底，早就不把我这个大隋皇帝放在眼里啦？

贺若弼等人的声援显然帮了高颎的倒忙，不仅在最危急的时刻又把他往深渊里推了一把，而且也害了他们自己。

很快，怒不可遏的杨坚便一声令下，把所有参与声援高颎的大臣全部抓起来关进了监狱。至此，满朝文武再也没人敢替高颎喊冤。开皇十九年（599）八月，杨坚正式宣布了对高颎的处理结果：罢免上柱国、左仆射等职，以齐国公的身份致仕。

应该说，跟虞世则、王世积等人比起来，高颎这样的结局已经算很不错了。不难看出，杨坚对他还是有旧情的。虽然高颎的仕途已就此完结，但至少保住了元勋的身份和待遇，也保住了一个平安的晚年。

罢免高颎数日后，杨坚前往秦王杨俊府邸，顺便召高颎过去赴宴。席间，高颎泪流不止，悲不自胜，在座的独孤后也忙不迭地抹了好几把鳄鱼眼泪。杨坚看着高颎，面无表情地说："朕并没有辜负你，是你自己辜负了自己。"然后把头转向左右大臣，进行了一番语重心长的政治教育："我对高颎，比对自己的儿子还好，虽然有时候没和他在一起，但总感觉他就在眼前一样；可自从他免职退休后，我就彻底把他忘了，好像世上从来没有高颎这个人一样。所以说，身为人臣，一定要吸取高颎的教训，不可以要挟君王，自以为天下第一。"

听见皇帝如此绝情的话，高颎当然哭得更悲伤了。

然而，紧接着发生的这件事情，差点让他连哭的机会都没有了。

高颎府上的总管，发现主子已经失势，这辈子跟着他混绝对没有出头之日，于是就义无反顾地出卖了他。这位总管上疏杨坚，指控高颎父子有谋反之心。他提供的证据跟皇甫孝谐如出一辙，也是"对话体"。他说，高颎退休后，某一日，其子高表仁曾对高颎说："曹魏年间，司马仲达（司马懿）曾托疾不朝，可后来司马家族却取得了天下，父亲大人如今遭遇的事情，又焉知非福呢？"

可想而知，杨坚听到这样的话会愤怒到什么程度。他当即把高颎逮捕下狱，命有关部门严加审理。在这个世界上，"有关部门"是最擅长罗织罪证的，只要领导一个眼色，要给嫌疑人整出什么稀奇古怪的罪证，都是小菜一碟。

于是，有关部门很快就找到了两个证人，一个是和尚真觉，一个是尼姑令晖。据称，真觉曾在去年对高颎说："明年将有国丧。"令晖几年前也对高颎说过："开皇十七、十八年，皇帝有大厄，十九年不可过。"两个人说的意思一样，都是预言杨坚活不过开皇十九年（599）。

天知道有关部门是从哪找出这两个信口开河的方外人士的，总之他们的证词杀伤力十足，绝对够得上把高颎满门抄斩了。杨坚闻奏，愤怒欲狂，遂在朝会上声色俱厉地对满朝文武说："帝王岂是靠强力可求？以孔子这样的大圣之才，犹然得不到天下，而高颎和他的儿子，竟然敢以晋朝皇帝自比，这是什么样的居心？"

有关部门随即上奏，要求将高颎斩首，以明正典刑。

不过，最后时刻，杨坚还是起了一念宽大之心。他答复说："去年杀虞庆则，今年斩王世积，如果再杀高颎，天下人将会怎么说我？"遂宣布将高颎贬为庶民。

十九年前，高颎刚刚当上左仆射时，他母亲就曾语重心长地告诫他："你富贵已极，就差一个砍头了，今后做人做事，一定要慎之又慎。"老人家没当过官，可她朴素的话语里面蕴含着深刻的政治智慧。从那一天起，高颎就常常担心母亲的话会一语成谶，所以一直谨慎小心。可是，在杨坚这样的老板手底下打工，你是防不胜防的，不管再怎么小心，都很难保证不出纰漏。所以，当高颎经历了一番生死考验，最后终于躲过"砍头"的命运后，一种如释重负、彻底解脱的感觉便在他心里油然而生。

尽管打拼了一辈子，风光了一辈子，最后又回到了"庶民"的原点，可高颎因"得免于祸"而"欢然无恨色"。说到底，能给杨坚这样一个动不动就"激情杀人"的老板打工这么多年，不仅轰轰烈烈地干过一番事业，最后还能保一个善终，已经是一项了不起的成就，更是一件值得庆贺的事了，所以高颎深感知足，无怨无尤。

然而，高颎的故事并没有到此结束。他本以为能在家里安度一个含饴弄孙、优游卒岁的晚年，可短短几年后，随着新老板杨广的上台，高颎宁静的生活就被打破了。

杨广一即位,就任命高颎为太常,让他主管礼乐。这本来是个清闲的职务,既不参与朝廷大政,也无关乎经济民生,可高颎这人就是责任心太强,你不让他做事倒也罢了,要是让他做事,他必定要负起责任,而且很有主见。所以,刚一上任,他就跟杨广闹了个不愉快。

当时,杨广下诏征召北周、北齐时代的音乐人,并鼓励民间搜集整理一些流传不广、即将失传的乐曲。这本来也不是什么坏事,可高颎认为那些民间乐曲不够"主旋律",遂上疏反对,说鼓励这些乐曲传播是"弃本逐末"之举。对此,杨广当然极为不悦。

不久,高颎又对自己的下属说:"周宣帝就是因为喜好那些靡靡之音才丢了天下,如今殷鉴不远,岂能再重蹈覆辙!"杨广听说后,更是一肚子不爽。

高颎担任宰相多年,如今虽说早已靠边站,只是个不痛不痒的太常,可还是改不了心忧天下的习惯。由于当时杨广对突厥的启民可汗恩礼甚隆,高颎就忍不住对同僚发牢骚说:"这个蛮虏在中国待了这么久,对我国的虚实和山川形势了如指掌,我担心会有后患。"此外,由于当时朝中的风气与隋文帝一朝已有很大不同,高颎看不惯,就对观王杨雄说:"近来朝廷越来越没有纲纪了。"

这些话当然原封不动都落进了杨广的耳中。

杨广顿时忍无可忍。

于是,高颎的末日就此降临。

早在开皇九年(589)平灭陈朝时,高颎就曾不顾杨广的感受,杀了他的梦中情人张丽华,而当时杨广也意味深长地说过一句话——将来一定要好好"报答"高颎。

如今,报答的时机终于成熟了,杨广当然不会放过。

大业三年(607)七月,杨广下诏,以"诽谤朝政"为名,将高颎斩首,三个儿子全部流放边地。与高颎同日被杀的,还有时任光禄大夫的贺若弼与时任礼部尚书的宇文弼。

多年以前,高颎之母对他的谆谆告诫,最终还是变成了现实。当刑场上的屠刀高高举起的那一刻,高颎也许只能在心里发出哀叹。

高颎死时,年六十七。

盖棺论定之际,历史给了高颎很高的评价:"颎有文武大略,明达世务。及蒙任寄之后,竭诚尽节,进引贞良,以天下为己任;苏威、杨素、贺若弼、韩擒虎等,皆颎所推荐,各尽其用,为一代名臣;自余立功立事者,不可胜数。当朝执政将二十年,朝野推服,物无异议,治致升平,颎之力也,论者以为真宰相。及其被诛,天下莫不伤惜,至今称冤不已。"(《隋书·高颎传》)

二二 / 杨广的"道德秀"

隋文帝杨坚共有五个儿子：太子杨勇、晋王杨广、秦王杨俊、蜀王杨秀、汉王杨谅，皆为独孤皇后所生。在这一母同胞的五个儿子中，品德最优、能力最强、声望最高，也最受杨坚夫妇宠爱的，莫过于次子晋王杨广。

从某种意义上说，杨广称得上是天子骄子。

上天给予他的第一份馈赠，是一张俊美的脸庞和一个聪慧的大脑。他出生后，长安城里的许多豪门显宦就对这个明眸皓齿、聪明伶俐的杨家二公子印象深刻并且心生好感。在他的映衬之下，兄长杨勇难免就有些黯然失色。所以杨广出生不久，杨坚和独孤氏就把宠爱的目光不约而同地转向了他。（《隋书·炀帝纪》："上美姿仪，少敏慧，高祖及后于诸子中特所钟爱。"）

孩提时代，当同龄人还在流着鼻涕玩泥巴的时候，他就已经因父亲的威望和功勋而被北周封为雁门郡公。随着生命的日渐成长，他在诗歌和文学方面也迅速表现出了过人的天赋和横溢的才华（上好学，善属文）。

从七岁那年写下人生中的第一首诗歌开始，杨广总共给后人留下了一百多篇文章和四十四首诗歌。在他青年时代某一个春天的夜晚，杨广曾经写下这样的诗句：暮江平不动，春花满正开。流波将月去，潮水带星来。

这首诗的名字叫"春江花月夜"，其文字节制而纯净，其意象简约而唯美。在未来的岁月里，杨广或许将变得不再节制、不再纯净，更不再简约，但"唯美"始终是他生命中牢不可破的底色。所以，在骨子里头，杨广其实是一个诗人。

在杨广十三岁那一年，杨坚代周自立，登基仅十一天后，就封杨广为晋王、柱国、并州总管，一年后又授武卫大将军，进位为上柱国、河北道行台尚书令，仍旧坐镇并州。并州是隋帝国防御突厥入侵的战略要地，杨坚把少年杨广放在如此重要的位置上，显然是希望他通过历练迅速成长为独当一面的帝国屏藩。

杨广没有辜负父亲对他的殷切期望。开皇六年（586），因杨广在并州任上表现优异，杨坚特地将他调回朝中担任内史令（宰相）。虽然此项任命只是实习性质，但足以表明杨坚对杨广的信任和器重已经远远超越了其他皇子。开皇九年（589），年仅二十岁的杨广又被任命为南征陈朝的最高统帅。攻克建康后，杨广不但对百姓秋毫无犯，而且第一时间"封存府库"，于陈朝的公私资财皆"一无所取"，表现出了异常成熟的政治风范。

由于平陈的上佳表现，杨广为自己赢取了巨大的政治资本，同时获得了朝野上下的广泛赞誉，"天下皆称广，以为贤"。杨坚很是欣慰，随即晋封杨广为太尉，并且大加赏赐。随后的几年里，杨广成了名副其实的帝国屏藩，总是在关键时刻被杨坚安排在帝国最需要的地方。比如平灭江南之后，北方边境的突厥人又蠢蠢欲动，杨广立即回镇并州；稍后江南各地又发生大规模叛乱，杨广马上被调任扬州总管，坐镇江都（今江苏扬州）；几年后突厥再度入寇，杨广又被任命为元帅北上御敌。

虽然杨坚也同样给其他皇子分封了官爵并提供了历练的机会，但是没有人能否认，开皇九年（589）之后的杨广，已经成为隋帝国最为耀眼的一颗政治新星，同时也是五位皇子中综合素质最高、最为世人称道和瞩目的一个。（《隋书·炀帝纪》："炀帝爰在弱龄，早有令闻，南平吴、会，北却匈奴，昆弟之中，独著声绩。"）

然而，表面上风光无限的杨广，内心却隐藏着一道没人看得见的暗伤。

几乎从杨广懂事的时候起，这道暗伤就顽强地盘桓在他的心间，无论怎样的功绩和荣耀都无法将其抹平。尤其是当杨广地位越高、声誉越隆时，这个苦闷就会愈加强烈地撕咬着他的灵魂。

这道与生俱来的灵魂暗伤，就是杨广的出生顺位。也就是说，上天几乎给了杨广一切，却唯独遗忘了一样最重要的东西——长子之位。

在中国古代"立嫡以长"的游戏规则下，不管杨广再有能耐，也不管他的长兄杨勇跟他比起来如何相形见绌，太子之位都只能是杨勇而不可能是杨广的。从十三岁被封为晋王的那一刻起，杨广就知道，在"晋王"与"太子"之间横亘着一道无人可以跨越的天堑——太子迟早有一天会继承父亲的一切，成为至尊无上的皇帝，主宰天下所有人的命运，而他这个晋王无论如何贤明能干，这辈子也注定只能是一个藩王。

杨广愿意接受这样的游戏规则吗？

他的回答是：不！

作为一个内心充满了激情和梦想的男人，杨广绝不允许自己屈从于这样的游戏规则。所以，他选择了抗争。

当然，抗争不一定意味着赤裸裸的斗争和杀戮。

杨广知道，身为杨坚的儿子，最好的抗争就是克制和隐忍，最好的夺嫡武器就是长期刻苦的"道德修行"。从懂事的时候起，杨广就很善于观察父母的好恶。他知道父亲杨坚最崇尚俭朴、最厌恶奢侈，而母亲独孤氏最欣赏的事情就是夫妻恩爱，最讨厌的事情就是男人好色。所以杨广很清楚，要成为父母心目中最好的儿子，要赢得帝国臣民对他这个晋王的普遍爱戴，他就必须学会克制和隐忍，必须把他与生俱来的野心、梦想、激情、欲望，乃至对种种唯美与奢华之物的由衷热爱深深隐藏，然后以一副忠孝友悌、恭敬节俭、淡泊寡欲、庄重自持的道德面目出现在父母亲和天下人面前。

于是，从青少年时代起，敢于对命运说不的杨广就开始了一场刻苦而漫长的"道德秀"。他不知道自己能不能成功，也不知道这场秀有没有终点，可他知道自己必须这么做。

所以，很快就有了下面这些故事，在朝野上下传为美谈：

有一次，杨广带着侍从外出狩猎，暴雨忽然倾盆而下，左右连忙拿出油布雨衣要给他披上，杨广却挥手拒绝，说："士卒皆沾湿，我独衣此乎？"侍从们一听，顿时在心里大为感叹：晋王真是仁义啊！

杨坚夫妇经常会去各个皇子的府上做客。去其他皇子那里，他们都没什么特别的感觉，唯独每次莅临晋王府第，总会发现一些耐人寻味的细节：比如说，别的皇子府上，所有姬妾侍女都是年轻漂亮、衣裳靓丽的，只有晋王府的侍女都很老丑，而且衣着朴素陈旧，充分显示着主人的清静寡欲；再比如，别的皇子府上，所用的帷帘屏帐都是色彩艳丽的昂贵丝绸，只有晋王府一律使用廉价的素绢，充分显示着主人的俭朴；还比如，别的皇子府上，家具陈设都很高档，各种娱乐设施也是一应俱全，而晋王府里，却看不见任何奢华的物品，倒是可以经常看见许多断了琴弦的乐器，被随意摆放在无人注目的角落里，而且上面布满灰尘，充分显示了主人的不喜声色……这样的一些发现，总是会让皇帝夫妇甚感欣慰。在他们看来，这个二皇子无疑全盘继承了他们身上的种种美德。

杨广坐镇江都的时候，每当有皇帝身边的人前来视察，无论地位高低、职务尊卑，杨广夫妇都会把他们奉为上宾，不但亲自站在大门口迎接，而且美酒佳肴热情款待，临走时还不忘赠送一笔贵重的礼物。所以，凡是到过江都的人说起杨广，都会不约而同地竖起大拇指，说，都说晋王仁孝，果然名不虚传！

最让独孤皇后高兴的就是：晋王自从娶了萧妃之后，与其恩爱有加，尽管府上还有一些侍妾，但从没跟这些女人生过孩子。所以，在独孤氏眼中，这个二皇子和他父亲一样，都可以称得上是普天之下最完美的模范丈夫。因此不论人前人后，独孤皇后总会不由自主地发出这样的赞叹：晋王贤明，他人莫及！

杨广就这样以他高度的自制力，赢得了父母亲和天下人的交口赞誉。多年的临深履薄和诚惶诚恐，终于把他塑造成了一个完美无瑕的道德君子和人臣楷模。

而在这些年里，他的兄长杨勇都在做些什么呢？

很遗憾，这位皇太子的种种表现都令人不敢恭维。

首先，他生性率直，明知道父皇为人异常节俭、甚至节俭到了吝啬的程度，可始终不懂得投其所好。刚当上太子不久，有人送给杨勇一副蜀人制作的精美铠甲，他仍觉得不够精美，又在上面加以雕饰。杨坚一看，立刻对他进行了一番忆苦思甜的教育："自古以来的帝王，从没听说过有喜好奢侈享受而能够长久的。你是储君，应当以节俭为要务，才有资格继承社稷。我从前穿的那些旧衣服，每种都会留下一件，时常观看，以警诫自己。我担心你当上太子后就忘本了，所以，把我从前用的一把佩刀赐给你，再送你一罐从前喜欢吃的菹酱，你若能常常记起从前，应该能了解我的心意。"

其次，杨坚生性猜忌多疑，动不动就激情杀人，而且杀起功臣来连眼都不眨，可杨勇偏偏对此视而不见，硬要拿自己的脑袋往刀口上撞。

有一年冬至，百官依例到东宫晋见太子，杨勇忽然心血来潮，招呼了一支大型乐队，举办了一场仪式，接受百官道贺。杨坚得知后，大为不悦，随即在朝会上质问百官："听说冬至那天，内外百官相率去朝谒东宫，这是什么礼？"

分管礼制的太常少卿辛亶一听这话味道不对，连忙奏答："前往东宫，只能算是道贺，不能算是'朝谒'。"

"哦？"杨坚乜斜了他一眼，"如果是道贺的话，应该是三五人或十数人，随来随去，怎么会有东宫官吏传令召唤、定时定点全体集合呢？而且太子身穿正式官服，陈设乐队，坐在那里等候百官，朕问你，这么做符合礼制吗？"

辛亶慌忙垂下眼帘，不敢再吭半声。

杨坚一声冷笑，随即宣布："礼仪有等级差别，君臣之间才不会乱了尊卑。太子虽是国家储君，但本质上仍是臣子。可是冬至那天，内外大员却群往东宫朝贺，以各地特产作为贡品。这种违背礼制的事情，今后应当杜绝！"

经过这次"朝贺事件"，太子杨勇在杨坚心目中的地位便一落千丈了。"自是恩宠始衰，渐生猜阻。"（《资治通鉴》卷一七九）

杨勇在父亲杨坚这里失宠了，在母亲独孤氏那里也同样招致了强烈的反感。

最主要的原因是——他娶了太多女人。

独孤后最痛恨的就是男人好色，可她的大儿子偏偏触犯了这个忌讳！好色倒也罢了，偏偏杨勇又把独孤后为他明媒正娶的太子妃元氏彻底晾在一边，专宠一个出身低微的偏妃云氏，致使元妃过门不久便抑郁而亡。独孤后凭着一个女人的直觉判断，元妃之死，十有八九是狐狸精云氏下的毒手。可她除了把杨勇叫到面前痛斥一顿之外，实在也拿不出什么证据去整治云氏。元妃一死，云氏就俨然成了东宫的女主人，很快就掌管了宫中的一切内务。

东宫的女人多，自然生出来的孩子就多。短短几年间，杨勇就给独孤后生了一大堆孙子，而且还大多是男孩儿。可人丁兴旺丝毫没有给独孤后带来喜悦。每当她看到那一群连名字都记不过来的孙子，眼前立刻就会浮现出杨勇那张好色成性的猥琐脸庞。

独孤后始终想不明白：同样是她和杨坚生的儿子，太子杨勇和晋王杨广的差别咋就这么大呢！

对于杨勇的失宠，最高兴的人当然就是杨广了。

他无比欣喜地发现：杨勇几乎就是他的反面镜像——凡是他杨广在父母面前做对了的事情，杨勇几乎每一件都做错。

这真是老天爷的奇妙安排。

从这个意义上说，杨广最终之所以能够夺嫡成功，其实是杨勇在客观上帮了他的大忙。因为，杨广固然可以把"道德秀"演绎得天衣无缝、滴水不漏，可如果杨勇稍稍懂得节制和伪装，稍稍表现出一个好太子和一个好儿子应有的品格和素质，那么杨广就很难轻易得手。

在杨勇与杨广的这种"镜像效应"之下，杨坚逐渐生出了易储的念头。

为此，他特地请来了早年便与他关系很好的相面大师来和，让他暗中观察五个儿子的貌相，然后做出评估。

很快，杨坚就听见了他最希望听见的话。来和的评估报告言简意赅："晋王眉上双骨隆起，贵不可言！"

杨坚心满意足地笑了：很好，老天爷也投了晋王一票。

随后，杨坚又与一个名叫韦鼎的侍臣进行了一场不为外人所知的谈话。杨坚问："在我的几个儿子中，谁能够继承帝位？"

韦鼎立刻意识到，眼前的这个问题可能是他政治生涯中面临的最大一次考验。

太子已经立了这么多年，皇帝居然还提出这样的问题，其中透露出来的废立之意太明显不过了。但是，韦鼎却深感左右为难：一方面，身为人臣，绝不能在这种重大而敏感的事情上轻易表明立场；另一方面，皇帝提出的问题却不能不回答，并且更重要的是——皇帝的心意不能不迎合！

怎么办？

韦鼎沉吟片刻后，终于想到了一个最稳妥的答案："皇上和皇后最喜欢的人，可以让他继承帝位。至于具体是哪一个，臣不敢做任何预言。"

杨坚闻言，忍不住开怀大笑："贤卿只是不肯明说罢了！"

不出所料，朝臣也投了晋王一票。接下来该怎么做，杨坚已经心中有数了。

二三 / 夺嫡进行时

江都是一座繁华富庶而且风情万种的城市。

杨广一直觉得,自己和这座城市之间有一种冥冥中注定的缘分。平定江南叛乱后,他被任命为扬州总管,坐镇江都。从此,这个地方就成了他的第二故乡。他发现,这座城市的每一个角落仿佛都生长着清丽妩媚的诗歌意象,而湿润的空气中,也仿佛一年四季都飘浮着一种江南文化特有的典雅气味和精致芳香。

杨广灵魂中作为诗人的一面,在这里获得了充分的滋养。

当然,杨广首先是一个政治家。因此,他生命中的黄金十年不可能一味地在这座城市诗意地栖居。相反,在他的十年任期内,这位扬州总管每天都极为繁忙。他做的最多的事情,首先是不遗余力地延揽江南的名士和各个领域的精英,其次是尽其所能地资助并参与各种文化事业,最后还在烦冗的政务之余,见缝插针地学习吴语……

所有这一切,迅速博得了江南世族和上层人物对杨广的好感,无形中也对杨广所代表的中央政府产生了极大的文化认同。

对于刚刚用武力征服江南的隋帝国而言,还有什么比取得被征服者的文化认同更重要、更紧迫的呢?

没有了。这片土地及其在此生存繁衍的人民,已经与中原的文化母体分裂了将近三个世纪。所以,比"版图的归复"更加意义深远的,无疑就是"人心的统一"。

杨广意识到了这一点,而他也成功地做到了这一点。

史称,在这位"允文允武,多才多艺"的扬州总管治下,江南人心稳定,民生富庶,文化也得到了继承和发展。江南士人情不自禁地对杨广发出了这样的赞誉——"继稷下之绝轨,弘泗上之沦风!"(《隋书·炀帝纪》)

在江都的十年,把杨广从一个政治新秀打造成了一个成熟的政治家。

因此，到了开皇末年，无论是道德修养还是政治作为，他都已经是隋文帝杨坚心目中最合格的接班人，也是帝国臣民心目中最理想的未来统治者。

计划的第一步已经取得圆满成功。接下来，杨广开始有条不紊地展开第二阶段的夺嫡行动。

他知道，母亲独孤后的枕头风历来对父亲杨坚有着不可估量的影响，所以首先寻求母亲的支持。杨广是藩王，按规定只能"每岁一朝"，也就是一年才能回一次长安，可即便是如此短暂的机会，也能被杨广紧紧抓住。

开皇二十年（600），杨广入朝述职，回江都之前专程去向母亲辞行。杨广一见到母亲，立刻泪流满面。而独孤后看着这个一年才能见上一面的爱子，也止不住泫然泪下。就在母子相对而泣、气氛异常伤感之时，杨广开口了："儿臣秉性愚昧、才识低下，平生常守昆弟之意，不知何罪失爱东宫，使其蓄积怨恨，欲加戕害。臣时时恐惧会有谗言诟陷于父母面前，亦屡屡忧虑会有鸩毒投之于杯勺之间，所以常怀焦灼之念，深恐陷入危亡之境！"

独孤后郁积多年的愤怒终于不可遏止地爆发出来："睍地伐（杨勇乳名）越来越让人难以容忍了。我替他娶元氏，他竟不以夫妇之礼相待，专宠阿云，使她一口气生下了那么多猪狗！元妃刚娶过门便被毒害致死，我还没找他们算账，现在居然又欺负到了你的头上！我还没死尚且如此，我要是一死，他们还不知道要怎样鱼肉你呢！我每每想到东宫没有嫡子，皇上千秋之后，你们兄弟就得向阿云生的儿子磕头问安，心里简直是如同刀绞啊！"

杨广泪如雨下，匍匐在母亲脚下不停叩首。

独孤后更是悲不自胜。

就在这一刻，独孤后做出了她一生中最痛苦也是最重大的一个决定：废长立幼。

她将在余生中，用尽全部力量去完成这个最后的心愿——让次子杨广入主东宫！

博得母亲的同情和支持后，杨广开始着手在帝国高层中寻求政治同盟。

为此，他找到了自己的好友、时任寿州刺史的公关高手宇文述。

杨广问宇文述有何良策。宇文述说："太子失宠已久，他的德行无人称道，而大王的仁孝闻名宇内,才华盖世无双,皇上与皇后皆钟爱大王,四海之望亦归向大王。这一切世人有目共睹,只不过,废黜太子,另立储君乃国家大事,在下处于别人父子骨肉之间,这个事情嘛,实在不好谋划。"

宇文述卖了个关子,悄悄瞅了杨广一眼。

杨广大笑:"在下决心已定,请宇文兄不必有所顾虑!"

宇文述又看了看他,缓缓地说:"满朝文武,足以左右皇上心思的人只有一个。"

"谁?"

"杨素。"

杨广一笑。宇文述的看法正与他不谋而合。只要把这位当朝宰相、帝国硕果仅存的元勋大佬拉进来,夺嫡之事就十拿九稳了。

"而真正能让杨素信任的人也只有一个,"宇文述接着说,"他就是杨素的弟弟:杨约。"

但是,要怎么跟杨约搭上线呢?

在杨广万分期许和极度迫切的目光下,宇文述最后笑吟吟地说:"巧的是,最了解杨约的人,就是在下。"

既然如此,那就啥也别说了,下手吧!

杨广立即拿出一笔重金,让宇文述入朝打点。随后,宇文述便千里迢迢地从南方赶到京城,天天找杨约喝酒。

有朋自远方来,杨约当然高兴。而更让他高兴的是,自从这位老友来访,老天爷每天都会掉馅饼,而且每一次都准确无误地砸中了他——不知道宇文述这小子在哪儿发了横财,每天喝到半醉都要邀他赌博,且每一次都输得精光;第二天,宇文述马上又会揣得鼓鼓囊囊地来找他,照例喝酒,照例赌博,照例输钱!

杨约乐坏了。人生得一如此"良友",夫复何求?

有一天,杨约照例赢得钵满盘满之后,颇为感慨地对宇文述表示感谢。宇文述眯着一双微醉的小眼看着杨约,忽然说:"这是晋王的赏赐,命我与你同乐。"

杨约顿时目瞪口呆。

杨约连日来的愉快心情一扫而光,取而代之的是一种被愚弄的懊丧。他狠狠盯着宇文述问:"为什么?"

宇文述不慌不忙地说："您兄弟二人，功高盖世，位居要津，长久以来跟满朝文武结下的梁子恐怕数都数不清；此外，太子这几年向朝廷提出的要求总不能如愿，难免会把怨气归结到宰相头上。试问，您兄弟二人虽然得宠于圣上，可要找你们算账的人却不胜枚举，哪一天皇上要是撒手西归，你们拿什么当保护伞？如今太子失宠，主上也有废黜之意，这您也知道，现在如果要求册立晋王，只在你的老哥一句话。倘若抓住这个时机建立大功，晋王定会永远铭记在心。如此一来，你们便可摆脱累卵之危，稳坐泰山之安！"

杨约不得不承认，公关高手宇文述的一席话，句句说在了他的心坎上。

接下来的具体步骤，也就不需要宇文述教他了。

当天晚上，杨约就找到了杨素。听完弟弟的一番密语后，杨素顿时兴奋得大腿一拍，说："聪明！我还没想到'废立太子'这一层，幸亏你及时提醒了我！"

数日后，皇帝皇后举办宴会，杨素入宫作陪。酒过三巡，杨素用一种漫不经心的口吻对皇后说："晋王孝敬友悌，恭敬节俭，颇有皇上之风啊！"

一句话就扯到了皇后的伤心事。独孤后的眼泪应声而落，哽咽着说："您说得太对了！吾儿对父母有大孝大爱，每闻皇上和我派遣的内使到达，必亲自到边境迎接；每当谈及远离双亲膝下，没有一次不悲伤哭泣。还有他的妻子萧妃也非常有爱心，每次我派婢女过去，萧妃就和她们同寝共食，哪像睍地伐，终日与阿云寻欢作乐，而且亲近小人，陷害骨肉！我之所以越发怜悯阿𡡉（杨广乳名），就是怕睍地伐暗中对他下毒手。"

听完这一席话，杨素心里就有底了。

既然太子失宠已经是确凿无疑的事实，那么杨素当然要把自己的全部筹码都押在晋王身上了。只要晋王成功入主东宫，杨素后半生的权力富贵也就有了保障。于是，当天的宴会上，杨素便专门就太子的问题跟独孤皇后聊了很久，中心思想当然只有一个：太子品行不端，缺乏才干，不堪为帝国储君。

独孤皇后与杨素深有同感，随后便暗中送给他一笔重金，目的很明确，就是要杨素以首席宰相的身份，想方设法去配合皇帝废黜杨勇，另立杨广。

杨广就这样在夺嫡的道路上步步为营、节节挺进，为自己建立了一个最广泛的统一战线，同时也给太子杨勇布下了一个天罗地网。

对此，杨勇当然不会没有察觉。但是，面对咄咄逼人、稳扎稳打的杨广，平庸无能的杨勇却方寸大乱，拿不出任何有效的应对举措。他唯一能想到的，就是命术士制造"厌胜"，企图以此对抗杨广，化解灾厄。

所谓厌胜，是盛传于古代宫廷的一种巫术，其实也就是民间流行的"扎小人"，具体的做法，就是将厌憎的对象画在纸上，或用泥塑木雕，然后刺心钉眼，系手缚足，诅咒对方早日死于非命。杨勇用这种招数对付杨广，显然是愚蠢可笑的。因为古代对厌胜之术的惩罚极重，一旦被人发现，后果将不堪设想；即便不败露，这种低级幼稚的做法也不可能伤到杨广半根汗毛。

如果说厌胜还算是一种比较"积极"的对抗手段的话，那么杨勇接下来做的事情，则不但愚蠢，而且十分消极，毫无意义：他命人在东宫的后花园里搭了几间草寮，命名为"庶人村"，然后穿上布衣，在草寮里铺上草褥，每天就在里面住上几个时辰，希望以此消除罪业，禳解灾厄。

杨勇的这种做法，其原理大致是"斋戒忏悔"与"负荆请罪"二者的相加，不过忏悔和请罪的对象不是人，而是冥冥中主宰祸福的鬼神。可是，事到如今，还有哪个鬼神帮得了他呢？老话说得好：福祸无门，唯人自招。暂且不说这个世界上是否真有鬼神，即便是有，鬼神也不能无端给人降下祸福。换言之，当下的祸福，都是自己过去的思想和行为招来的。鬼神充其量也就是一个阅卷老师，只能根据你在人生试卷上的答题情况，该打钩打钩，该打叉打叉，最后再给出一个总分而已。所以，杨勇的做法，就好比平时学习不认真，整张考卷答得一塌糊涂，却等到分数出来以后才去找老师忏悔，希望老师能给他一个及格，试问这如何可能？

所以，不管是"厌胜"还是"庶人村"，都无法挽回杨勇走向深渊的命运。

当然，杨勇其实也没做过什么大恶。在当时的隋帝国，杨坚和独孤氏的好恶就是善恶的标准，而杨勇从来不懂得去迎合这个标准，最后当然只能是自取灭亡了。而且，杨勇在此最后关头，仍然找不出自己落到今天这个地步的原因所在，还在那儿七弄八弄、昏招频出，其结果非但于事无补，反而只能招致杨坚更深的反感和厌恶。

杨坚知道杨勇已经惧不自安，便故意离开长安住到仁寿宫里，然后命杨素监视东宫，观察太子言行，以便找出一些足以废黜他的证据。

杨素对皇帝的意图心领神会，随即前往东宫，要求觐见太子。杨勇一听大佬杨素来了，顿时又惊又喜，赶紧穿戴整齐，在东宫大殿正襟危坐地恭候。

可外面的杨素不急着进去，而是坐在候客厅里优哉游哉地喝茶，慢慢品尝各色美味的小点心。杨勇在大殿里左等右等，等得花儿都快谢了，还是不见杨素进来，终于心头火起，怒形于色。

杨素知道火候到了，才不慌不忙地上殿拜见。可想而知，杨勇既没给他好脸色，说话的口气也很冲。

杨素在心里无声地笑了。

这就是他要的结果。

随后，杨素便"如实"上奏杨坚："太子满腹怨恨，恐将生变，陛下应严加提防！"

就在杨素给太子下套的同时，独孤皇后也没有闲着。她人在仁寿宫，却派了一大批卧底潜伏在东宫内外，凡是杨勇有任何鸡毛蒜皮的问题，她都会在第一时间得到报告。而且，抓住杨勇的小辫子后，独孤后又会发挥想象，在这些黑材料上添油加醋，然后才化成一阵一阵的枕头风，润物细无声地吹进杨坚的耳朵。

杨坚的天下本来就是篡来的，所以他这辈子最担心的事情，就是别人以其人之道还治其人之身。如今杨勇心怀怨恨，而且小动作不断，杨坚自然地怀疑这小子会发动政变篡他的天下。尤其是杨素和独孤后的奏报，更是极大地加深了他的怀疑。

随后，杨坚便将东宫卫戍部队中的主要指挥官和精锐悉数调离，同时，又在东宫附近的主要街坊安置了众多密探，对太子实施了全天候监控。

杨广的统一战线相当广泛，谁也不知道他在朝中拥有多少心照不宣的同盟。就连皇家天文台台长（太史令）袁充都利用天象对杨坚说："臣夜观天象，见太白袭月，此是东宫废退之兆，臣以为皇太子应当废黜！"

杨坚没好气地说："天上的异象已经出现很久了！只是大臣们谁也不敢先开这个口罢了。"

迄今为止，所有对杨勇不利的举报都是来自东宫以外的。杨广觉得，要迫使父皇下定决心废黜杨勇，还需要来自东宫内部的更有力的举报。随后，杨广便命心腹段达去策反杨勇的心腹、东宫宠臣姬威。

段达拿上重金去拜访了姬威,一边把金子堆在他面前,一边扔下了这么一句话:"东宫过失,皇上皆已知之;已奉密诏,定当废立!你若能上书告发,大富贵唾手可得!"

姬威眼里盯着那堆黄灿灿的金子,耳中听着段达的话,用手抹着不断从额角冒出的冷汗,最后终于重重地点了一下头。

次日,姬威的举报信就递到了杨坚手中。

天罗地网就这么罩了下来,杨勇的灭亡已成定局。

二四 / 杨勇：从太子到废人

开皇二十年（600）九月末，杨坚从仁寿宫回来，次日朝会，第一句话就说："我刚回到京师，按说应该高兴才对，却不知为何反而闷闷不乐。"

朝会上的百官面面相觑，都不知该说什么。许久，吏部尚书牛弘才小心翼翼地说了一句："臣等没有尽到职责，才让皇上忧心劳苦。"

杨坚的目的，是想让百官提出废立之议，然后他就顺水推舟把这事办了，没想到这些家伙居然一个个都成了缩头乌龟，连声屁都不敢放！而牛弘这种不咸不淡、四平八稳的标准官腔，也实在不比一声闷屁强多少。

看来，还是要老子亲自动手清理门户啊！

杨坚铁青着脸，把目光转向倒霉的东宫官属们，开始劈头盖脸地怒斥："仁寿宫离这里没有多远，可我每次回到京师，都不得不严加戒备、如入敌国，你们想想，这是为什么？我近日因为腹泻，只好和衣而卧，本来想睡在靠近厕所的后殿，可唯恐随时会有紧急事件发生，不得不住到远离厕所的前殿。所有这一切，难道不是因为你们这帮人企图败坏国家，以致朕终日如临大敌吗？"

说完，杨坚立刻下令将东宫总管（太子左庶子）唐令则及多名东宫大臣当场逮捕。然后，命杨素当着文武百官的面，举一两个太子悖逆的例子给大家听听。

杨素即刻出列，清了清嗓子，只说了一件事。

这件事，是关于开皇十七年（597）彭国公刘昶之子刘居士的聚众违法事件。

刘居士自少任侠使气，没少干违法乱纪的事，杨坚念在刘昶跟他有故交，就没拿刘居士治罪，没想到这小子长大后却变本加厉，找了三百多个公卿子弟当他的小弟，俨然组成了一个黑社会团伙，天天在街上寻衅滋事，殴打路人，抢劫商贾。杨坚一怒之下，就以谋反罪名把刘居士砍了，并将其党羽全部废为庶民。当时杨坚在仁寿宫度假，就命杨素转告太子，让太子穷追刘居士余党，务必一个也不放过。

据杨素说，当他向太子转达圣命时，太子忽然满面怒容，暴跳如雷，说："居士一党皆已伏法，让我到哪里穷追？你身为右仆射，责任重大，自己去追好了，关我什么事！"

紧接着，杨勇又当着杨素的面大发牢骚："当初父皇举事（篡周立隋），还好成功了，万一失败，头一个被株连砍头的就是我这个世子，可现在他当了天子，对我反而不如我的弟弟们好，不管大小事情都不让我做主，我觉得自己一点自由都没有，跟囚犯有啥两样？"

杨素说完，杨坚已经气得直喘粗气，群臣也是相顾愕然。许久，杨坚才长长地叹了一口气，接过杨素的话茬儿，继续历数太子的种种过恶。

当天的朝会，就这样开成了杨勇的批判大会。

杨坚说："很久以来，我就看出这孩子不堪继承社稷了，皇后早就劝我废了他，可我因为他是我布衣时所生，而且是长子，希望他能改过，故隐忍至今。说起他的过恶，每一桩我都记忆犹新。比如有一次，他曾当着他母亲的面，指着后宫宫女说：'这些迟早都是我的人。'此言何其狂悖！还有，他的正妃元氏无端暴亡，我怀疑是有人下毒，就责备他，没想到他竟然说：'总有一天，我连元孝矩（元妃之父）也杀了！'说这种话，表面上是迁怒他岳父，其实还不是想害我？另外，长宁（杨勇长子杨俨，封长宁王）出生时，我和皇后因为喜欢，就抱过来养，可自从他跟我有了芥蒂后，就屡屡派人来，想把娃儿抱回去。你们说说，世界上有哪个儿子如此防范自己父母的？"

说到这里，杨坚已经气得脸都变形了，停顿了片刻，才接着说："最让我不可容忍的，就是他对云妃的宠幸！云妃是她父亲云定兴在外边跟人乱搞生下的，由此想来，云妃的生母也不是什么好货色，说不定还跟别的男人勾三搭四，云妃都不见得是云定兴的种！晋朝的时候，太子司马遹娶了屠夫的女儿，生的儿子长大就喜欢杀猪。如今，倘若云妃本来就是野种，她生的儿子岂不是乱了皇家血统？我虽然品德不及尧舜，但也不至于把社稷万民托付给一个不孝子！我一直担心他会害我，防他如同防敌，现在我决心已下，一定要将他废黜，以安定天下！"

听到最后这句斩钉截铁的话，满朝文武都知道太子这回是必废无疑了，所以都不敢吱声，唯独左卫大将军元旻站了出来，说："太子废立是国家大事，一旦颁诏，再后悔也来不及了。自古以来，谗言害人都是无孔不入的，请陛下慎思明察！"

这个元旻就是当初因高颎、王世积一案被免职的人之一,虽然事后不久便官复原职,但这并不等于杨坚对他的猜忌已经完全消除。现在,他居然敢在太子被废已成定局的情况下还替杨勇叫屈,显然是活得不耐烦了。

杨坚冷冷地瞥了元旻一眼,也不答话,转头命令姬威,让他以东宫官员的身份把太子的所有罪恶都说出来,意思就是要让元旻心服口服。

姬威刚才目睹所有东宫大臣都被一锅端了,早就吓得魂不附体,此刻皇帝有令,当然不敢迟疑,立马竹筒倒豆子,一口气说出了太子的六宗罪:

第一,太子一贯骄狂,曾对姬威说:"如果有人敢对我做的事劝谏,我就杀人,只要杀他一百个,所有谏言自然永远止息。"

第二,太子一向奢靡,经常在东宫兴建亭台楼阁,一年四季从无间断。

第三,太子有谋反企图,不久前东宫左卫率(东宫左侍卫长)苏孝慈被解职时,太子就气得怒发冲冠,挥舞拳头说:"大丈夫总有一天会扬眉吐气,这件事我忘不了,到时候一定要出这口气。"

第四,太子因东宫开支巨大,不够花销,就经常向朝廷的财政部门申请拨款;有关部门根据法令,拒绝拨款,太子就咬牙切齿地说:"朝廷自宰相以下,我迟早会杀一两个人,好让他们知道怠慢我的下场。"

第五,太子对皇帝心存怨恨,时常说:"圣上老是怪我没有嫡子,所生都是侧室的庶子,可嫡庶真的有那么重要吗?北齐的高纬、南陈的陈叔宝,哪个不是嫡子,可到头来怎么样呢?还不都成了孽子?"

第六,太子一心希望皇帝早死,曾命巫婆算卦,算完后就对姬威说:"皇上的死期就在开皇十八年,眼看马上就到了。"

姬威说完,杨坚早已气得浑身发抖、老泪纵横,只听他痛心疾首地说:"世上有谁不是父母所生,竟然会悖逆到这种程度!朕最近阅览《齐书》,每当看见高欢放纵他的儿子,便义愤填膺,朕怎么可以效法他呢?"

太子杨勇的公开批判会,终于在皇帝杨坚的这句话中宣告结束。

当天,杨坚就命禁军包围了东宫,将杨勇和他的儿子全部软禁,同时在长安城展开了一场大搜捕,将朝中所有与太子有瓜葛的大臣全部逮捕。

数日后,有关部门在杨素的授意下,指控左卫大将军元旻暗中依附杨勇,意在托付前程。对此,有关部门提交了一个重要证据,说是每当元旻跟随杨坚前往仁寿宫时，杨勇就命东宫大臣裴弘给元旻写密信，信封上一直都有这样的标注："勿令人见！"

杨坚接到奏报，顿时恍然大悟，说："怪不得！朕在仁寿宫时，经常感到纳闷，为何只要发生一点点小事，东宫马上都会知道，消息传得比驿马还快，原来就是这家伙泄的密！"

元旻此时正在宫中当值，杨坚当即命令士兵将其逮捕。右卫大将军元胄这时刚好要下班，一看元旻被捕，赶紧留了下来，并立即写了一道奏疏递了上去。

这个元胄，当初跟元旻一样，也曾因王世积案被免职，后来又一起复职，跟元旻算是一对典型的难兄难弟。现在元旻被捕，元胄赶紧上奏，所有禁军将士都认为他肯定是要救元旻的，都不禁对他的义气深感敬佩。

然而，所有人都猜错了。元胄那道奏疏，并不是为了救元旻，而只写了这么一句话："臣最近下班都没有马上回家，就是为了防范元旻。"

禁军将士们得知奏疏内容后，都忍不住想对元胄说一个字——呸！

杨勇被软禁后，禁军开始奉命对东宫进行地毯式搜查，目的当然是想搜出一些违禁物品，或者是能证明杨勇图谋不轨的东西。

可是，禁军折腾了几天，什么违禁品都没搜出来，只从仓库、药房和马厩中，分别搜出了三样东西：一、数千枚火燧。二、数斛艾草。三、一千多匹马。

火燧，也称火引，古代人取火，以随身携带的火石在铁器上撞击，激出的火花喷溅到火引上，即可燃起火焰。

艾草，一种药草，一般用于中医的针灸，即用针刺激穴道后，点燃艾草，熏烫穴道，所以称为"灸"。

就这三样东西，能证明什么呢？

历史上太子谋反事泄，通常都能从东宫搜出一些兵器铠甲什么的，这样才能坐实谋反罪名。可现在，杨勇的东宫里啥都没有，就这三样普普通通的东西，到底能证明什么呢？

杨素得到奏报后，一时间也有些犯难。

可见，一个人如果能够认真地联想，那就没有什么问题是不能解决的。因此，当杨素经过好几天认真的联想后，由这三样东西构成的一桩谋反企图，就完美地浮现出来了。随后，杨素就对姬威如此这般、这般如此地交代了一遍。

禁军搜出这三样东西，杨坚也深感诧异，随即追问姬威。姬威早就把杨素给的答案背得滚瓜烂熟了，立刻回禀道："陛下有所不知，太子是别有居心。陛下住仁寿宫时，太子曾对臣说：'只要用一千兵马，控制住仁寿宫城门，里面的人自然会活活饿死。'"

杨坚一听，更纳闷了。即便杨勇真有如此企图，也无法把这三样东西都联系在一起啊！

接下来，姬威就根据杨素的联想法则，向杨坚提供了一套天衣无缝的解释：数千枚火燧，是为了让东宫军队深夜执行任务所用；马匹当然不用解释了，哪支军队执行任务不骑马？最让人感到困惑的，其实是艾草；而太子储藏艾草，当然不是想用它来针灸的，而是在军队出发前，把艾草混在草料里喂马，这样可以阻其鼻息，使马儿只能用口呼吸，发不出嘶鸣。

综上所述，太子的目的，就是要让东宫军队在某个夜晚从长安出发，神不知鬼不觉地前往仁寿宫，然后跟左卫大将军元旻里应外合，封锁宫城大门，最后把杨坚活活困死在宫城中。

怎么样？完美不完美？

太完美了！

面对太子如此处心积虑的计划，就连杨坚也深感震惊。

其实，能够想出如此完美计划的人，当然不可能是平庸无能、只会用厌胜对付政敌的杨勇，而是大半辈子驰骋沙场、纵横官场并且出将入相的帝国第一牛人杨素！

随后，杨素拿着这套"联想式谋反计划"去诘问杨勇，顿时把杨勇搞得莫名其妙。脑子一向不大好使的杨勇，最后只能咬牙切齿地蹦出这么一句话："我听说您的府上养了数万匹马，我贵为太子，难道养一千匹马就是谋反？"

杨素在心里笑了。

是啊，我家里是养了几万匹马，可我没有一个一心想搞死我的弟弟，也没有一个吃里爬外的宠臣姬威，更没有储藏艾草以供人认真联想的习惯。所以，没有人会指控我杨素造反，但是，当这些事都摊到你的头上时，你杨勇就只能自认倒霉了。

很快，除了指控杨勇谋反之外，杨素还把东宫里面的所有昂贵物品、华服珍玩都拿出来晾在了阳光底下，然后命百官前去参观，以此证明杨勇的生活是多么奢侈腐朽。

杨坚夫妇看过这些东西，也都很生气，就派人去质问杨勇。杨勇当然不服。在他看来，历朝历代的太子拥有这些东西都很正常，凭什么他杨勇拥有这些就是腐化堕落？

使者即刻回禀，说太子依旧怨气冲天，毫无悔过之意。

杨坚夫妇对视一眼，心照不宣。

啥也别说了——废！

开皇二十年（600）十月初九，一个寒风凛冽的初冬早晨。

已经数日未眠的杨勇睁着一双血红的眼睛，看见几个皇帝的使臣面无表情地站在他面前。

他们给他带来了什么？是一条白绢，还是一杯毒鸩？

杨勇嚅动着双唇，战战兢兢地问：" 莫非要杀我了吗？"

没有人回答他。

片刻后，鬓发散乱的杨勇在使臣的押送下进入皇宫，脚步踉跄地走上武德殿。杨勇看见，宽阔的大殿周围站着一排排军容齐整、杀气腾腾的士兵；殿庭的东面站满了文武百官，西面是所有的皇族和宗室成员；而皇帝本人，则一身戎装端坐于高大的御座上，正用一种冷酷而威严的目光凝视着他。

瞬间被恐惧攫住的杨勇随即双膝一软，跪倒在地。

内史侍郎薛道衡展开诏书，当众宣读："太子之位，实为国本，苟非其人，不可虚立。自古储副，或有不才，长恶不悛，仍令守器，皆由情溺宠爱，失于至理，致使宗社倾亡，苍生涂地！由此言之，天下安危，系乎上嗣，大业传世，岂不重哉？皇太子勇，地则居长，情所钟爱……而性识庸暗，仁孝无闻，昵近小人，委任奸佞，前后愆衅，难以具纪。但百姓者，天之百姓，朕恭天命，属当安育，虽欲爱子，实畏上灵，岂敢以不肖之子而乱天下！勇及其男女为王、公主者，并可废为庶人。"（《隋书·杨勇传》）

诏书宣读完毕，杨勇的脸色早已苍白如纸。他俯首再拜、磕头谢恩："臣理当被斩首弃尸于闹市，以为来者戒惕！幸蒙陛下哀怜，得以保全性命……"一言未了，杨勇已经泣不成声。

整个宣诏仪式进行的过程中，杨坚自始至终不发一言。杨勇最后一次在这座庄严的殿堂上向皇帝施了一个隆重的朝礼，然后转身黯然离去。

他身后的大殿寂然无声。

人们只能用沉默向这位不幸的废太子表示同情。

次日，杨勇的长子、前长宁王杨俨上疏杨坚，请求留在皇宫担任禁军侍卫，其辞哀伤恳切。杨坚见信，大起恻隐之心。杨素立刻进言："伏望圣上就像被毒蛇所蜇、不得不壮士断腕一样，不要再起怜悯之心。"

十月十三日亦即太子被废四天后，元旻、唐令则等太子集团成员全部被处以死刑，妻妾子孙籍没为奴；其他太子党成员一部分被赐自尽，另一部分遭受廷杖，本人连同家眷一起籍没为奴；所有人的田宅财产全部抄没充公。

同年十一月初三，杨坚下诏，册立晋王杨广为皇太子。

当天，这位一贯贤明的新太子就向皇帝奏请了两件事：一、东宫所用的官服、车马、器具，等等，皆比原来的定制降低一个等级。二、东宫所有官员在太子面前一律不得自称为"臣"，因为他认为，自己和所有人一样都是皇帝的臣子。

杨坚笑着批准了新太子的合理请求。他感到很欣慰——不仅为自己英明的废立举动深感庆幸，也为隋帝国终于拥有这样合格的接班人而欣慰不已。

一个月后，在杨广的大力举荐下，宇文述被任命为太子左卫率。

这位政治公关高手终于用他的聪明才智，帮助晋王上位，同时也成功地把自己运作成了未来天子最为倚重的心腹股肱。

而在稍早的时候，杨素已经因功获赏绸缎三千匹，他的弟弟杨约获赏一千匹。

杨氏兄弟再次被天上掉下的馅饼准确命中，并且严格说来，这次砸中他们的还绝不仅仅是数千匹绸缎，而是整个后半生的权力和富贵，是一劳永逸的无穷回报。

值得一提的是，就连那个下班经常不回家的元胄，也获得一千匹绸缎的赏赐。昔日的难兄难弟，一个身首异处、家破人亡；一个却因关键时刻的灵机一动，不但保住了权力富贵，还获得了天子赏赐。由此可见，"天堂地狱就在一念之间"这句话，绝不是随便忽悠人的，更可见"识时务者为俊杰"这句老话，到什么时候都不会过时。

废太子杨勇被囚禁在东宫一个荒凉残破的院落内，由新太子杨广负责严密看管。

杨勇就这样骤然失去了一切，连最起码的人身自由都丧失了。他经常呆呆地站在落满积雪的院子里，向着皇宫的方向引颈而望，并且喃喃自语。最后，杨勇再也忍受不了这种地狱般的生活，便一次又一次向杨广提出请求，要求晋见天子，当面陈述自己的冤屈。

可想而知，废太子的所有请求无一例外地遭到了新太子的断然拒绝。

杨勇绝望了。

这年冬天最后的日子，东宫的下人们时常可以听见从荒凉的后院里传出的一些凄厉的呼喊。那些呼喊一声长一声短，飘飘忽忽，时有时无，并且混合在呜咽的北风中日夜飘荡，让东宫的下人们个个觉得毛骨悚然。

一两个好奇的下人忍不住偷偷跑到后院窥视，惊讶地看到了这样一幕——披头散发的废太子爬到了一棵老树上，伸长脖颈，面朝皇宫，眼神惊恐而凄惶，看上去就像一只折断了翅膀的大鸟。

那些凄厉而含混的呼喊，就是从他那嘶哑的喉咙中发出来的。

没人有兴趣去听他究竟喊了些什么，只有杨广听得很清楚。

他听见这个废人在喊：父皇——我冤——父皇——我冤……

很快，杨坚就收到了杨广呈上的奏报。奏报中说：废太子杨勇疯了，而且估计没有痊愈的可能。

那一年，年已六旬的杨坚总是会有意无意地朝东宫方向的天空投去含义不明的一瞥。没有人知道，他是否仍然在想念那个日夜在北风中呼喊的儿子。当然也没有人知道，他眼中是否闪动过一抹苍老的泪光。

二五 / 杨素弄权与杨坚之死

开皇二十年（600）的太子废立事件，无疑是隋朝开国以来最严重的一场政治变局。在这场前所未有的变局中，新太子杨广和首席宰相杨素显然是最大的获益者，而以废太子杨勇为首的前东宫集团，则遭到了残酷的镇压和清洗。在历史上，凡是如此大规模的政治洗牌，其主要操盘手都会乘此机会铲除异己，扫清自己政治前途上的障碍。比如这一次，杨素就处心积虑地处死了威震朝野的名将史万岁，而杨广则在杨素的配合下除掉了四弟蜀王杨秀。

自从韩擒虎去世、贺若弼遭贬后，史万岁就成了隋朝军界中最有声望的元老级人物。开皇十七年（597）春，西南部落酋长爨玩降而复叛，史万岁奉命出征，从蜻蛉川（今云南大姚县）进入大西南，一路势如破竹，连克叛军多处要塞，然后渡过西洱河（今洱海），进入渠滥川（今云南大理市以南地区），转战一千余里，以犁庭扫穴之势，横扫三十几个部落，俘虏男女两万多人。诸部大为震骇，只好遣使向史万岁请降，并献上一颗直径达一寸的夜明珠，还立了一座石碑为隋朝歌功颂德。

史万岁随即上奏朝廷，要求将叛军首领爨玩带回京师，以免后患。杨坚当即准奏。可爨玩深知自己一旦入朝，这辈子就完了，赶紧拿出重金贿赂史万岁。史万岁在沙场上所向披靡、无人难挡，可在糖衣炮弹面前没什么免疫力，随即收下重金，班师回朝。

若要人不知，除非己莫为。史万岁受贿一事，很快就被时任益州总管的蜀王杨秀获悉了。杨秀立刻派人前去追赃。史万岁风闻事情败露，慌忙把所有金银珠宝全都沉入了江中。蜀王的人一到，查不出任何东西，这件事也就不了了之了。

史万岁竹篮打水一场空，很是郁闷。不过好歹没被人抓住把柄，也算是不幸中的万幸。回朝后，史万岁因平叛之功进位柱国，想想此次出征也算值了，便把爨玩和贿金什么的全部抛之脑后。

然而，史万岁万万没想到，到了开皇十八年（598）年底，贼心不死的爨玩居然再度揭起了反旗。蜀王杨秀勃然大怒，立刻上疏杨坚，指控史万岁"受贿纵贼，致生边患，无大臣节"。

杨坚又惊又怒，马上下令有关部门对史万岁立案审查。结果一查下来，史万岁"受贿纵贼"一事果然不诬，论罪应当处以死刑。杨坚痛心已极，怒而质问史万岁："将士出征，朕常挂怀，每念其栉风沐雨之苦，便寝不安席，食不甘味，可你受贿纵贼，致使士卒不得不再次出征，你还算是社稷之臣吗？"

至此，史万岁依然心存侥幸，赶紧抵赖说："臣留下爨玩，正是担心蛮夷复叛，才让他留下镇守。而且，臣已经班师走到半路，才收到陛下命其入朝的诏书，并不是有意抗旨，更不存在什么受贿之说。"

杨坚一看史万岁死到临头还在狡辩，顿时勃然作色："朕一直以为你是个忠直之人，没想到给你高官厚禄，你反而成了国贼！"遂对有关官员下令："明天就把这个人砍了。"

史万岁这才知道皇帝这回是动真格的，慌忙叩首服罪，请求皇帝饶他一死。

当时，左仆射高颎、左卫大将军元旻等人还在任，马上出列替他求情："史万岁雄略过人，每次行军打仗，未尝不身先士卒，尤其善于统率部众，军中将士皆乐意为其效力，纵然是古代名将，也未必能胜过他。"

杨坚闻言，才稍微平息了怒气，遂将史万岁革职为民，免其一死。

在隋朝当官，只要不被砍头，大多还有复出的机会，尤其是像史万岁这种不可多得的名将，更不可能被长期闲置。一年多以后，史万岁就恢复了官爵，并率部迎战突厥，把达头可汗吓得屁滚尿流，还追杀了几百里地，为隋朝又立了一功。

然而，吊诡的是，史万岁当初受贿枉法却逃过一死，这回立了战功，反而成了他的获罪之尤。

说起来，原因其实很简单——史万岁军功太盛，抢了杨素的风头，让杨素非常不爽。

得胜回朝后，史万岁本欲上表为本部将士请赏，可杨素赶在他前面上了道奏疏，声称突厥人这次并非入寇，而是看塞上水草丰美，才拉上牛羊过来放牧的。既然人家不是来打仗的，那你把人家杀得屁滚尿流，本来就是很不厚道的事，当然就谈不上什么战功了。

其实,明眼人都看得出杨素这话很扯淡,杨坚当然也不会看不出来。可当初史万岁受贿一事,杨坚心里还有疙瘩,所以就装老年痴呆,采信了杨素的说法,不对史万岁部做任何封赏。

史万岁当然不服,于是频频上表,极力说明当时的真实情形。可是,奏疏呈上如同泥牛入海,杨坚一点反应都没有。

时隔不久,太子废立事件就爆发了。杨坚废黜杨勇后,穷追太子党羽,忽然就想到了史万岁,便问左右:"史万岁在哪儿?"

杨素立刻回禀:"史万岁去东宫了。"

这句话,无疑给史万岁宣判了死刑。

事实上,此时的史万岁根本没去东宫,而是正在宫门前安抚他的部众。由于此前击破南方民族头儿却有功不赏,他的几百个部众正纠集在宫门前,要跟朝廷讨个说法,史万岁向他们承诺:"我今日一定替你们去找皇上问个明白,无论如何,这件事必须有个了断!"

恰在这时候,杨坚召见他的命令到了。于是,史万岁就这么怀揣着一肚子怨气去见杨坚,而杨坚也正带着满腔怒火在等着他,所以君臣二人一见面,场面立刻失控。

还没等杨坚发话,史万岁就大声说道:"将士有功,却遭朝廷贬抑,臣今天要替将士们问个明白!"

杨坚本来还想问他有没有去东宫,结果一看史万岁这副"辞色愤厉"的模样,顿时气不打一处来,马上命左右把他拖出去乱棍打死。

左右把史万岁拉出去后,过了一会儿,杨坚怒气渐消,觉得这么做太过草率,连忙命人去通知停止行刑。可是,现在后悔已经来不及了。就这么片刻工夫,一代名将史万岁已经被活活打死在了朝堂之上。

事后,杨坚不得不下了道诏书,罗列了史万岁的一大堆罪状,以掩盖自己"激情杀人"的失误。诏书中有"怀反覆之方,弄国家之法""怀诈要功,便是国贼"等语,基本上将史万岁的一世英名全盘抹杀了。史称,史万岁被冤杀当天,"天下士庶闻者,识与不识,莫不冤惜。"(《隋书·史万岁传》)

杨勇被废，最替他打抱不平的，莫过于杨坚的四子蜀王杨秀。

杨秀从小就有胆色，长大后更是容貌魁伟，"美须髯，多武艺"，一副标准的大将派头，许多朝臣见了他都会心存惧惮。如果杨秀生在普通人家，有这种大将气质当然是好事，只可惜，他是一个皇子，而如此威风凛凛、霸气外露的皇子，无论是对未来的皇帝还是对他自己而言，肯定都不是什么好事。因为，没有哪个皇帝喜欢看到自己兄弟身上的霸气。

所以，身为皇子，杨秀的霸气就是一种不祥之兆。

对此，杨坚曾不止一次地对独孤后说："秀儿将来肯定不会有好结果，我在的话，当然没问题，可到他兄弟即位，他必定会造反。"

一个父亲对自己的儿子下此断语，虽然有失尖刻，但不无道理。因为杨坚首先是一个皇帝，所以他必然会以皇帝的视角来判断一个人。而且，知子莫若父，杨坚敢这么说，肯定是从他一辈子阅人无数的经验出发的。

开皇十七年（597），西南少数民族不断发动叛乱，杨坚命大将杨武通出兵征讨。

中央军来到自己的地盘上作战，杨秀当然不会没有想法。于是，杨秀就派了一个叫万智光的心腹去给杨武通当副手，表面上是协助他，其实是监视他，以防他做一些损害益州地方利益的事情。

杨坚听说后，大为不悦，马上以"所任非人"为由，对杨秀大加谴责，并在朝会上对群臣说："坏我纲纪的，是我自己的子孙。就好比猛虎，其他动物都不能伤害他，可是皮毛间寄生的虫子，却足以害它性命。"

杨秀被说成老虎皮毛里的寄生虫，心里当然不爽。随后的日子，他就开始做出一些僭越礼制的事情了：首先，是把车辆马匹、服饰仪仗等东西搞得相当奢华，不亚于皇帝的规格；其次，还让人制造了一个浑天仪（古代观察天象的仪器，皇帝专用）；最后，又穷凶极恶地抓了一批少数民族部落的男子，把人家的睾丸割了，充当王府里的宦官，从而严重危害了社会的和谐稳定，也加剧了当地政府与少数民族之间的紧张关系。

开皇二十年（600），太子杨勇突然被杨坚废黜，杨秀大为不平，说了不少牢骚怪话。杨广得知后，担心这个四弟日后会成为他的大麻烦，便暗中授意杨素鼓捣一份黑材料，把杨秀的种种僭越之举都写进去，然后向杨坚揭发。

仁寿二年（602）春，杨素经过多方打探，终于把一份厚厚的举报材料递到了杨坚手里。杨坚看完，勃然大怒，当即征召杨秀回朝。杨秀感觉不妙，便以生病为由拒绝动身。他的副手源师劝他听从诏命，杨秀不耐烦地说："这是我家的事，跟你有什么相干？"

源师知道，若蜀王出了事，自己也难辞其咎，于是流泪进言："我身为大王幕府，岂敢不尽心！皇上下诏征召大王，已有一些时日，若您始终迁延不走，皇上发怒，派一个使臣过来，到时候您又如何证明自己的清白？愿大王深思。"

杨秀听完，虽然心里有些忧惧，但还是赖着不走。

不出源师所料，当年七月，杨坚就下了一道调令，把原州（今宁夏固原市）总管独孤楷调任益州（今四川成都市）总管，接替杨秀。独孤楷到任后，苦口婆心地劝杨秀赶紧回朝，以免天子震怒。杨秀又犹豫了很久，最后才不情不愿地踏上了回京之路。

独孤楷知道杨秀随时可能反悔，所以杨秀刚出城门，他就下令守军高度戒备，以防杨秀杀回马枪。

独孤楷所料没错，杨秀才走出四十多里路，就越想越不甘心，准备回头攻击独孤楷，可派出探子打探了一下，才知道守军早已严阵以待，遂打消了攻城的念头，灰溜溜地走了。

十月，杨秀回到长安，杨坚召见了他，但从头到尾不跟他说半句话。次日，杨坚才派出使臣，把杨秀骂了个狗血喷头。杨秀慌忙入宫，向杨坚谢罪。杨广也赶紧装模作样地叫上其他亲王，陪着杨秀一块跪在殿庭上，还一把鼻涕一把泪地帮杨秀说好话，乞求皇上原谅。

杨坚痛心地说："前不久，秦王因为生活奢侈靡费，被我废为庶民（杨俊于开皇十七年因'好奢侈，违越制度'被废，于开皇二十年抑郁而终），这是我以父亲之道在教训他；如今，杨秀僭越犯上，残害百姓，我只能以君王之道将他绳之以法。"于是把杨秀交给了司法部门。

旁边一个叫庆整的朝臣赶紧劝谏："前太子杨勇已废，秦王杨俊已故，陛下的儿子并不多，何苦严厉到这个地步。蜀王性情耿介，若遭重责，恐怕会想不开，臣担心会出意外。"

杨坚大怒，当场就打算把这个庆整的舌头割了，群臣纷纷劝谏才作罢。但是，杨坚余怒未消，又狠狠地对百官说："我看应该把杨秀拉到街市上斩首，以谢百姓！"

当然了，这只是气话。杨坚随即下令，由杨素专门负责对杨秀的调查审理工作。

杨广为了把杨秀置于死地，就暗中命人制造了两个木偶，将木偶缚手钉心，披枷戴锁，一个写上杨坚的名字，一个写上杨谅，另外又在一张纸条上写着："请西岳（华山）慈父圣母，发神兵收捕杨坚、杨谅的生魂，就照如此形状，不要让他们挣脱。"然后把木偶和纸条一起埋在华山脚下，最后又让杨素把它们挖出来，声称这一切都是杨秀所为。

此外，在杨广的授意下，杨素又指控杨秀"妄述图谶"。所谓图谶，是指与政治有关的预言书，古代很流行这样的东西，尤其是改朝换代的时候，民间通常会有谶语流传，也就是用一种很隐晦的方式，预言将来会有什么样的政治变动，以及会有一个什么什么样的人当皇帝之类的。据杨素称，杨秀乱引图谶，扬言京师将出现"妖异"，只有蜀地最吉祥，还撰写了一篇檄文，里头有"指定时间，兴师问罪"等语。

杨素就这样鼓捣出了一大堆杨秀谋反的证据，然后一并呈给了杨坚。

杨坚大为震骇，难以置信地说："天下还有这种事？"

仁寿二年（602）十二月，杨坚正式下诏，把蜀王杨秀废为庶人，囚禁在宫中，不让他和老婆孩子见面，同时还株连了一百多个与杨秀有瓜葛的官员。

隋文帝晚年的"太子废立"和"蜀王被废"事件，虽然幕后的总策划是杨广，但现场操盘手杨素无疑在其中发挥了至关重要的作用。此时的杨素官居尚书左仆射，本来就是隋帝国一人之下、万人之上的人物，如今又接连废掉了一个太子和一个亲王，其权势和威望更是达到了人臣的极点。

史称，经过这场前所未有的政治变局，杨素家族已经毋庸置疑地成为隋朝家族排行榜上的 Top.1。除了权势熏天的杨素本人之外，他的弟弟杨约、叔父杨文思、杨文纪，族叔杨忌等人，"并为尚书、列卿"；杨素的那些儿子如杨玄感、杨玄纵等人，对帝国"无汗马之劳"，也一个个"位至柱国、刺史"。

自古以来，权力与金钱就是一对孪生兄弟。有了权，钱自然就跟着来了。杨素家族的资产,在当时无人可以匹敌:从京师到全国各大城市,到处都有他们的酒店、客栈、商埠、磨坊、田园、豪宅;杨素府上的仆从用人,多达数千,姬妾也是数以千计;宰相府的建筑规模异常庞大,设施装潢也极尽奢华,其整体规格几乎可与皇宫媲美。

杨素家的亲戚朋友,一个个位居显要,胆敢得罪他们的,都会遭到贬谪诛杀,而只要你能找关系攀上杨家人,就算什么本事都没有,也照样得到提拔。满朝文武见了杨素,无不腰弯腿软、靡然景从。当时,举国上下,敢跟杨素叫板的,只有御史柳彧、尚书右丞李纲、大理卿梁毗等寥寥数人。

其中,尤以梁毗最为生猛,是唯一一个敢豁出命来跟杨素 PK 的人。

蜀王杨秀被废不久,梁毗就对杨素的专权跋扈深为痛恨,遂向杨坚呈上了一道密奏,说:"古人有言,人臣不可以作威作福,否则不但会害你(皇帝)的家,还会败你的国。臣发现左仆射、越国公杨素,宠幸日隆,权势日重,朝野上下皆惟其马首是瞻;忤逆者遭殃,攀附者拔擢;所交结的都不是忠义之士,所提升的都是亲朋故旧;党羽遍布朝野,势力跨州连县。四海承平之时,或许没有问题,一旦天下动荡,必成大祸根源。"

密奏的最后,梁毗又把杨素说成"奸臣",还拿他比附王莽,劝杨坚吸取历史教训,对杨素采取行动。

杨坚当时正宠着杨素,当然听不进去,随即逮捕梁毗,并亲自审问。梁毗视死如归,大声说:"杨素擅宠弄权,在朝时陷害忠良、徇私枉法、出兵在外时,也肆意杀戮将士,残忍无道。太子、蜀王被废之日,百官无不震悚,唯独杨素眉飞色舞,喜形于色,把国家的灾难当成了他的幸运。如此大奸大恶之人,陛下岂能容忍?"

听完梁毗这番话,杨坚顿时陷入了沉默。

最后,杨坚下令释放了梁毗。

无论杨坚如何器重和信任杨素,梁毗之言还是撩动了他那根极端敏感的猜忌神经。这些年来,满朝的功臣元勋几乎都被杨坚猜忌过一遍了,如今这个权倾朝野、荣宠无匹的杨素,当然也不可能是个例外。

随后的日子,杨坚便开始疏远杨素了,不久又下了道诏令,宣布杨素身为国之宰辅,劳苦功高,特准他不必亲自处理日常政务,只需每三五天来一次朝堂,讨论决定一些大事即可。同日，杨约也被外放为伊州（今河南汝州市）刺史。

杨坚对付杨素的手法，正是典型的"外示优崇，实夺之权"。

从这一刻开始，直到杨坚去世，杨素始终坐在冷板凳上，再也无权参与任何朝廷大政。可以想象，假如杨坚多活几年，杨素肯定不会有好日子过，最后的下场很可能跟那些被贬被杀的元勋功臣没什么两样。

然而，当时间走到仁寿四年（604），杨坚的生命也随之走到了尽头。

这一年正月，杨坚准备前往仁寿宫，宫廷术士章仇太翼预感到杨坚此行不祥，便极力劝阻，可杨坚不听。章仇太翼最后只好说："陛下这一去，恐怕就回不来了！"

杨坚勃然大怒。

好你个妖言惑众的章仇太翼，居然敢当面诅咒堂堂的大隋天子，简直是活腻了！

随后，杨坚按照原计划出发。临出发前，把章仇太翼扔进了监狱，准备等回京之后再把他砍了。

杨坚到仁寿宫后，前面的三个月一直住得好好的，可是到了四月份，当天气逐渐转热的时候，杨坚突然病倒了，而且此病来势汹汹，令所有人都深感意外。

七月，杨坚病情加重，预感到时日无多，终于想起术士章仇太翼的预言，便命在长安监国的太子杨广将其释放。

同年七月十三日，杨坚病逝于仁寿宫大宝殿，终年六十四岁。

盖棺论定之际，后世史家大致给了杨坚功过七三开的评价。

关于功绩，司马光在《资治通鉴》中称："高祖性严重，令行禁止，勤于政事。每旦听朝，日昃忘倦。虽啬于财，至于赏赐有功，即无所爱；将士战没，必加优赏，仍遣使者劳问其家。爱养百姓，劝课农桑，轻徭薄赋。其自奉养，务为俭素，乘舆御物，故弊者随令补用；自非享宴，所食不过一肉；后宫皆服浣濯之衣。天下化之，开皇、仁寿之间，丈夫率衣绢布，不服绫绮，装带不过铜铁骨角，无金玉之饰。故衣食滋殖，仓库盈溢。受禅之初，民户不满四百万，末年，逾八百九十万，独冀州已一百万户。"

杨坚生性严肃稳重，治理国家始终能做到令行禁止，勤于政事。每天一早就主持朝会，直到过了中午都不知疲倦。虽然对钱财很吝啬，可是赏赐功臣的时候，却毫不吝惜；对阵亡将士，必厚加抚恤，并派使臣慰问家属。爱护百姓，鼓励衣桑，轻徭薄赋。自己的生活非常朴素，所有御用物品，破旧之后，仍修修补补继续使用；除了宴会之外，平时用餐，不过一盘肉而已；后宫嫔妃的衣服，也都洗了再洗，穿了又穿。天下皆受此俭朴之风的影响，从开皇到仁寿年间，民间的男子大多都穿丝麻织物，不穿绸缎，装饰品也不过是一些铜铁、兽骨、兽角之类的，没有金银珠宝。所以在杨坚治下，百姓丰衣足食，国家府库充盈。隋朝建国时，天下户口还不到四百万户，到了仁寿末年，已超过八百九十万户，其中仅冀州（今河北省中南部）人口就多达一百万户。

关于过失，司马光称："然猜忌苛察，信受谗言，功臣故旧，无始终保全者；乃至子弟，皆如仇敌，此其所短也。"

然而，杨坚猜忌苛察，听信谗言，所以功臣元勋，几乎都不得善终；对自己的儿子，也都视为仇敌，这是他的缺陷。

司马光的上述评价，基本上完全参考魏徵编撰的《隋书》，而《隋书》成书的时间，与杨坚在世的时间相隔很短，所以其中依据的史料和观点，基本上可以代表当时真实的社会舆论，也足以代表时人对杨坚的总体看法。

所以，上面这个功过总结，可以视为对隋文帝杨坚在位二十四年的客观公允的评价。综观杨坚一生，他已经尽其所能地完成了一个开国之君的历史使命，通过他的勤政和俭朴积存下的雄厚国力，与历史上任何一个朝代初期相比，都可谓毫不逊色。换言之，他已经用一个漂亮的开局，为隋朝打造了一个百年老店的基础，若接班人给力的话，隋朝未尝不能成为继汉朝之后的又一个繁荣昌盛的朝代。

然而，令人遗憾的是，杨坚的接班人杨广并不给力。所以，隋朝最终也只能昙花一现，成为中国历史上著名的短命王朝之一。

仁寿四年（604）无疑是杨广生命中最重要的一个年份。因为这一年，隋帝国的最高权杖终于如愿以偿地落到了他的手上。

这一年，杨广三十六岁。十几年的刻苦修行终于为他换来了人世间最辉煌的报偿。

然而，关于杨坚之死，历来有很多传闻和记载把杨坚之死描述得既可疑又神秘，其目的无非是向人们暗示：隋文帝并非寿终正寝，而是死于一场政治阴谋；或者说，是死于一场不为外人所知的宫廷政变，而杨广被认为就是这场政变的主谋。

　　但是也有研究者认为，杨坚并非死于谋杀，而是正常死亡；所谓杨广与杨素联手发动政变、害死杨坚夺取帝位云云，并不值得采信。换言之，杨广虽然在夺嫡前后耍了很多阴谋诡计，先后废掉了太子杨勇和蜀王杨秀，但最后登基继位这件事，他还是遵照正常程序的，并未采用什么不正当手段。

二六 / 杨谅起兵

仁寿四年（604）七月二十一日，杨广在仁寿宫举行了登基大典，踌躇满志地登上了皇帝宝座。

杨素的弟弟杨约得知老皇帝崩了，大为兴奋，赶紧迫不及待地从伊州赶到了仁寿宫，觐见了新天子。杨广即刻命他返回长安，稳住朝中的局势，同时暗示他把杨勇处理掉。

杨约心领神会，立刻马不停蹄地赶回长安，假传杨坚遗诏，送给了杨勇一杯毒鸩，命他自尽。杨勇不喝，杨约干脆亲自动手，拿出一条绳子把他勒死了。随后，杨约又集合部队和文武百官，当众宣布了杨坚驾崩、新帝即位的消息。

杨广得知杨约在长安所做的一切，高兴地对杨素说："你那个弟弟，果然能当大任！"

八月初三，杨广护送杨坚灵柩回到长安。

杨广刚一回来，一贯善于拍领导马屁的天文馆馆长（太史令）袁充立刻上奏："皇帝即位，年龄刚好和尧登基的年龄相同。"言下之意，是暗示文武百官赶紧上表称贺，跟他一块拍马。礼部侍郎许善心看不惯这种丑陋的伎俩，就说："国家遭遇大丧，群臣不应称贺。"

杨广心腹、时任左卫大将军的宇文述一听，马上授意御史弹劾许善心。杨广二话不说，当即把许善心贬为给事郎，一下就把他的官秩降了两级。

得知杨坚驾崩、杨广即位的消息后，最为惶惶不安的人，莫过于杨坚第五子、时任并州总管的汉王杨谅。

这几年朝中发生的一连串大事，没有一件不让杨谅感到忧虑和惊惶：先是三哥杨俊被父皇逼死，紧接着大哥杨勇和四哥杨秀又相继被废，现在父皇又突然驾崩，大哥又死得不明不白，杨谅不免惶惑——接下来，这个可怕的二哥杨广，是不是该把屠刀架到我脖子上啦?

让杨谅在忧惧之中唯一可以自我安慰的,就是此刻他手上握有的兵权。

在五个皇子中,杨坚最宠爱的除了杨广外,就是杨谅,所以才会把他放在并州总管这个极为重要的位子上。当时,杨谅的管辖范围非常大:整个黄河以北地区,西自崤山、东至大海(包括今山西全部、河北大部及山东一部),总共有五十二个州掌握在他的手里;按照古人的说法,这一大片地盘自古就是"天下精兵处"。此外,为了防御突厥,杨坚还赋予了他"便宜从事,不拘律令"的特权。因此,从军事角度来看,杨谅并不乏与杨广博弈的资本,必要时,他完全可以豁出去跟杨广死拼。

事实上,早在杨勇、杨秀相继被废之后,深感唇亡齿寒的杨谅就已经开始未雨绸缪了。他以"突厥方强"为由上奏杨坚,要求整修武备。杨坚批准后,他就开始大举征调工兵差役,锻造兵器,招募壮勇,仅编入麾下的近卫亲兵就有数万之众。

杨谅拿突厥说事来扩充实力,本来只是个幌子,没想到突厥人后来真的打过来了,杨谅连忙出兵抵御,结果却大败而回。杨坚一怒之下,就把他麾下的八十几个将领全部解职,并发配岭南。这一下,杨谅等于被拔光了羽翼,赶紧上疏求情,说这些将领都是旧部,跟了他好多年了,念在他们劳苦功高的分儿上,求杨坚从宽发落,把他们留下来将功赎罪。

杨坚一看,心里更火,答复他说:"你身为藩王,只能老老实实遵守朝廷命令,怎么可以强调私人故旧的关系,置国家法律于不顾呢?你小子给我听好了,哪一天我不在了,你要是敢轻举妄动,太子(杨广)抓你就跟抓鸡笼里的小鸡一样容易,你那些心腹将领能顶什么用!"

杨广即位后,心里最顾忌的,也是这个拥兵据地的五弟。所以,缢杀杨勇后,他第一时间就派遣车骑将军屈突通前往并州,以杨坚遗诏的名义,征召杨谅回朝。

杨谅最担心的事情终于发生了。

他很清楚,一旦回朝,自己就像猛虎离开了深山、蛟龙离开了大海,只能变成杨广砧板上的鱼肉。所以,回还是不回,并不是一个问题。以杨谅现在的处境,除了悍然起兵,与杨广一决雌雄外,没有其他的路可走。因此,真正的问题就是：要以什么样的借口拒绝回朝，才能获得部众的理解和支持？

杨谅看着屈突通呈给他的那份杨坚遗诏，沉吟半晌，心里忽然有了主意。

他盯着屈突通，说："这份遗诏是假的。"

屈突通一愣："大王何出此言？"

杨谅冷笑："父皇当年与我有过密约，若真是他发的诏书，必在'敕'字旁边加上一个小点。你自己看看这份所谓的诏书，有那个小点吗？"

屈突通心里当然知道这份诏书的真假，但嘴上肯定是不会承认的，所以力辩不屈。杨谅懒得跟他废话，立刻命人把他驱逐出了并州。

这下子，杨谅跟新皇帝杨广就算彻底撕破脸了。接下来，这对同胞手足除了刀兵相见，再无其他选择。

形势恶化至此，杨谅麾下的文武将吏也被迫面临他们人生中最重大的抉择——是提着脑袋跟杨谅干，还是劝他低头服软、面对现实？

杨谅的副手、并州司马皇甫诞选择了后者。他涕泪横流地对杨谅说："以卑职看来，大王的兵力和资源，都不足以跟朝廷对抗，加上君臣地位已定，顺逆形势不同，就算大王兵强马壮，也难以取胜。一旦起兵，就得背上叛逆之名，到时候即便想做个平民，也不可得了。"

杨谅大怒，马上把皇甫诞扔进了监狱。

当然，也有人唯恐天下不乱，所以选择了前者。杨谅麾下的首席参议官（谘议参军）王颁（陈朝名将王僧辩之子），向来感觉自己混得很不得志，就想趁此机会出人头地，遂极力怂恿杨谅跟朝廷死磕，而且立马向杨谅提出了自己的战略设想。

他认为，杨谅现在有两个选择：一个是直捣长安，推翻杨广，夺取帝位；再一个是拥兵割据，与杨广分庭抗礼。当然，前者是积极主动的，后者是消极被动的。王颁说："大王麾下将吏，家属都在关中，如果选择主动出击，就应该以他们为主力，以迅雷不及掩耳之势，长驱南下，直入关中；若大王只是想割据北齐故地，就应大量起用关东人（指函谷关以东），他们为了保住家园妻儿，必定会为大王死战。"

杨谅左想右想，难以取舍，最后决定来个脚踩两条船：一边出兵攻击，一边巩固辖境。

出兵总是要有道义借口的。杨谅想了想，就扬言杨素谋反，而起兵的口号就是：诛杨素，清君侧。

杨谅的这两个举措，充分暴露了他的愚蠢和无能。

首先，他根本没有弄清自己起兵的战略目的到底是什么。在当时，隋朝已经建立二十多年，天下士民已经享受到了久违的统一和太平，因此人心普遍渴望安定、厌恶战乱。杨谅在这种情况下起兵，肯定是不得人心的，所以他只能孤注一掷，倾尽全力杀进关中，用最短的时间击败杨广，在天下人还没反应过来之前入主长安，夺取隋朝的统治权。这是当时摆在杨谅面前唯一的也是最佳的选择。遗憾的是杨谅却优柔寡断、首鼠两端，既希望夺取天下又想要割据一方，如此自相矛盾的做法，一来只能导致兵力分散，不利于速战速决；二来还会让麾下部众无所适从，不利于军心的稳定。

其次，杨谅以"杨素谋反"为借口起兵，显然是个很傻的主意。要知道，人家杨素当时在京城待得好好的，还是新朝首屈一指的大功臣，说这样的人会造反，恐怕连杨谅自己都不信。所以，他拿这个来说事，只能徒然成为天下人的笑柄，并且让自己的起兵完全丧失合法性。其实，杨谅当时最值得利用的借口，就应该是杨广的"弑父篡位"。任何政治斗争都是不择手段的，只要你最终能够夺取权力，到时候要捏造多少证据，把杨广抹得多黑，还不都是你一句话的事？况且，当时杨坚的死亡确实比较突然，杨谅完全可以拿这个事情大做文章，让杨广跳进黄河也洗不清。虽然天下人不一定会相信他说的话，但也不敢断言绝无此事。换言之，像这种宫闱内情历来是无法证实也无法证伪的，所以杨谅完全可以借此机会混淆视听，把水搅浑。只有这样，他才能为自己的起兵找到必要的合法性，使得正义的天平朝自己身上倾斜，从而把这场战争的性质从"犯上作乱"变成"替天行道"，最大限度地获取天下士民的同情和支持。

只可惜，杨谅没有这样的政治头脑，所以他的起兵注定只能以失败告终。

杨谅确定了"南下攻击"与"巩固辖境"并重的战略思想后，麾下的军事参议（总管府兵曹）裴文安立刻向他提交了具体的作战方略，并自告奋勇愿为南下先锋。

他说："井陉关（太行八陉之五，今河北井陉县西）以西（今山西省），完全在大王掌握之内，山东（太行山以东，今河北省）的军队，也都由我们指挥调动。卑职建议，这两个地区的兵力，应该全部动员起来，然后以部分兵力留守各地的关隘和要塞，命其根据各自的实际情况适当扩张地盘；与此同时，我们集结全部精锐，南下直扑蒲津关（今山西永济市西黄河渡口，为进入关中的必经之路），我愿充当前锋，大王率主力随后跟进，以闪电速度直趋灞上（今西安市东灞河河畔）。如此一来，咸阳以东地区必可传檄而定，而京师也必然震骇，上下猜疑，将士离心，到时候我军兵临城下，发布号令，谁敢不从！旬日之间，大事可定。"

裴文安这番设想，看上去很完美，实际上很扯淡。因为这个计划如果要成功，必须有一个前提，那就是：杨广是木头，包括隋帝国绝大部分由他掌控的将士也都是木头！

只有这个前提存在，杨谅的兵马才能像裴文安说的那样纵横驰骋，如入无人之境。

可笑的是，这终归只能是裴文安的意淫。

更为可笑的是，听完这个痴人说梦般的意淫计划，杨谅居然兴奋得不得了，随即开始调兵遣将，在东、北、南、东南、西南五个方向同时展开了行动：

东面，杨谅命大将刘建率部出井陉，控制燕赵地区。

北面，命柱国乔钟葵前往代州（今山西代县），控制后方局势，以防杨谅率主力倾巢南下时，有人从背后捅刀子。

南面，命大将余公理率部从太谷（今山西太谷县）出发，挺进河阳（今河南孟州市），控制中原局势。

东南方向，命大将綦良率部出滏口（太行八陉之四，今河北武安市西南），挺进黎阳（今河南浚县）。

西南方向，就是杨谅准备进军关中的主攻方向，命裴文安、纥单贵、王聃为前锋，南下进攻蒲州（今山西永济市），兵锋直指长安。

由于蒲州的战略地位极为重要，所以杨广早就派遣右武卫大将军丘和以刺史身份进驻蒲州，同时扼守关中门户蒲津关。

杨谅知道，若强攻蒲州，即便得手，也会付出重大伤亡，遂决定智取。裴文安等人出发前，杨谅亲自挑选了数百名精锐骑兵，让他们穿上当时妇女出行常穿的"罩面长衣"（类似于阿拉伯妇女那种蒙住头脸、长可及地的沙漠装），交给裴文安，并交代了一番。

裴文安率部进至蒲州城外，命部队在几十里外扎营，然后按照杨谅的计策，命那几百个男扮女装的骑兵径直来到蒲州城下，谎称是从杨谅的汉王府中出逃的宫女，准备回京，请求守门士卒开门放行。

守门士卒不知是计，遂打开城门。汉军突击队就此进入城中。同时，由于杨谅在蒲州经营的时间较久，跟当地一些豪强都有交情，所以早就给他们写了密信，让他们配合突击队行动。因此，突击队一进城，当地豪强便闻风而动，城中顿时陷入一片混乱。

丘和情知有变，立马逃出蒲州，一溜烟跑回了长安。

裴文安等人兵不血刃地占领了蒲州。丘和的两名副手，一个长史、一个司马均被汉军生擒。然而，正当裴文安马不停蹄地向蒲津关进发，准备一鼓作气渡过黄河时，却突然接到了杨谅的命令。

杨谅命纥单贵前往蒲津关，但任务并不是渡过黄河，而是让他烧毁渡口上的黄河大桥；命王聃为蒲州刺史，与纥单贵共同镇守蒲州；而裴文安接到的命令，却是让他即刻赶回并州，说是另有任用。

裴文安大为失望，同时深感困惑。他一回并州，便质问杨谅说："军事行动，重在诡秘神速，我们的计划本来是想出其不意，可大王既不率主力南征，现在又把我召了回来，一旦让对手部署停当，大事就完了。"

杨谅不听，当即命裴文安出任晋州（今山西临汾市）刺史，同时又派遣多位将领，分别进驻绛州（今山西新绛县）、潞州（今山西长治市）、韩州（今山西襄垣县）、泽州（今山西晋城市）。

杨谅之所以做出这一系列出人意料的举动，原因只有一个——他已经放弃南征计划，一门心思想跟杨广分灶吃饭，关起门来当土皇帝了。

没有人知道他为何突然改变主意，但这么做的后果是显而易见的：在首战告捷的大好形势下放弃进攻，转而采取消极防御的战略，就等于把战略主动权交给了对手，还给对手提供了充分部署的时间，其结果不但只能导致失败，而且只能加速灭亡。

就在裴文安等人拿下蒲州的同时，北路的乔钟葵也率部进抵代州。时任代州总管的李景拒绝听从汉王号令。乔钟葵遂命将领刘嵩对代州发起进攻，却被李景一战击斩。乔钟葵大怒，遂以三万精锐猛攻代州。但是，李景麾下的好多个文武将吏都是打防御战的高手，所以代州守军虽只有区区几千人，却打退了乔钟葵的一次又一次进攻。

二七 / 骨肉相残的悲剧

丘和丢了蒲州后，本来杨广还担心杨谅会乘胜渡河，没想到他居然又缩了回去，杨广一下就摸清了杨谅的底牌，心里大感轻蔑，遂命杨素率轻骑五千反攻蒲州。

杨素率部抵达黄河西岸，征收当地商船，在船上铺上稻草（以防人马踏上去出现脚步声），然后命将士衔枚，于深夜悄悄渡过黄河，次日拂晓对蒲州发起突然进攻。汉军被打了个猝不及防，纥单贵弃城而逃，王聃势单力薄，只好开门迎降。

随后，杨广正式任命杨素为并州道行军总管，并调集数万精锐，北上讨伐杨谅。

杨谅得到消息，立刻集结大军，准备南下介州（今山西汾阳市），迎战杨素。可是，杨谅前脚刚出城门，城内当即发生了一场兵变，令他的老巢差点倾覆。

这个发动兵变的人，就是他的大舅子、时任王府主簿（秘书长）的豆卢毓。

杨谅准备起兵时，豆卢毓跟皇甫诞一样极力反对。他苦苦劝阻，可杨谅就是不听。豆卢毓无奈地对他哥哥说："我要是单人独骑逃回京师，固然可以免祸，但这只是为自己打算，不是为国家。而今之计，只能假装顺从他，等待时机再做打算。"

当时，豆卢毓的哥哥豆卢贤在显州（今河南泌阳县）担任刺史，得知弟弟被杨谅胁迫造反，赶紧上疏杨广，说："臣的弟弟素怀志节，肯定不会追随杨谅叛乱，只是遭其胁迫，不得不假意屈从。臣愿率部出征，与豆卢毓里应外合，要拿下杨谅也不是难事。"

杨广批准。豆卢贤立刻派家人携带朝廷诏书，暗中潜入并州，与豆卢毓取得了联系。

杨谅根本没料到豆卢毓会出卖他，还以为这个大舅子回心转意了，所以南下之前，就把并州的留守大权交给了豆卢毓和一个叫朱涛的亲信。

杨谅出城后，豆卢毓马上把朱涛叫到家里，进行策反："汉王叛乱，败不旋踵，我们岂能坐等灭族，辜负国家！"不料，朱涛却是汉王的死忠分子，一听就大惊失色地说："大王把身家性命托付给我们，你怎么能说这种话！"说完拂袖而去。

豆卢毓知道现在已是箭在弦上，不得不发，遂追上去一刀砍死了朱涛，接着马上放出了被关在监狱里的皇甫诞，一边商议接下来的办法，一边命人关闭了所有城门，以防杨谅杀回来。

可是，城里毕竟还有很多杨谅的死党。所以，杨谅刚走出没多远，就有人急急忙忙地从背后赶上来，告知了他兵变的消息。杨谅又惊又怒，马上率部杀回并州城。

豆卢毓眼见大军杀回，慌忙把自己的嫡系部队拉上南门。杨谅抵达南门时，城上箭如雨下，差点把他射穿。杨谅急忙转攻西门。由于时间太过仓促，豆卢毓来不及把这里的守军换下，所以杨谅一到，城门立刻打开。

杨谅杀入城中，轻而易举地击溃了变军，并将豆卢毓和皇甫诞双双斩首。

正当并州爆发兵变的同时，杨谅派出的其他几路大军也频遭败绩。首先，东南方向的綦良一路上就没打过一场胜仗，先是进攻慈州（今河北磁县），攻不下来，只好转攻相州（今河南安阳市），又被击退，遂转进至白马渡一带，准备按原计划攻击黎阳，但此时军心已散，失败只是时间问题。

与此同时，南面的余公理部越过太行陉（太行八陉之二，今河南沁阳市北），进至须水（今河南孟州市东），在此与朝廷的右卫将军史祥进行了一场遭遇战，结果大败。史祥击溃余公理后，又乘胜攻击附近的綦良。綦良的部众风闻友军已败，人人均无斗志，遂还未接战便哗然四散。

东路军的刘建，率部围攻井陉，却久攻不下。朝廷大将李子雄率幽州步骑三万，从侧翼对刘建发起进攻，于抱犊山（今河北鹿泉市西）下将其击败，刘建不得不向西溃退。

北路，乔钟葵已包围代州一月有余。代州守军虽然奋力抵抗，但毕竟兵力悬殊，眼看城池即将失守，杨广急命朔州（今山西朔州市）刺史杨义臣驰援代州。

杨义臣接到诏书，率步骑二万连夜南下。乔钟葵得到战报，留下一部继续围困代州，亲率主力北上迎战。

杨义臣知道自己的兵力不敌汉军，便事先把军中的牛和驴子集中起来，总计数千头，然后命几百个士兵带上战鼓，把这支动物军团驱赶到山谷中，在此埋伏等待。是日傍晚，两军在山谷附近的平原展开会战，兵刃刚一相交，杨义臣便命埋伏的士兵击鼓，并把动物军团逐出山谷。霎时，战鼓如雷，尘埃蔽天，汉军以为朝廷军的兵力远胜于己，纷纷后退，旋即全线溃败。

至此，杨谅派出的所有部队悉数溃散，各个方向的战场均被朝廷军牢牢控制，割据为王的计划显然已经化成了泡影。此刻，他还能掌控的地盘，就只剩下并州及其南面的晋州、绛州、吕州（今山西霍州市）等寥寥数城了。

杨素为了早日平定杨谅，采取了非常聪明的战术。从蒲州北上后，他并不去打一路上仍由汉军占据的那些城池，而是每个城分出两千兵马，仅做象征性的包围（其目的仅是防止他们出城尾随攻击），然后率主力绕开这些城池，以惊人的速度向并州推进。

风闻杨素正迅速北上，杨谅急命大将赵子开率十几万大军，火速南下据守高壁（今山西灵石县南），连营五十里，在朝廷军面前筑起了一道铜墙铁壁。

杨素率军抵达后，马上命诸将从正面攻击汉军，然后亲率一支精锐，攀越悬崖峭壁，神不知鬼不觉地绕到了汉军大营的后方。

由于汉军兵力强大，杨素麾下将士多有怯战之心。为了激励士气，杨素便拿出了他的撒手锏，故意命部队扎营，然后让副手挑选三百人守营，其他人随他一起进攻。大家一听有守营名额，纷纷拼抢，很快就有三百个兵油子抢到了名额。那些没抢到的人当然不服，于是整个兵营吵吵嚷嚷，乱成一团。

杨素早料到会有这个场面，便把副手叫进来，诘问外面发生了什么事。副手据实禀报，杨素一声冷笑，命副手将刚才抢到名额的那三百个人就地斩首。

当三百颗脑袋全都睁着双眼滚成一堆的时候，杨素便集合部队，对着部众高声问：还有谁想留守？

这一次，他得到的回答当然是一片沉默。

杨素再问有谁愿意出战，然后就听到了所有人异口同声的回答：我！

杨素无声一笑，随即大手一挥，全军立刻像一支离弦之箭，直插汉军后背。

赵子开及其部众万万没料到朝廷军会从后面杀过来。就在他们愣神的间隙，五十里大营已经到处燃起火焰，而且四周响起隆隆的战鼓声。汉军一下子崩溃了，人人争相逃命，人马互相践踏，彻底失去了抵抗力。杨素旋即与诸将南北夹击，斩杀了数万汉军。其他侥幸未死的汉军全部逃散。

杨谅得知赵子开的十几万大军竟然一战而溃，大为恐惧，但是为了避免被包围的命运，还是硬着头皮，亲率最后的十万大军南下，在蒿泽（今山西汾阳市北）列阵抵御。

人在倒霉的时候，喝凉水都塞牙。杨谅刚刚带着部队进入战斗位置，老天就开始下雨了，还连着下了几天几夜，直把汉军上下都淋成了落汤鸡。杨谅大为沮丧，准备撤退休整。当初力劝杨谅起兵的王頍，料定汉军这一退，士气必定更为削弱，遂力阻撤兵："杨素孤军深入，士马疲敝，大王亲率精锐士卒迎战，其势必胜。如今一看到敌人便自行撤退，不但示敌以怯，而且会令军心沮丧，更增加敌军的气焰，望大王三思，万万不可撤兵。"

杨谅不听，当即把部队撤回了清源（今山西清徐县）。王頍情知大势已去，就暗暗叮嘱他儿子："事情不妙，我军必败，你一定要跟紧我。"

王頍话音刚落，杨素大军就已开始攻击清源。汉军士气低落，几乎无法组织像样的防御，杨谅不得不再次后撤，退回老巢并州。

然而，清源守不住，并州照样不保。当杨素大军将并州城团团围困时，杨谅终于绝望了，遂打开城门向杨素投降。

王頍知道自己一旦落到杨素手里，肯定会死得很难看，便带着他儿子偷偷出逃，准备投奔突厥。但是，此时并州四面的所有道路均已被朝廷军封锁，王頍父子插翅难飞。最后，王頍对他儿子说："我的谋略不亚于杨素，只因建言不被采纳，才落到今天这个地步。我绝不能束手就擒，让小人得志。我死之后，你千万不要投奔亲戚朋友。"说完当场自杀。

王頍之子东躲西藏，饿了好几天，最后实在忍不住，只好投奔亲戚朋友，旋即被告发，然后押赴并州，连同王頍的尸首一起被枭首示众。

杨谅从起兵到投降，前后还不到两个月。

杨素班师凯旋，将杨谅押回了长安。满朝文武纷纷上奏，要求将杨谅斩首。

杨广心里当然也恨不得杨谅早点死，不过他现在已经是天子了，总要表现出一点宽容的姿态。于是，杨广便用一种极度伤感的口吻对群臣说："朕现在只剩下两个兄弟了，心中实在不忍，就让朕违背一次国法，恕他一死吧。"

随后，杨广将杨谅废为庶民，开除了他的皇族属籍，并将其软禁。

死罪虽免，但杨谅这么活着，实际上比死还惨。没过多久，杨谅就一命呜呼了。至于他到底是抑郁而终，还是被杨广下了毒手，那就没人知道了。

至此，杨广四个同父同母的兄弟已经有三个不得善终，剩下最后一个杨秀虽然还苟活于世，但长期遭到软禁，已经生不如死，形同废人。

当年，隋文帝杨坚曾经不无自豪地对群臣说："前朝的天子们，大多沉溺情欲，宠幸姬妾，致使嫡子与庶子为了继承权而争斗不止，所以才有废立太子之事，以致国家危亡。朕别无姬妾，五子同母，可谓真兄弟也，怎么会有这方面的担忧呢？"

然而，就是这五个一母同胞的"真兄弟"，却上演了一幕幕骨肉相残的悲剧，这对于因"五子同母"而引以为豪的杨坚来讲，无疑是一个绝妙而无情的讽刺。

二八 / 恶之花：杨广的"大业"

仁寿四年（604）十一月，在酒池中浸泡了十多年的亡国之君陈叔宝，终于在最后一盅酒喝到一半的时候一头歪倒，结束了他荒淫糜烂的一生。

陈叔宝死后，杨广决定替他做件好事，帮他起一个谥号。虽然已经亡国了，但毕竟是一代帝王嘛，死后总要有个谥号才好。杨广认认真真地翻阅了好几遍《逸周书·谥法解》，左看右看，思前想后，最后终于帮陈叔宝挑了一个字：炀。

谥法对这个"炀"字的释义是：好内远礼曰炀，去礼远众曰炀，逆天虐民曰炀。

杨广发自内心地认为，对像陈叔宝这么一个荒淫奢侈的亡国之君而言，再也没有哪个字比"炀"更适合做他的谥号了。

充满讽刺意味的是，短短十几年后，新朝大唐皇帝李渊和他的大臣们，也是出于与杨广完全相同的理由，给了杨广"炀"字的谥号。

结果，陈叔宝得到的"炀"字并没有被后人记住，反而是杨广的"隋炀帝"谥号得以"流芳百世"。倘若杨广地下有知，不知对这个黑色幽默会做何感想？

当然，"隋炀帝"是后世的叫法，杨广给自己的定位和期许一直是——"奄吞周汉，志包宇宙"的千古一帝！

登基的第二年春天，雄心万丈的杨广就把隋朝的年号改为"大业"。

一切都已禁锢得太久，一切都已压抑得太久。从大业元年（605）起，深藏在杨广胸中多年的野心、梦想、激情、欲望，就像严冬过后突然解冻的河流，又像春天枝头瞬间绽开的蓓蕾一样，开始在满目春光的天地之间奔涌和怒放……

杨广坚信，自己很快就能成就一番彪炳日月、照耀千古的皇皇帝业！

大业元年（605）三月十七日，杨广下诏，命尚书令杨素、纳言杨达、将作大匠宇文恺，负责营建东京洛阳。这是隋朝开国以来规模最大的工程。诏令一下，每月投入的工匠民夫就多达二百万人；大江南北的良材美石纷纷运抵洛阳，用以修建显仁宫；此外，还广泛搜罗四海之内的嘉木奇卉、珍禽异兽，以装点宫苑园林。同时，杨广还下令，工程竣工后，洛阳郊区及天下各州的数万户富商大贾必须迁居洛阳，以充实户口，繁荣东京。

就在东京工程破土动工仅四天之后，开凿大运河的命令也随即发布。

杨广命尚书右丞皇甫议，征调河南、淮北各州的男女民工一百多万人，开始夜以继日地开凿"通济渠"。这条运河全长一千一百公里，连接黄河、淮河与长江：起点是洛阳西苑，引导谷水、洛水注入黄河，再从板渚（今河南荥阳市北）引导黄河水，经荥泽（今河南郑州市西北）注入汴河，继而又从大梁（今河南开封市）东面引导汴水进入泗水，汇入淮河；同时又征调淮南民工十几万人浚通古邗沟，再从山阳（今江苏淮安市）引淮水南下，至扬子（今江苏扬州市南长江渡口）注入长江。

位于淮南的这最后一段造得最为壮观：渠水宽约四十步，两岸修筑御道，遍植杨柳。开凿运河的同时，杨广还下令修建了四十多座行宫，分布在从长安到江都（今江苏扬州市）的运河两岸。

开凿大运河的命令刚刚发布九天之后，杨广再命黄门侍郎王弘等人前往江南，负责制造大型龙舟及黄龙、赤舰、楼船等各种船舶数万艘。

大业元年（605）五月，豪华的洛阳西苑开始兴建。此苑方圆二百里，里面开凿方圆十余里的人工海；人工海上筑有蓬莱、方丈、瀛州三座"仙山"，高出水面一百余尺，山上的亭台楼阁星罗棋布。苑北有龙鳞渠，蜿蜒曲折注入人工海。沿龙鳞渠两侧筑有十六座离宫别院，宫门正对波光粼粼的渠水。每院各由一位四品夫人负责管理。十六院中，堂殿楼观鳞次栉比，极尽奢靡华丽之能事。

西苑建成之后，每逢秋冬时节，苑中树叶凋零，十六院的夫人就命人用绿色的绸缎剪成树叶形状，点缀在枝头上，一旦褪色，立即更换，所以西苑中一年四季都恍如春天。每当杨广驾临之时，十六院就争相以美酒佳肴博取天子宠幸。杨广总是喜欢在有月亮的晚上，与数千名花枝招展的宫女畅游西苑，并亲自谱写《清夜游曲》进行演奏。

大业元年（605）八月，杨广开始南巡，从洛阳的显仁宫出发前往江都。杨广所乘坐的龙舟高四十五尺，长两百尺，上有四层。最上层有皇帝接见百官的"正殿",有供皇帝休憩的"内殿",有供百官办公用的"朝堂";中间两层共有房间一百二十个,皆用黄金璧玉装饰;下层供宦官宫女居住。皇后萧氏所乘坐的称为"翔螭",规模比龙舟略小,但装饰毫无二致。其余供后宫、诸王、公主、百官、僧道、外宾乘坐的各种船舶有数千艘,供禁军官兵乘坐以及装载各种物资的还有数千艘。军队船只由士兵自己拉纤,不配民夫,可即便如此,总共动用的拉纤民夫还是多达八万余人。

这支规模空前的盛大船队首尾相接二百余里,骑兵在两岸护行,水陆各色旌旗迎风招展,与壮丽的山川交相辉映。船队所经州县,五百里范围内的各级官府都要进贡食品,有的州甚至动用了一百辆牛车来装载和运送。各地所献均为精美昂贵的山珍海味,可每次起程之前,还是有大量吃不完的食物被抛弃和掩埋。

隋文帝杨坚一生克勤克俭,好不容易积攒下的国力、财力和民力,就这样被杨广恣意地挥霍着。这个一向以恭谨自持、审慎克己著称的杨广,仿佛在一夜之间就变成了另外一个人。

一道接一道的政令,让隋帝国的各级官吏应接不暇。

一个比一个规模更大的工程,让数以百万计的民众疲于奔命。

一次比一次更豪奢的出手,让天下人心惊胆战、目瞪口呆。

原来,这才是真实的杨广!

二十年的克制和隐忍,终于在一夜之间引发了激情的泛滥和欲望的井喷。

差不多从这个时候起,杨广就被历代史家贴上了"好大喜功""穷奢极欲""荒淫无道"的标签,并最终被牢牢钉在了历史的耻辱柱上。

可是,在杨广自己的心目中,他的所作所为并不能被简单理解为激情的泛滥和欲望的井喷。因为,在他心中,很早就埋藏着许多远大的政治理想和宏伟的盛世蓝图。一旦君临天下,他必然会不惜一切代价地让它们成为现实。

首先,让我们来看看,杨广为什么要营建东京洛阳,并使其取代长安成为隋帝国新的政治中心。

关于这个问题,《资治通鉴》给出的答案是:杨广听信了术士之言和民间流传的谶语。

据《资治通鉴》记载,杨广刚登基不久,术士章仇太翼便向他进言:"陛下的命属木，而雍州（京畿长安）地处破木之冲，不宜久居；且谶语有言：'重建洛阳，恢复晋朝之天下！'"

据说此言立刻打动了杨广，于是他几天后便下诏营建东京。

然而，作为御极之初第一项重大的政治举措，杨广耗费无数人力、财力、物力重建一个新洛阳，难道仅仅是因为章仇太翼的一句话吗？

答案是否定的。

前文已述，隋文帝在位期间，虽然在疆域上实现了天下一统，但是北方与南方事实上仍然是貌合神离。毕竟南北两地已经分裂隔绝了三百年，历史刻下的伤口虽然已经停止了流血，但是横亘在它们之间的那道无形而巨大的裂痕，难以在短时间内被表面的统一所弥合。这种裂痕不可避免地表现在政治、经济、文化以及社会风尚、民间习俗等各个方面，严重削弱了一个统一国家所应具有的凝聚力和稳定性。而京师长安则地处帝国的西北一隅，"关河悬远，兵不赴急"，一旦山东（崤山以东）或江南地区发生叛乱，等到中央得到消息做出反应时，不但已经贻误了战机，而且地方上很可能已经遭到破坏。

所以，为了加强中央政府对四方疆域尤其是江南地区的控制，为了南北两地能够消除历史隔阂，完成从形式到精神的真正统一，在地处南北接合部的洛阳营建一座新都，把帝国的权力中枢从西北一隅迁移到中原地区，就是势在必行之举，更是隋帝国的长治久安之计。一旦迁都洛阳，则"控以三河，固以四塞，水陆通，贡赋等"，不但在政治上意义重大，而且对促进南北地区的经济和文化交融也有深远的作用和影响。

职是之故，杨广才会在营建东京的诏书中称："我有隋之始，便欲创兹怀、洛，日复一日，越暨于今。念兹在兹，兴言感哽！朕肃膺宝历、纂临万邦，遵而不失，心奉先志！"（《隋书·炀帝纪》）

这段话的意思是："有隋一朝自肇始之日起，便欲以河、洛地区为创业之地，日复一日，直至于今。由于长久思虑挂念此事，所以一讲起来就令人激动哽咽！朕敬承大宝、君临万邦，一意遵行而不忘却，一心奉行先帝之志！"

说迁都洛阳是杨坚的遗志，固然不足为凭，但我们起码可以从杨广的自我表白中看出一点，那就是——营建东京、迁都洛阳是他长久以来深思熟虑的一个政治构想和战略决策，绝非听信术士之言的结果，更不是一时心血来潮的产物。

而"开凿大运河"与"迁都洛阳"一样，也是杨广包罗宏富的战略构想中至关重要的一个有机部分。

继大业元年（605）开凿"通济渠"后，杨广又于大业四年（608）下令开凿"永济渠"。这第二期工程同样征调了河北诸郡的一百多万名民工，先疏浚沁水下游，使之与黄河贯通，再利用一些天然河道北上直贯涿郡（今北京），全长一千公里。

大业六年（610），大运河的第三期工程"江南河"又破土动工。以京口（今江苏镇江）为起点，引长江水经太湖流域，直达余杭（今浙江杭州），入钱唐江，全长四百多公里。

至此，这条全长两千五百多公里的大运河，终于完整地出现在了世人面前。

对杨广来讲，这是一项空前绝后的创举，也是一件震古烁今的杰作。

可是，对数百万名承担开凿工作的民工而言，这却是一条榨干他们血汗甚至剥夺了他们生命的血泪河，是一根吸尽大江南北民脂民膏的吸血管。

对隋帝国而言，这是一条贯穿南北的经济大动脉，一条弥合历史裂痕的文化纽带，一条造福后人、利益万世的黄金水道。

而对今天的我们来说，这既是让人惊叹的历史奇迹、是一笔丰厚的文化遗产，也是隋炀帝逆天虐民、施行暴政的一个有力证据和直观说明……

大运河似乎什么都是，可它似乎什么也不是。

如果我们执意要追问：大运河到底是什么？杨广开辟大运河到底是功是过？那么，首先我们不得不承认，大运河确实是关乎当时社稷民生的一项重大的基础设施建设。"通济渠""永济渠""江南河"，加上隋文帝时期开辟的"广通渠"，地跨南北，横贯东西，沟通了渭水、黄河、淮河、长江四大流域的航运。其全线开通之后，"商旅往还，船乘不绝"（《旧唐书·李勣传》），极大地便利了民众往来，商业流通和国家漕运，推动了南方地区的城市开发，繁荣了社会经济，同时促进了南北两地的文化融合。唐人皮日休在《汴河铭》中说："北通涿郡之渔商、南运江都之转输，其为利也博哉！"

然而，毋庸讳言，这一切都是建立在百万民工的累累白骨之上的。大运河的三期工程，包括营建东京的工程，所征调的数百万民工全部是无偿劳动，男丁不够就征调妇女充役。面对官府强加在他们头上的劳役，百姓们被迫放弃田间生产，背井离乡，抛家弃子，奔赴千里之外的工地。而杨广对工程完工的期限又定得很紧。各级官吏为了自己的政绩，就必须如期甚至提前完成责任内的工程量。所以他们往往不顾民工死活，调动一切手段迫使他们长时间、超负荷地工作。如果民工们忍受不了这种劳动强度，等待他们的只有鞭子和拳脚。

体能的严重透支，伙食和工作条件的恶劣，医疗和劳保措施的缺位，共同导致了大量民工的死亡。一群又一群汗尽血干的民工，就这么倒在了自己挖掘的沟渠内。据《资治通鉴》称："官吏督役严急，役丁死者十四五，所司以车载死丁……相望于道。"《隋书·食货志》称："僵仆而毙者十四五。"

唐朝的皮日休说："尽道隋亡为此河，至今千里赖通波。"皮日休是矛盾的。

明朝的于慎行说，隋炀帝"为后世开万世之利，可谓不仁而有功矣！"于慎行也是矛盾的。

秦始皇修建的万里长城，隋炀帝开凿的大运河，都成了我们这个民族乃至全世界不可多得的文化遗产，而秦始皇与隋炀帝也无一例外地成了"暴君"与"独夫"的代名词。

"隋朝在中国历史上所起的作用，同大约早四个世纪的秦朝一样。两者都在经历长期的混乱之后，重新统一了中国，然后，都为中国的发展做出了十分重要的贡献。……秦朝统治者的伟大贡献是：统一全中国，修建公路和开挖运河，修筑长城，统一度量衡，统一文字，扩大并巩固疆土。隋朝统治者的成就与此非常相似，且同样穷极民力财力。他们重建部分失修的万里长城，开挖后被称为'大运河'的庞大的运河系统的主要河段。这一大运河满足了将已成为全国经济中心的长江流域同仍是政治中心的北方连接起来的迫切需要，但为此付出的财产和生命的代价是十分昂贵的。……此项工程的发起者隋炀帝虽使他的朝代缩短了许多年，但给子孙万代却带来莫大的好处。他虽实行暴政，但其统治将被认为具有不朽的功绩。"（斯塔夫里阿诺斯《中国通史》）

二九 / 经略四夷：大国的虚荣（上）

从大业元年到大业七年（605—611）间，杨广除了在内政上完成一系列重大举措外，又把自信的目光投向了八荒四夷，以雷霆万钧之势展开了一连串对外扩张和强势外交。

早在隋文帝杨坚在位期间，便有许多朝臣纷纷传言，说南边的林邑王国（今越南中南部）盛产奇珍异宝，杨广当时就动了心思。即位后，他自然就把林邑列为第一个征服对象了。

大业元年（605）正月，交州道行军总管刘方刚刚平定交州（今越南河内市东北）叛乱，杨广便命他乘胜南下，征服林邑。刘方旋即兵分两路，命大将宁长真率步骑一万，从越裳（今越南甘禄县）出发，自陆路进攻林邑，自己则亲率舰队，从比景（今越南笋河河口）入海，渡海包抄攻击。

林邑国王梵志闻报，立刻派军扼守各处险要。刘方率部登陆后，一路势如破竹，击溃了沿途的守军，并越过阇黎江（今地不详），兵锋直指林邑都城典冲（今越南茶荞城）。

梵志大为惊骇，慌忙出动自己的王牌军——大象部队。

在冷兵器时代，大象部队就相当于今天的装甲部队，其强大的杀伤力是普通的步骑兵无法比拟的。刘方的部队一遇上这个兵种，顿时吃了大亏。刘方想了好几天，终于找到了应对的战术。他命部下大量挖掘深坑，在坑上覆盖树枝杂草，然后主动向林邑军挑战。等到双方接战后，刘方就伪装败北，将大象部队诱入了遍地深坑的包围圈。

结果，那些庞然大物纷纷坠入坑中，四周埋伏的隋军遂一跃而出，纷纷放箭，将坑中的大象射杀。而那些侥幸没有坠坑的大象，则惊慌奔逃，反而冲乱了自己的军阵，踩死了很多士兵。刘方乘机挥师反攻，大败林邑军，俘虏了一万多人。

此后，刘方连战连捷，迅速向纵深挺进，通过八天的急行军，进抵林邑都城。梵志不敢恋战，弃城渡海而逃。当年四月，刘方进入典冲，缴获林邑宗庙里用黄金铸造的牌位十八个，并勒石记功，然后班师凯旋。

同年八月，隋朝刚刚征服林邑不久，东北边境传来战报，称契丹入寇营州（今辽宁朝阳市）。杨广大怒，即命正在东突厥启民可汗处巡视的文臣韦云起（时任通事谒者，从六品），就地征调突厥部队讨伐契丹。启民接到诏书，立刻调拨了两万精锐骑兵，交给韦云起指挥。

韦云起是个地地道道的文臣，这辈子根本没打过仗，可这次面对的是穷凶极恶的契丹人，这仗要他怎么打？更糟糕的是，启民交给他的这两万突厥人马，表面上说是受他指挥，可心里压根儿就瞧不起他。因为突厥人自由散漫惯了，就算是个武将来带他们，也不见得能带得动，何况还是个从没上过战场的文人！

可是，这些桀骜不驯、重武轻文的突厥人很快就会发现，他们大错特错了——以为只有武将才能带兵，而文人只能动动嘴皮子、摇摇笔杆子的想法，绝对是一种错误！

韦云起临危受命后，立刻把这两万突厥兵分成了二十个营，每个营一千人，兵分四路，同时进发。韦云起下令，各营之间相距一里，不准交错混乱，听到鼓声就前进，听到号角就停止，并特别强调，除非奉有军令，否则扎营之时，不准任何人在营中骑马奔驰。

颁布完号令，韦云起又命传令兵在各营中反复宣布了好几遍，直到三令五申之后，才击鼓出发。

对于这些号令，突厥人当然是当成了耳旁风，所以队伍第一天扎营，就有一个低级军官故意骑着马在营里纵横驰骋。韦云起二话不说，把人抓过来咔嚓一刀就砍了，并让传令兵把人头拿到各营示众。

全军上下顿时全部傻眼。

他们这才知道，这个叫韦云起的家伙不是吃素的。随后，所有突厥将领凡是参见韦云起时，皆跪地而行，浑身颤抖，连抬头看一眼都不敢。

韦云起的威信就此建立。两万精锐骑兵迅速进抵契丹辖境。由于契丹部落历来受突厥管辖，所以看到突厥大军突然来到，他们并不惊讶，更没有防备。韦云起命一个突厥将领去见契丹人，扬言要前往柳城（营州治所），跟高丽人进行贸易，所以要跟他们借个道。

契丹人当然满口答应。

为确保行动的隐秘性，韦云起对所有将士下令：胆敢泄露此次出征任务者，杀无赦！

现在，只要是韦云起的命令，绝对是没人敢违背了。随后，大军如入无人之境，推进到契丹大营的五十里外，然后迅速发起闪电攻击。契丹人猝不及防，稍作抵抗后便缴械投降。突厥军共俘获契丹男女四万余人、牲畜不计其数。韦云起下令，将其中的男人全部斩首，然后把一半妇女和一半牲畜赐给突厥人，将剩下的全部带回长安。

韦云起身为文臣，受命于危难之际，不但不辱使命，而且在没有动用隋朝一兵一卒的情况下，就轻而易举地平定了契丹，几乎可以说是创造了一个奇迹。杨广大喜，马上召集文武百官，说："韦云起用突厥军队平定契丹，堪称文武全才，朕今日亲自举荐他。"随即将韦云起擢升为侍御史（从五品）。

隋文帝一朝，在外交战略方面最有建树、功勋最大的人，非长孙晟莫属。然而，到了隋炀帝一朝，长孙晟的风头就被裴矩抢光了。

自从开皇十三年（593）自告奋勇出使突厥起，裴矩开始在隋帝国的外交领域崭露头角。大业三年（607），时任吏部侍郎的裴矩又奉杨广之命，负责掌管西域诸国与隋朝的贸易。从此，裴矩便成了隋帝国外交舞台上最惹眼的人物，并成为隋朝交通西域的第一人。

当时，西域诸国与隋朝的贸易活动主要集中在张掖（今甘肃张掖市）。裴矩知道杨广好大喜功，很看重隋朝的国际影响力，就在张掖设立了一个部门，专门采访那些来此贸易的外国人，仔细询问他们国家的山川地形、风俗民情，以及服饰文化，等等，然后精心编撰了一本《西域图记》，详细介绍了西域的四十四个国家，并专程回朝呈给了杨广。

此外，裴矩还命专家根据采访所得的资料，绘制了一幅具有重要价值的地图。该地图起于敦煌，西至地中海（当时称西海），东西距离长达两万里，几乎横贯欧亚大陆。裴矩不仅在其中标明了各国的关隘要冲，而且详细绘出了从隋朝前往地中海的三条交通线：

北路，从伊吾（今新疆哈密市）出发，沿天山山脉，过西突厥王庭，然后穿过罗马帝国，抵达地中海；中路，从高昌（今新疆吐鲁番市东）出发，经焉耆、龟兹、疏勒等国，越过葱岭（帕米尔高原），再经康国、安国等地（今乌兹别克斯坦），然后穿过波斯王国，抵达地中海；南路，从鄯善（今新疆若羌县）出发，经于阗，过葱岭，再经吐火罗（今阿富汗），入北婆罗门王国（今巴基斯坦），然后穿过天竺（今印度），从海路抵达地中海。

在献上书和地图的同时，裴矩还呈上一道奏疏，说："如今，以我隋帝国之威德，加上将士的骁勇，过大漠、越昆仑皆易如反掌。问题在于，西突厥（今新疆北部及中亚东部）与吐谷浑（今青海）分别控制羌、胡等国，将我国交通西域的线路拦腰切断，故而西域诸国朝贡不通。而今，西域商人东来，无不向我大隋暗表忠心，引颈翘首，愿为臣藩之国。若我国遣使招抚，不需动用武力，西域诸国都会归附，而西突厥和吐谷浑更可从容消灭。统一戎狄与华夏的时机，看来已经成熟！"

见到裴矩的工作如此卓有成效，杨广大喜过望，当即赏赐绸缎五百匹，并天天命裴矩上殿，坐在御榻旁边，亲口询问西域诸国的各种情形。裴矩对答如流，并极力强调："西域诸国多有奇珍异宝，而吐谷浑也很容易被征服。"

杨广闻言，顿时怦然心动，"慨然慕秦皇、汉武之功"，立刻擢升裴矩为黄门侍郎，并把交通西域、经略四夷的任务交给了他，然后命他再赴张掖，用一切手段招抚西域诸国。

裴矩殚精竭虑地做了那么多工作，又是编书又是画地图，为的当然就是得到这个足以令他享誉天下、名垂青史的任务，所以欣然接受。

平心而论，裴矩所做的上述工作，在中国古代的对外交通史上确实具有重大意义，而他随后展开的一系列对外扩张和外交行动，也对当时的隋朝做出了不小的贡献。从这个意义上说，作为有隋一朝的"外交双雄"之一，裴矩的影响力甚至比长孙晟还要大，颇有青出于蓝、后来居上之势。

然而，遗憾的是，无论裴矩创造了多么辉煌的历史功绩，都难掩其代价的沉重与高昂。当初长孙晟经略漠北、削弱突厥，基本上全凭纵横捭阖的智慧与谋略，只是在必要的情况下，才对外输送一些利益，但由此换来的回报巨大而深远。反观裴矩的外交战略，几乎从一开始就走上了一条与长孙晟完全不同的道路："引致诸胡，啖之以利，劝令入朝。"

说白了，就是四个字——金钱外交。

裴矩的手法，就是用巨额金钱去购买那些小国对中国表面上的尊敬和名义上的效忠。这种做法，貌似缔造了一个万邦来朝的盛世，实际上却是在浪费纳税人的金钱，甚至是在透支一个国家的未来，其弊端是显而易见的。

尽管最终将这种外交政策付诸实行的人是决策者杨广，但裴矩作为首倡者和执行者，显然也难辞其咎。事实上，裴矩积极争取并展开外交活动的初衷，本来就是为了迎合好大喜功的杨广，同时也是为了博取自己的政绩和声誉。因此，只要能达到"招抚西域"、粉饰太平的目的，不管付出多少代价，裴矩和杨广一样都在所不惜。

关于这么做的代价和后果，司马光在《资治通鉴》中做了这样的记载：

"自是，西域诸胡往来相继，所经郡县，疲于迎送，靡费以万万计，卒令中国疲敝以至于亡，皆矩之倡导也。"（《资治通鉴》卷一八○）

"自西京诸县及西北诸郡，皆转输塞外，每岁巨亿万计；经途涉险及遇寇钞，人畜死亡不达者，郡县征破其家。由是百姓失业，西方先困矣。"（《资治通鉴》卷一八一）

综合这两段记载，大意就是，自从裴矩对西域诸国展开金钱外交（啖之以利）之后，西京长安所属各县，以及西北各郡的财税收入，全都要输送到塞外，每年以亿万计。由于路途遥远，地势险恶，沿途经常遭到盗匪洗劫，民夫和牛马往往在中途死亡，不能抵达目的地。而郡县政府则把责任推到百姓头上，实施严厉惩罚，致使很多百姓家破人亡。从此，许多百姓纷纷逃离家园，放弃农业生产，隋帝国的西部地区首先陷入了贫困。

除此之外，各国商人频频来往于西域与长安之间，所经郡县，各地方政府无不疲于应付，招待费用数以亿计，终于使得隋帝国的人力、财力、物力逐渐枯竭，进而导致灭亡。

这一切，归根结底都是始作俑者裴矩惹的祸。

不难看出，司马光把隋朝国力衰竭以致最终灭亡的责任全部归咎于这种"金钱外交"，肯定是失之武断的，而将其全部归咎于"裴矩的倡导"，则更是以偏概

・二九／经略四夷：大国的虚荣（上）・

全,显然不够公允。但无论如何,司马光的说法至少有一点是对的,那就是——一针见血地指出了杨广与裴矩这种外交战略的实质。

这种实质是什么?

一言以蔽之,就是"大国的虚荣"。

综观杨坚与杨广、长孙晟与裴矩、文帝一朝与炀帝一朝在外交战略上的差异,我们可以用最简单的两个词来概括,前者是"务实",后者是"务虚"。虽然务虚的事情表面看上去往往更有光环,也更值得炫耀,但到头来,人家务实者收获的是实打实的利益,可务虚者收获的,却只能是一个徒有其表、吹弹可破的"盛世肥皂泡",或者只是一个金玉其外、败絮其中的"虚胖的大国"。

三十 / 经略四夷：大国的虚荣（下）

人历来都有盛世情结，具体的原因我们不得而知，但有一点是肯定的，那就是——大多数时候，人过得太苦了，所以腰包稍稍鼓一点，就会赶紧闹点大的动静出来，生怕左邻右舍不知道咱发达了。

说白了，这就是暴发户心态在作祟。

杨广虽然是个如假包换的龙种，而且是个货真价实的"富二代"，但就冲着他追求"大国虚荣"的那个劲儿，我们就不难看出，在骨子里头，他其实还是缺乏贵族气质，终究只是个暴发户。

要看清杨广如何打肿脸充胖子地追求大国虚荣，下面的故事很能说明问题。

那是大业六年（610）的春节，由于当时裴矩的外交政策已经取得丰硕成果，所以很多外国元首和酋长都齐集东都洛阳，要跟中国人一起度过这个普天同庆的传统佳节。杨广为了显示国家的强盛，就在元宵节这天举办了一场规模空前的庆祝活动。

活动在端门外大街举行，场地的周长足有五千步，主办方为广大老百姓和外国友人精心准备了各种各样的节目，有歌舞、戏剧、杂技，等等；演员阵容十分庞大，仅"丝竹乐队"就有一万八千人，声音足足传出数十里外，不用电视转播也能让郊区的农民兄弟们一饱耳福；演出现场灯火通明，亮如白昼，完全不亚于今天巨星演唱会的灯光效果；演出从傍晚开始，然后通宵达旦，一直持续到次日天明，所以压轴曲目想必也不会是《难忘今宵》，而是《难忘今朝》。不，据史书记载，人家这次盛会为期整整一个月，每天都演通宵，所以若一定要有压轴曲目的话，也应该是《难忘今月》。

这一个月下来，花的钱当然不会是小数目。据史书模糊形容，也称"所费巨万"。

这，就是杨广要的效果。

历时一个月的演出活动结束后,很多外国友人都对隋帝国的繁荣富庶留下了深刻而美好的印象。绝大多数外国元首和酋长,都带着这份美好的记忆恋恋不舍地回国了。但与此同时,有更多的外国人像潮水一样涌进了洛阳。

他们都是商人。

当然,他们不是来看文艺表演的,而是来经商挣钱的。

不知道他们的元首和酋长有没有写信通知他们,说"人傻、钱多、速来",总之,他们一到洛阳就直接给杨广打了报告,纷纷要求进入洛阳东市开店营业。

通过一场盛会就吸引了这么多外商来华投资,杨广很高兴,不但一律批准,而且命令有关部门大力改善投资环境,把东市的店铺全部装修一新。

外商们在洛阳东市的店铺纷纷开张了。一时间,市场里"盛设帷帐,珍货充积,人物华盛",显示出一派欣欣向荣的局面。而市场中大小店铺的装修装潢都很高档,就连摆摊设点的卖菜小贩屁股下面的坐垫,都是用价格不菲的龙须草编织的(时至今日,龙须草仍然是制造胶版纸、复印纸和钞票纸的优质原料)。

杨广还下了一道命令,要求洛阳城内所有酒店的经营者,一看到从门口经过的外国人,必须热情邀请人家进来喝酒吃饭,而且分文不取,任由外宾们白吃白喝。(《资治通鉴》卷一八一:"中国丰饶,酒食例不取直。")

西方流行一句谚语:"天下没有白吃的午餐。"可这话到了隋朝的东都明显就不好使了。如果第一个说这句话的外国人到过隋朝,或者略微了解一下中国历史,他肯定会为自己的孤陋寡闻、没有见识而深感羞愧。

不过,天天任外国人白吃白喝,在洛阳开酒店的那些人岂不亏死?

关于这一点,史书没有记载。

杨广还专门指示有关部门,必须狠抓市容市貌的建设,务必做到不留任何死角,不漏掉任何一个细节。

在当时的东都洛阳,每棵树上都缠着五颜六色的绸缎彩带(缯帛缠树),相对于我们今天包装精品盒所用的彩纸,人家用来包装东都的彩带那可是高档多了。

虽然杨广喜欢打肿脸充胖子,裴矩也一意迎合他,但隋朝的综合国力在当时的亚洲的确是首屈一指的。这也就决定了,隋朝的外交战略不会是单纯的利益输出和"金钱外交"。必要的时候，杨广和裴矩也是会挥动大棒的。

比如吐谷浑，因位于隋朝与西域的必经之路上，战略地位至关重要，且一直不是很顺从，所以就挨了隋朝的一顿狠揍，并被一举吞并。

吐谷浑是鲜卑人的后裔，立国于青海，国主也称可汗，官制、服饰等与中国略同，风俗却与突厥相似。从北周年间到开皇初年，吐谷浑曾屡屡入寇。杨坚即位不久，便命上柱国元谐率步骑数万西征吐谷浑，大破之。开皇十一年（591），吐谷浑遣使入朝，奉表称藩。开皇末年，其国爆发内乱，国人杀死其可汗，立可汗之弟伏允。

伏允上位后，表面上依旧对隋朝称臣纳贡，但时常派间谍刺探各种机密情报，显然已有不轨之心，令杨坚深感厌恶。大业三年（607）末，铁勒寇边，杨广命大将冯孝慈击之；铁勒旋即遣使谢罪。杨广遂乘势命裴矩招抚之，并让其出兵攻击吐谷浑，以将功赎罪。

大业四年（608）七月，铁勒悍然发兵，大破吐谷浑。伏允不知道铁勒是奉杨广之命来打他的，还一溜烟逃到隋朝边境，向杨广告急求援。杨广即命杨雄、宇文述等人率大军去"接应"。伏允一看隋军来势汹汹，心知不妙，赶紧掉头西逃。隋军在他后面拼命追击，连克曼头（今青海共和县西南）、赤水（今青海兴海县）二城，斩杀三千余人，俘获其王公大臣二百余人，并男女四千口。

伏允先是亡奔积石山（今青海东南阿尼玛卿山），躲了一阵子，收集了一些逃亡部众后，又于大业五年（609）五月，率部进入覆袁川（今青海祁连县北黑河上游）。杨广闻报，即命内史元寿进兵金山（今青海湟中县北），兵部尚书段文振进兵雪山（今甘肃、青海交界处），太仆卿杨义臣进兵琵琶峡（今青海门源县西），将军张寿进兵泥岭（今青海刚察县北大通山），迅速对伏允完成四面合围。

伏允大惊失色，慌忙找了一个替身，让他穿上可汗的衣服，率部众往一个方向突围，然后趁隋军的吸引力转移之机，仅率数十名骑兵往相反的方向狂奔，终于侥幸逃出了包围圈。在他身后，那支被他抛弃的部队旋即被隋军全歼。

吐谷浑的一个名叫仙头的亲王，原本还想负隅顽抗，见伏允彻底失败，遂率部落男女十万余人，携各种牲畜三十万头，向隋朝投降。

同年六月，杨广正式宣布，将吐谷浑东西四千里、南北两千里的辖境并入隋朝版图，在其地设立了鄯善（今新疆若羌县）、且末（今新疆且末县）、西海（今青海海晏县）、河源（今青海兴海县）四郡，以及县、镇、戍所若干。

此后，伏允流亡党项，尝够了寄人篱下的滋味，一直到大业末年，隋朝国内大乱，才得以咸鱼翻身，正式复国。

征服吐谷浑后，隋朝的下一个打击目标，就是西突厥。

西突厥由阿波可汗建立。开皇中期，阿波被东突厥的叶护可汗（及沙钵略之弟处罗侯）生擒，其国人另立泥利可汗，泥利死后，儿子继位，是为处罗可汗。处罗的母亲向氏是中国人，泥利死后改嫁其弟婆实。开皇末年，向氏随婆实入朝，恰遇达头可汗与隋朝作战，道路断绝，从此滞留长安。

大业初年（605），处罗统御无方，国人多叛，且经常与铁勒交战，败多胜少。裴矩得知其内忧外患的处境后，遂建议杨广乘势招抚。大业四年（608），杨广派遣使臣游说处罗，以其母向氏为筹码，软硬兼施地劝其归附。处罗无奈，只好遣使朝贡，向杨广献上了珍贵的汗血马。

但是，处罗只是担心其母安危，并非真心归附。大业五年（609），杨广西巡，召处罗前往祁连山大斗拔谷觐见。西突厥的大臣们唯恐杨广有诈，纷纷反对，处罗便找了个借口推辞掉了。杨广勃然大怒，但一时也没什么办法。

大业七年（611），西突厥的部落酋长射匮遣使入朝，向隋朝请婚。裴矩顿觉这是个离间西突厥的大好机会，遂对杨广说："处罗不来朝见，只因其势力还比较强大。臣建议用计削弱他，分裂其国，如此便容易控制。射匮是达头可汗的孙子，其部落早在西突厥建立之前就已称雄西方，其后失势，才不得不依附处罗。如今遣使求婚，意在寻求外援。我若顺水推舟，许其可汗之位，必能令其与处罗自相残杀，西突厥自然一分为二，只能都听命于我朝。"

裴矩的这个策略，正是当初长孙晟对付东突厥的拿手好戏。杨广当即采纳，遂召见射匮的使者，说处罗桀骜不驯，射匮一心向善，只要射匮能击败处罗，隋朝必将公主嫁给他，并立他为西突厥的可汗。

使者回国后，转达了杨广的许诺。射匮大喜，遂发兵进攻处罗。处罗一向对射匮毫无防备，故而大败，遂丢下妻子儿女，率数千骑兵逃亡高昌。高昌王担心得罪隋朝，连忙上奏。杨广遂命裴矩等人前往高昌，命处罗入朝。

处罗走投无路，只好乖乖地跟着裴矩到了长安。

见到杨广时，处罗惭悚难安，说："臣总领西面诸蕃，因而不能早来朝拜，罪责极深，臣心里悚惧，非言语所能道尽。"

杨广大笑，说："过去，我朝与突厥交兵不止，大家都不得安宁。现在好了，四海清宁，与一家人无异，朕有心安养天下万民，就像天上只有一个太阳，万物皆可生长，可要是有两三个太阳，万物岂能安宁？你过去事务繁多，朕可以理解，现在既然来了，朕心里十分欢喜，你也不必太过自责。"

随后，杨广设宴款待了他。

然而，面对满桌的美酒佳肴和山珍海味，听着美女吹奏的丝竹管弦，处罗的脸色却始终怏怏。因为他知道，自己混到今天这一步，跟亡国的陈叔宝也没啥两样了。

第二年，杨广就把处罗的旧部一分为二：命其弟阙度率老弱残兵一万余人，居守会宁川（今甘肃靖远县）；命原西突厥的特勒（相当于公爵）大奈率其他部落，居守楼烦郡（今陕西静乐县）。至于处罗本人，则从此被留在了杨广身边。不管杨广巡游到哪里，他就只能跟到哪里，跟养在笼子里的金丝雀没什么两样。

从大业元年到大业七年（605—611），隋朝不仅先后征服了林邑、契丹、吐谷浑、西突厥，而且交通西域，东征流求（今台湾岛），宣慰赤土（约在今马来半岛），将中国的赫赫声威远播八荒四夷。一时间，真腊（约今柬埔寨）、婆利（约在今马来半岛）、倭国（今日本群岛）等周边小国纷纷来朝，称臣纳贡，无不奉隋朝为宗主国。

经略四夷的同时，杨广还像一个疯狂的"驴友"一样，马不停蹄地到处巡视。

杨广向来最鄙视的，就是那些"傅脂粉、坐深宫，不与百姓相见"的帝王。所以，从登基的那一天开始，他便下定决心，要用自己的脚步去丈量帝国每一寸壮丽的山河，要零距离地感受并触摸自己亲手缔造的皇皇大业，还要用帝国雄壮而盛大的军容，去震慑四夷、鹰扬国威……

大业元年（605），杨广第一次下江都。

大业三年（607），杨广第一次北巡，经涿郡、榆林郡（今内蒙古托克托县），到达东突厥启民可汗的王庭（阴山山脉北）。

大业四年（608），杨广第二次北巡，从洛阳前往五原郡（今内蒙古五原县），出塞巡视长城。

大业五年（609），杨广西巡，经扶风（今陕西凤翔县）、过星岭（今青海西宁市北）、出张掖，至燕支山（今甘肃永昌县西），命高昌等西域二十七国元首前来朝见。

大业六年（610），杨广第二次下江都。

大业七年（611），杨广第三次北巡，前往涿郡。这一次，杨广就不再是单纯的旅游了。他要为他勾画已久的一场大规模战争做最后的准备工作……

三一 / 盛世蓝图上的小小斑点

大业五年（609），隋朝天下共有190个郡、1255个县、8907546户、46019956人；疆域范围东西长9300里，南北宽14815里。

史称："隋氏之盛，极于此矣。"（《资治通鉴》卷一八一）

杨广即位不过数年，就获得了古往今来任何一个帝王梦寐以求的一切——社会稳定、人口增长、民生富庶、国力强盛、四海升平、万邦来朝……

一幅名为"大业"的盛世蓝图，就这么光芒四射地展现在了世人面前。

然而，在这幅几近完美的盛世蓝图上，杨广很快就发现了一个小小的斑点。

这个斑点就是高丽。

高丽为"高句丽"之简称，是中国古代东北少数民族扶馀人于西汉末期建立的一个政权，其疆域东西跨度三千一百里，南北跨度两千里，大抵包括今辽宁东部、吉林南部和朝鲜半岛的北部与中部。

值得一提的是，古代高丽与后来的王氏高丽根本不是一回事，无论从历史渊源、疆域范围还是从民族构成来看，二者之间都毫无本质联系。古代高丽是中国古代东北少数民族建立的政权，其领土有三分之二在辽东亦即今天中国的辽宁省东部，朝鲜半岛的地盘实为扩张所得。而王氏高丽则是在古代高丽灭亡二百多年后创立的王朝，其创立者王建也根本没有高句丽族的血统。据王建在《十诫书》中自称："朕赖三韩山川阴佑，以成大业。"可见王建是三韩人，与古代的高丽人毫无关系（所谓三韩人，是朝鲜半岛南部古代居民的总称，包括马韩、辰韩、弁韩三支，是后来朝鲜半岛居民的主要来源）。

大业年间，当周边国家普遍对隋朝称臣纳贡的时候，唯独桀骜不驯的高丽始终不愿臣服。这对于完美主义者杨广而言，当然是不可容忍的。因为高丽一天不臣服，他的"大业"就谈不上完美。

事实上，高丽对隋朝的挑衅由来已久。早在开皇十八年（598），高丽就曾入寇辽西，并"驱逼靺鞨，固禁契丹"，同时暗中联络东突厥，企图共同对抗隋朝。高丽此举极大地激怒了杨坚君臣。于是，举国上下都发出了征服高丽的呼声——"开皇之末，国家殷盛，朝野皆以辽东为意。"（《隋书·刘炫传》）

开皇十八年（598）六月，杨坚下诏废黜了高丽王高元的王位，派遣水陆大军三十万人征讨高丽。然而天不佑隋，大军出发不久便接连遭遇水患、瘟疫和海上风暴，故未及踏上高丽国境便减员十之八九，不得不黯然班师。这对杨坚和隋朝而言，无疑是个奇耻大辱。

尽管随后高元为了避免全面战争，被迫遣使谢罪，并上表自称"辽东贱恶如粪土的臣子高元"，但背地里不甘为隋朝臣藩，一直在暗中拉拢已经归顺隋朝的东突厥。大业三年（607），杨广北巡至启民可汗王庭，碰巧高丽使者也在那里。启民不敢隐瞒，遂带着高丽使者一同晋见杨广。

随同出巡的裴矩趁机向杨广进言："高丽本是商朝末代王孙箕子的封地，在两汉及晋朝年间，都曾经设为郡县，而今却不肯臣服，俨然另成一个国度。先帝意主征伐，由来已久，只因杨谅无能，出师不利。现在正逢陛下盛世，怎能轻易放弃，使衣冠文明之地沦落为化外蛮夷之邦？如今，他们的使节亲见启民举国汉化，臣以为可以利用他们的恐惧心理，迫使高元入朝称臣。"

这番话正中杨广下怀。他随即命人向高丽使者宣诏："朕因启民可汗诚心归顺帝国，故亲自驾临他的王庭。朕明年将前往涿郡，你回去告诉你们国王，让他前来觐见，不必心存疑虑。朕接待他的礼节，将和启民可汗一样。如果不来朝贡，朕将率领启民可汗，一同前往你们的国土巡视！"

杨广最后这句话，显然已经是威胁恐吓了。

可是，对于大隋天子的威胁恐吓，高丽的反应极为冷淡。

不，应该说是根本没有反应——杨广既没等到高元入朝觐见，也没有看到高丽王国尽到它应尽的臣藩礼节。

杨广愤怒了。他决定打一场开国以来规模最大的战争，让那个不知天高地厚的高元和他的弹丸小国付出血的代价！

于是，从大业四年（608）起，杨广便开始积极整顿和扩张军备了。他下令，在全国范围内向富人征收捐税，用于购买数量庞大的战马。由于国家在短时间内大量收购，致使每匹战马的价格高达十万钱。同时，他还命令有关部门检阅武库中的各种武器、装备和辎重,务求精良新颖,一旦发现粗制滥造,立刻将监造军械的官员斩首。此外,杨广在大业四年(608)下令动工的洛阳至涿郡的"永济渠",其主要也是为了给东征高丽开辟一条快捷的运输补给线。

大业七年(611)春,当国内所有大型工程相继竣工,疲惫不堪的臣民们想缓一口气的时候,杨广就迫不及待地发布了讨伐高丽的诏书。

是年二月底,杨广下达总动员令,命全国军队不分路途远近,一律前往涿郡集结。随着杨广的一声令下,一道又一道十万火急的敕令,便从洛阳的显仁宫迅速飞向了帝国的四面八方。

三月,幽州总管元弘嗣奉命前往东莱(今山东莱州市)海口,督造三百艘战舰。由于军令严急,监工官吏拼命督促,全体工匠日夜站在水中劳作,片刻不敢休息,致使腰部以下都生出蛆虫,死亡人数达到十之三四。

四月,全国各地的精锐部队纷纷奉命北上,如江淮的水兵、弓箭兵,岭南的短矛突击兵等,皆络绎不绝地涌向涿郡。

五月,河南、淮南、江南各郡奉命制造辎重运输车五万辆,送往高阳郡(今河北定州市),用于装载军服、盔甲、帐幕;同时征调黄河南北的大量民夫随军北上,以供军需。

七月,再次征调长江和淮河以南的民夫和船只,将黎阳仓(今河南浚县境内)和洛口仓(今河南巩义市东)的粮食运往涿郡,船队首尾相接一千多里。与此同时,满载着军队、武器和攻城器具的大小车辆也日夜不停地在各条道路上穿梭奔驰,途中基本上始终保持着数十万人,道路为之堵塞。时逢盛夏,大量士兵和民夫纷纷倒毙,致使尸体枕藉,恶臭满途,天下为之骚然……

由杨广亲自驾驶的这辆帝国战车,就这样轰轰隆隆地冲上了战争轨道。

然而,战车刚刚启动,隋帝国的后院就起火了。

因为,老百姓的生存底线被突破了。

战争动员令一下,山东地区就成了主要的战备后勤基地。从大业六年(610)开始,杨广就下令在山东设府,命当地百姓负责饲养战马,以供军用;同时,又征调大批民夫运送粮食前往泸河(今辽宁锦州市)、怀远(今辽宁辽中县)二镇。由于运输量大,路途遥远,致使大量车辆和牛马损毁死亡。

眼看一批又一批的车辆牛马都一去不返，官府只好再次征发六十多万名车夫，命他们两人一组，每组配一辆小型手推车，负责运送三石粮食前往辽东。

可官吏们都忽略了一个严重的现实问题：这些车夫一路上要吃什么？

牛可以吃草，人却必须吃粮。而这六十多万名早已倾家荡产的农民，根本没有能力自带口粮，其结果是：每辆小推车上的三石军粮，恰好成了两个车夫一路上的口粮！

临近二镇的时候，手推车上的粮食也差不多被吃光了，这六十多万名车夫自知犯了死罪，只好一哄而散，各自逃命。可想而知，这些走投无路的破产农民最终的选择只能是揭竿而起。

由于频繁的徭役挤占了耕种时令，导致山东、河北等地的大量农田荒芜，各地爆发饥荒，粮食价格飙涨，一斗米卖到了数百钱。而各级贪官污吏依然横征暴敛，不计一切后果地竭泽而渔。此外，再加上黄河泛滥、洪涝成灾，一时间天灾人祸纷至沓来，老百姓衣不蔽体、食不果腹，被逼到了死亡的边缘。

大业七年（611）冬天，山东邹平人王薄率先拉起了反旗。他自称"知世郎"，然后精心创作了一首政治宣传歌曲《无向辽东浪死歌》，积极号召广大人民拿起武器，捍卫自己的生存权。歌中唱道：长白山前知世郎，纯着红罗锦背裆。长矟侵天半，轮刀耀日光。上山吃獐鹿，下山吃牛羊。忽闻官军至，提刀向前荡。譬如辽东死，斩头何所伤！

这首通俗易懂、振奋人心的宣传歌曲一经问世，立即成为当年齐鲁大地最火爆的流行歌曲。四面八方的流民、饥民和难民，齐声高唱这首让人热血澎湃的歌曲，像潮水一样涌向了王薄据守的长白山（今山东邹平县南）。

王薄的势力逐渐壮大，其部众在齐郡（今山东济南市）、济北郡（今山东荏平县西南）一带纵横出没，攻击官军，劫掠府库，穿金戴银，吃香喝辣，原本饥寒交迫的日子忽然变得滋润无比。

看着这一切，山东各地的英雄豪杰不禁怦然心动。于是，大大小小的反叛势力就在一夜之间遍地开花：

先是在平原郡（今山东陵县）崛起了一个"阿舅贼"。此人原名刘霸道，本是官宦子弟，家境殷实，而且生性豪爽，喜欢行侠仗义，家中食客常有数百，算是当地黑白两道都叫得响的人物。所以刘霸道一揭竿，四方变民立刻纷涌来附，部众一下子发展到十几万人。

随后，又有孙安祖聚众于高鸡泊（今故城县西），张金称聚众于河曲（约在今河北临西县一带），高士达聚众于清河（今河北清河县）……他们啸聚山林，神出鬼没，到处攻击城邑，劫掠资财，让地方政府大为头疼。虽然杨广亲自下令，由军队配合地方政府大力"围剿"，一旦捕获变民立即斩首，但仍然遏止不了反叛的势头。

在大业七年（611）这些大大小小的起义群雄中，有一个当时还名不见经传的小人物，后来却成了这批人中声望最著、势力最强的义军领袖。他雄踞河北，自称"夏王"，直至唐王朝建立后仍然割据一方，是武德初年秦王李世民东征路上的主要对手之一。

这个人就是窦建德。

窦建德是漳南（今河北故城县）人，与孙安祖同乡，自小勇武过人，在乡里有侠义之名。隋政府招募东征士兵时，窦建德因骁勇之名被任命为二百人长，同乡的孙安祖也在征召入伍之列。可孙安祖因家中遭遇洪灾，妻子儿女皆饿死，因此对官府恨之入骨，坚决不肯应征。当地县令大怒，将其逮捕并施以鞭刑。孙安祖愤而刺杀县令，逃亡至窦建德家中。

窦建德将他藏匿起来，对他说："当今皇上不恤民力，欲征高丽，天下必将大乱。大丈夫若不死，当建功立业，岂能成为东躲西藏的逃犯！"随后，窦建德便帮孙安祖召集了二百多个壮士，让他们到高鸡泊一带落草为寇。

尽管窦建德自己也知道隋朝已经失去人心，天下必将大乱，可他对自己在隋朝军队中的前程似乎还抱有幻想。所以，尽管他可以不遗余力地帮助孙安祖去反叛隋朝，可自己却仍然舍不得扔掉"二百人长"这块鸡肋。

最后，还是当地官府帮他下了这个决心。

本来窦建德窝藏孙安祖一事，当地官府已经有所察觉，加之张金称、高士达等凡有洗劫，皆自动避开窦建德家所在的那条街，当地官府据此认定，窦建德必然与盗匪暗中勾结，于是随后就将他的一家老小悉数逮捕，全部斩杀。

至此，万念俱灰的窦建德终于无奈地迈出了人生中最重大的一步——脱下隋朝军装，带着手下的二百名士兵投奔了高士达。不久，孙安祖被张金称所杀，所属士卒全部归附窦建德，部众增至一万多人，声势日渐壮大。由于窦建德能够礼贤下士，与普通士卒同甘共苦，所以人们都愿意为他效命，越来越多的人投到了他的麾下。

就这样，这个准备到辽东战场去当炮灰的"二百人长"，摇身一变就成了远近闻名的"草头王"。窦建德绝对想象不到自己会有这么一天，而更让他想象不到的是，短短几年后，他就将拥兵割地、称霸一方，并且与天下群雄一起逐鹿中原！

大业八年（612）正月初一，隋帝国的一百一十三万三千八百名远征军终于在涿郡完成了集结，同时就位的运输和后勤人员的数量是士兵的两倍。

正月初二，大军出征之前，准备御驾亲征的杨广特意举行了三场隆重而庄严的祭祀。首先在桑乾河畔祭告战神，继而在临朔宫祭告上帝，最后又在蓟城（涿郡郡治所在地，今北京市）北郊祭告马神。

同日，杨广亲自颁发远征军的建制令及所有将军的任命状：将一百一十余万名士兵分成左右各十二军，每军设大将、次将各一人；每军之中，骑兵分成四团，每团十队，每队一百人；步兵也分为四团，每团二十队，每队百人；其他的重装备和散兵也各分四团；所有步骑兵团每团各设偏将一人；此外，每军各设"受降特使"一人，直接听从皇帝命令，负责招降慰抚，不受各军大将节制。远征军中，各团的头盔铠甲、帽穗马缨、旗帜旌幡的颜色各不相同，而前进、后退、行军、扎营则都有统一的号令和规定。

正月初三，这支空前庞大的帝国远征军从蓟城北郊正式开拔。第一军出发后，每日派遣一军，两军相距四十里，依次出发，鱼贯前进，整整用了四十天，大军才出发完毕。各军首尾相接、鼓角相闻，旌旗绵延达九百六十里。此外，杨广的十二禁军，以及朝廷的三台、五省、九寺的随驾官员也紧跟在大军后面出发，连绵亦达八十里……

史称："近古出师之盛，未之有也！"（《资治通鉴》卷一八一）

三二 / 惨重的失败：一征高丽

大业八年（612）三月十四日，隋朝远征军抵达辽水（今辽河）西岸，与严阵以待的高丽军队隔河对峙。杨广命工部尚书宇文恺赶造三座浮桥，准备抢渡辽水。

浮桥很快就造好了。左屯卫大将军麦铁杖自告奋勇，率领前锋部队冲了上去。可当他们冲到距离东岸一丈开外的地方，忽然全部止住了脚步，而且集体傻眼。

因为，桥根本没有架到对岸——宇文恺为了抢时间而赶造出来的浮桥，居然比河面宽度足足短了一丈有余。

趁隋兵愣神的间隙，大批高丽军队迅速进入了防御阵地。麦铁杖带着将士们跳进水中，拼命游向对岸，冒死向高丽阵地发起强攻。可高丽军队已经完全占据了有利地形，冲上滩头阵地的隋军士兵只能成为他们的活靶子。漫天箭雨呼啸而下，士兵们纷纷倒地。左屯卫大将军麦铁杖、虎贲郎将钱士雄、孟叉等前锋将领全部阵亡。

杨广断然没有想到，这个在国内完成了多项大型建设项目的宇文恺，竟然会在战场上制造出如此不堪的"垃圾工程"！可如今大敌当前，杨广也只能强抑怒火，急命少府监何稠把浮桥加长。两天后，浮桥终于架到了对岸。隋军倾巢而出，与高丽军队在东岸展开激战。

这一战，隋军取得了压倒性胜利。高丽军队在战场上扔下了一万多具尸体，仓皇败退辽东城（今辽宁辽阳市）。隋朝大军乘胜东进，将辽东城团团围困。

此次出征，杨广不仅带了百万军队，还带了一支"观战团"，成员由西突厥的处罗可汗、高昌国王麴伯雅等四夷元首组成。杨广命他们随同出征，当然是想让他们见识一下隋军的战斗力，同时用现场教育的形式，让他们牢记违抗隋帝国的下场。

隋军初战告捷后，杨广便兴致勃勃地带着他的"观战团"渡过辽水，在刚刚取得胜利的战场上来回巡视。

杨广的得意之情溢于言表。

因为，从尸横遍野的战场上，杨广看见了帝国军队的一往无前和战无不胜；从观战团成员的眼神中，杨广看见了他们发自内心的恐惧和敬畏。

为了充分表明大隋军队是一支吊民伐罪的王者之师，也为了进一步取得观战团的畏服，杨广勒令全军：高丽军队一旦投降，必须马上接纳安抚，一律不得再行攻击！

这道命令，对于困守在辽东城中的高丽军队而言，无疑是一道福音。

接下来，每当隋军费了九牛二虎之力攻上城墙时，辽东守军立刻举手投降。隋军将领当即停止进攻，命人飞报后方的皇帝，请示旨意。可等到杨广的旨意下达，辽东城中的守军早已重整旗鼓、继续顽抗了。

如此三番五次，辽东守军一再故伎重施，居然屡试不爽。

杨广难道是傻瓜，明知受骗也不愿收回成命？

杨广当然不是傻瓜。可问题在于，他并不认为自己受骗了。在他看来，一定是底下的将士没有正确贯彻他的指示精神，招抚无方，才会导致高丽守军降而复叛。所以，他绝对不会收回成命。

既然皇帝如此执迷不悟，那将士们当然只能敷衍了事了。随后，隋军攻城的力度大为减弱，因为谁也不愿冒着九死一生的危险，去做这种劳而无功的事情。

后来发生的事情可想而知——直到这一年六月，辽东城依然固若金汤，隋朝远征军始终未能向鸭绿江前进半步。杨广勃然大怒，亲临城下督师，并召集所有将领训话："你们自恃高官显爵，又是豪门世家，就可以把我当成一个随便糊弄的昏庸之辈吗？在京师的时候，你们都反对我御驾亲征，其实就是怕我看出你们的毛病。我今天来这里，就是要看你们的作为，并且随时准备砍掉你们的脑袋！你们今天怕死，不肯尽力，难道不怕我明天就杀了你们？"

皇帝的训辞掷地有声，不容置疑。将领们惊惶失色，面面相觑。

随后，杨广便在城西数里的六合城坐镇指挥。

在皇帝的亲自督师下，隋军将士只好加大攻城力度，但谁也不愿豁出命去真打，所以辽东城依旧岿然不动。

就在隋朝陆军围攻辽东的同时，右翊卫大将军来护儿也率领江淮水军从东莱郡（今山东莱州市）横渡黄海，逆浿水（今大同江）而上，在距平壤六十里处与高丽水军展开了遭遇战。

此战隋军大胜。来护儿随即挑选四万精锐，乘胜直抵平壤城下。高丽出兵迎战，再次溃败，逃入城中。来护儿一路追杀，出奇顺利地攻入了平壤城。

如果一场战役打得太过顺手，谨慎的将领肯定会感到心里发毛。尤其是如此轻而易举地打进一个国家的首都，理智的将领更应该意识到其中有诈。

可是，来护儿为了抢一份头功，把应有的谨慎和理智全都抛到了九霄云外。所以他根本就没有意识到，此刻的高丽军队已经在平壤城中给他张开了一个口袋。

隋朝军队攻进城中后，开始大肆抢掠，完全丧失了警惕性。高丽军队猛然从埋伏已久的大街小巷中冲杀出来。隋军猝不及防，几乎全部被歼。来护儿侥幸杀出重围。等他逃回泊船码头的时候，四万精锐只剩下几千残兵。

经此大败，来护儿只好退守海浦（今大同江口），再也不敢轻举妄动。

辽东城久攻不下，杨广只好改变战略，命左翊卫大将军宇文述、右翊卫大将军于仲文等九名将领率大军绕过辽东，兵分九路，从辽河东岸沿线各地，向平壤方向快速挺进，准备于鸭绿水（今鸭绿江）西岸会师，再渡江直捣高丽腹地，对平壤发动总攻。

这是一场长途奔袭战。

这种战术的要诀有二：一、给养必须充足。二、进军速度要快。但是，这两点显然是一对悖论：如果士兵带上过多的给养，行军速度必然会慢下来；如果行军速度要快，必然不能带上过多的给养。

宇文述等九路大军现在就面临这个问题。他们从边境的泸河和怀远二镇出发，每个士兵都带着人马所需的一百天粮草，加上铠甲、刀枪、衣物、辎重、攻城器具、炊事用具、帐篷等等，平均每个士兵所背负的重量都在三石以上。士兵们不堪承受，只好偷偷"减负"，一边走一边把背负的粮食悄悄丢弃。

杨广很快就察觉了，立刻下了一道死命令：有胆敢丢弃粮食者，斩无赦！

命令下达后，士兵们不敢在行军路上乱丢，只好趁每次扎营的时候，在营帐下挖坑，然后把粮食偷偷埋掉。结果，当九路大军共计三十多万人在鸭绿江西岸会师的时候，粮食就已不够吃了。

没有粮食就不能打仗。如果硬着头皮跨过鸭绿江、深入高丽腹地，除非一战拿下平壤，否则军队断粮，后方的给养又跟不上，那无异于死路一条！

作为九路军总指挥的宇文述对此深感忧虑，却又一筹莫展。

就在这时，高丽重臣乙支文德忽然来到了宇文述的军营中，宣称奉高元之意前来投降。

面对高丽人居心叵测的"请降"，宇文述的指挥部里出现了两种截然相反的意见。

右翊卫大将军于仲文认为，应该立即将乙支文德逮捕。因为他临行前曾奉杨广密旨："如果高元或乙支文德前来请降，绝不能放他走！"所以不管高丽人是真降还是假降，都应该先把乙支文德抓起来再说。

军中慰抚使（受降特使）、尚书右丞刘士龙则坚决主张把乙支文德放归。因为大军出征前，慰抚使们就被天子授予了不受大将节制的特权，而且他们的使命就是专门受降宣慰，以显示天朝恩威，如果囚禁"请降使"，那无异于是对他这个"受降使"的莫大侮辱，所以他断然反对拘押乙支文德。

对于进退维谷的宇文述来说，乙支文德这个时候来请降，简直是扔给了他一根救命稻草。因为现在军中缺粮，不赶紧班师大家都得饿死。所以，宇文述现在根本不关心如何处置乙支文德，而是极力强调：既然皇帝早就下过命令，说高丽一旦投降必须马上接纳，不得再行攻击，那么现在高丽降了，大军就赶紧班师吧！

大家都有天子杨广的旨意做依据，到底该怎么办？乙支文德该如何处置？大军该何去何从？

三人激烈争执。由于力主班师的宇文述也倾向于刘士龙，所以于仲文不得不妥协，同意把乙支文德放回去。

于是，刘士龙接受了乙支文德的降表，然后就放他走了。

乙支文德走出隋军大营的时候，脸上分明带着得意的笑容。因为他这一趟来，说是请降，其实真正的任务是刺探隋军虚实。而现在他已经知道，这支隋军虽然兵力强大，但马上就要断粮了！所以，接下来该怎么对付这支来犯之敌，乙支文德已经成竹在胸。

乙支文德走后，于仲文越想越不对劲，觉得这家伙根本不像是来投降的，遂一再敦促宇文述，赶紧下令全军开拔，再把乙支文德抓回来。此刻的宇文述一心想要班师，当然不同意。最后，于仲文不得不亮出了自己的底牌。

表面上，于仲文是宇文述的副手，但杨广一直很赏识于仲文的才干和韬略，所以此次出征之前，杨广特地面谕各军将领：凡有重大军情，各军一律听从于仲文的统一节度！

也就是说，日常的行军作战听宇文述的，碰上特殊军情则听于仲文的。当然，杨广这个命令并未当着宇文述的面宣布，而是让于仲文在必要的情况下才亮出来。现在，于仲文亮出了这把"尚方宝剑"，宇文述就无话可说了。

既然人家奉了密旨，那违抗他就如同违抗皇帝，宇文述当然不敢承担这个罪名，只好硬着头皮命令各军立刻拔营，渡江追击乙支文德。

望着身后的数十万名追兵，乙支文德笑了。

他本来还想回去搬兵来歼灭这支断粮的敌军，没想到它反而自己送上门来了。乙支文德遂命部下回头迎战，然后伪装败北。跑出几十里路后，回头再战，结果再败，然后又继续跑路，跑没多远又回头再打……如是一日七战，七战皆败，结果就一路把隋军引到了平壤城下。

隋军七战皆捷，顿时士气大振，遂全力急进，一口气渡过萨水（今清川江），在离平壤仅三十里处的山麓扎营。

乙支文德一边加紧部署军队，一边再次遣使向宇文述投降，说："贵军如果班师，鄙国立刻让高元前去觐见天子。"

对此，于仲文当然不信，坚持要进攻平壤、活捉高元和乙支文德。可这一次，宇文述无论如何也不想再听于仲文的了。他决定班师，就算抗旨也在所不惜。

理由很简单：眼前的平壤城高壕深，粮草充足，且高丽军队以逸待劳，士气高涨；而隋军不但长途奔驰，疲惫不堪，而且进不能攻、退不能守，既无粮草也无援兵……这仗叫宇文述怎么打？

所以，就算明知道高丽人玩的还是"诈降"的老把戏，宇文述也坚决要把它当成真的来接受，否则他必将和这三十万大军一起饿死在这里。

宇文述随即不顾于仲文的反对，命令军队结成方阵撤退。毕竟他还是主帅，这个权力还是有的。

但是，宇文述到这一刻才下定决心撤退，已经来不及了。

站在平壤城头的乙支文德大手一挥，早已蓄势待发的高丽军队瞬间冲出城门，从各个方向对隋军发起猛烈进攻。

隋军且战且退，于这一年七月二十四日退至萨水。这一天，烈日当空，灼热的太阳凶猛地炙烤着大地，宽阔的萨水河面在骄阳的暴晒下闪耀着一片令人目眩的白光。

这是一片即将把三十万隋军全部吞噬的死亡的白光。

隋军开始争先恐后地渡河，萨水河上顿时人喊马嘶、一片慌乱。高丽军队却列着整齐的战阵，站在他们身后的岸上静静地看着。当隋军全部进入萨水，并渡至河中央的时候，高丽指挥官一声令下，全军突然排山倒海地杀了过来。隋朝大军瞬间崩溃，士卒四散逃命。负责殿后的右屯卫将军辛世雄等人战死。宇文述、于仲文和剩下的将领们带着少数随从向西狂奔，一日一夜跑了四百五十里，狼狈不堪地逃到鸭绿江畔。而高丽军队则在后面紧追不舍，幸而将军王仁恭率部殿后，击退了高丽军队的进攻，宇文述等人才得以渡过鸭绿江，逃出生天。水军来护儿风闻陆军惨败，也慌忙起锚，连夜率舰队撤回东莱。

最后，这九支共计三十万五千人的远征军回到辽东的时候，仅剩下两千七百人。阵亡和被俘人数达三十万两千三百人，几近全军覆没；同时丧失的武器、装备、辎重等物更是数以亿计。

杨广几乎不敢相信这是真的。这个四十四年来一直顺风顺水、无往不利的天之骄子，终于遭遇了他人生中第一次惨痛的失败。

失败的打击来得太过迅猛，并且因毫无心理准备而显得尤其沉重。

大业八年（612）七月二十五日，神情恍惚的杨广默默登上龙辇，从涿郡起程南返。

这场声势浩大、规模空前的远征，就在这一幕令人难堪的失败中草草收场。一直到车驾返抵洛阳，杨广依旧终日不发一言。人们看见天子脸上写满了从未有过的愤怒和困惑。

曾经活力四射、自信满满的杨广，一下就变成了霜打的茄子。

也许，这并不是什么坏事。因为挫折本是人生的题中之意，也是生命成长的必经过程，就像许多小孩子在学习木匠、铁匠这种手艺活的时候，如果手上弄出了血，他们的师傅就会说："那是这门手艺进到你身体里面去了。"而今，生命中的第一次失败虽然深深刺痛了杨广，可这何尝不是某种有益的东西正在进入他的体内呢？也许，命运之神正是希望以这样的方式，往这位刚强易折的帝王身上，注入一些必要的柔韧性和抗挫折能力，让他学会以一种成熟而理性的姿态，重新来打理这个已然危机四伏的庞大帝国。

在哪里跌倒就从哪里爬起来。这个世界上的人，没有谁不是这么走过来的。

可问题在于，杨广能够从这次失败中汲取教训吗？

人们很快就有了答案。

可答案并不令人乐观。

三三 / 疯狂的战车：二征高丽

隋帝国的脸被丢尽了，肯定要有人来为帝国遭遇的这场重大损失埋单。

首当其冲者，当然非工部尚书宇文恺莫属。就是这家伙在战场上制造了垃圾工程，才导致隋军首战失利，不但损兵折将，而且士气大挫。所以，宇文恺罪无可赦。

可让人意外的是，九月十三日杨广才回到洛阳，十月八日宇文恺就死了。

他并非死于杨广之手，而是自己病死的。没有人知道他的死是否与重大失职导致忧惧成疾有关，只知道他死得非常及时，不仅避开了皇帝的屠刀，而且保全了身后子孙的福禄。

相比之下，尚书右丞刘士龙就没那么幸运了。他是坚决主张放归乙支文德的人，而隋军最后就是被乙支文德打败的。所以杨广认为，不杀刘士龙，无以谢天下。

这一年十一月八日，刘士龙被斩于洛阳闹市。同日，宇文述和于仲文被罢黜所有官爵，贬为庶民。随后于仲文又被杨广投进了监狱，不久后便抑郁而终。

该杀的杀、该贬的贬了，杨广总算出了一口恶气。至于说他本人是否应该为这次失败承担什么责任，那是他连想都没有想过的。

身为大隋天子，不辞劳苦御驾亲征，深入前线指挥战斗，有错吗？

谆谆告诫军队，恪守义兵义战的原则，发扬王者之师的风范，严禁没有必要的屠城和杀戮，有错吗？

为士兵准备最充足的给养，提供最全面的装备，有错吗？

为了防止前方将领独断专行，让将领们相互制约、群策群力，有错吗？

没错，都没错！

错的是高丽人，他们狡诈成性，背信弃义，不知好歹！错的是士兵们，他们违抗命令，丢弃军粮，所以自食其果。错的是将领们，他们只顾个人荣辱，无视全局安危，才让敌人击中了软肋……至于杨广本人，当然是没有错的。

一贯正确的杨广，怎么会有错呢？

所以，这个刚刚从灰头土脸的失败中爬起来的杨广，很快就做出了一个新的决定。

他决定继续开动他的战车，不惜一切代价二征高丽！

大业九年（613）正月初二，一道征调天下军队齐集涿郡的诏令，再次从洛阳飞出，立刻传遍了整个帝国。

不灭高丽，杨广誓不罢休！

接到诏令的隋朝各级官吏，不约而同地在心里生出了一个问题——皇帝是不是疯啦？这场倾尽全国之力、竭尽天下之财的战争刚刚遭遇惨败，数百万民众因为这场战争而挣扎在破产和死亡的边缘，数十万帝国将士刚刚捐尸沙场，这个疯狂的皇帝竟然还想不顾一切地让这一幕重演！

官员们傻眼了。

而人民愤怒了。

大业九年（613），越来越多的人义无反顾地加入了造反的行列。

除了王薄、刘霸道、张金称、高士达、窦建德之外，齐郡（今山东济南市）人孟让、北海（今山东青州市）人郭方预、平原郡（今山东陵县）人郝孝德、河间郡（今河北河间市）人格谦、渤海郡（今山东阳信县）人孙宣雅等各自聚众起兵、四处劫掠，其部众多者十几万，少的也有数万，在山东（崤山以东）地区纵横驰骋，令各地官兵闻风丧胆，焦头烂额。

叛乱的烽火在急剧蔓延，可杨广不以为意。

眼下，各郡县长官心急火燎呈上来的奏报也不能说明任何问题，什么"盗贼蜂起"，什么"贼兵势大"，根本就是这些贪生怕死、敷衍塞责的地方官吏替自己的无能所找的借口。杨广觉得，所谓的叛乱不过就是一些穷疯了的暴民在聚众抢劫而已，等他灭了该死的高丽，回头再来收拾这些小蟊贼也为时不晚。

由于各地民众纷纷逃避兵役，致使东征军队迟迟未能集结，左右趁机劝谏皇帝缓图高丽。杨广大怒说："高丽小虏，侮慢上国！今拔海移山，犹望克果，况此虏乎！"（《资治通鉴》卷一八二）

在此之前，杨广已经再度起用了他的宠臣宇文述。杨广在诏书中称："宇文述因兵粮不继，致使王师陷入困境，此乃军吏调度不善之过，非宇文述之罪，宜复其官爵。"随后宇文述不但恢复了所有官爵，而且还被加封开府仪同三司。

这就是宠臣。即使在战场上一败涂地、损兵折将，也不妨碍天子替他回护开脱，甚至是给他加官晋爵。

大业九年（613）春天，杨广再度御驾亲征，于三月初四率领百万大军进抵辽东，拉开了第二次东征高丽的序幕。四月二十七日，杨广车驾渡过辽水。二十九日，杨广命宇文述和上大将军杨义臣再次绕过辽东奔袭平壤，命左光禄大夫王仁恭进攻新城（今辽宁抚顺市北），杨广自领各军从正面猛攻辽东城。

这一次，杨广汲取了上次的教训，不再遥控指挥，也不再装腔作势地充当什么"王者之师"了，而是让各军将领自己拿主意——只要能把辽东城这块硬骨头啃下来，爱怎么打就怎么打！

于是，将军们开始撸起袖子各显神通。一时间，隋军不但用上了飞楼、撞车、云梯等大型攻城器械，而且挖掘了多条地道，夜以继日地从四面八方向辽东城发起空前猛烈的进攻。

然而，辽东城中的高丽守军再次表现出了超乎寻常的坚韧和顽强。

隋军一刻不停地强攻了二十多天，双方伤亡惨重，可辽东城却还是没有陷落的迹象。

杨广最后想了一个办法。

他命人赶造了一百多万个大布袋，在里面填满泥土，准备从城外的平地开始堆筑，一直堆筑起一条与辽东城墙等高、宽三十步的大道，然后让步兵往上冲锋；同时制造多辆装有八个轮子、高出城墙的巨型楼车，夹在"布袋大道"的两侧，命弓箭兵在楼车上居高临下地射击城头上的高丽守军，配合步兵的冲锋。

这真是一个绝妙的创意——一个完美无瑕、稳操胜券的作战计划。

杨广不禁为自己的聪明才智和奇思妙想而大感得意。一股提前到来的胜利的喜悦汹涌地激荡在他的心间。杨广忽然诗兴勃发，立即策马跃上辽东城外的高冈，情不自禁地吟出了那首被后人长久传诵的"乐府体"名作《白马篇》：

    白马金具装，横行辽水傍。问是谁家子？宿卫羽林郎。

文犀六属铠,宝剑七星光。山虚弓响彻,地迥角声长。
宛河推勇气,陇蜀擅威强。轮台受降虏,高阙翦名王。
射熊入飞观,校猎下长杨。英名欺卫霍,智策蔑平良。
岛夷时失礼,戎服犯边疆。征兵集蓟北,轻骑出渔阳。
进军随日晕,挑战逐星芒。阵移龙势动,营开虎翼张。
冲冠入死地,攘臂越金汤。尘飞战鼓急,风交征旆扬。
转斗平华地,追奔扫大方。本持身许国,况复武功彰。
曾令千载后,流誉满旂常!

(宋·李昉《文苑英华》)

直到十几年后,李世民与魏徵等大唐君臣对杨广这首大气磅礴、意象瑰丽的上乘之作依然津津乐道,赞不绝口。

可令人遗憾的是,杨广虽然在辽东留下了自己文学生涯中的这首经典之作,到头来却依旧未能收获他一直在期待的这场高丽战争的胜利。

换句话说,杨广高兴得太早了。

随着各项准备工作的顺利进展,杨广胸有成竹地确定了总攻日期。他坚信,一旦发起总攻,这座又臭又硬的辽东城必定一战可下,而整个高丽的灭亡也必定指日可待。

与此同时,辽东城头上的高丽守军看着忙忙碌碌的隋军士兵,很快就明白了隋军的作战意图。他们睁大恐惧的双眼,预感到辽东城的末日马上就会降临。

就在这千钧一发的时刻,命运之神再度弃杨广而去,又一次站到了高丽人那边。

大业九年(613)六月末的一天,一封来自国内的信件——不,准确地说,是一道来自洛阳的加急战报送抵辽东的天子行在。

接到战报的那一刻,杨广如遭电击。他感觉仿佛有一把利刃猛然从他的后背刺入,并狠狠地穿透了他的心脏。

什么消息令他如此震惊?

杨玄感造反了!

如果说,遍及各地的农民起义在杨广眼中只不过是蚍蜉撼树的话,那么杨玄感的叛乱则无异于一场政治地震，让杨广立刻感到了统治根基的摇晃。因为杨玄感是贵族，是杨广心目中最有资格、最有能力玩政治的贵族。

杨玄感是杨素的长子。大业二年（606），杨素病逝，杨玄感袭爵楚国公。造反前，他的职务是上柱国、礼部尚书，在帝国的政治高层拥有不可估量的影响力。杨广很清楚，这样一个根深势大的重量级人物起兵反叛，必将产生"振臂一呼、应者云集"的可怕效应，从而引发巨大的政治离心力，促使更多的门阀世族和元勋显宦激生出谋求天下的政治野心！

杨广的担心是对的。

战报中说：杨玄感自黎阳（今河南浚县）起兵后，四方纷起响应，短短时间部众就达到十几万人。就在杨广围攻辽东的同时，杨玄感已经迅速兵临洛阳城下，对帝国的政治中枢造成了严重威胁。此外，杨玄感围城不过数日，洛阳城中的贵族和高官子弟竟然有四十多人出城投降，如韩擒虎的儿子韩世谔、观王杨雄（杨坚族侄）的儿子杨恭道、来护儿的儿子来渊、周罗睺的儿子周仲、虞世基的儿子虞柔、裴蕴的儿子裴爽、郑善果的儿子郑俨等等。杨玄感为了收拢人心，一律对他们委以重任。

看着这一大串熟悉的人名，杨广的心头不禁掠过一阵强烈的恐惧。

这是他一生中从未有过的对于皇权失落的恐惧。

杨广即刻下令逮捕随军出征的杨玄感的两个弟弟：虎贲郎将杨玄纵和鹰扬郎将杨万石。

但是，杨广迟了一步。

早在数日前，二杨已经接获兄长密信，然后在杨玄感的密友、兵部侍郎斛斯政的帮助下暗中逃离了军营。此时，斛斯政已经暗中投奔了高丽人，而杨氏兄弟也正飞奔在南下东都的路上。杨广勃然大怒，一边下令在军中彻查杨氏同党，一边快马传书，命各地官吏严密盘查过往行人，务必捉拿杨氏兄弟。

数日后，杨万石在高阳郡（今河北定州市）被抓获，随后押至涿郡斩首；只有杨玄纵成功逃回了杨玄感的驻地。

大业九年（613）六月二十八日深夜，二更时分，隋朝东征大军的所有将领被秘密召至天子御帐中，准备接受最新的指令。

杨广反剪着双手背对众将领。在一阵长久的沉默之后，众将看见面白如纸的皇帝缓缓转过身来，艰难地从嘴里吐出了两个字：班师。

一场一百万人的大撤退，就这样在夜色的掩护下悄悄进行。所有人都接到了一个相同的命令：除了随身武器之外，任何人不准携带任何一件多余的东西。

第二天清晨，当辽东城中的高丽侦察兵蹑手蹑脚地接近隋军营地的时候，眼前的一幕让他们目瞪口呆——所有武器、粮草、装备、帐篷、辎重、攻城器械，外加一百多万个已经填满泥土的大布袋，全都原封不动地堆在那里，而整座隋军大营则静悄悄地空无一人。

一夜之间，一百万隋军士兵仿佛人间蒸发了，一个也没有剩下。

这唱的是哪一出？

用了好长时间，高丽人才回过神来——原来一场灭顶之灾已经和他们擦肩而过。

高丽军队在城中敲锣打鼓，庆贺他们绝处逢生。不过整个上午他们都还心有余悸，不敢贸然出城，直到午后才派出更多侦察兵往各个方向去查看，但仍然担心隋军在使诈。两天后，当高丽军队确定隋军已经撤离，才出动骑兵一路尾随，在隋军横渡辽水的时候发动攻击，砍杀了数千隋兵。

隋朝大军无心恋战。他们抛下遭受围攻的殿后部队，头也不回地朝本国边境狂奔而去。

第二次东征高丽就这样无果而终。

三四 / 杨玄感叛乱

冰冻三尺，非一日之寒。

杨玄感的叛乱虽然来得极为迅猛而突然，但是他夺取天下的政治野心是由来已久的。

在所有兄弟当中，杨玄感最酷似他的父亲杨素——"体貌雄伟，美须髯"；"好读书，便骑射。"(《隋书·杨玄感传》) 他年轻时因父荫而位至柱国（勋官二品），与父亲杨素在朝会上位列同班。当时杨坚觉得不妥，便当廷宣布把他的官秩降了一品。杨玄感随即拜谢，说："没想到陛下对微臣如此恩宠，居然在朝堂上成全了臣的个人孝心！"

一句话，不但化解了自己被当廷降级的尴尬，而且同时维护了三个人的脸面，让皇帝高兴，让父亲欣慰，还令他本人博得了忠孝之名，真可谓一言既出，三全其美。

很多朝臣当时便料定：如此聪明的一个年轻人，其前程一定不可估量。

杨玄感早年历任郢州（今湖北钟祥市）、宋州（今河南商丘市）刺史，在地方上政绩颇著。杨素死后，杨玄感回到中央，袭爵楚国公，拜鸿胪寺卿，不久擢升礼部尚书。由于出身名门、位尊爵显，加上具有较高的文学修养，使得杨玄感的盛名远播海内，天下名士纷纷趋附，竞相来往于他的门下。

这一切，当然会引起杨广的猜忌。

同时，杨玄感也感到了强烈的不安。

其实，杨玄感的不安早在杨素在世的时候就已经开始了。众所周知，杨素既是隋朝的开国元勋，又在杨广夺嫡继位的过程中建有大功，所以晚年不免居功自恃，多次在杨广面前流露出骄矜之色，被杨广视为"无人臣之礼"，于是君臣间猜忌日深。幸而不久后杨素去世，才避免了一场兔死狗烹的悲剧。

过后，杨广曾亲口对左右说："倘若杨素不死，终将被族诛！"

这句话很快就传进杨玄感的耳中，令他大为恐惧。他深知，杨氏一门权倾朝野，又盛名于天下，满朝文武又多是父亲当年的手下将吏。如此雄厚的政治资本，必定会被天子视为严重威胁，所以天子才故意放出那句话，目的就是对他们杨氏一族进行警告。

　　杨玄感觉得，杨广那句话就是悬在杨氏族人头上的一把利剑，随时都有可能掉下来。

　　与其坐致危亡、任人宰割，不如铤而走险、放手一搏！

　　从此，杨玄感开始和他的弟弟们日夜密谋，准备发动政变，废黜杨广，拥立秦王杨浩（杨广的侄子）为帝。大业初年（605），杨玄感随同杨广西巡，行至大斗拔谷的时候，部分随驾官员和卫戍部队与天子失散，杨玄感立刻准备下手袭击杨广。可他的叔父杨慎极力劝阻，认为当时人心稳定，国势强盛，动手的时机尚不成熟。

　　杨玄感只好放弃。几年后，杨广开始计划远征高丽，杨玄感遂主动向兵部请缨，表示愿意领兵出战。

　　他之所以这么做，一方面是想借此表现忠心，麻痹杨广；另一方面，则是想掌握兵权，借机起事。杨广果然被他迷惑，对其忠心大加赞赏，说："将门必有将，相门必有相，此言果然不虚！"随后便逐渐恢复了对他的信任，并时常让他参与中央决策。

　　大业九年（613）二征高丽，杨广将杨玄感派驻黎阳仓，让他负责督运军队粮饷。当时，农民起义已经大面积爆发，天下人心乱，杨玄感遂故意拖延东征军队的补给，试图以此削弱隋军的战斗力，让他们被高丽人消灭在辽东战场上，然后趁机起事。

　　杨广发现粮饷不继，一再发令催逼。杨玄感担心夜长梦多，于是断然起兵，挥师直取东都，并向天下人发出了这样的口号："我身为上柱国，家累巨万金，至于富贵，无所求也。今者不顾破家灭族者，但为天下解倒悬之急、救黎元之命耳！"（《隋书·杨玄感列传》）

　　杨玄感夺取天下的第一步，就是直取东都。这虽然在很大程度上摇撼了隋王朝的统治根基，在政治上可以算是一着妙棋，所以一下子就得到了广大贵族子弟的响应和追随，但是，从军事角度以及长远规划的角度来看，此举显然不是上策。

关于这一点，早在杨玄感起兵之初，他的一位多年密友也是他起事后最主要的一位智囊就已经告诉过他了。

可惜，杨玄感没有重视他的意见。

向杨玄感献策而不被采纳的这位智囊，就是日后瓦岗寨的义军领袖、在隋末群雄中声誉卓著的一位重量级人物——李密。

和杨玄感一样，李密也是贵族之后。其父李宽是隋朝的上柱国，封蒲山公，虽不及杨氏显赫，却也是名重一时的人物。

李密从小志向远大，仗义疏财，喜欢广交朋友。但是，他的仕途远没有杨玄感那么顺利。他早年曾在宫中担任禁军将领，有一次当值，杨广恰好从他身边经过，忽然停在他面前，意味深长地看了他一眼，随后就告诉宇文述："刚才左翼卫队中有个皮肤黝黑的年轻人，我发现他的眼神异于常人，最好不要让他担任禁军侍卫。"

李密就因为皇帝的这句话丢了官，从此与仕途绝缘，在家中闭门读书。他曾经骑在牛背上读《汉书》，旁若无人，浑然忘我，被杨素遇见，视为奇人。杨素请他到家中一番畅谈，大为钦佩，对杨玄感说："李密见识深远、气度不凡，你们兄弟无人可及。"从此，李密便与杨玄感成为好友。

二人虽成莫逆，但身份地位相差悬殊，所以杨玄感有意无意之间，还是会瞧不起这个从贵族沦为寒士的李密。

李密看在眼里，有一天忽然对杨玄感说："朋友相交，贵在坦诚，我今天就不奉承你了。说实话，如果是两军对垒，决断战机，呼啸冲锋于敌阵之中，我不如你；可要是驱策天下贤俊，让他们各安其位、各尽所能，你不如我！既然如此，你怎能自恃阶高，轻视天下士人呢？"杨玄感闻言大笑，从此更加佩服李密。

杨玄感起事后，李密自然被他视为心腹智囊。杨玄感问李密："你一向以拯济苍生为己任，如今时候到了，你有何良策？"

李密就是在这个时候，向杨玄感提出了谋取天下的上、中、下三策。

他说："天子出征，远在辽东塞外，距幽州（涿郡）足有一千余里，南有大海（渤海），北有强大的胡虏（西突厥、契丹等），中间仅有辽西走廊是其与国内联系的唯一一条生命线，形势极为险峻。如果你亲率大军，出其不意、长驱直入占领蓟县（涿郡郡治所在地），夺取临渝（今河北抚宁县东），控其险要，扼其咽喉，那么东征军归路既被切断，高丽人势必从他们背后发起攻击。旬月之间，粮秣给养告罄，军队不战而溃，你就能兵不血刃地将杨广擒获！此乃上策。"

杨玄感略微沉吟，说："告诉我中策。"

李密说："关中自古乃四塞之地、天府之国，如今虽有隋将卫文升据守，但此人不足为虑。我们若率大军击鼓向西，所经城池一律不加攻打，直取长安，收其豪杰，抚其士民，据险而守。天子纵然班师，但根据地已失，我们便有足够的时间审慎筹划，稳步进取。"

杨玄感又想了想，说："告诉我下策。"

那一刻，李密若有所思地看了杨玄感一眼，杨玄感也回视了李密一眼。

就在那一瞬间的眼神交流中，李密对未来已经有了一丝不祥的预感。他预料杨玄感一定会选下策，而下策必将招致灭亡。

这样的预感让李密很悲伤，但他还是把下策说了出来："派出精锐，昼夜奔驰，袭取东都，号令天下！问题是，万一一百天拿不下来，天下之兵四方而至，那就不是在下所能预料的了……所以，这是下策。"

果不其然，当李密不得不说出下策时，杨玄感发出了一声不以为然的冷笑。他说："你所谓的下策，实乃上策！如今百官眷属皆在东都，若先取之，足以动摇士心、颠覆国本。倘若所经城池概不攻拔，何以显示义师威武？"

李密沉默了。

他太了解杨玄感了。这是一个被一帆风顺的命运宠坏了的世族子弟。他身上的自负、虚荣与骄矜，简直和杨广如出一辙。

在追求成功的道路上，他们都喜欢走捷径。但是有时候，"捷径"也可以用另外一个词来表达——短路。

是的，短路。所谓快速成功的终南捷径，往往也是通向灭亡的最短道路。这句话对于杨广适用，对于杨玄感同样适用。

李密现在就很想把这句话告诉杨玄感，可最后他还是忍住没有说。

因为他知道，说了也是白说。

杨玄感率大军围困洛阳后,一边日夜猛攻,一边分兵数路,扼守洛阳外围的战略要地,并切断了各个方向的补给线:以五千兵力封锁慈涧道(洛阳城西),另派五千人封锁伊阙道(洛阳城南),负责阻击关中方向来的隋朝援军;命韩世谔率三千人进围洛阳东面的荥阳(今河南荥阳市),命顾觉率五千人攻占虎牢关(今河南荥阳市西),负责抵御南下的隋朝援军。

东都危在旦夕。留守长安的代王杨侑急命刑部尚书卫文升率兵四万驰援东都。卫文升经过华阴(今陕西华阴市)时,特意命人掘开坐落在此的杨素墓地,并且剖棺戮尸、剉骨扬灰,以此向杨玄感表示不共戴天之仇和决一死战之心。

随后,卫文升率部穿过崤谷(今河南三门峡市东南)和渑池(今河南渑池市),一面与叛军作战,一面迅速进抵金谷园(洛阳西北)。

杨玄感出兵迎战卫文升。他身先士卒,每战必手执长矛冲锋陷阵,隋兵大为震骇,惊呼项羽再生。双方经过多日交战,隋军数战皆败,士卒几乎伤亡殆尽,加之粮草不继,卫文升只好率残部退守邙山南麓。杨玄感乘胜追击,准备将隋军全歼。不料,他的弟弟杨玄挺竟然在混战中被流箭射死,杨玄感不得不稍稍退却。

就在洛阳岌岌可危、卫文升又濒临绝境的时候,隋朝的远征军终于回师中原。

战场上的形势开始逆转。

杨广命虎贲郎将陈棱进攻杨玄感的根据地黎阳,命左候卫将军屈突通进驻河阳(今河南孟州市),命左翊卫大将军宇文述率大军随后跟进,又命来护儿从东面驰援东都。

一切都在李密的预料之中,甚至比李密预料的更遭——起事还不到一个月,天下之兵已经蜂拥而至。

然而,此时的杨玄感仿佛没有意识到危险的来临。他不但日渐疏远李密,转而信任别的谋士,而且在部将李子雄的煽动下企图称王,只是被李密劝阻才悻悻作罢。李密对左右感叹道:"楚公热衷于造反,却不知道如何取得最终的胜利,我等现在尽成瓮中之鳖了。"

面对隋朝大军对他形成的反包围,杨玄感再次犯下了一个不可饶恕的战略错误。他听信李子雄的计策,把本来就不多的兵力分成两路,一路抵拒已经屯兵黄河北岸的屈突通，一路继续进攻卫文升。但是，屈突通很快就突破了他的防线，顺利渡过黄河，与卫文升部和洛阳城中的樊子盖部遥相呼应，对杨玄感形成了前后夹击之势。

杨玄感败局已定。

直到此刻，他才决意实施李密当初提出的中策——西进关中，据守长安。

大业九年（613）七月二十日，杨玄感无奈地解除了对东都的包围，率部西进潼关。宇文述与屈突通、来护儿、卫文升等人合兵一处，率大军在背后拼命追击。

数日后，杨玄感进至弘农（今河南三门峡市）。时任弘农太守的蔡王杨智积（杨坚侄子）对左右说："杨玄感西取关中的计划一旦成功，将来就很难收拾了。我们现在想办法套住他，让他无法西进，不出十天，定可将其生擒！"

杨智积随后派了一些父老，出城拦住杨玄感的马头，说："如今弘农兵力薄弱，防守空虚，但囤积了很多粮草，很容易攻取。"杨玄感信以为真，立即兵临弘农城下。杨智积顺势登城叫骂，诱他攻城。杨玄感果然大怒，命令士兵停止西进，开始进攻弘农城。

面对如此不可救药的杨玄感，近乎绝望的李密最后一次规劝他："用兵之道贵在神速，何况追兵转眼立至，岂能在此逗留！如果进不能入据潼关，退又无险可守，大军一旦溃散，你拿什么保全自身？"

可是，杨玄感什么都听不进去。

杨智积略施小计，就把他牢牢锁定在了弘农城下。事实上，弘农城并不像那几个一脸厚道的父老所说的"兵力薄弱，防守空虚"，而是兵力强大、城防坚固。

杨玄感猛攻三天，弘农城纹丝不动。等到杨玄感回过神来准备放弃弘农、继续西进的时候，宇文述的几十万大军已经铺天盖地地杀到了。

杨玄感布阵五十里，且战且退，一天之内三战皆败。

八月初一，杨玄感退至董杜原（今河南灵宝市西），在这里被迫与隋军进行决战。

战斗的结果可想而知——杨玄感全军覆没，仅带着十余骑兵逃奔上洛（今陕西商州区）。到最后，连那十几名骑兵也各自逃散，杨玄感身下的坐骑也被射杀，他只好和他的弟弟杨积善徒步逃亡，来到了一个叫"葭芦戍"的地方（今河南灵宝市西南）。

那一年秋天的旷野上，杨玄感和杨积善就这样没命地奔跑着，远远看上去就是两个小黑点，在辽阔苍茫的天地之间微微蠕动。

最终，杨玄感停下了脚步，对杨积善说："我不能接受别人的杀戮和侮辱，你取我的性命吧。"

当生命与尊严二者不可得兼时，贵族杨玄感宁可选择后者，也绝不让自己的生命只靠蠕动来延续。

没有人知道杨积善手起刀落的那一刻，杨玄感脸上是一种怎样的表情。也许那上面什么都有，诸如困惑、悔恨、痛苦、愤怒、绝望，等等，也许什么都没有，只有一脸木然。

杨积善杀掉杨玄感后，企图自刎，但下手不够狠，仅仅在脖子上抹了一道口子，随即被追兵抓获，与杨玄感的尸体一起被送到了杨广面前。杨广盯着杨玄感那颗污血凝结的头颅，大感快意，但仍觉余恨未消，遂下令在洛阳闹市寸磔杨玄感的尸骸，将其切成碎块，剁成肉酱，最后扔进火中烧成了灰烬。

杨积善向杨广苦苦求饶，自称他曾手刃杨玄感，希望以此微功乞求活命。杨广瞪着他看了很久，扔下一句话："倘若如此，那你更是一只可恶的枭鸟！"遂把杨积善的姓改为"枭"，然后命文武百官或用刀砍，或拿箭射，一直把杨积善砍得血肉模糊、射得像一只刺猬，最后才把他的尸体车裂。

杨玄感自大业九年（613）六月初三在黎阳起兵，到八月初一兵败身亡，前后还不到两个月。

杨玄感叛乱虽然旋起旋灭，但它给杨广和隋帝国刻下的政治伤口没那么容易愈合。自从这场叛乱之后，杨广无奈地发现：自己的政治威望已经被严重削弱，人气指数急剧下滑，降到了他即位以来的最低点。

还有什么比这个更能让一个骄傲的帝王感到失望和恼怒的呢？

杨广决定大开杀戒，借以震慑天下，重塑威望。他对负责追查杨氏同党的大臣说："杨玄感振臂一呼，从者十万！以此足以证明，天下的人口太多也不是什么好事，太多了就会相聚为盗。此次的一干人犯若不彻底追查、一概诛杀，就无以警醒当世、惩戒将来！"

在杨广的旨意下，大臣们依照宁枉勿纵的原则开始大肆株连，上至当朝大员，下至普通士民，一口气捕杀了三万多人，流放了六千多人。此外，由于杨玄感围攻东都时曾经开仓赈粮，于是朝廷便将当时接受赈济的百姓全部活埋，一个也没有放过。

至此，这个世界上跟杨玄感有过丝毫瓜葛的人，几乎都被无情地抹掉了。

只有少数漏网之鱼逃过了这场大屠杀。

其中一个就是李密。

早在杨玄感兵败之前，李密就已悄悄地离开了他，准备投奔其他义军，不料半路上被隋军抓获。李密用黄金贿赂看守，使他放松了管制，然后趁其不备再度逃亡，投奔了平原郡的变民首领郝孝德。

兵荒马乱中，隋朝官吏以为漏掉的只是一只小虾米。

可他们没想到，短短几年后，这个叫李密的人就成了一条翻江倒海的大鱼。

三五 / 杨广的自慰：三征高丽

东征高丽成了杨广生命中最可怕的一场噩梦。

连续两年，发兵两百多万，耗费资财无数，国库为之一空，天下萧然，民生凋敝，可换来了什么呢？除了盗贼成群，烽烟遍地，世家大族离心离德，整个帝国伤痕累累之外，东征高丽没有给杨广带来任何好处。

杨广陷入了前所未有的纠结之中。

是要从此金盆洗手，坦然承认失败，把目光和精力转向治理内政，还是要再接再厉，愈挫愈勇，在哪里失去的就从哪里找回来？

疯狂的杨广最终选择了后者。

他要整兵再战——三征高丽！

大业十年（614）二月初三，杨广诏令百官就三征高丽之事举行廷议。可是一连三天，隋帝国的朝会大殿上始终鸦雀无声，文武百官没有人发出一个字。

二月二十日，集结军队三征高丽的诏令再度传遍隋朝天下。

从某种意义上说，这是大隋王朝的死亡通知书。就在这张死亡通知书发出的四年后，曾经繁荣而强大的隋王朝便轰然瓦解、不复存在了。

大业十年（614）三月十四日，杨广率领三征高丽的大军向涿郡出发。

士兵们一路上纷纷逃亡。

三月二十五日，杨广抵达临渝宫（今河北抚宁县东），在郊外祭祀黄帝，并斩杀抓回来的逃亡士卒，用他们的鲜血祭祀战鼓。

然而，士卒大量逃亡的现象依旧屡禁不止。

七月十七日，杨广终于带着这支充满恐惧和抵触情绪的军队到达怀远（今辽宁辽中县）。同时，来护儿的水军渡过渤海，在毕奢城大败前来迎战的高丽军队，并乘胜渡过鸭绿江，兵锋直指平壤。

此时的高丽，实际上也已经精疲力竭了。

很显然，这是一个麻秆儿打狼——两头怕的局面。这两次丧师费财的大战固然拖垮了隋帝国，但同时也让小小的高丽元气尽丧。此刻的高丽军民普遍存在着怯战心理，尤其是一年前的那场辽东之战，至今还让他们心有余悸。

面对卷土重来的隋朝水陆大军，高丽王高元也是惶惶不可终日。

他最终只好选择了妥协。

七月二十八日，高元遣使前往隋军大营，向杨广奉上了降表。为了表明诚意，高元特意把逃亡高丽的斛斯政逮捕，用囚车押回。

如果是前两次，杨广一定会断然拒绝，并且亲自攻进平壤，活捉高元。但这一回，杨广却忍不住一阵窃喜。

因为，今非昔比了。大隋帝国风起云涌的叛乱，已经不能让杨广再漠然置之了。只要能尽早使高丽臣服，让自己捞回一个大隋皇帝应有的面子，杨广就感到很满意了。更何况，一路上亲眼看见那么多士兵不顾砍头的危险纷纷逃亡，更让他这个南征北战的皇帝对隋军的真实战斗力有了一个比较理性的评估。假如真的跟高丽决战，是否能踏平这个强悍的小国，是否真能把高元手到擒来，其实也还是个未知数。

所以，面对高元那份辞真意切的降表，杨广不假思索地接受了，并即刻传令来护儿班师回朝。

三征高丽就这么不尴不尬地落下了帷幕。

杨广和他的帝国，终于取得了一个聊胜于无的、充满自慰色彩的胜利。

对隋帝国的许多将领来讲，这种意淫式的精神胜利让他们感到极为难堪。不，是万分耻辱！

一征高丽大败而回，二征高丽无果而终，三征高丽不了了之，这算哪门子事？

就在杨广明令来护儿班师的时候，老将来护儿就曾经想抗命不遵、自取平壤。（《资治通鉴》卷一八二：来护儿集众曰："大军三出，未能平贼，劳而无功，吾窃耻之！"）虽然来护儿最后还是被部下劝服，悻悻然班师回朝，但三征高丽最终居然是这样的结果，实在是让人有理由为之扼腕。

大业十年（614）八月初四，杨广从怀远班师。大军行至邯郸（今河北邯郸市）时，当地变民首领杨公卿突然率八千人偷袭了禁军后卫第八队，在皇帝的眼皮底下抢走了四十二匹膘肥体壮的上等御马。

此次遭袭虽然没有对杨广造成威胁，却在杨广心中投下了一道挥之不去的阴影——如今的隋朝天下到底有多少反叛？

没有人数得清，几年来隋帝国到底爆发了多少叛乱，冒出了多少反贼，唯一能描述事实的说法只能是——数不胜数。

自杨玄感起兵后，新一轮农民起义的数量更大、范围更广，几乎到了无郡不乱、无处不反的地步。下面，我们就罗列一张清单。这张清单很长，而且是不完全统计：

大业九年（613）七月，余杭（今浙江杭州市）人刘元进、梁郡（今河南商丘市）人韩相国各自起兵响应杨玄感。刘元进部众数万，进据吴郡（今江苏苏州市），自立为天子、设置百官；韩相国部众十余万，被杨玄感任命为河南道元帅。

八月，吴郡人朱燮、晋陵（今江苏常州市）人管崇起兵，共推刘元进为主，随后皆任尚书仆射，有部众十万，屡破隋兵。同月，信安（今广东高要）人陈瑱起兵，部众三万，攻占郡城。

九月，东海（今江苏连云港市西南）人彭孝才起兵，济阴（今山东曹县西北）人吴海流起兵，苍梧（今广西梧州市）人梁慧尚起兵，东阳（今浙江金华）人李三儿、向但子起兵。

十月，东郡（今河南滑县东）人吕明星起兵。

十二月，唐县（今河北唐县南）人宋子贤，自称弥勒佛下生，聚众举行"无遮大会"，准备起兵袭击路经此地的杨广，后来事泄被杀。同月，扶风（今陕西凤翔县）一个叫向海明的和尚亦自称弥勒出世，率数万部众起事，随后称帝，改元白乌。

日后声势浩大的杜伏威、辅公祏起义，也是发生在这个月。杜伏威是章丘（今山东章丘市）人，辅公祏是临济（今山东章丘西北）人，二人是刎颈之交。杜伏威时年才十六岁，但勇猛异常，出战必定在前，撤退必定殿后，所以被部众推举为首领。杜伏威自称将军，率部转战淮南，先后吞并了另外两支变军苗海潮和赵破陈的部众，声势大振，随即进逼江都，大破江都留守宋颢的部队。

大业十年（614）二月，扶风人唐弼起兵，自称唐王，立李弘芝为帝，有部众十万人。

四月，彭城（今江苏徐州市）人张大虎起兵。

五月，延安（今陕西延安市）人刘迦论与匈奴人结盟，自称皇王，改元大世，有部众十万人。

六月，建安（今福建建瓯市）人郑文雅、林宝护起兵，部众三万，攻占郡城。

十一月，长平（今山西高平西北）人司马长安起兵，攻占郡城。同月，离石（今山西离石区）的匈奴部落酋长刘苗王聚众起事，自称皇帝，部众数万人，大破前来围剿的隋军。

大业十一年（615）二月，上谷（今河北易县）人王须拔起兵，称"漫天王"，国号燕；另一变民首领魏刀儿，号"历山飞"；各有部众十余万，北联东突厥，转战于燕赵地区（今山西、河北等地）。

……

这个刚刚取得统一还不到三十年的隋帝国，如今已然分崩离析、摇摇欲坠，而大业初年那个"社会稳定、民生富庶、四海升平、万邦来朝"的所谓盛世，也早已千疮百孔、面目全非！

仿佛只在转眼之间，隋炀帝杨广就驾着他的帝国马车，从大业的巅峰一头坠入了黑暗的深渊。

可是，这一切并未引起杨广的充分警觉。他依然自信满满地认为，遍布天下的这些造反的泥腿子，都不过是乌合之众，不用几年就会被官军荡平剿灭。所以，在他看来，皇皇大业仍将一如既往地向前推进，任何人都无法阻挡……

大业十年（614）十月底，杨广刚回到西京长安，就迫不及待地发布了一道诏书，命令已经向隋朝投降的高元按照臣藩之礼入朝觐见。

为了征服高丽而付出了惨重代价的大隋天子杨广，需要一点最起码的补偿。哪怕纯粹是精神上的。

然而，让杨广大失所望的是——高元一点反应也没有。

杨广在长安苦等多日，不用说高元，连一根高丽人的毛都没见着。

诈降，又见诈降！为何我的人生总见诈降？

杨广恼羞成怒，几欲吐血。

最后，杨广发出了一声歇斯底里的怒吼——老子要四征高丽，谁也别拦着我！

是的，杨广说他要四征高丽。

即便不能证明自己可以，他也要证明自己不可以。

然而，不管可不可以，杨广已经什么都证明不了了。倒不是说有谁成功地劝阻了他，而是空空如也的国库拦住了他——如今的隋帝国，再也没有那份雄厚的国力，可以为杨广提供一百万军队及其所需的物资和粮饷了。

意识到这一切的时候，杨广郁闷难当。为了消除自己的郁闷，杨广决定第四次北巡。四征高丽的钱花不起，四次北巡的钱他还是花得起的。

大业十一年（615）八月初五，杨广向帝国的北部边境出发了。

此时的杨广并不知道，一场比三征高丽的失败更让他难以想象的噩梦，正悄悄匍匐在道路的前方。准确地说，它匍匐在雁门郡。

三六 / 雁门之围：惊魂三十三天

秋天的塞北高原。天似穹庐，笼盖四野。

一望无际的原野上，盛大的天子车队浩浩荡荡向北而行，连绵不绝的各色旌旗在朔风中猎猎招展。一只孤独的苍鹰在车队上空无声盘旋。绕了几圈后，它忽然投下莫名而惊惶的一瞥，振起羽翼向远方天际急急掠去。

大业十一年（615）八月十二日，天子车队缓缓抵达雁门郡（今山西代县）；齐王杨暕（杨广次子）率后卫部队驻扎崞县（今代县南崞阳镇）。

此时，雁门以北的大地正滚过一阵剧烈的战栗。

那是铁蹄践踏下的战栗。四天前，东突厥的始毕可汗率领数十万精锐骑兵从塞外呼啸南下，此刻正风驰电掣般地朝雁门扑来。

他的目标是——杀死杨广。

始毕可汗是启民可汗之子，名叫阿史那咄吉。大业五年（609），启民可汗卒，咄吉继位。前文已述，启民可汗之所以能够坐稳可汗的位置，并且在后来的许多年里不断发展壮大，全赖隋朝的鼎力支持和悉心保护，所以他才会对隋朝感恩戴德，并终身以臣藩之礼恭谨事隋。毫不夸张地说，隋朝对启民及其部族恩同再造。对此，启民自己也是没齿不忘。按道理，始毕应该和其父一样，深深感念隋朝的恩德才对，可现在为什么会突然反目呢？

原因有二：第一，时移势易。第二，杨广一朝的外交战略出了问题。

首先，当初的启民只是突厥的小可汗，而且被大可汗都蓝打得差点儿灭族，所以除了寻求隋朝的庇护之外，没有其他的路可走，当然要对隋朝执臣藩之礼。可到了始毕可汗这一代，形势已不同往日：东突厥不但已经在隋朝的羽翼之下逐渐发展壮大，而且早已离开河套地区的"庇护所"，回到了漠北的广阔天地。换言之，如今的始毕可汗无论是地盘还是实力，比之当年的都蓝或沙钵略都已有过之而无不及。所以，他事奉隋朝必然不会像启民当初那么恭谨。

其次，为了制约势力逐渐膨胀的始毕，裴矩依照当年长孙晟的战略，建议杨广对突厥实施离间，亦即以宗室女嫁给始毕的弟弟叱吉，然后封他为南面可汗，以此牵制始毕。杨广依计而行，不料叱吉因畏惧始毕，根本不敢接受隋朝的赐婚，所以隋朝的离间之策便落空了。而始毕得知此事后，对隋朝的态度自然更加不逊。

裴矩一看离间之策落空，顿时恼羞成怒。为了泄愤，他想了一个阴招，以贸易之名将始毕可汗的一个心腹谋臣史蜀胡悉诱杀于马邑（今山西朔州市），然后派人通知始毕可汗说："史蜀胡悉背叛可汗前来投降，我已为你把他斩杀。"

始毕可汗当然不可能傻到相信他的话。所以，裴矩使用如此阴损的招数，除了令事态恶化之外，别无任何好处。从此，始毕可汗便断然与隋朝决裂，再也不入朝纳贡了。

大业七年（611）后，隋朝叛乱蜂起，国力大为削弱，始毕可汗遂生出颠覆隋朝天下的野心。

几年来，他一直在耐心地等待。现在，杨广居然不顾突厥翻脸的危险出塞北巡，主动送上门来，始毕可汗当然不会放过这个机会。

八月十三日，也就是杨广到达雁门的第二天，始毕可汗的数十万铁骑就已将雁门团团包围。隋朝君臣惊恐万状，随驾的文武百官开始手忙脚乱地组织防御，命人拆卸民宅的木石修筑城防工事，同时部署军队防守四面城门。

然而，形势是严峻的。雁门城中的军民总计有十五万人。从人数上来讲，应该可以支撑一段时间，可关键的问题是——城中囤积的粮食只够食用二十天。

也就是说，如果援兵不能在二十天内到达，那么这十五万人——包括朝廷的衮衮诸公、隋朝的宗室成员，甚至包括天子杨广本人，都将被活活饿死！

突厥人的攻势异常凌厉，短短几天便把雁门郡下辖的四十一座城池攻克了三十九座，只剩下杨广所在的雁门和齐王杨暕驻守的崞县。突厥人彻底扫清雁门外围之后，才开始集中兵力猛攻雁门。战斗十分激烈，一支流箭甚至嗖的一声射到了杨广面前，只差几步就能把他射了个对穿。

那一瞬间，杨广心胆俱裂，遂下意识地抱住他的幼子赵王杨杲放声大哭。

杨广苦心维系了大半生的骄傲和尊严，就在这一刻轰然坍塌。一直到好几天后，人们还能看见杨广那异常红肿的双目和惊魂未定的眼神。

权力和地位并不能使人免于恐惧和软弱。尤其是在死神面前，一个皇帝的恐惧和一个平民的恐惧大抵相去不远；而由于各种外在包装的刹那脱落，使得一个天子的软弱，看上去往往要比一个草民的软弱更为不堪。

死神面前人人平等。

这似乎是上天在创造这个不公平的世界时唯一显得公平的地方。

面对突厥人夜以继日的进攻，宇文述担心城池随时可能陷落，于是劝杨广挑选数千精骑拼死突围。可他的提议遭到了多数人的反对。纳言苏威说："守城，我们的力量绰绰有余，而骑兵野战却是突厥人之所长。陛下是万乘之君，怎么能轻举妄动？"

民部尚书樊子盖也认为，应该坚守城池，摧折突厥人的锐气，然后紧急征调四方军队前来勤王。

除此之外，樊子盖还提了一条建议。

这条建议直接触及了当下最敏感的一个政治话题，以致杨广乍一听就有些冒火。樊子盖说："陛下应该亲自抚慰将士，告谕他们不再征伐辽东，并高悬重赏，如此自必人人奋发，何愁不能击退突厥！"

在场的内史侍郎萧瑀（萧皇后之弟）赶紧补充说："按突厥人的风俗，可贺敦（可汗的后妃）可以参与军事决策，依臣之见，应即刻遣使将陛下的处境告诉义成公主，就算没什么帮助，反正也不会有何损失。现在的问题在于：将士们普遍担忧，一旦解除了突厥的威胁，又必须去征伐高丽。倘若陛下公开宣布赦免高丽，晓谕将士一意对付突厥，则军心稳定，势必奋勇作战。"萧瑀话音刚落，近臣虞世基等人也连忙随声附和。

杨广算是听出来了，这帮人是拐着弯儿在劝谏哪！

不，岂止是劝谏，这简直是要挟——是借突厥人的刀在要挟啊！杨广愤怒地想，知道朕最终不会放弃四征高丽，你们就在这节骨眼儿上来这么一手。朕就奇怪了，守雁门和征高丽有必然联系吗？难道不放弃征高丽，这雁门就没法守啦？天底下有你们这么当臣子的吗？一看敌人把刀架到天子脖子上，就跟天子讲条件、做交易，这算是哪一门臣子？

杨广虽然很生气，可他没办法。

因为生死存亡的关头，他没得选。

交易就交易吧，杨广想，等老子离开这该死的雁门，到时候征不征高丽还不是老子一句话的事？

最后杨广点了点头，并即刻走到第一线视察和慰问将士，在宣布赦免高丽的同时又颁布命令："凡守城有功者，无论平民还是士卒，一律直升六品，并赏赐绸缎一百匹；六品以上官员则依序晋级。"诏命一下，士众欢呼雀跃，军心大振。于是在接下来的日子里，虽然突厥日夜猛攻，城中军民伤亡惨重，但雁门依然顽强屹立。

城池一时半会儿是攻不破的，要命的是——仓库的粮食在急剧锐减之中，吃一天就少一天。虽然实行了压缩配给，但是剩下的粮食已经屈指可数了。

形势万分危急，而突厥人把城池围得水泄不通，传令四方勤王的诏书又很难送出去。怎么办？

所有人绞尽脑汁想了十天，依旧一筹莫展。

到了第十一天，杨广大腿一拍，终于有了主意。

八月二十四日，数百根浮木被抛到流经雁门的汾水河上，并迅速顺流而下，漂向下游的各个郡县。每一根浮木上，都绑着一道用黄帛写就的勤王诏。

随后的日子里，各郡县长官相继接获诏书，纷纷募兵奔赴急难。在各郡应征勤王的队伍中，屯卫将军云定兴手下一个十六岁的小兵给他献了一计。

这一计，事后被证明取得了很好的效果。

这个小兵建议，队伍大量携带军旗和战鼓，然后大张旗鼓设置疑兵，借此迷惑敌人、制造恐慌。他说："始毕胆敢以举国之师包围天子，必定认为我们仓促之间不能及时救援，所以我们应该大张军容，白天令数十里幡旗绵延相续，夜晚则钲鼓齐鸣，让敌人以为我方援军已大量集结，势必闻风而遁。否则敌众我寡，万一突厥倾巢来攻，我们必定难以抵挡。"

云定兴觉得有道理，欣然采纳了这个十六岁小兵的建议。

这个小兵，就是李世民。

这是史书有载的李世民在隋末历史舞台上的第一次亮相。他的身份虽然有点卑微，但作为一个即将在几年后纵横天下的军事统帅，其智慧和谋略已经在此初露端倪。

杨广除了浮木传诏外，还采纳萧瑀的建议，派遣密使从小道潜行至突厥王庭，向义成公主求救。义成公主立即写信给前线的始毕可汗，谎称国内有变。

始毕半信半疑，但是连日来已经不断有侦察兵回报——隋朝东都及各郡援军已大量集结，正往雁门方向迅速移动，前锋已抵达忻口（今山西忻州市忻口镇）。

最佳战机已经错过了，再拖下去凶多吉少。

大业十一年（615）九月十五日，始毕可汗不得不命令军队即日解围，全线后撤。

杨广如释重负，立刻派出两千骑兵一路尾追，在马邑攻击并俘虏了两千多名突厥的老弱残兵，总算出了一口恶气。

突厥人撤退的那天，城中的粮食也告罄。所有人都长长地松了一口气——好悬！

雁门惊魂三十三天，杨广好似去鬼门关走了一趟。

和死神的这次亲密接触，给杨广留下了相当不愉快的记忆。

本来从大业八年起，杨广就得了失眠症，自这场"雁门惊魂"后，他更是患上了严重的神经衰弱。

不知道在那些辗转反侧的夜晚，杨广会不会屡屡坠入这样的梦境——

他了然一身、披头散发地奔跑在一条悬空的栈道上，左边是寒冰，右边是烈焰，后面是一群面目狰狞的人挥舞着刀剑在拼命追赶。

杨广没命地奔跑，而栈道一直在猛烈地摇晃。

不知道跑了多久，前面有一群人突然挡住了他的去路。他们目光如刀，面色如铁，看上去很面熟，可杨广无论如何就是看不清他们的脸。然后，杨广的脖颈被什么东西死死缠住了，而且越缠越紧、越缠越紧……

假如杨广做过这样的梦，那他很快就会知道——这不是梦，而是现实。

两年多后在江都离宫，虽然没有寒冰和烈焰，但确有一群"熟人"站在他的面前，然后用一条绢巾勒住了他的脖子……

三七 / 天下无贼

大业十一年（615）十月三日，杨广回到了东都。

一回来，杨广就做了三件事情，一一"兑现"他在雁门所做的承诺。

第一件事，是赏赐将士。

可是，杨广的赏赐不但没有引来将士们的感激和欢呼，反而招致一片怒骂。

因为，天子的出手异常吝啬，完全背弃了当初的诺言。豁出性命守卫雁门的将士有一万七千人，最后获得功勋的只有一千五百人；此外，官阶的封赏也比原来说好的低了很多，物质上的赏赐则连影子都没有。樊子盖极力劝谏，认为天子不能不讲诚信。杨广盯着他看了许久，说："你是想收买人心吗？"樊子盖吓得面无人色，一句话也不敢再说。

第二件事，就是关于再征高丽。

杨广同样出尔反尔，公开在朝会上兴致勃勃地提出了四征高丽的计划，令朝野上下瞠目结舌。

第三件事，是秋后算账。

杨广要跟大臣们算账——身为大隋臣子，竟敢在危急关头强迫皇帝与他们进行交易，这笔账岂能不算？

为了杀一儆百，杨广只单独拎出了一个人：国舅爷萧瑀。

杨广对文武百官说："突厥狂妄悖逆，能有什么作为？当初突厥围困雁门，只因未能及时解围，萧瑀就吓得不成样子，有失人臣体统，朕绝不宽恕！"

当天，萧瑀就被贬为河池（今陕西凤县）郡守，逐出了朝廷。

就是这个萧瑀，日后成了大唐开国的民部尚书、高祖李渊的心腹重臣，封宋国公，至太宗时代更是位居宰辅，官任尚书左仆射。李世民给他的评价是："此人不可以厚利诱之，不可以刑戮惧之，真社稷臣也！"并曾赐一首诗给他，称："疾风知劲草，板荡识诚臣！"贞观十七年（643），萧瑀与长孙无忌等人的画像被并列悬挂在凌烟阁，成为历史上著名的"凌烟阁二十四功臣"之一。

大业十二年（616）正月初一，杨广在东都举行新年朝贺，天下有二十余郡的元旦特使缺席。

原因无非是两个：要么郡城已落入变民之手，要么是特使在中途被变民所杀。

这是隋王朝开国以来从未有过的事情。杨广终于意识到了问题的严重性，开始派遣十二路招讨使分赴各地，负责征调军队镇压叛乱。

到了五月，杨广在朝会上向大臣们询问叛乱的情形。宇文述说："渐渐少了。"杨广问："比以前少多少？"宇文述说："只剩下不到十分之一。"杨广看了看他，又把目光转向其他人。

纳言苏威垂下目光，悄悄把身子挪到了柱后。

杨广瞥了一眼，闷声喊道："苏威，你来回答。"

苏威硬着头皮走了上来，说："此事非臣主管，臣确实不知，只知道……忧患在逐渐迫近。"

杨广皱了皱眉头："这是什么意思？"

苏威看了一眼宇文述，又看了看皇帝和其他人。他知道，自己再不说实话，就没人跟皇帝说实话了。

但是，说实话需要付出代价，老臣苏威今天就决意承担这个代价。

他说："从前，叛贼据有长白山（距洛阳五百七十公里），而今却近在汜水（距洛阳六十五公里），皇上，您觉得这意味着什么？"苏威瞄了一眼皇帝，又说："况且，往日的租赋丁役，而今都无处征收，这难道不意味着百姓都变成盗匪了吗？据臣所知，最近各地奏报的叛乱情形多不属实，致使朝廷失去正确判断，所以不能及时剪除。再者，皇上当初在雁门曾经许诺不征辽东，而今再度征发兵粮，如此，叛乱又怎能止息？"

真是哪壶不开提哪壶！

苏威的最后这句话严重惹恼了杨广，以至于他前面说的那些全部被杨广当成了耳旁风。

进谏是一门精妙的艺术，并不仅仅是"忠心"二字所能概括，可惜老臣苏威不善此道。

杨广一言不发，立刻站起身拂袖而去。

五月初五端阳节，文武百官纷纷送上各种奇珍异宝向皇帝献媚，唯独苏威送了一本《尚书》。他在朝中的政敌立刻抓住把柄向皇帝告状，说：《尚书》中有'五子之歌'，说的都是夏朝君主太康如何荒唐暴虐、宴游无度，导致社稷倾圮、家国丧亡之事，苏威这是借此在影射皇上，其意大为不逊啊！"

杨广心中的怒火开始沸腾。

既然你苏威喜欢哪壶不开提哪壶，那朕就帮你提一提！杨广随即召见苏威，让他就四征高丽一事提出详细的计划。

那天，杨广一直盯着苏威那张忧国忧民的老脸，眼中充满了挑衅和揶揄。

苏威没有躲避，不卑不亢地提出了他的"计划"："此次东征，臣以为不必调动正规军，只要赦免天下变民，一夜之间便可得数十万人。派他们去东征最合适，这些人喜于免罪，必争先立功，高丽自可灭亡！"

此言一出，杨广仿佛挨了一记响亮的耳光，一张脸立刻涨得像猪肝。他拿高丽的事情为难苏威，就是想看苏威的笑话，不料反倒被他结结实实嘲弄了一把。

苏威啊苏威，你可真是头老狐狸！前几天问你"盗匪"的情况，你偏偏拿高丽说事，现在让你提四征高丽的计划，你就拿"数十万""盗匪"来抬杠。天下的"盗匪"有那么多吗？数十万？怎么从来没人跟朕提过？如果天下真有那么多"盗匪"，朕还能稳稳当当坐在这金銮殿上吗？你苏威分明就是危言耸听、信口雌黄！你是想借"盗匪"来吓朕，好让朕放弃东征是吧？告诉你，门儿都没有！

当天的廷对又闹得很不愉快。杨广满脸怒容，一言不发，苏威只好怏怏告退。苏威一走，御史大夫裴蕴马上奏称："苏威此言大为不逊，天下哪有那么多盗贼！"

"这个糟老头，一肚子诡诈！"杨广咬牙切齿，"想拿盗匪来威胁我，我恨不得赏他几个大嘴巴子！念在他是开国老臣，并且……"杨广故意顿了顿，接着说，"并且无甚重大过失，且再忍忍他吧。"

裴蕴一听就明白了。天子要苏威的"过失"，那还不是小事一桩？裴蕴随即唆使一个叫张行本的河南平民状告苏威，说："苏威当初在高阳（今河北定州市）选拔官吏时，曾经滥授职务；还有，苏威怕突厥人怕到了骨子里，雁门围解之后竟然连东都都不敢回，力劝皇上回西京，实在有失大臣风范。"

裴蕴设计的此次诬陷其实很不高明，其告状者的身份和告状词都破绽百出。试想，一个河南的小老百姓，凭什么论断苏威在高阳有过"滥授职务"的行为，他的标准是什么？证据在哪里？再者，雁门围解后苏威劝谏皇帝回西京的事情，他一个布衣张行本凭什么知道？就算知道，一个当朝宰辅向皇帝劝谏也是属于分内之责，什么时候轮到一个平头百姓来指手画脚、说三道四啦？

由此可见，裴蕴陷害同僚的手段实在很低级，很粗糙。

但是，这并不重要。因为，杨广要的就只是一个拿苏威开刀的借口，管它低不低级、粗不粗糙！

杨广即刻命有关部门对苏威立案审查，结果当然是"有罪"。于是，杨广下诏历数其罪，然后将苏威贬为庶民。一个月后，又有人上疏指控苏威与突厥人暗中勾结，图谋反叛。杨广命裴蕴调查，结果自不待言，苏威谋反罪名成立，被裴蕴宣判死刑。

苏威百口莫辩，只好向杨广磕头谢罪，并且磕得满头是血。

这下，杨广终于满意了，命人将他释放，说："暂时还不忍心杀他。"随后将苏威及其子孙三代的官爵全部罢黜，废为庶民。

大业十二年（616），四方叛乱愈演愈烈，帝国的现状令人触目惊心。隋王朝上至宰辅、下至黎庶都对此心知肚明，但是无人敢言。因为，皇帝杨广宁可相信他的宠臣宇文述说的是实话——天下的盗贼只剩下不到十分之一了。

换句话说，杨广宁可相信天下无贼。

这年初秋，在隋帝国上空漫天飞舞的坏消息，一条也没有飞进杨广的耳朵。

杨广只听见了一则好消息，一则令他龙颜大悦的好消息：当初杨玄感叛乱时，几千只龙舟全部被焚毁，现在，由宇文述督造的第二代龙舟又全部造好了，而且规模比第一代更大、装饰更为豪华。

杨广很高兴。自从大业八年（612）东征高丽以来，他已经好久没这么高兴了。善于察言观色的宇文述马上进言，劝他去江南散散心。杨广觉得有道理，当即宣布暂缓东征，择日南巡，三下江都！

一些有良知的官员再也不忍心保持沉默了。右候卫大将军赵才第一个站出来劝谏："今百姓疲劳，国库空虚，盗贼蜂起，政令不行，愿陛下早回西京，安抚万民！"

杨广不由分说地把赵才投进了监狱。

建节尉任宗第二个站出来劝谏，当天就在朝堂上被乱棍打死。

这一年七月十日，规模庞大、盛况空前的龙舟队第三次从东都洛阳出发了。

龙舟刚刚行至建国门，第三个不怕死的劝谏者又站了出来。他叫崔民象，是一个从九品的奉信郎。崔民象向杨广奉上谏书，开头第一句就是："今盗贼充斥……"杨广一看到这几个字，马上命人撕裂他的嘴巴，然后一刀砍了。

龙舟行至汜水，又一个九品的奉信郎王爱仁再次劝谏天子停止南巡、西返长安，杨广又砍了他，继续前行。

龙舟行至梁郡（今河南商丘市），当地百姓联名上书，说："陛下若执意南巡江都，天下将不再为陛下所有！"杨广勃然大怒，命人将他们全部砍杀。

后来就再也没人敢阻拦了，杨广乘坐的龙舟终于一帆风顺地驶向了江都。

离开洛阳时，意兴飞扬的杨广曾作诗向后宫嫔妃告别，其中一句是："我梦江都好，征辽亦偶然。"江都一直是杨广魂牵梦萦的地方，是他灵魂的故乡，所以他希望江都能够消除他的疲惫、抚平他的焦虑、疗治他的创伤，成为他生命中又一个崭新的起点。

可此时的杨广并不知道，这一去，他就再也没有回到洛阳。

美丽的江都，并非另一个崭新的起点，而是他生命的终点。

三八 / 李密：穿越生命的细管

李密先是投奔了郝孝德。可郝孝德当他是蹭饭的家伙，始终没给他好脸色看。

李密又投奔了王薄。王薄对他倒还客气，可一直把他当客人。虽然好吃好喝伺候，却始终让他在一边凉快着。

李密很郁闷——要想参与山寨决策，论资排辈，少说也要等上一百年。

郁闷的李密只好下山继续漂泊，由于身无分文，一路上只能以剥树皮、挖草根为生。后来再也走不动了，就在淮阳郡（今河南淮阳县）的一个小山沟里落脚，改名刘智远，教几个农村孩子读书识字，勉强糊口。就这么过了几个月，郁郁不得志的李密写下了一首五言诗，借以抒发自己年华虚度、壮志未酬的痛苦和失落。诗的最后几句是："秦俗犹未平，汉道将何冀？樊哙市井徒，萧何刀笔吏。一朝时运会，千古传名谥。寄言世上雄，虚生真可愧！"此诗既成，李密仰望苍穹，不觉悲从中来、泣下沾襟。

其实，李密的痛苦我们又何尝没有过呢？

我们虽不一定落魄到以剥树皮、挖草根为生，但我们同样会遭受逆境和困苦的折磨。在抵达成功之前，每个人都必须在逆境中一点一滴地艰难前行，没有人可以替代。

从这个意义上说，我们每个人都是一个"天蛾茧"。

天蛾茧的形状是：一端是个球形的囊，另一端是一条细管，就像化学实验室里的细颈瓶。当蛾出茧的时候，它必须从球形囊中艰难地爬过那条极细的管，才可能看见光明，最终在天空中振翅飞翔。人们对此都非常惊奇，蛾的身体那么肥大，而那条管子那么狭窄，它到底是怎样从细管中爬出来的？

生物学家说，蛾还是蛹的时候是没有翅膀的，所以蜕茧的时候就必须穿越细管，只有经过极其艰苦的挣扎，付出极大的力气和代价，促使身体内部的一种分泌液流到翅脉中去，它才能生出一双强有力的翅膀。

美国的考门夫人也收藏过一个天蛾茧。有一天，考门夫人发现茧里的蛹开始发动。她整个早晨很有耐心地守候在旁边，看它怎样努力和挣扎，可发现它一直没有什么进展。到了中午，考门夫人觉得它已经没有出来的希望了，于是决定帮它的忙。她拿起一把剪刀把茧上的丝剪薄了一些，想让它直接破茧而出。很快，天蛾毫不费力地爬出来了，但身体异常臃肿，翅膀异常短小。它不仅不能振翅飞翔，而且只蠕动了几下就死了。

考门夫人为此伤感了很久。

由此可见，逆境对于我们的意义，就像那根细管对于天蛾的意义一样，绝不是可有可无的。如果我们经不起逆境的考验，渴望上天或别人施以援手，让我们早日脱离困境，那么最终我们就会变成考门夫人手中的那只天蛾，在上天或别人的善意中夭亡。唯有通过我们自己的力量去战胜逆境，生命才可能获得真正的成长——就像最美的宝石来自于匠人的打磨，最好的钢铁来自于炉火的淬炼一样。

而616年的李密，当然也必须独自穿越属于自己的那根细管。

就在李密写下那首"反诗"之后，他的身份立刻引起了乡民的怀疑，有人到淮阳郡守那里告了密。官府立刻发兵前来搜捕，李密只好再度逃亡。

走投无路的李密最后逃到雍丘（今河南杞县），想投靠他的妹夫、雍丘县令丘君明。丘君明一看是李密，顿时吓了一大跳。

这个大舅子眼下可是朝廷追捕的要犯，是人人避之唯恐不及的丧门星啊！谁要是敢窝藏他，谁立马仕途玩完，脑袋搬家！

丘君明留也不是，不留也不是，最后只好把他送到一个密友王季才那里。所幸王季才是一个侠肝义胆之士，一向敬佩英雄豪杰，所以不但欣然收留，还把女儿嫁给了李密。

李密就这么捡了一条命，还意外地捡了一个老婆。如果不出现什么意外，李密很可能会在这雍丘地界上当一个循规蹈矩的倒插门女婿，日出而作，日入而息，平庸度日，直至终老。如果是这样，那么侠士王季才就跟考门夫人犯了一样的错误，帮了一样的倒忙。倘若如此，那历史上也就没有什么瓦岗英雄李密了。

不过，命运似乎注定要让未来的李密在隋末唐初的天空下振翅飞翔，所以，还没等李密享受完蜜月，命运马上又安排了一场灾难，再次把李密推进那根让他痛苦不已的细管。

早在李密刚刚来到雍丘县的时候，丘君明的堂侄丘怀义就马不停蹄地跑到朝廷告了密。杨广颁下一道敕书，命丘怀义用最快的速度把敕令交到梁郡通守杨汪手上，命他逮捕李密。杨汪接获敕令，立刻率兵包围了王季才家。

这一次，李密似乎在劫难逃了。可出乎所有人意料的是——官兵居然扑了一个空。

因为李密这天恰好出门，无意中躲过了一劫。可是，跑了和尚跑不了庙。一无所获的官兵一怒之下，把王季才一家和县令丘君明一家灭门，杀得鸡犬不留。

几十口人一瞬间都成了李密的替死鬼。李密悲愤交加，再次踏上漫漫的流亡路。

在一次又一次颠沛流离的逃亡生涯中，绝望的李密逐渐悟出了一个道理——对于一条没有方向的船来说，任何方向的风都是逆风。

所以，必须为自己的人生寻找一个坚定不移的方向。李密把历尽沧桑的目光投向帝国的四面八方，开始在隋朝末年弥漫的烽烟与熊熊的战火中重新寻找……

最后，他的目光终于停在了一个地方。

这个地方叫瓦岗。

瓦岗寨的首领名叫翟让，本来是东郡（今河南滑县）的一个法官（法曹）。可有一天，这个翟法官自己却犯了死罪，被关在牢里等候处斩。

一个叫黄君汉的狱吏向来很仰慕翟让，于是半夜偷偷摸到他的牢房，对他说："翟法司，如今的天意民心皆已彰显，眼看就要改朝换代了，你怎么还坐在这儿等死呢？"

翟让又惊又喜，马上从地上跳起来，说："翟让已是圈中待宰的猪羊，是生是死，全在先生手上。"

黄君汉打开翟让的枷锁脚镣，亲自把他送出了监狱。翟让感激涕零，不停地叩首，说："翟让万幸，蒙先生再造之恩！可我走了，先生怎么办？"

黄君汉大怒："本以为公是大丈夫，可以拯救天下苍生之命，所以我才冒死营救，怎么反而跟小儿女一样哭哭啼啼？你只管逃命吧，不用担心我。"

就这样，翟让逃离了近在咫尺的死神魔爪，一直逃到瓦岗（今河南滑县），于大业七年（611）聚众拉起了反旗。附近变民纷纷来附，部众很快发展到一万多人。在归附的人中，有两个勇猛过人的少年很快就引起了人们的瞩目，并在短短几年后迅速成长为隋末唐初叱咤风云的人物。

其中一个叫单雄信。还有一个叫徐世勣。

这个徐世勣，就是后来的初唐名将、名列"凌烟阁二十四功臣"之一的李世勣（李勣）。投奔瓦岗的这一年，徐世勣年仅十七岁。他祖籍离狐（今山东菏泽西北），后迁居卫南（今河南滑县东），字懋功，所以很多人也叫他徐懋功。他是个"富二代"，史称其"家多僮仆，积粟数千钟，与其父盖（徐盖）皆好惠施，拯济贫乏，不问亲疏"（《旧唐书·李勣传》）。

很显然，这样一个家境富裕、乐善好施的少年投身起义，绝不是迫于生计，而纯粹是为了实现他的人生抱负和自我价值。这样一种高起点，决定了少年徐世勣自然要比那些只知道抢粮、抢地盘的人拥有更为远大的发展空间。他后来的生命历程及其一生的辉煌功业，就很好地证明了这一点。

李密循着生命的新方向来到瓦岗，可他一来就傻眼了。

因为这里横行着一大群草头王，让他吃不准究竟要把自己的未来压在哪一杆旗帜上。

除了翟让之外，这里还有外黄（今河南民权县西北）人王当仁、济阳（今河南考县东北）人王伯当、韦城人周文举、雍丘人李公逸，等等，个个牛皮哄哄、眼高于顶。李密忙忙碌碌地穿梭于这群牛人之间，苦口婆心地向他们讲解"削平群雄，一统天下"的大计，可这帮牛人基本上都拿他当笑话，根本没人买他的账。

李密再度陷入了迷茫。

他不知道，自己还要多久才能爬出那根折磨人的细管。

在李密的苦苦等待和坚持下，一则改变他命运的歌谣终于随风吹到了瓦岗。

准确地说，这是一则政治歌谣，名叫"桃李章"。其大意是说杨氏终将灭亡，李氏终将兴起。瓦岗寨的这帮牛人不太相信一个读书人的什么天下大计，可他们很容易相信民间流传的政治谣言。所以，当他们一边回味着歌谣、再一边听李密畅谈大计的时候，这味道就越来越不一样了。

将取杨氏天下的人，莫非就是这个姓李的家伙？

后来，他们又听说了李密好几次大难不死的传奇故事，于是越看越觉得李密像是未来的帝王，对他的态度开始大为转变。

李密的好运终于来了。

通过这段时间对这些变民首领的仔细观察，李密已经牢牢锁定了一个人，决定将自己的未来与他的未来紧密捆绑。

他就是翟让。

李密觉得翟让是这帮牛人中实力最强的，而且麾下人才济济、极具发展潜力，于是便通过王伯当的引荐，正式加入了翟让的阵营。刚一加盟，李密就小小地露了一手——他向翟让献策，并且亲自运作，很快就把瓦岗周边的多股小盗匪成功收编，给老板送上了一份丰厚的见面礼。翟让喜出望外，顿生相见恨晚之感，开始让他参与山寨的决策。

李密遂力劝翟让夺取天下。他说："刘邦、项羽皆以布衣之身而成就帝王功业。如今主上昏庸无道，天下民怨沸腾，朝廷精锐之师尽丧于辽东，国家与突厥的关系也已全面恶化，而主上仍巡游江南，委弃东都，此乃刘邦、项羽奋起之时也！以足下之雄才大略，加之士马精良，足以席卷二京，诛灭暴虐，灭亡隋氏指日可待！"

翟让听完后笑了笑。他向李密道了声谢，然后说："我们只是群盗而已，且夕偷生于草莽之间，君之所言，非我所能及也！"

在这个世界上，人和人的差别是很大的。有的人富有天下，却仍然觉得事业不够大、功绩不够显赫、生命不够辉煌，所以仍然要努力奋斗，或者说使劲折腾，比如当今的隋朝天子杨广。而有的人，只要在某块地盘上当老大，能对一群人发号施令，整天不愁吃不愁穿，并且无拘无束自由自在，他就心满意足了，比如眼下的瓦岗首领翟让。

李密看着这个草头王翟让，内心忽然感到无比失望。

他万万没想到，翟让居然是这么一个安于现状、不思进取的人。当今天下是一个英雄辈出、不进则退的时代，苟且偷安就意味着坐致失败，也无异于自取灭亡。自己能把未来绑在这种胸无大志的人身上吗？

当然不能！

差不多从这个时候起，一个大胆的想法就跃入了李密的脑海——自立门户。

三九 / 瓦岗的新任大佬

李密的自立计划，并不是想离开瓦岗拉一队人马单干。

他没那么笨。

天下大乱已经好些年了，四方的割据群雄早已纷纷走向做大做强的阶段，这种时候，手中没有一兵一卒的人要想从零开始，无异于自寻死路，就算不被官兵剿灭，迟早也会被群雄吞并，连成长壮大、割地称王的机会都没有，遑论逐鹿中原、问鼎天下？

况且，眼下这座兵强马壮的瓦岗寨就是一笔现成的博弈资本，李密又何苦另起炉灶呢？

所以，李密的自立计划并不是要另立山头，而是如何把胸无大志的翟让取而代之，然后堂而皇之地坐上瓦岗寨的头一把交椅！

要做到这点似乎很难，但绝非不可能。要论跃马横刀、上阵杀敌的本事，李密或许不敢跟人叫板，可要论心机和谋略，李密自信整座瓦岗绝无出其右者。

李密自立计划的第一步是——制造舆论，收揽人心。

为此，他锁定了一个人：贾雄。此人是翟让的军师，精通阴阳术数，翟让一向对他言听计从。只要搞定这个人，就等于控制了翟让的大脑。

随后的日子，李密千方百计结交贾雄，很快与他成了好友。所以，当翟让向贾雄询问，是否应该听从李密的建议出去打天下时，贾雄立刻眯起眼睛，摇头晃脑地掐了半天指头，然后两眼放光说："此计吉不可言，吉不可言哪！"

翟让一听，顿时有些兴奋。

可贾雄接下来的话，无异于给了他当头一棒："不过……您如果自己称王，恐怕不太吉利，要是拥立李密这个人，定当无往不利。"

翟让颇为郁闷："照你这么说，蒲山公大可自立，又何必来追随我？"

"您有所不知啊！"贾雄说，"他之所以来追随将军，是因为您姓翟。翟者，泽之义也，蒲草非泽不能生长，所以他需要您。当然，将军也同样需要他。"

贾雄的话对翟让来讲就是天意。后来的日子，尽管心里不大舒服，可翟让还是不得不对李密刮目相看。

差不多在这个时候，一个名叫李玄英的洛阳人也来到了瓦岗。此人据说走遍了四方群雄的山寨，为寻访李密的下落历尽了无数艰辛，现在终于找到了，眼中顿时闪动着激动的泪花。

瓦岗的老少爷们儿好奇地问他：为什么满世界找李密呢？

李玄英答：因为这个人将取得隋朝天下。

人们又问：凭什么这么说？

李玄英答：就凭那首传遍天下的政治歌谣"桃李章"。

人们又问："桃李章"跟李密有什么关系？

李玄英一笑，然后对歌谣做了一番极具说服力的诠释。他说："歌中唱道：'桃李子，皇后绕扬州，宛转花园里，莫浪语，谁道许。'这里的'桃李子'，指的就是姓李的逃亡人；'皇后绕扬州'，就是指天子逃到了扬州；'宛转花园里'，是说天子归来无日，最终会转死沟壑；'莫浪语，谁道许'就是一个'密'字；合起来解释，就是李密将取隋朝天下的意思。"

"哦……原来如此！"人们恍然大悟。后来，瓦岗的老少爷们儿看见李密，总会不由自主地仰视，目光中充满了敬畏之情。

不久，又有一个叫房彦藻的人领着几百号弟兄前来投奔李密。据说，此人本是宋城县尉，当初曾和李密一起追随杨玄感起兵。杨玄感败亡后，房彦藻就像个没娘的孩子，一直在苦苦寻觅李密的下落，如今总算找到了，自然是跟李玄英一样热泪盈眶。

瓦岗的老少爷们儿大为感叹：李密正是众望所归啊！

就这样，经过一番处心积虑的炒作，李密的人气指数迅速飙升，俨然成了瓦岗寨的明星人物。

第一步取得成功后，李密开始实施第二步计划——建立战功、树立威望。

他再次向翟让提出了开拓根据地的建议："如今四海沸腾、不得耕耘，公士众虽多，却没有足够的军粮储备，只靠间歇性的劫掠，供应必定时常中断。一旦大敌来临，旷日持久之下，士众必然溃散。不如先取荥阳，而后养精蓄锐，待士马肥壮，方能与人争锋。"

这一次，翟让毫不迟疑地采纳了李密的建议，立刻发兵攻克了金堤关（今河南荥阳市北黄河关隘），随后又攻陷了荥阳郡下辖的大多数县城。

其时的荥阳太守、郇王杨庆无力抵挡瓦岗军的锋芒，赶紧向朝廷告急。杨广随即调任勇将张须陀为荥阳通守，命他对付瓦岗军。

大业十二年（616）十月，张须陀率部进入战场，开始对瓦岗军发起攻击。这几年，翟让多次败于张须陀之手，听说他来了，大为惊恐，马上想要跑路。李密阻止他说："张须陀有勇无谋，且军队在战场上又多次获胜，如今已成骄兵。我认为一战便可将其生擒，将军只管严阵以待，李密保证能为将军破敌！"

翟让不得已，只好命士兵列阵，准备迎战。李密另派一千人悄悄埋伏在了大海寺北（今荥阳市北）的树林中。

张须陀一向瞧不起翟让，所以一进入战场马上命军队结成方阵发起进攻，翟让果然不支，向后退却。张须陀乘胜追击，一口气向北追了十余里，正好撞进了李密张好的口袋。李密命伏兵突然发动袭击，张须陀猝不及防，军队阵形大乱。李密遂与翟让、徐世勣、王伯当等部联合反攻，将官军团团包围。张须陀奋力杀出重围，可回头一看，左右将领却未能全部脱险，马上又转身杀了进去，拼死营救他的部将。如此连续往返数次，最后身中数创，精疲力竭，被徐世勣斩于马下。其副手鹰扬郎将贾务本也身负重伤，率残部五千人逃奔梁郡，随后不治身亡。

张须陀战死后，麾下将士为其哀号痛哭，数日不绝。河南各郡县官兵风闻张须陀大败，且主副二将全部阵亡，顿时士气尽丧。

这一战，瓦岗军大获全胜。

这是瓦岗军与张须陀交战数年、屡遭败绩之后取得的第一场胜利，而首功之人当然非李密莫属。为了表示对李密的感谢和尊重，翟让终于让李密建立了自己的番号和大营，所部号称"蒲山公营"。

然后，翟让向李密提出了分手。

他知道，李密断非久居人下之辈，而自己一时又不甘心拥他为老大，只好想出了这个分道扬镳的办法。翟让说："现在粮秣已足，我打算回瓦岗，先生如果不愿回去，听任先生自便，我们就此别过吧。"说完，翟让向李密拱了拱手，率大军与辎重往东而去。

李密见翟让如此坚决，也不好说什么，随后率部西进，迅速抵达康城（今河南禹州市西北），然后不费一兵一卒就把附近的几座城池劝降了，并且获取了大量的财物、粮草和军用物资。李密把得到的金银财宝全部分给了手下，自己则分毫不取。士众大为感动，越发效忠于他。

听到李密兵不血刃、连克数城的消息后，还没走出多远的翟让就后悔了。他不得不承认，李密确实是一个高人，而且很可能真是负有天命之人。万一他就是真龙天子，那现在与他分手，岂非白白断送了自己的大好前程？

思虑及此，翟让随即掉转马头，命令大军回过头去追随李密。

看见翟让带着一脸尴尬的笑容来到面前时，李密知道，自己的计划基本上成功了。

此刻，李密的威望、功勋、军事才能、人格魅力都已跃居翟让之上，俨然已是瓦岗寨的精神领袖。然而，李密绝不满足于此。他要的是瓦岗的头一把交椅——不折不扣、实至名归的头一把交椅！

要走完这最后一步，李密知道自己必须再干一票大的。

大业十三年（617）春，李密正式向翟让提出了袭据洛口、攻取东都、亡隋社稷、号令四方的战略计划。

他说："当今天下，昏主蒙臣，游荡江南，群雄竞起，海内饥荒，明公以英杰之才，统骁雄之旅，宜当廓清天下，诛剪群凶！岂可流落草莽，自甘为小盗？今东都士庶离心，留守诸官政令不一，明公若亲率大军，直取兴洛仓（今河南巩义市东），发粟米以赈穷乏，四方远近谁不归附？百万之众，一朝可集！继而养精蓄锐，传檄四方，招揽天下英豪，倾覆隋之社稷。若将军能用仆计，天下可弹指而定也！"

此刻，李密虽然仍自称"仆"，并尊称翟让为"将军"，可翟让心里比谁都清楚，眼下他这个"将军"对李密只有言听计从的份儿了。他用他那一贯保守而谨慎的口吻说："此乃英雄之略，非仆所能胜任，一切唯先生之命是从！请先生率部先发，仆为殿后。"

这一年二月九日，李密与翟让各率七千精锐，从阳城（今河南登封市东南）北面出发，翻越方山（今河南荥阳市西南），进入洛口（今河南巩义市西南），迅速攻克兴洛仓，随即开仓赈粮，任百姓自取。于是，四方百姓扶老携幼，蜂拥而来，短短时间便有数十万难民络绎不绝地涌到洛口。

兴洛仓一丢，隋东都留守、越王杨侗立马慌了神，急命虎贲郎将刘长恭征召步骑两万五千人，讨伐李密。

当时，东都士民普遍认为李密的部队只不过是一群乌合之众，肯定不堪一击，所以都想趁此机会建功立业。一时间，京都的"国子""太学""四门"等学生以及皇亲国戚、世家大族的子弟皆争相从军。朝廷大喜，连忙取出武库中最精良的武器和铠甲装备他们。数日后，这支服饰光鲜、盔甲锃亮的贵族军队就浩浩荡荡地出征了，一路上钲鼓齐鸣，旌旗招展，场面蔚为壮观。

阳光热烈地照耀着这一张张意气风发的青春脸庞。

可是，这不是太学组织的春日踏青，也不是贵族子弟常有的郊游狩猎。这是去打仗，去玩儿命，去见识淋漓的鲜血，去直面丑陋的死亡！

这群从不知战争为何物的年轻人准备好了吗？

和这群年轻人一样，刘长恭也很自信。他的计划是自己从正面进军，命河南讨捕使裴仁基率部从汜水包抄变民军后方；两军约定于二月十一日在兴洛仓南面会师，然后将瓦岗军合围聚歼。

计划虽然周全，但李密不会坐以待毙。他通过侦察兵的报告，很快就弄清了隋军的作战意图。

李密决定主动出击。他和翟让从部众中挑选出精锐士卒，分成十队，派四队埋伏在横岭之下，负责阻击裴仁基部，然后亲率六队挺进到石子河东岸严阵以待。

刘长恭率部渡过洛水，于次日拂晓抵达石子河西岸。他看见对岸的瓦岗军兵力薄弱，大为轻视，准备一战将其歼灭，遂命令士兵不许吃早饭，立刻列阵迎敌。

翟让趁隋军立足未稳，首先发起攻击。但是，隋军在兵力上占有绝对优势，翟让逐渐不支。李密立刻率部从隋军战阵的中间拦腰楔入。隋军本来就又累又饿，经此冲击，一下子溃不成军。刘长恭慌忙脱下耀眼的大将战袍，仓皇自小路逃回东都。

在他身后的战场上，那些从未拿过武器的学生和贵族子弟，顿时成了瓦岗军随意砍杀的活靶子。这与其说是一场战斗，还不如说是一场屠杀。他们几乎是在毫无反抗的情况下，就一片一片地被砍倒在血泊中。他们圆睁的双眼中，写满了无助、恐惧和绝望。

当这一天的太阳高高升起的时候，这支两万五千人的贵族军队，已经有超过半数的人永远躺在了石子河岸，再也感受不到阳光的照耀。

这一仗，瓦岗军不但大获全胜，而且缴获了隋军所有精良的武器、辎重和装备，一时间声威大振，而李密的功勋和威望也在此刻达到了顶点。

大业十三年（617）二月十九日，在徐世勣和王伯当等人的劝说下，翟让终于下定决心，正式推举李密为盟主，上尊号"魏公"；并设立高坛，恭请李密即位，改年号为魏公元年；同时设立行军元帅府，置三司，六卫。李密封翟让为上柱国、司徒、东郡公，以单雄信为左武候大将军，徐世勣为右武候大将军，其他部众各有任命。

瓦岗寨的新一任大佬就这样炼成了。

李密站在瓦岗的高坛上，踌躇满志地遥望着东都洛阳，遥望着整个天下……

这只历经艰辛的"天蛾"，终于穿出命运的细管，可以在隋朝末年的天空下自由飞翔了！

四十 / 杨广的鸵鸟术

从大业十三年（617）的春天起，李密开始步入人生的巅峰阶段。

而瓦岗寨也从此名闻天下，进入了一个飞速发展的全盛时期。

这一年春天，赵魏（约今河南省）以南、江淮以北的各地变民军纷起响应，如齐郡（今山东济南市）的孟让，平原郡（今山东陵县）的郝孝德、王德仁，济阴郡（今山东定陶县）的房献伯，上谷郡（今河北易县）的王君廓，长平郡（今山西晋城市）的李士才，淮阳郡（今河南淮阳县）的魏六儿、李德谦，谯郡（今安徽亳州市）的张迁、田黑社、田白社，济北郡（今山东茌平县西南）的张青特，上洛郡（今陕西商州区）的周比洮、胡驴贼等，全部归附瓦岗、尊奉"魏公"旗号。

李密尽皆授予官爵，命其仍统原有部众，同时设立"百官名册"遥领各部。此外，远近四方的小股变民和青壮百姓也像潮水一样涌向了瓦岗军驻扎的洛口，部众一下子激增至数十万人。瓦岗军一举成为当时声势最大的一支反政府武装，而李密也成了天下群雄中风头最劲的一个领袖人物。

由于部众激增，李密命人紧急修筑了一座方圆四十里的洛口城（今河南巩义市东），作为"行军元帅府"所在地，同时也作为瓦岗军的新根据地。随后，他又派遣部将房彦藻率军向东面扩张，先后攻克安陆（今湖北安陆市）、汝南（今河南汝南县）、淮安（今河南泌阳县）、济阳（今河南兰考县东北）等郡。

一时间，黄河以南的郡县悉数落入瓦岗军之手。

接下来，李密自然而然把目光转向了那个最大的、也是最后的目标——东都洛阳。

这一年四月，李密任命新附的孟让为总管、封齐郡公，命他率精锐步骑两千人突袭东都。或许是李密事先已经命孟让的先头部队化装成了隋军，或许是孟让自己采用了什么别的计策诱开了城门,总之在四月九日这一天深夜,孟让的部队居然成功突入了洛阳外城,在洛阳东市四处纵火并大肆劫掠。洛阳外城军民猝不及防,纷纷逃进皇宫,以至于宫城中的台、省、府、寺全都住满了惊恐万状的难民。

由于是在夜里,洛阳守军不辨瓦岗军人数,不敢贸然出击,所以孟让如入无人之境,在东市整整劫掠了一夜,一直到次日黎明才呼啸而去。等到隋军回过神来时,原本繁荣富庶的东市商业区早已被夷为一片平地。

此次行动虽然只是突袭,并未占领东都,但给东都的留守朝廷和周边郡县造成了极大的恐慌。数日后,巩县县令杨孝和举城投降了李密。与此同时,屯兵百花谷(今巩义市东南)的河南讨捕使裴仁基也暗暗生出了投降的想法。

因为,他现在的日子很不好过。

石子河一仗,由于裴仁基未在预定的时间到达战场,致使孤军深入的刘长恭遭遇惨败,所以裴仁基对此次失败负有不可推卸的责任;并且刘长恭败后,裴仁基又屯兵观望、怯战不前,所以他一直担心朝廷降罪。

更让裴仁基不安的是,他身边还有一个钉子,一个朝廷特意安插的钉子。

他就是随军的监察御史萧怀静。

此人不但负有监军之责,而且历来与裴仁基不睦,一直在挖空心思抓他的小辫子,经常向朝廷打小报告。裴仁基天天被他搞得寝不安枕、食不知味,因此投降瓦岗的想法便越来越强烈。

对于裴仁基的狼狈处境,李密了如指掌。

他很快就派出劝降使者,向裴仁基许以高官显爵。裴仁基终于下决心投降,遂率部进驻虎牢关(今河南荥阳市西),准备献出关隘作为归降李密的见面礼。萧怀静察觉他的异志,暗中上疏奏报杨广。裴仁基得到消息,即刻斩杀了萧怀静,向李密献关投诚。李密大喜过望,随即封裴仁基为上柱国、河东公。

更让李密感到欣喜的,还不仅仅是得到虎牢关和裴仁基,而是顺带得到了他麾下的一员猛将——秦叔宝。

秦叔宝,名琼,以字行世。齐州历城(今山东济南市历城区)人,早年在隋将来护儿帐下,深得来护儿赏识。他的母亲去世时,来护儿特地遣使慰问,来护儿左右大感诧异,说:"士卒死亡和家中有丧的人多了去了,将军从不过问,为何独独为秦叔宝之母吊唁?"

来护儿答:"此人勇悍,加有志节,必当自取富贵,岂得以卑贱处之!"(《旧唐书·秦叔宝传》)

其后,秦叔宝调到张须陀帐下,随他一起讨伐据守下邳(今江苏邳州市)的变民首领卢明月。当时卢明月拥众十余万,气焰极为嚣张,而张须陀所部只有一万多人,兵力悬殊,隋军难以取胜。双方对峙十余日后,隋军粮草已绝,只能撤退。撤军前,张须陀对众将士说:"我军一撤,贼兵必定倾巢来追,其营寨自然空虚,我军若以千人袭之,可获大利。只是此次行动非常危险,有谁能够前往?"

众皆默然。

只有秦叔宝和另一个叫罗士信的人主动请缨。张须陀遂命他们各领一千人躲藏在芦苇荡中,然后率大军后撤。卢明月果然倾巢出动,追击隋军。秦叔宝和罗士信立刻率部飞驰至卢军营寨,留守寨中的士兵慌忙紧闭寨门。秦、罗二人身先士卒,攀上卢军的塔楼,砍倒了他们的大旗,并砍杀了几个守卫,然后打开大门。隋兵一拥而入,开始纵火焚烧。很快,变民军的三十余座营寨全部起火,熊熊火焰和滚滚浓烟直冲云霄。

卢明月大呼上当,急忙回军。张须陀趁势发起反攻,大破变民军。卢明月仅带着数百骑兵落荒而逃,十几万部众或死或降,基本上全军覆没。

这次奇袭行动扭转了整个战局,秦叔宝的勇气和威名从此闻于远近。后来,秦叔宝又在多次平叛战役中建功,被授予建节校尉。大业十二年(616)十月,张须陀在荥阳战败阵亡,秦叔宝遂投于裴仁基麾下,所以此次跟随裴仁基一起归降了李密。

差不多在秦叔宝归附李密的同时,还有一个传奇人物也来到了瓦岗。

在历代有关隋唐的演义、小说和评书中,以及千百年来的民间故事中,这个人一直具有很高的知名度,用"如雷贯耳""妇孺皆知"来形容他一点也不为过。

这个人就是程咬金。

时至今日,中国老百姓对"半路杀出个程咬金""程咬金的三板斧"这些俗谚依然耳熟能详,津津乐道。可在正史中,程咬金使用的武器不是笨拙的斧头,而是灵活的长矛(槊);他使用"程咬金"这个搞笑名字的时间其实也很短,加入瓦岗不久，他就改了一个很严肃的名字——程知节，此后也一直以此名行世。可是，"程咬金"这个名字基本上家喻户晓，但"程知节"这个历史人物在民间鲜为人知。

也许，这就是演义和小说的力量。它们虽然改变了历史人物的本来面目，甚至在一定程度上颠覆了历史真相，但与此同时，它们能让一个个记载简略、面目模糊的历史人物变得血肉丰满、尽人皆知，也能让一些充满了英雄主义色彩的传奇故事深入人心，并且永世流传。

程咬金就是其中的典型一例。在演义和小说中，程咬金出道之前经历了很多传奇故事，可在正史中，程咬金投奔瓦岗之前的经历只有寥寥几笔："程知节，本名咬金，齐州东阿（今山东东阿县）人。少骁勇，善用马槊。大业末，聚徒数百，共保乡里，以备他盗。后依李密……"（《旧唐书·程知节传》）

虽然秦叔宝和程知节的生平不像演义中那么色彩斑斓，但是在隋末唐初波澜壮阔的历史上，他们也的确称得上是威名赫赫的人物。在此后相当长的一段时间内，秦叔宝和程知节的名字也始终绑在一起，联袂演绎了一幕幕乱世英雄的成长历程——大业十四年（618）李密失败后，他们一起归降了王世充；后来发觉王世充"器度浅狭"，生性多诈，遂一起向唐朝投诚，效力于秦王李世民；武德九年（626），他们作为"玄武门之变"的骨干一起参与了李世民的夺嫡行动；贞观十七年（643），他们又一同进入了"凌烟阁二十四功臣"的行列。

秦叔宝和程知节来到瓦岗后，李密立刻任命他们为骠骑将军，并挑选了八千精锐，分别隶属于四名骠骑将军，号称"内军"，亦即近卫军。李密时常夸口说："这八千精锐足以抵挡百万大军！"

得人心者得天下，得人才者得天下。大业十三年（617）的李密不无得意地发现——他似乎二者都有了。

隋朝的天下似乎已经唾手可得。接下来，只要把近在咫尺的这块硬骨头——东都洛阳啃下来，李密觉得自己就足以号令天下了。

可是，这块硬骨头却没那么好啃。因为洛阳城里还驻守着二十多万装备精良、训练有素的隋朝正规军。要消灭他们，谈何容易？

不过，在李密眼里，这二十多万士兵与其说是东都朝廷固守洛阳的资本，还不如说是他们不得不背负的一个巨大包袱。因为，这二十多万人每天都要张口吃饭。

这是多大的一笔消耗啊！几年来，这支数量庞大的洛阳守军一直依赖的就是东都外围的两大军粮储备基地：兴洛仓和回洛仓。而兴洛仓早已被李密占据，下一步，李密只要再把回洛仓（今河南偃师县北）拿下来，就能把洛阳城中的二十多万军队和留守的文武百官活活困死！

这才是攻取东都的上上之策。李密想。

大业十三年（617）的初夏，瓦岗军与隋军在回洛仓展开了激烈的争夺。

四月十三日，李密命裴仁基和孟让率两万人进攻回洛东仓，迅速将其攻克，遂纵火焚烧洛水桥，同时大肆劫掠。

洛阳的隋军立刻出兵反攻，将裴仁基击败。

裴仁基撤退后，李密马上亲率大军击退了隋军，再次占据回洛仓，随后分兵进攻偃师城（今河南偃师县）和金墉城（旧洛阳西北角）。

李密的计划是一鼓作气占领这两座城池，然后与回洛仓形成一个战略协防的掎角，同时又能达到肃清洛阳外围、缩紧包围圈的目的。

然而，瓦岗军在偃师和金墉却遭到了隋军的顽强抵抗。

眼看这两座城池在短时间内难以攻克，而回洛仓又无险可守，李密只好在四月十五日放弃回洛仓，撤回洛口。

李密的撤兵对东都而言无疑是一个巨大的福音，因为洛阳城已经断粮数日了。越王杨侗当机立断，趁李密回洛口喘息休整的间隙，命军队前往回洛仓运粮。

为了防止瓦岗军发动突然袭击，杨侗命五千人驻守东市、五千人驻守上春门（洛阳东北第一门）、五千人驻守北邙山……在从洛阳到回洛仓的路上，一共派驻了九营部队，分据要地，严密防守，终于把回洛仓中的一部分粮食运回了东都。

当长长的车队满载而归，从上春门进入洛阳的时候，越王杨侗长长地松了一口气。

有了这些救命的粮食，他就能死守东都，和李密打一场持久战！

让隋军在眼皮底下运回了粮食，也就意味着自己的战略意图被粉碎了。李密大为恼怒。四月十九日，李密亲率三万人马再次占领了回洛仓，并挖掘壕沟，修筑城墙，发誓不让隋军再从这里得到一粒粮食。

杨侗急命光禄大夫段达等人率七万大军进攻李密。四月二十一日，两军在回洛仓的北面会战，隋军战败，撤回洛阳。

四月二十七日，李密命幕僚祖君彦撰写了一篇讨伐杨广的檄文，随即向四方郡县发布。

这是一篇洋洋洒洒的长文，文中痛快淋漓地历数了杨广的"十大罪"，最后总结说："罄南山之竹，书罪未穷；决东海之波，流恶难尽！"（我们今天所说的成语"罄竹难书"，其典故正出于此。）

这么说其实是有些夸张的。平心而论，这篇檄文中对杨广的批判大多属于事实，也的确表达了天下人的愤怒、道出了百姓的心声，但不可否认，其中还是有一些指责纯粹是属于道听途说、无中生有。

不过，这一点已经没有人在乎了。别说这"十大罪"貌似有罗织的嫌疑，就算凭空捏造一百条罪、一千条罪，也难以完全发泄天下人对杨广的心头之恨。在大业末年的老百姓眼里，包括在绝大多数后人眼里，杨广几乎就是魔鬼的化身，就是罪恶的代名词！所以，任何泼到他身上的脏水都会让人拍手叫好，而不会有人替他喊冤。

东都虽然暂时摆脱了粮荒，可摆脱不了孤立无援的处境。如果长久没有援兵，迟早会被李密攻陷。所以，必须把东都危急的消息送到江都——告知天子杨广。

可这个任务显然是艰巨的。因为，从东都到江都之间的广阔地域，基本上已全部落入变民军之手。

越王杨侗把这个艰巨的任务交给了太常丞元善达。

元善达不辱使命，穿越重重险阻从小路抵达江都，终于见到了杨广。他声泪俱下地对杨广说："李密拥百万之众围攻东都，并占据了兴洛仓和回洛仓，城中粮草将尽。若陛下速还东都，李密等乌合之众必然溃散，否则的话，东都必定陷落！"

元善达说完，哽咽不止。

那一刻，杨广不禁有些悚然动容。

元善达一退下，天子近臣、金紫光禄大夫虞世基就注意到了皇帝阴郁的脸色。他知道，杨广最不想听见起义军做大的消息。过去，他也曾在这方面做过诤谏，可无一例外地触逆了龙鳞。所以后来虞世基学乖了，只一心一意取悦天子，于是君臣关系自然变得十分融洽。

这一次，虞世基当然知道该怎么做。他轻描淡写地对杨广说："越王年少，被这些人诳骗了！倘若形势果真如此严峻，元善达又何由至此？"

杨广一听，顿时勃然大怒："元善达这小子，竟然敢当廷欺君！"于是立刻命他前往东阳郡（今浙江金华市）征集粮草。

这其实是叫他去送死。随后，元善达就在半路上被起义军杀了。

从此，再也没人敢跟天子提起有关起义军的情况。

很好。天下太平，一切正常。

元善达带来的不愉快，转眼就被杨广抛到了九霄云外。江都的离宫依旧一派歌舞升平。

此时此刻，杨广是否真的对帝国分崩离析的现状毫不知情？是否真的对正在他周遭发生的这一切漠不关心？

对此我们不得而知。我们唯一知道的是——自从去年来到江都后，杨广就把头深深地埋在温柔乡里，似乎在刻意当一只鸵鸟，一只两耳不闻天下事的鸵鸟。

我们不知道，杨广这么做，到底是出于一种"天命在我，无遑多虑"的盲目乐观，还是出于一种破罐子破摔的逆反心理。我们只知道，617年春夏之间，李密一直在不遗余力地打天下，而杨广也一直在不遗余力地当鸵鸟。

他们似乎两不相碍，各得其所。

四一 / 大泽龙方蛰，中原鹿正肥

正当李密如火如荼地在河南开展他的反隋大业的这一年，也是杨广沉浸在江都的温柔乡中乐不思蜀的一年。这一年，在河东、陇西、河西、江南等地迅速崛起了一个个割据政权。

他们是刘武周、梁师都、郭子和、薛举、李轨、萧铣……还有一个就是李渊。

这是意欲颠覆隋帝国的第二波力量。相对于大业七年到大业十二年（611—616）的那一波反隋浪潮，大业十三年（617）掀起的这一波显然动静更大、来势更猛。而且，这几个核心人物的能量和号召力，也远比此前的那些暴民更为巨大。

因为，他们不是泥腿子。他们都来自隋帝国的军队内部和社会上层……

刘武周，马邑（今山西朔州市）人，少年时"骁勇善射，交通豪侠"，其兄刘山伯屡屡詈骂："汝不择交游，终当灭吾族也！"（《旧唐书·刘武周传》）刘武周忍受不了严厉的管束，遂离家出走，到了东都洛阳，投于太仆卿杨义臣帐下，其后随军东征高丽，以军功授建节校尉。

当上军官后，刘武周衣锦还乡，调任当地的鹰扬府校尉。马邑郡太守王仁恭视其为英雄，对他大为赏识，让他当了自己的亲兵队长。不久之后，刘武周因职务之便与王仁恭的侍妾私通，由于担心事情泄露，又见其时天下大乱，遂心生异志，在郡城中大造舆论："今百姓饥饿，死人相枕于野，王府尹居然紧闭粮仓，不加抚恤，这岂是为民父母应有的做法！"

刘武周别有用心的煽动很快产生了效果，往日交游的十几个同郡豪杰马上前来投奔。刘武周随即与他们一起设计刺杀了王仁恭，然后开仓赈粮，传檄全郡，迅速纠集了一万多名部众。刘武周自称太守，并遣使奉表投靠了东突厥。

大业十三年（617）二月，隋雁门郡丞陈孝意与虎贲郎将王智辩一同出兵讨伐刘武周，将其包围在桑乾镇（今山西朔州市东南）。东突厥即刻出兵援助刘武周，共同击败了隋军。王智辩被斩于战阵之中，陈孝意仓皇逃回雁门。

三月中旬，刘武周率军攻占了楼烦郡（今山西静乐县），并袭取汾阳行宫，将其中的隋朝宫女悉数俘获，献给了东突厥。始毕可汗随即送给刘武周一批战马作为回报。刘武周自此兵势大振，很快又攻占了定襄郡（今内蒙古和林格尔县）。不久，始毕可汗煞有介事地封其为定杨可汗，并颁发给他一面狼头大纛。

大业十三年（617）三月下旬，刘武周登基称帝，改元天兴。

梁师都，夏州朔方（今陕西横山县）人，世代为郡中豪族，他本人曾在隋军中担任鹰扬郎将。大业十三年（617）春，梁师都率数十名徒众刺杀郡丞唐宗，据郡而反，并自称大丞相，北连突厥。隋将张世隆领兵讨伐，被梁师都打败。不久后，梁师都率部接连攻陷雕阴郡（今陕西绥德县）、弘化郡（今甘肃庆阳市）、延安郡（今陕西延安市）。有了地盘，又有突厥相助，梁师都遂有恃无恐，于大业十三年（617）三月登基称帝，国号为梁，定都朔方，改元永隆。

东突厥的始毕可汗也送给了他一面狼头大纛，封其为大度毗迦可汗。随后，梁师都引突厥兵侵入河套，攻破了盐川郡（今陕西定边县）。

郭子和，同州蒲城（今陕西蒲城县）人，曾在隋禁军左翊卫任职，因被指控犯罪而贬谪到榆林郡（今内蒙古托克托县）。郭子和被贬到这里时，正逢当地爆发大规模饥荒，人心思变，郭子和便暗中结交了十八个不怕死的弟兄，攻击郡城，生擒了郡丞王才，以不恤百姓之罪将其斩首，并开仓赈粮。

随后，郭子和自称永乐王，改元正平；南连梁师都，北附东突厥，并与梁师都易子为质。不久，始毕可汗封郭子和为平杨天子，郭子和坚辞不受，始毕可汗改封其为屋利将军。

薛举，河东汾阳人，随其父徙居金城（今甘肃兰州市）。史书称其"容貌魁伟，凶悍善射，骁武绝伦，家产巨万"，并结交众多豪杰，"雄于边朔"。（《旧唐书·薛举传》）

薛举早年任金城府校尉，到了大业末年，陇西（陇山以西）一带百姓饥馁，叛乱蜂起，金城县令郝瑗征召了数千名士兵，命薛举率领，负责讨伐地方叛乱。大业十三年（617）四月三日，郝瑗举行了一个出征仪式，大摆酒宴为薛举壮行。

宴席进行到一半，铠甲刚刚分发到士兵手上，薛举就与其子薛仁杲和十三个党羽在仪式上突然劫持了郝瑗，随后发兵将郡县官吏悉数收捕，并开仓赈粮。兵变后，薛举自称西秦霸王，改元秦兴，封长子薛仁杲为齐公、次子薛仁越为晋公，同时招揽四方变民，剽掠官府战马，势力迅速壮大。

大业十三年（617）夏，薛举亲率两千精锐袭击枹罕郡（今甘肃临夏市）。守将皇甫绾率所部一万人出城迎战。薛举一马当先冲入敌阵，部众紧随其后，大败隋军，并一举攻克枹罕。当时，羌人部落酋长钟利俗拥兵两万据守岷山（今甘肃舟曲县西），见薛举势大，遂率部归附薛举。

薛举兵威大振，遂进封薛仁杲为齐王、授东道行军元帅，封薛仁越为晋王、授河州（枹罕改河州）刺史，随后攻城略地，所向披靡，连克西平（今青海乐都县）、浇河（今青海贵德县）二郡，数日间尽有陇西之地，部众增至十三万人。

大业十三年（617）七月，薛举登基称帝，同时建立宗庙社稷。

李轨，武威姑臧（今甘肃武威市）人，为人机敏，博览群书，家境富裕，常赈济贫困，颇为乡人称道。大业末年，李轨任鹰扬府司马。其时薛举起兵金城，纵横陇西，李轨与同郡好友曹珍、梁硕等人商议说："薛举残暴，必来侵扰，郡官庸怯，无以御之。而今我等应当同心戮力，保据河右，静观天下之变，岂能甘于束手就擒、妻离子散？"

于是，李轨与众人共谋举兵。可大家推来让去，谁也不想当首领。曹珍对众人说："常闻图谶云：'李氏当王'！而今天李轨在此，这难道不是天命吗？"李轨遂被推为共主，随后聚众起事，劫持郡丞韦士政和虎贲郎将谢统师，据守郡城。

大业十三年（617），李轨自称河西大凉王，改元安乐，设置百官，并于次年登基称帝。

萧铣，后梁宣帝曾孙，祖父萧岩是后梁明帝萧岿之弟，开皇初年叛隋降陈，陈朝灭亡后被隋文帝杨坚所杀。此后家道中落，到萧铣这一代，家境已十分贫寒。萧铣从少年时代起，就靠替人抄书勉强糊口，同时孝养母亲。直至杨广登基，太子妃萧氏册立为皇后，萧铣才依靠外戚的关系被任命为罗川（今湖南湘阴县东）县令。

大业十三年（617），巴陵郡（今湖南岳阳市）的一批少壮军官董景珍、雷世猛等人密谋起兵反隋，可他们自忖人微言轻，缺乏号召力，于是遣人致意萧铣，要推他为共主。

早有复国之思的萧铣大喜过望，当即回信："我之本国，昔在有隋，以小事大，朝贡无阙。乃贪我土宇，灭我宗祊，我是以痛心疾首，无忘雪耻。今天启公等，协我心事，若合符节，岂非上玄之意也！吾当纠率士庶，敬从来请。"（《旧唐书·萧铣传》）

当天，萧铣就募集了数千名士兵，自称梁公，同时改易隋朝服色，竖立梁朝旗帜，随后率众前往巴陵与董景珍等人会合。远近变民纷纷来附，起兵五日，部众已达数万人。

萧铣到达巴陵后，筑坛告天，自称梁王，改元凤鸣；次年四月，萧铣称帝，国号为梁，同时设置文武百官，一切典章制度皆依梁朝旧制。

617年，大隋帝国山河裂变、乾坤倒转，一个又一个乱世英雄争先恐后地浮出了水面。

很显然，这些身处帝国上层的军官、富豪、贵族、前朝后裔起兵的目的，与前期造反的那些底层民众截然不同——他们不是为了向朝廷争取生存权，而是为了向杨广争夺统治权！所以一旦起兵，他们便会迫不及待地分疆裂土、称帝称王，向隋王朝的统治合法性发起强烈的挑战。

此外，这些原本便已掌握了一定的政治和经济资源、并且拥有相当军事实力的新一波叛乱者，在战场上的表现也远非前期的那些农民军可以比拟。亲自参与过隋末大起义的魏徵，就曾在他编撰的《隋书》中，对农民军的战斗力做过这样的评价："彼山东之群盗，多出厮役之中，无尺土之资，十家之产，岂有陈涉亡秦之志，张角乱汉之谋哉！皆苦于上欲无厌，下不堪命，饥寒交切，救死葅蒲。莫识旌旗什伍之容，安知行师用兵之势？但人自为战，众怒难犯，故攻无完城，野无横阵，星罗棋布，以千百数。豪杰因其机以动之，乘其势而用之，虽有勇敢之士，明智之将，连踵复没，莫之能御。"

如果说，四年前首义失败的贵族杨玄感就像是第一根出头的椽子，那么这些继起的贵族和精英们，则像是从四面八方射出的利箭，在同一时刻飞向了同一个政治标靶，让隋王朝几乎在一瞬间丧失了政治号召力，并且在军事上面临接踵而来的强大威胁和顾此失彼的巨大危险。从大业十三年（617）开始，驻扎在各地的帝国军队只能在多条战线上各自为战，根本无法集结起像当初聚歼杨玄感那样的优势力量。面对这些来势凶猛的割据政权，隋朝的政府军只能从初期的主动进攻纷纷转入战略防御，唯求确保所辖郡县的一时之安，再也无力实施大规模的围剿和有效的反攻。

隋王朝的天下已经岌岌可危。

大泽龙方蛰，中原鹿正肥！

四方群雄跃跃欲试，最终究竟鹿死谁手？

大业十三年（617）五月，一个拥兵一方、实力雄厚的封疆大吏，在耐心地蛰伏数年、冷静地纵观天下大势之后，终于迟缓而坚定地出手了。

他，就是李渊。

李渊是典型的门阀世族出身。他的祖父李虎是西魏"八柱国"之一，官至太尉、尚书左仆射。父亲李昞官至安州总管、柱国大将军。北周建德元年（572年），李昞卒，年仅七岁的李渊袭爵唐国公。由于李渊的母亲与独孤皇后是亲姐妹，所以隋朝建立后，姨父杨坚和姨母独孤皇后对李渊很照顾，于开皇元年（581）任命他为天子的近身侍卫——千牛备身，后来又让他在畿辅地区和西北的战略要地历练，辗转担任谯、陇、歧三州刺史。

大业九年（613）初，李渊从地方太守任上被调回朝中担任卫尉少卿，其时正逢杨广二征高丽，李渊赶赴怀远镇，负责督运粮草军需。途经涿郡时，李渊与好友、炀帝近臣宇文士及进行了一次密谈，"言天下事"。尽管李渊与宇文士及的具体谈话内容史书无载，但从事后来看，此时的李渊隐然已有问鼎天下之志。

不久，杨玄感叛乱爆发，李渊被紧急调回弘化（今甘肃庆阳市）担任留守，并主持潼关以西十三郡的军事。李渊遂按下起兵之意，静观事态变化。大业十一年（615）四月，李渊转任山西、河东讨捕使，负责镇压当地叛乱。因平叛得力，于次年出任太原道安抚大使，同年年底又升任太原留守。

对李渊而言，太原无疑是他开创帝王大业的理想根据地，因为此地不但粮饷充足，战略地位十分突出，而且还是五帝时期圣君唐尧的发祥地，恰与李渊"唐国公"的爵衔相契，所以自从以安抚大使的身份进驻太原后，李渊便已"私喜此行，以为天授"。（《大唐创业起居注》）

大业十三年（617）五月，李渊用计除掉杨广安插在他身边的王威和高君雅，并于六月正式起兵，自封大将军，以裴寂为长史，刘文静为司马，以长子李建成为左领军大都督、统率左三军，次子李世民为右领军大都督、统率右三军，以四子李元吉为太原留守，然后挥师南下，兵锋直指长安。

李渊一路势如破竹，连克霍邑（今山西霍州市）、临汾（今山西临汾市）、绛郡（今山西新绛县），于九月初进抵河东（今山西永济市）。河东城扼守黄河渡口，可谓关中门户，其战略地位十分突出。此城长期由屈突通经营镇守，防御极为严密，且地势险峻，易守难攻。李渊率部围攻多日不果，遂留下部分兵力继续围攻，然后与李建成、李世民亲率主力，渡河入关。

李渊一进入关中，各地隋朝官吏立刻望风而降，纷纷献出所辖郡县。其中，华阴县令李孝常献出了下辖的永丰仓，极大地满足了义军的粮草和物资需求。

九月末，李渊集团展开了一系列军事行动，开始缩小对长安的包围圈：李渊率主力从冯翊郡（今陕西大荔县）西进；刘弘基、殷开山率军六万，南渡渭水，进驻长安故城（汉长安）；李世民率十三万人进驻阿城（秦阿房宫故址）；李建成率部从新丰（今陕西临潼区）直驱长安。

十月四日，各路大军共计二十余万集结于长安城下。李渊不断遣使，向隋长安留守卫文升等人表明自己"匡扶社稷"的立场，可卫文升不予理睬。

十月二十七日，李渊大军开始攻城。十一月九日，义军将领雷永吉率先攻上城墙，李渊大军同日攻克长安。进入长安后，李渊命李建成和李世民封存宫廷府库，收取隋朝的档案图籍，严禁士兵烧杀掳掠。

十三岁的代王杨侑躲进了东宫，身边的所有侍从全部作鸟兽散，只有侍读姚思廉一人留在杨侑身边。义军士兵攻进东宫，准备冲上大殿时，姚思廉挺身护住杨侑，厉声呵斥说："唐公举义是为了匡扶帝室，尔等不得无礼！"

到了这一步，姚思廉为了保住代王的小命，也只好代表朝廷承认现实，老老实实陪李渊玩一场"匡扶帝室"的政治秀了。

随后，李渊毕恭毕敬地把代王杨侑从东宫接到了大兴宫，然后自己住到了旧长安的长乐宫，以示君臣之别，同时废除了隋朝原来的所有法令，另行颁布了过渡时期的十二条约法。

十一月十一日，李渊逮捕西京副留守阴世师、骨仪等十多人（卫文升已于数日前忧惧而亡），宣布了他们"贪婪苛酷，抗拒义师"等多条罪状，随后将其斩首。除了这十几个"首恶元凶"之外，李渊对朝中百官都极力加以安抚，对长安百姓也是秋毫无犯。

十五日，李渊奉代王杨侑登大兴殿，即皇帝位，是为隋恭帝，同时改元义宁，遥尊远在江都的杨广为太上皇。

十七日，新天子杨侑授予李渊"黄钺""符节"，任命他为大都督、尚书令、大丞相，进封唐王，以武德殿为丞相府。

十八日，榆林（今内蒙古托克托县）、灵武（今宁夏宁武市）、平凉（今宁夏固原市）、安定（今甘肃泾川县）等郡皆派遣使节入京，尊奉新天子和新朝廷，实际上就是归附了李渊。

十九日，杨侑下诏：帝国所有政治、军事事务，全部文武官吏的任免，朝廷的一切法令刑赏，全部交由丞相府管辖；只有祭祀天地和宗庙社稷的事务，才向天子奏报。

稍后，李渊任命裴寂为丞相府长史、刘文静为司马，封李建成为世子，李世民为秦公，李元吉为齐公。

一场"匡扶帝室"的政治秀就这么轰轰烈烈地开演了。虽然所有人都知道，十三岁的小皇帝杨侑只不过是这场政治表演中的一个道具，唐王李渊才是这个新朝廷真正的主宰。

四二 / 翟让之死

从大业十二年（616）初秋到大业十三年（617）夏末，天地走完了一个四季的轮回，而杨广也在莺歌燕舞的江都当了一年的鸵鸟。

这一年里发生了很多惊天动地的大事，基本上都被杨广的"鸵鸟术"成功屏蔽掉了。可让杨广郁闷的是，自从元善达带来关于东都的坏消息后，他维系了将近一年的屏蔽网就仿佛被撕开了一道口子，更多让人讨厌的坏消息接踵而至。

这些消息都是关于东都的。

杨广听说，那个破落贵族李密真的攻占了洛口仓和回洛仓，还紧紧咬着东都不放，不但把它啃得遍体鳞伤，而且随时有可能把它一口吞掉。

杨广很生气。他不得不从温柔乡中抬起他那高贵的头颅，狠狠地关注了一回现实。

大业十三年（617）五月下旬，杨广命监门将军庞玉、虎贲郎将霍世举率关中部队增援东都。同年七月初，杨广再命江都通守王世充率江淮精锐、将军王隆率邛地黄蛮（四川西昌少数民族）、河北大使韦霁、河南大使王辩等人各率所部驰援东都，共同讨伐李密。

东都洛阳曾经是杨玄感人生中最大的一场噩梦。为了得到东都，杨玄感付出了一切，包括最后葬送了自己的生命。而对如今的李密来说，东都也正在成为他生命中最大的一个泥潭。眼前的洛阳城看上去近在咫尺、唾手可得，可李密的数十万大军围着它打了好几个月，却始终一无所获。

李密会不会因为这座东都而变成第二个杨玄感？

李密的帐下幕僚柴孝和对此深感忧虑。

就像当初李密劝杨玄感西进关中一样，大业十三年（617）五月，柴孝和也向李密提出了相同的建议。他说："秦地山川险固，秦朝与汉朝皆凭借它而成就帝王霸业。而今之计，最好是命翟让留守洛口，命裴仁基留守回洛，由您自己亲率精锐，西进袭取长安。一旦攻克西京，大业的根基稳固，然后再挥师东下、扫平河洛，如此天下可传檄而定。方今隋失其鹿，四方群雄竞逐，若不趁早下手，恐怕会有人抢先，到时候后悔都来不及啊！"

可令人遗憾的是，当年的杨玄感拒绝了李密，而今天的李密也同样拒绝了柴孝和。

人是会变的。当年的李密只是一个幕僚，现在的李密却是一个领袖。

立场决定脑袋，位子决定思维。此时的李密当然会有一些新的想法。他说："此计诚然是上策，我也想了很久了。但昏君还在，他的军队也还很多，我的部属都是山东（崤山以东）人，见洛阳未下，谁肯跟我西进关中？况且军中的多数将领皆出身盗匪，如果我独自西进，把他们留在这里，我担心他们谁也不服谁，万一产生内讧，大业会瞬间瓦解。"

不能不说，李密的担心是有道理的。

他的情况与当年的杨玄感有所不同。杨玄感出身政治豪门，而且本身又位高权重，在帝国政坛和军队中都拥有巨大的影响力和号召力，所以他起兵后对自己的部属和军队也具有绝对的控制力。在此情况下，他没有听从李密的建议及时入关，导致隋朝大军把他围困在四战之地，这肯定是失策的。

而李密呢？在来到瓦岗之前他只是一个穷愁潦倒的落魄贵族、一个四处漂泊的失业青年，仅仅是凭借他的心机、智谋和运气，再加上一则语焉不详的政治谣言，才使他后来居上地篡夺了瓦岗的领导权，说难听点就叫作"鹊巢鸠占"。因此他对瓦岗群雄的控制力实际上是很有限的，他的领袖地位也并不像看上去那么稳固。在此情况下，如果放弃洛阳、西进关中，很可能就会导致他所说的两个问题：一、属下的山东豪杰不听号令，各行其是。二、瓦岗内部产生内讧，自相残杀。其实还有第三个最大的隐患李密没有说出来，那就是——如果他独自西进，完全有可能丧失瓦岗的领导权，更别提什么四方群雄的"盟主"地位了。

所以，明明知道"西取长安"才是上策，明明知道洛阳是一个危险的四战之地，可他毫无办法。在攻下洛阳之前，李密和瓦岗军哪儿也去不了。

这是李密的无奈。

为了拿下东都，李密可以说拼尽了全力。大业十三年（617）五月，他多次亲率大军攻入了东都的西苑，与顽强的隋朝守军进行了一次比一次更惨烈的厮杀，然而每一次都被隋军击退。其中一仗，李密甚至身中流箭，差点儿挂掉，不得不在回洛仓的大营中疗养了多日。

这一年五月底，庞玉、霍世举等第一批隋朝援军抵达东都。越王杨侗当天就命庞玉、霍世举、段达等部于夜晚出城，对回洛仓发动奇袭。李密和裴仁基仓促应战，结果被打得大败，士卒死伤被俘的超过一半。李密只好放弃回洛，退守洛口。庞玉和霍世举一路乘胜追击，最后进驻偃师，与瓦岗军对峙。

六月十七日，经过休整的李密对隋军发起反攻，在洛阳东北的平乐园与隋军会战。这一战李密几乎出动了全部精锐，把骑兵置于左翼，步兵置于右翼，中军则全部使用弓弩兵，对隋军发起了猛烈进攻，终于大败隋军，再次夺回了回洛仓。

九月初，隋武阳（今河北大名县）郡丞元宝藏献出郡城，投降了李密。李密随即派遣徐世勣率五千人北渡黄河，与元宝藏、郝孝德等部会师，一举攻占了黎阳仓。

黎阳仓是隋帝国在河北最大的粮食储备基地，其规模之大、储粮之多，不亚于东都的洛口仓与回洛仓，所以攻占此仓的战略意义十分重大，因而再度引起了震撼。短短十天之间，便有二十多万河北的青壮年投奔了瓦岗军。与此同时，武安郡（今河北永年县东南）、永安郡（今湖北新州县）、义阳郡（今河南信阳市）、弋阳郡（今河南光山县）、齐郡（今山东济南市）的隋朝将吏也纷纷举城向李密投降；甚至包括已经称王的几大义军首领，如窦建德和朱粲等人都忙不迭地派遣使节去晋见李密，表示归附之意。

就在瓦岗军攻克黎阳仓的同时，以王世充为首的第二批隋朝援军也已在东都完成了集结。九月十一日，越王杨侗命部将刘长恭率东都部队，与庞玉、王世充等部共计十万人，大举进攻李密据守的洛口。

隋军与瓦岗军就在洛水隔河对峙。

杨广从江都发出了一道诏令，命所有讨伐李密的部队皆受王世充一体节制。接下来的日子，李密和王世充就在东都附近展开了一场旷日持久的拉锯战和消耗战。

双方的第一次较量是在十月底，王世充在黑石（今河南巩义市南）扎营，留一部分兵力守卫大营，亲率精锐在洛水北岸布阵。李密接到战报，立刻率部迎战。

瓦岗军刚刚渡过洛水，还未站稳脚跟，王世充就下令严阵以待的士兵发起进攻。结果瓦岗军大败，士卒纷纷落水。李密大怒，一边集合步兵残部，命他们退保月城（防卫洛口仓的要塞），一边亲率精锐骑兵直奔隋军的黑石大营。

结果就出现了一个戏剧性的场面：王世充追着瓦岗残部向北而去，准备退保月城和洛口；而李密则带着骑兵往南去了，准备端掉洛水南岸的隋军大营。

双方好像要各打各的。不过这么打，王世充肯定是吃亏的。因为李密的月城经营日久，城防异常坚固，可王世充的黑石大营是昨晚刚刚建的，绝对经不起李密的冲锋。

果不其然，李密的骑兵刚刚攻上去，守营的隋军就慌忙燃起烽火。而且怕王世充看不见，一燃就燃了六柱。正在围攻月城的王世充顿时傻眼了。他此次出征所带的粮草、物资、辎重可都在黑石大营里头，要是让李密给烧了，那他就等于不战自败了。王世充不得不回师自救。李密一看"围魏救赵"之策成功，立刻回头迎击王世充。

由于隋军仓促回师，奔跑之中早已散了阵形，而李密所率领的都是麾下最精锐的骑兵，所以此战王世充大败，被杀死三千多人。

洛水战败后，王世充一直紧闭营门，一连十几天拒不出战。

前方的王世充按兵不动，东都的越王杨侗心里马上犯了嘀咕——皇帝把你从江都调到这儿，可不是让你来度假的！何况又给了你节制各军之权，你王世充要是当了缩头乌龟，这仗还怎么打？！

于是，杨侗天天派使者前往黑石大营，说是慰问王世充，实际上是催他出战。

王世充迫于无奈，只好给李密下了一道战书。十一月九日，双方于夹石子河（河南巩义市东南洛水支流）进行了一场大规模会战。此战李密全军出动，旌旗南北绵延达数十里。两军列阵之后，瓦岗军的前锋翟让首先对隋军发起攻击，结果一战即溃，迅速向后退却。王世充奋起直追，不料却一头钻进李密给他张好的口袋。

王世充刚刚冲到瓦岗军的中军前方，王伯当和裴仁基就忽然从两翼杀出，横切他的军阵，生生割断了他的后军。而李密则亲率中军猛攻他的正面。隋军被切成两段，首尾不能相顾，而王世充又三面受敌，士众失去指挥，霎时溃散。王世充拼死突围，扔下无数士兵的尸体，带着残部向西而逃。

从军事角度而言，瓦岗军的战斗力绝对是一流的。但是从政治上来说，瓦岗集团内部始终潜伏着一个巨大的隐患，那就是——权力结构的不稳定。

说白了，就是谁也不服谁。在这一点上，李密比任何人的感受都更加深刻。所以他不得不睁大眼睛，对周围的人和事始终保持着高度警觉。

大业十三年（617）冬天，最让他担心的事情终于出现了。有一小撮人正蠢蠢欲动，试图挑战他的权威。准确地说，这是一个小集团。而这个小集团的核心人物，就是瓦岗寨过去的领袖翟让。

翟让从一把手的岗位上退下来之后，日子倒也过得轻松自在。他仍然挂着司徒的头衔，过去的弟兄们照样尊重他，衣食住行的待遇也一点都没变。翟让本来就没有问鼎天下之志，对于权力也没有什么野心，所以退居二线后，一直很享受这种养尊处优、闲云野鹤的生活。他什么事也不用操心，又不愁吃不愁穿，人生至此，夫复何求！

然而，翟让可以满足于这种闲云野鹤的生活，他身边的人却很不甘心。

跟着翟老大出来混就是图个大富大贵，而今老大你居然早早退居二线，把军政大权拱手让给了李密，你自己不要富贵不打紧，可弟兄们怎么办？跟你混了这么多年，到头来却竹篮打水一场空，这口气叫大伙儿如何咽得下？

所以，翟让让权这件事，自始至终都让他的手下人想不通。

司马王儒信就一直劝翟让从李密手里重新把权力夺回来，自立为大冢宰，总揽全局。可翟让一口回绝。一看翟让如此"不争气"，他的老哥、时任柱国的荥阳公翟弘马上跳了起来。这个翟老哥是个粗人，说话从来不绕弯，一开口就喊："皇帝你应该自己当，凭什么要让给别人？你要是真不想当，我来当！"

翟让闻言大笑，把他老哥的话当成了笑料。可这句话很快就落进了李密的耳中。在李密听来，这可不像笑话，而是对他的莫大威胁。

李密全身的神经立刻绷紧了。

不久，心腹房彦藻又向李密禀报了一件事：他日前攻克汝南郡（今河南汝南县）时，翟让曾向他警告："我听说你在汝南得到了大量金银财宝，却全都送给了李密，什么都没给我！李密是我一手拥立的，以后的事情如何，还很难说啊！"言下之意，他既然可以拥立李密，当然也可以随时把李密废了。

为此，房彦藻和李密的另一心腹郑颋力劝他干掉翟让。

他们说："翟让贪财好利，刚愎自用，又不讲仁义，根本没把您放在眼里，应该早做打算。"李密迟疑地说："现在局势还不稳定，如果自相残杀，会给远近一个什么榜样？"郑颋说："毒蛇螫手，壮士断腕，为的是顾全大局，万一翟让抢先下手，后悔都来不及！"

李密又想了想，最后终于下定了决心。

数日后，李密摆了一桌丰盛的酒席，邀请翟让、翟弘，以及一干亲信翟摩侯、王儒信等人一同赴宴。席间有裴仁基、郝孝德陪坐，房彦藻和郑颋在往来张罗，翟让背后则站着单雄信、徐世勣等一干侍卫。众人一坐定，李密就开口说："今天宴请高官，不需要太多人，左右留几个人伺候就够了。"说完，他左右的侍卫都退了出去，翟让的侍卫却站着不动。

没有翟让的命令，他们不会动。

李密和房彦藻对视一眼，房彦藻连忙堆着笑脸请示说："今天大家要饮酒作乐，天气又这么冷，司徒的卫士们都辛苦了，请主公赏赐他们酒食。"

李密瞟了瞟翟让，说："这就要请示司徒了。"

翟让一声干笑，说："很好。"

随后，房彦藻就把单雄信、徐世勣等人领了出去。宴会厅里除了主宾数人之外，就只剩下李密的一个带刀侍卫蔡建德。

众人寒暄片刻，菜还没上齐，李密就命人拿了一张新造的良弓出来，让翟让试射。翟让接过去，刚刚把弓拉满，李密就给蔡建德使了一个眼色。蔡建德突然抽刀，从翟让的背后一刀砍在他的脖子上。翟让一头栽倒在地，从鲜血喷涌的喉咙口发出牛吼一般的惨号。还没等众人反应过来，蔡建德就已经把翟弘、翟摩侯和王儒信三人全部砍死。

外面厢房的单雄信、徐世勣等人听到号叫声，立刻跳起来夺路而逃。跑到大门口时，徐世勣被守门卫士砍伤了脖子。王伯当从远处看见，大声喝令卫士住手。单雄信等人慌忙跪地求饶，其他的侍卫们惊恐万状地站在那儿，不知如何是好。

李密很快走了出来，高声宣布："我与诸君同起义兵，本来就是为了除暴平乱。可是司徒却专横贪虐，欺凌同僚。今日只诛杀翟姓一家，与诸位没有干系。"说完，命人把受伤的徐世勣搀扶进去，亲自为他敷药。

翟让的部众风闻翟让已死，都准备各奔东西。李密先是命单雄信前去宣慰，随后自己单人独骑进入翟让军营，一再劝勉，终于说服了他们，然后命徐世勣、单雄信和王伯当分别接管了翟让的部众。至此，整个瓦岗军营的恐慌和骚动才逐渐平息。

翟让之死是瓦岗高层权力斗争的一个必然结果，也是集团内部矛盾的一次集中体现。

从表面上看，李密成功消灭了内部最大的一支异己势力，顺利收编了翟让的心腹和部众，使自己的权力和地位得到了巩固。可实际上，瓦岗内部的隐患和不稳定因素并未就此消除，反而有愈演愈烈之势。因为经过这场流血事件之后，李密身边的将吏都变得人人自危，几乎每个人都在担心自己会成为第二个翟让。

一种看不见的忧虑和恐慌就像一场可怕的瘟疫一样，从此在瓦岗军中迅速蔓延。

从这个意义上说，翟让之死并没有为瓦岗的历史掀开新的一页，反而成为瓦岗从全盛走向衰落的一个转捩点。虽然此后的瓦岗军在战场上仍然是所向披靡、胜多败少，但是败亡的危机已经在表面的强大之下悄悄酝酿。

得知翟让被李密干掉后，王世充发出了一声怅然若失的叹息。

因为他知道瓦岗高层始终存在矛盾，尤其是翟让和李密，绝对不可能长期在同一个屋檐下共存共荣。所以王世充一直认为这是他消灭瓦岗的一个机会。他在心里默默把宝押在了翟让这边，希望翟让能把李密收拾掉，然后他再轻松地收拾翟让。

可结果与他的希望截然相反。

通过多次交手和这段时间的观察，李密这个对手越来越让王世充感到可怕。他在一声长叹后，说了这么一句话："李密天资甚高，做事聪明果决，来日是一条龙还是一条虫，实在难以预料！"

大业十三年（617）年底，休整了一个多月的王世充出兵夜袭洛口仓城，不料李密早有防备，命郝孝德、王伯当、孟让等人在仓城周边设伏。隋军遭遇埋伏，王世充麾下骁将费青奴战死，士卒被杀一千余人。

王世充连遭败绩，连精心策划的偷袭也彻底落空，顿时有点灰心丧气。越王杨侗连忙遣使慰劳。王世充大发牢骚，说他兵力太少，而且长期作战已经疲惫不堪云云。杨侗不得不又给了他七万人，才算堵住了他的嘴。

王世充得到了这支生力军，顿时有了底气，于大业十四年（618）正月初大举反攻，终于在洛水北岸击败李密，迅速将部队推进到巩县北郊。这是王世充与李密交手数月以来取得的第一场胜利，不禁令他大为振奋。正月十五日，王世充命各军在洛水上搭建浮桥，准备乘胜进攻洛口仓。

然而，人多不见得就是好事。因为军队数量的庞大与番号的错杂，极有可能导致号令不一，指挥失灵。眼下，正在抢渡洛水的隋军就出了这个问题。还没等王世充下达总攻命令，先行架好浮桥的部队就率先发起了进攻。虎贲郎将王辩一马当先，率领部队一下就攻破了李密大营的外围栅栏。瓦岗守军顿时一片慌乱。

此时，只要隋军坚持进攻，李密马上就会溃败。可就在这节骨眼上，王世充却突然下令吹响了收兵的号角。因为，他只看见大军在渡河的时候行动错乱、步调不一，根本不知道前方的王辩已经成功突破了敌人大营。

正在奋力突进的王辩听到号角声，不得不率部后撤。李密乘机带领敢死队发动反击。隋军大溃，为了争夺浮桥逃命，光落入河中溺毙者就有一万多人。王辩战死，士卒各自逃散，大军瞬间瓦解。王世充带着自己的嫡系部队逃离战场，不敢回东都去见越王，只好北上投奔河阳（今河南孟州市）。

当天夜里，王世充率残部横渡黄河时，突然风雨交加，气温骤降，士卒又冻死了一万多人。逃到河阳时，十几万大军只剩下区区几千人。王世充把自己关进了监狱，以此向越王请罪。

得到大军惨败的消息后，越王杨侗也只有苦笑而已。要是在平时，一个败得这么惨的将帅早该被砍成肉酱了，可眼下，越王能杀王世充吗？

不能。不但不能杀，还要慰劳他、犒赏他、捧着他、哄着他。要不然怎么办？有王世充在，好歹还能牵制李密，还能把李密拒于东都之外；要是没有王世充，东都可能转眼就会被李密吃掉。

虽然王世充屡战屡败，可还是要鼓励他屡败屡战。

所以，越王杨侗不但丝毫不敢责备王世充，反而派使节前去向王世充宣布特赦令，然后又赏赐给他金银、绸缎、美女，百般劝慰，让他回洛阳。

吃了败仗还能得赏赐，不知道王世充有没有感动得热泪盈眶。不过既然朝廷如此厚爱，王世充实在没什么好说的，随后纠集残部一万余人回了东都，驻扎在含嘉城（洛阳北城内），只求自保，不敢出战。

李密连败王世充，士气大振，遂乘胜进攻东都，一举夺取了金镛城（旧洛阳城西北部）。李密命人将城门、城墙、官邸、民房等全部修葺一新，将瓦岗总部迁进城内，以此对东都进行威慑。随后，李密拥兵三十余万，在邙山南麓列阵，进逼洛阳上春门。

眼看李密的场面越搞越大了，东都附近的一大批隋朝官吏赶紧率部投降了李密，而远近的义军首领如窦建德、朱粲、孟海公、徐圆朗等人也纷纷遣使奉表，鼓动李密登基称帝，属下的裴仁基等人也劝李密早正位号。

面对所有人的劝进，李密只说了八个字——东都未克，不可议此。

四三 / 江都政变

618年是一个奇特的年份。

因为，这一年的隋朝天下有不下二十个年号，并且还是不完全统计。

这一年，首先是隋炀帝杨广的"大业"十四年，同时也是隋恭帝杨侑的"义宁"二年，稍后还是唐高祖李渊的"武德"元年；此外，东都的越王杨侗也在这一年被王世充等人拥立为帝，所以又称"皇泰"元年。

还有，那些大大小小的草头王们对这一年也各有各的叫法：陇西的秦帝薛举称"秦兴"二年；河西的凉帝李轨称"安乐"元年；马邑的定杨天子刘武周称"天兴"二年；朔方的梁帝梁师都称"永隆"二年；河北的夏王窦建德称"五凤"元年；魏县的许帝宇文化及称"天寿"元年；江南的梁帝萧铣称"鸣凤"二年；东南的楚帝林士弘称"太平"三年……

然而，不管这一年有多少个年号，历史最终只会承认其中一个。换句话说，这些如同雨后春笋一样冒出来的年号，注定要一个接一个被淘汰掉。

而第一个被淘汰出局的，就是杨广的"大业"。

大业十四年（618），杨广五十岁，知天命之年。

杨广现在的天命是什么？

四个字：及时行乐。既然一切都已无可挽回，那么除了及时行乐，除了不停地用酒精和女人来麻醉自己之外，杨广还能做什么呢？

今朝有酒今朝醉，管他明朝酒醒何处！

这就是杨广在生命最后的日子里身体力行的人生哲学。

他在江都的离宫中开辟了一百多座精致的别院，每一座院落都美轮美奂，而且美女常住，美酒佳肴常备。杨广每天让一院做东，然后带着萧皇后和宠幸的嫔妃们一院一院地宴饮作乐，天天和她们一起喝得酩酊大醉。

杨广通晓天象，并且喜好吴语。某一个春天的夜晚，华枝春满，天心月圆，杨广与萧后一起坐在璀璨的星空下，静静地仰观天穹。后来杨广粲然一笑，对萧后说："外间大有人图侬（我），然侬不失为长城公（陈叔宝），卿不失为沈后（陈朝皇后沈婺华），且共乐饮耳！"

是啊，星光如此美丽，岁月如此静好，杨广有什么理由过于悲观呢？

人生何妨长醉，杯中自有乾坤！山河破碎又怎么样？社稷覆亡又怎么样？只要能像陈叔宝一样保有爵禄和富贵，只要美女、美酒和美景常在眼前，他的下半辈子就可以过得与世无争，自在逍遥！

杨广一生中一直保持着一种习惯，即使是在这个迷乱而颓废的春天里也依然保持。他经常会长时间地揽镜自照，欣赏着铜镜中的那个人。

这显然是一种典型的自恋。

有点遗憾的是，在这个春天里，杨广看见的不再是那个玉树临风、英气逼人的潇洒帝王，而是一个鬓发散乱、面目浮肿、神情倦怠、目光空洞的中年男人。

尽管这个镜中人已经变得让杨广感到陌生，但是他并没有过于失望。因为这个镜子里的人仍然拥有一个宽阔饱满的额头，一个端正挺拔的鼻梁，以及一个微微扬起的下颌。

够了，这就够了。纵使失去所有，杨广相信自己依然能够拥有一个帝王最后的高贵与尊严！

杨广到最后似乎也看淡了死亡。有一天，他忽然似笑非笑地对着镜中人说："好头颈，谁当斫之？"

萧后偶然听到，不禁大惊失色，问他为何说出如此不祥之语。杨广凄然一笑，幽幽地说："贵贱苦乐，更迭为之，亦复何伤？！"（《资治通鉴》卷一八五）

618年，杨广知道，自己已经回不去那个烽火连天的中原了，他现在唯一能做的就是保住江东而已。为此，杨广准备迁都丹阳（今江苏南京），以防李密兵锋越过长江。

杨广把此事拿到朝会上讨论，文武百官立即产生激烈的争执。以内史侍郎虞世基为首的大臣都极力赞成，表示没有比这个更好的计划了；而右武候大将军李才等人却坚决反对，认为杨广应该立刻返回西京，借此安定天下。

最后心直口快的李才说不过巧舌如簧的虞世基，只好愤然离殿。门下录事李桐客依然坚持说："江东低洼潮湿、地势险恶，而且耕地太少，如果要对内奉养皇家、对外供应三军，百姓难以负荷，恐怕最终仍将激起变乱！"李桐客话音刚落，御史们立刻发出弹劾，说他毁谤朝政。

反对的声音就此被彻底打压。公卿们纷纷阿附杨广，说："江东之民盼望圣驾由来已久，陛下南下长江，亲临安抚，此乃大禹之事功也！"

迁都之议就这么定了下来。丹阳郡随即破土动工，开始大力修建皇宫。

可是，杨广已经无福消受丹阳的这座新皇宫了。因为军队早已离心离德，一场震惊天下的"江都政变"马上就将爆发。

刚开始，将士们还没想发动政变，只一心想着叛逃。

因为他们都是关中人，思乡心切，见杨广毫无西返之意，只好三十六计走为上策。禁军郎将窦贤首先率部西逃，结果被杨广的骑兵追了回来，马上斩首示众。

然而，杀一却不能儆百。将士逃亡的现象仍然有增无减、屡禁不止。

杨广绝对想不到，就连他最为倚重的一个心腹将领也有了叛逃之心。

这个人就是虎贲郎将司马德戡。

司马德戡不光想一个人逃，而且还想煽动大家一起逃。他首先对他的两个好友发出了试探。一个是虎贲郎将元礼，一个是直阁将军裴虔通。司马德戡说："如今士兵人人都想逃亡，我打算告发，又怕先被士兵杀了；要是不报告，一旦事发，也难逃灭族之罪。到底该怎么办？还有，听说关中已经沦陷，李孝常就因为献出华阴叛降，皇上就逮捕了他的两个弟弟，准备处死。我们的家属都在关中，万一有人步李孝常之后尘，那我们岂不是大祸临头？"

元礼和裴虔通也是一副恐惧无奈之状，只能愁眉苦脸地说："事已至此，该怎么办？"

司马德戡盯着他们的眼睛，说："和士兵一块儿逃！"

元礼和裴虔通相视一眼，重重点头："善！"

一个大规模的逃亡计划就此启动。越来越多的朝廷官员和军队将领迫不及待地加入了他们的行列。这些人包括内史舍人元敏、虎牙郎将赵行枢、鹰扬郎将孟秉、符玺郎李覆和牛方裕、直长许弘仁和薛世良、城门郎唐奉义、医正张恺、勋侍杨士览等等。几乎各个级别各个部门的文武官员全都卷入了这个计划。

由于参与的人数众多，所以逃亡计划逐渐从秘密转为公开。最后将吏们甚至在大庭广众之下也毫不避讳地讨论他们的叛逃行动。有个宫女再也看不下去了，只好报告萧皇后："外间人人欲反！"萧后面无表情地说："任汝奏之。"宫女随即向皇帝禀报，杨广勃然大怒。

皇帝很生气，可后果并不严重。

因为只有一个人掉了脑袋，就是那个告密的宫女。杨广认为这是她危言耸听，所以二话不说就把她砍了。后来，又有人忍不住向萧后禀报，萧后说："天下事一朝至此，无可救者，何用言之？徒令帝忧耳！"（《资治通鉴》卷一八五）从此，再也没人多管闲事了。

杨广既然执意要当鸵鸟，那么叛逃计划当然就没有半点阻力了。虎牙郎将赵行枢很快就把计划告诉了一个人，要拉他入伙。正是这个人，导致这个叛逃计划瞬间升级成了政变行动。

他就是宇文述的次子、时任将作少监的宇文智及。

司马德戡等人原本计划于大业十四年（618）三月十五日集体逃亡，可宇文智及告诉他："主上虽然无道，但威信尚存，命令也还有人执行。你们一旦逃亡，恐怕会像窦贤那样自寻死路。而今上天欲亡隋室，四方英雄并起，既然同心逃亡之人已有数万，不妨干一票大的，此乃帝王之业！"

司马德戡豁然开朗，与宇文智及和赵行枢等人商议之后，决定拥护宇文智及的兄长、时任右屯卫将军的宇文化及为领袖，发动政变，弑杀杨广。

宇文化及是一个典型的纨绔子弟，仗着他父亲宇文述在朝中的地位，骄矜狂暴，贪赃枉法，所以打从少年时代起就被长安百姓称为"轻薄公子"。当众人把政变计划向他和盘托出，告知他这是帝王之业，并暗示将由他取代杨广成为天子时，浮躁轻狂的宇文化及当即欣然接受。

随后，司马德戡命许弘仁和张恺进入禁军军营，对将士们说："陛下听说你们即将叛逃，就准备了大量毒酒，打算举办宴会，在宴席上把你们全部毒死，只跟南方人留在江都。"众人闻言，大为恐惧，纷纷相互转告，一致决定响应司马德戡等人的政变行动。

三月十日，司马德戡召集全体禁军军官，正式宣布了他的行动方案，众人齐声高呼："愿听将军号令！"是日下午，司马德戡盗取了宫中御马，连同早已准备好的武器一同分发给了政变官兵。当天夜里，元礼和裴虔通在宫中当值，负责做内应；城门郎唐奉义负责将宫城的所有城门虚掩，接应政变部队。三更时分，司马德戡在东城集结了数万名士兵，燃起火把互相呼应。杨广半夜忽然醒来，看见火光照亮了江都的夜空，问左右发生了什么事。裴虔通不慌不忙地答道："草坊失火，士兵们正在扑救。"

与此同时，宇文智及和孟秉等人也在宫城外集合了他们的部众一千余人，随后劫持了仍忠于杨广的将军冯普乐，命令士兵迅速封锁各个主要路口。深夜，住在宫城外的燕王杨倓（杨广的孙子）发现军队有异动，意识到有重大事变，急忙从芳林门旁边的水洞进入宫城，准备禀报杨广。

可他走到玄武门时就进不去了，因为裴虔通早已守卫在此。

杨倓只好向城楼喊话，说："臣今夜突然中风，命在旦夕，希望能见皇上最后一面。"

年少的杨倓尽管机灵，可如此粗糙的谎言恐怕连他自己都不会信！裴虔通立刻打开城门，不过不是放他进来，而是将他逮捕囚禁。

三月十一日凌晨，司马德戡把军队交给裴虔通，命他控制了宫城的各个城门。裴虔通随后率领数百名骑兵冲进了成象殿，殿上的宿卫士兵大喊："有反贼！"裴虔通随即下令关闭所有城门，只开东门，勒令所有宿卫士兵放下武器，然后把他们从东门驱逐了出去。右屯卫将军独孤盛察觉情势有变，未及披上铠甲，慌忙带着十几名侍卫从营房冲了出来，迎面碰见裴虔通，厉声质问道："哪里来的军队？为何情形如此诡异？"

裴虔通冷冷地瞥了他一眼，说："形势所迫，不关将军的事，请将军不要轻举妄动！"

独孤盛破口大骂："老贼！说什么屁话！"随即带着手下人冲了上去。

可他们才十几个，裴虔通这边却有几百人。片刻之后，独孤盛和他的手下就全部倒在了血泊中。

惊闻宫内发生政变，御前带刀侍卫（千牛）独孤开远迅速带着几百名士兵赶到玄武门，准备入宫保卫皇帝。可宫门早已紧闭。独孤开远敲门大喊："陛下，我们手里还有军队，足以平息叛乱，只要陛下亲自出来督战，人心自然平定，否则

・四三／江都政变 ・283

就大祸临头了！"

然而，任凭独孤开远把宫门擂得山响，宫中却悄无声息，始终没有半点回应。士兵们本来就没什么斗志，见此情状，只好各自散去，独孤开远最后也被变军逮捕。

至此，政变军彻底控制了整座皇宫。司马德戡率领军队从玄武门大摇大摆地进入宫城。杨广慌忙脱下御袍，换上便装，仓皇逃进西阁。裴虔通等人带兵冲到了东阁，宫廷女官（司宫）魏氏马上打开阁门。这个魏氏也是杨广的心腹，可早已被宇文化及收买，包括玄武门的卫兵也是被她矫诏调开了，才会让裴虔通等人轻而易举地占据了玄武门。

政变军从东阁进入永巷，逢人便问："陛下在哪儿？"一个宫女用手指了指西阁，校尉令狐行达立刻拔刀，率先冲向了西阁，裴虔通等人带着士兵紧随其后……

此刻，清晨的阳光已经把整座皇宫照亮。

杨广站在阁楼上，看见他最亲信的几个大臣和将军带着一队全副武装的士兵用最快的速度进入了他的视野。他们目光如刀、面色如铁，锃亮的铠甲和刀剑在温暖柔媚的阳光下闪烁着森冷而坚硬的光芒。

一个凄凉的笑容在杨广的脸上缓缓绽开。

他知道——这就是终点。

这就是他一直在等待也一直在逃避的那个宿命的终点。

而眼前这个美丽的春天就是一座巨大的坟墓，终将把属于他的一切彻底埋葬。无论是他的生命、他的功业、他的江山，还是他的诗歌、他的醇酒、他的美人，一切的一切，都将在这个万物生长的春天里终结、腐烂、消亡……

杨广从阁楼的窗口看着率先迫近的令狐行达，忽然用一种平静的语气说："你是想杀我吗？"

令狐行达迟疑了一下，躲开杨广的目光，说："臣不敢，臣只想奉陛下西还。"

杨广被令狐行达从阁楼上带了下来，然后他的目光就一直定定地看着裴虔通。从杨广当晋王的时候起，这个裴虔通就始终跟随在他左右，是他最为宠信的几个心腹之一。而今连他也反了，杨广不禁有些伤感。他对裴虔通说："卿难道不是我的故人吗？是何怨恨促使你谋反？"

裴虔通说："臣不敢反，只是将士思归，准备奉迎陛下回京师而已。"

杨广叹了一口气，说："朕也想回去，只因上江（长江中上游）的运粮船没到，才一直延迟，现在就和你一道动身吧。"

十一日上午，裴虔通让士兵把杨广看押起来，然后命孟秉等人出宫迎接宇文化及。

宇文化及跟着孟秉等人策马朝宫中走去。不知是因为激动还是害怕，此时的宇文化及居然抖成了一团，连一句完整的话也说不出来。一路上不断有人前来晋见，宇文化及都是扶着马首，低着头，嘴里喃喃地说："罪过、罪过……"

司马德戡在宫门迎接宇文化及，随后引上大殿，尊称他为"丞相"。

裴虔通对杨广说："百官都在朝堂上了，陛下必须亲自出去慰劳。"随即把自己的坐骑牵了过来，逼杨广上马。杨广嫌鞍辔破旧，不肯上马，裴虔通只好换了一副全新的，杨广才不情不愿地骑了上去。裴虔通一手持刀、一手牵马，把杨广带到了大殿前。变军兴奋地呐喊号叫，鼓噪之声响彻宫城。

宇文化及一见杨广，冲着裴虔通一边摆手一边大喊："何必把这个东西牵出来？赶紧带回去做掉！"

杨广神情黯然地问裴虔通："虞世基在哪儿？"

变军将领马文举在一旁冷冷答道："已经砍了。"

杨广被带回了寝殿。当时萧后、嫔妃，以及一干宗室亲王皆已被政变军软禁，杨广的身边只剩下他最宠爱的幼子、十二岁的赵王杨杲。司马德戡和裴虔通等人刀剑出鞘地环视着他们父子二人。杨广一声长叹，说："我有何罪，以至于此？"

马文举说："陛下违弃宗庙，巡幸无度，外勤征讨，内极奢淫，使青壮死于刀箭、女弱亡于沟壑，四民失业、盗贼蜂起；并且专宠佞臣，文过饰非，拒绝劝谏，还说没罪？"

杨广苦笑着说："要说我辜负了百姓，这是实情；至于说你们，荣华富贵、应有尽有，为何要做得这么绝？今日之事，谁是主谋？"

"普天同怨，何止一人！"司马德戡冷冷地说。

片刻之后，宇文化及又派遣内史舍人封德彝前来历数杨广的种种罪状。杨广伤心地说:"卿是士人,为何也参与谋反?"封德彝无言以对,惭悚而退。

最后的时刻到了。

由于害怕,站在杨广身边的赵王杨杲一直在号啕大哭。裴虔通手起刀落,首先砍死了杨杲,鲜血溅满了杨广的衣服。裴虔通正欲对杨广下手,杨广忽然站起来说:"且慢!诸侯之血入地,尚且要大旱三年,何况斩天子之首?天子自有天子的死法,岂能用刀砍?拿鸩酒来!"

这就是一个帝王最后的高贵与尊严。

杨广做到了。

然而,这些造反者没有答应他。司马德戡使了一个眼色,令狐行达猛然揪住杨广的领口,狠狠把他按回原位。

杨广踉跄坐下。其实他很早就给自己和后宫准备了毒酒,他曾经对嫔妃们说:"如果贼兵来了,你们先喝,然后我再喝。"可等到政变爆发时,左右侍从作鸟兽散,杨广再想找毒酒已经找不到了。

现在,杨广最后悔的就是自己为何不随身携带一瓶。他用绝望的目光最后看了看这些昔日的臣子,然后缓缓解下身上的绢巾,递给了令狐行达。

令狐行达面无表情地接过去,一下就勒住了他的脖子。

绢巾越勒越紧、越勒越紧。

杨广看见自己的一生呼啸着从眼前飞过……

这是618年的阴历三月,一个阳光明媚的春天。江都的离宫莺飞草长,鲜花盛开,迷离的柳絮仿佛一万只白色的蝴蝶在整座皇宫中飘舞和盘旋。天空散淡而高远,纯净得就像初生婴儿一尘不染的脸庞。

就在这个美得让人窒息的春天里,杨广停止了呼吸。

杨广死后,名义上先后有三个傀儡皇帝和三个影子朝廷分别在江都、西京和东都尊奉隋朝正朔,可谁都知道——隋王朝已经名存实亡。

大业十四年(618)三月十一日是隋炀帝杨广的忌日,实际上也是隋朝的忌日。

四四 / "轻薄公子"的摄政之路

一代帝王就这么凄凉地走了。虽然保住了全尸，可是死无葬身之地。

无处安葬的一个客观原因是——杨广从没给自己修过陵墓。

中国历代帝王往往在登基伊始就会花大力气修建自己百年后的地下寝宫，唯独杨广没有这么做。他一生耗费巨大的精力和无数民脂民膏修建了遍及天下的离宫别馆，同时也给后人留下了一条泽被万世的大运河，可唯独漏掉了自己的终极归宿。

天下之大，杨广却连一个坑也没给自己留下。

没有人知道这是为什么，只知道杨广被缢杀后，萧后和宫人们拆下几片床板，给杨广和幼子杨杲做了两口简陋的棺材，然后就让他们孤零零地躺在离宫西院的流珠堂里，从此再也无人问津。

直到宇文化及北上之后，亦即大业十四年（618）八月末，江都郡守陈稜才按照天子礼仪，把杨广葬在了离宫西侧的吴公台下，总算让他入土为安。此时距杨广被杀已经将近半年，中间隔了整整一个潮湿而闷热的夏天，杨广的尸体没有经过任何处理，按说早该腐烂。可让人意想不到的是，杨广入殓的时候，据说面容依然栩栩如生，让众人大为骇异。（《隋书·炀帝纪》：发敛之始，容貌若生，众咸异之。）武德五年（622）八月，唐朝平灭了江南，又将杨广改葬到了江都附近的雷塘（今扬州市北平冈上）。

杨广死后，萧皇后和六宫嫔妃们并没有喝下杨广给她们准备的毒酒。她们苟活了下来，无可奈何地成了宇文化及的玩偶。

萧皇后虽然逃过一死，但是此后的命运极为不堪。大业十四年（618）五月，宇文化及把萧皇后和六宫嫔妃一起带到了中原。其后宇文化及败亡，萧皇后又落到窦建德的手中。再后来，东突厥的处罗可汗又从窦建德手里要走了萧皇后。一直到贞观四年（630），当李靖和李世勣率领唐军破灭突厥之后，萧皇后才终于被唐朝政府以相应的礼节迎回了长安。

皇帝没了，天子的宝座空空荡荡。总得有人坐上去。

宇文化及现在当然是不能坐的。他也必须演一场政治秀，先推一个傀儡上去，然后在适当的时候再玩一回"禅让"的游戏。

要先推谁上去呢？

宇文化及想到了杨广的四弟蜀王杨秀。

这是隋文帝杨坚五个儿子中唯一在世的一个，十几年前就被杨坚罢官软禁。杨广即位后虽然没有杀他，但也始终不让他恢复行动自由，而且担心他背后搞小动作，所以每次出巡总是带在身边。

此刻，杨秀就被关在江都的禁军军营中。

宇文化及觉得，蜀王杨秀在目前的宗室亲王中资格最老，而且又因长期囚禁几乎成了一个废人，所以立他最为顺理成章，也最为安全。

可是，宇文化及的提议遭到了众人的反对。宇文智及提出了另一个人选，那就是与他私交甚笃的秦王杨浩（杨俊之子）。

宇文化及同意了。他觉得反正这皇位迟早是他的，现在牵谁出来走这个过场对他来讲没有任何区别。

新皇帝的人选一敲定，剩下来的宗室亲王就没有任何存在价值了。当天，蜀王杨秀和他的七个儿子，齐王杨暕（杨广次子）和他的两个儿子，以及燕王杨倓，包括隋室的所有亲王和外戚，无论老幼全部遭到屠杀。

其中死得最稀里糊涂的，可能就要属齐王杨暕了。

杨暕历来失宠于杨广，父子之间长期互相猜忌，所以政变爆发当晚，杨广就曾满腹狐疑地对萧后说："莫非是阿孩（杨暕乳名）所为？"而当宇文化及派人准备诛杀杨暕时，杨暕并不知道父亲已被弑，居然以为来人是杨广所派，故央求说："且慢杀我，我不会辜负国家！"来人一声冷笑，不由分说就把他拖到大街上砍了。杨暕至死还以为是父亲杨广对他下的毒手。

清理完隋宗室，接下来就轮到杨广的那些心腹重臣了。

内史侍郎虞世基、御史大夫裴蕴、左翊卫大将军来护儿、秘书监袁充、右翊卫将军宇文协、千牛宇文晶、梁公萧钜等人，以及他们的儿子，都没能逃过这场灭顶之灾。

让人感到奇怪的是，政变发生的时候，他们都在干什么呢？这些人几乎都是玩了一辈子政治的老手和人精，难道关键时刻都成了瞎子和聋子？对这么大动静的一场政变，难道他们事先果真毫不知情，以致最终束手就擒，任人宰割？

不，其实他们中早已有人事先得到了密报。

政变前夕，江都县令张惠绍就已经探知有人即将谋反，立刻向御史大夫裴蕴做了禀报。裴蕴随即和张惠绍一起制订了一个紧急行动方案，决定矫诏逮捕宇文化及，然后入宫保护杨广。可是，当裴蕴把政变消息和他们的应变计划向内史侍郎虞世基报告时，虞世基却认为消息不可靠，把计划压了下来，没有采取任何行动。还没等裴蕴想出别的办法，政变就爆发了。裴蕴仰天长叹："跟虞世基这种人商量，只能误大事啊！"

裴蕴说得没错，跟虞世基商量，不误事才怪。虞世基这几年来最主要的工作就是替杨广屏蔽各种坏消息，所以早就形成了条件反射，任何天大的坏消息到他这儿都成了捕风捉影、危言耸听。这次所谓的政变消息当然也不会例外。

从这个意义上说，虞世基这么做不叫"误事"，而叫"尽职"。道理很简单，他要是不具备如此强大的屏蔽功能，杨广早把他一脚踢了，怎么会把他倚为心腹？

所以这场政变是注定要发生的，或迟或早而已。

在这场政治清洗中，有少数大臣幸免于难，其中一个就是时任黄门侍郎的裴矩。

他早料到有这么一天，所以自从来到江都后就一直表现得很低调，即便是对仆从差役也是执礼甚恭，尤其是想方设法讨好军队。去年八月，他就向杨广提出了一个收买人心的建议。他知道军队中的很多将士在江都都找了姘头，于是决定做个顺水人情，就对杨广说，将士们之所以闹着回家，是因为老婆孩子都在京师，如果允许他们就地娶妻，人心自安。杨广觉得很有道理，就按他说的做了。大部分禁军官兵就这样在江都找到了他们人生的第二春，当然要打心眼里感激裴矩。

所以政变发生后，士兵们都嚷嚷着说："裴大人是个好人，没他什么事！"而且当时裴矩一见到宇文化及，立刻非常识趣地上前跪地叩头，一脸弃暗投明的表情，自然让宇文化及也大生好感。

就是凭着这样的本事，才使得裴矩在整个江都朝廷彻底崩盘的时候，仍然不失为一只逆市飘红的坚挺个股，几天后就成了宇文朝廷的右仆射。

该杀的都杀了，该降的也都降了，昔日的轻薄公子宇文化及开始堂而皇之地踏上"摄政"之路。他自称大丞相，总百揆，以萧皇后的名义拥立秦王杨浩为帝，但一直把他软禁在别殿，命士兵严密看管，只是让他在各种诏书上签字盖章而已。随后，宇文化及又任命二弟宇文智及为左仆射、三弟宇文士及为内史令，彻底掌控了江都朝廷的军政大权。

大业十四年（618）三月二十七日，宇文化及任命左武卫将军陈稜为江都郡守，同日宣布大军返回长安。他带着傀儡皇帝杨浩、萧皇后，以及六宫嫔妃一同起程，沿水路北上。其龙舟队的盛大排场与当初的杨广一般无二。

宇文化及踌躇满志、无比风光地站在巨大的龙舟上，感觉辉煌的人生正在不远处向他微笑招手。

此刻的他绝对不会料到，有两次兵变正埋伏在道路的前方，差点儿终结了他刚刚开启的这场帝王美梦。

第一次兵变，发生在龙舟队起程的这一天。

当天傍晚，船队行至离江都不远的显福宫，三名禁军将领便开始了密谋。一个是虎贲郎将麦孟才，另外两个是虎牙郎将钱杰、沈光。麦孟才说："我等受先帝厚恩，而今却俯首侍奉仇敌，受其驱使，有何面目苟活于世？我一定要杀了他，虽死无憾！"沈光也流着泪说："这正是我期望将军的。"

是日夜里，麦孟才积极联络军队中的旧交，迅速纠集了数千部众，约定于次日拔营前袭杀宇文化及。然而人多嘴杂，消息很快泄露。宇文化及带着心腹将领连夜逃离大营，同时通知司马德戡先对麦孟才等人下手。

深夜，沈光忽然听到军营中人喊马嘶，估计已经走漏了风声，立即带兵扑向宇文化及的营帐，可是帐中已空无一人。出来的时候，沈光恰巧撞见了江都政变的主要策划者之一、其时已被提拔为内史侍郎的元敏。沈光庆幸自己事败之前还能杀一个垫背的，随即历数了元敏的条条罪状，然后一刀砍了他。

与此同时，司马德戡已经率大军包围了军营。经过一番血战，麦孟才、沈光、钱杰及其部众数百人全部战死。虽然明知此战必败，可自始至终无一人投降。

兵变总算是平息了，还好有惊无险。宇文化及在心里对司马德戡大为感激。

可让他万万没想到的是，船队行驶到彭城郡（今江苏徐州市）的时候，第二次兵变立刻接踵而至。更让他意想不到的是，这次的主谋居然是司马德戡。

其实宇文化及一上台，很多人马上就后悔了。因为这位"轻薄公子"不仅没有半点能耐，而且骄奢之状比杨广有过之而无不及。

把杨广的六宫嫔妃都据为己有就不说了，龙舟队的一切排场都刻意模仿杨广也就不说了，单就他在日常政务中的表现，就足以让人大失所望。他每次进入大帐的时候，总是大大咧咧地面南而坐，谱儿虽然摆得很大，可百官凡有进奏，他却一概保持沉默，什么话也不说。

这样的沉默，是代表睿智和深沉吗？

不，谁都很清楚，他这是胸无韬略、不敢决断。

每次下帐后，宇文化及马上召集唐奉义、张恺等一帮心腹，商量百官所奏议的事，等别人帮他出了主意，他才命人拟就相关诏书，拿去给杨浩签字盖章。

大伙把脑袋别在裤腰上搞政变，到头来拥护的居然是这么一个既骄矜又无能的笨蛋，怎能不令众人齿冷血热？

司马德戡第一个跳了起来。他埋怨当初主张拥护宇文化及的赵行枢说："我被你害惨了！当今要拨乱反正，必须依靠一个英明的领袖，可宇文化及昏庸愚昧，又被一大群小人包围着，大事必败无疑，你说该怎么办？"

司马德戡之所以跳起来，其实也不完全是出于公心。

还有一层原因他没说，那就是宇文化及并不信任他。

宇文化及总揽大权之后，封司马德戡为温国公、加光禄大夫，几天后又调任礼部尚书。表面上加官晋爵，极为尊崇，实际上是褫夺他的兵权。司马德戡大为不满，只好把所获的赏赐全都拿去贿赂宇文智及，通过他向宇文化及说情，好不容易才重新掌握了一点兵权——负责统领一万多人的后军。

但是，这点兵权其实也是不稳固的。因为宇文化及始终防着他，哪一天要是把他兵权卸了，司马德戡就彻底任人摆布了。所以，司马德戡不得不先下手为强。

听完司马德戡的牢骚后，赵行枢两眼一翻，说："这全看我们自己了，要废他也不是什么难事！"

于是，二次兵变的计划就这么定了下来。

但是司马德戡还是有些信心不足。因为宇文化及现在是大丞相，手里掌握了十几万军队，而他只有区区一万多人。万一暗杀不成，双方开打，司马德戡的胜算并不大。为了保证计划万无一失，司马德戡决定找一个外援。

他找的人，是其时盘踞在济阴郡周桥（今山东定陶县东南）的变民首领孟海公。

司马德戡给孟海公写了一封信，此后一直在等待回音。然而，孟海公一直没有回音。兵变的时机就这么在焦灼的等待中流逝。

宇文化及很快得到了消息，于是设计逮捕了司马德戡。计划中的兵变就此流产。

杀司马德戡之前，宇文化及问他："你我同心协力、共定海内，冒着九死一生的危险。而今大事方成，正是共享富贵的时候，你为何又要谋反？"

司马德戡说："我们之所以诛杀杨广，是因为无法忍受他的荒淫暴虐，没想到阁下的所作所为比他还要严重！情势所迫，不得不如此。"

随后，司马德戡被绞死，同党十多人也全被诛杀。

大业十四年（618）四月下旬，由于水路受阻，宇文化及率大军改行陆路，从彭城进入中原。

在巩洛（今河南巩义市）一带，宇文化及遭遇了瓦岗军的阻击，于是转向东郡（今河南滑县），隋东郡通守王轨立刻开门迎降。

中原一下子变得热闹非凡。由于宇文化及的到来，东都战场的形势变得比以前任何时候都更加扑朔迷离。

四五 / 后杨广时代的逐鹿游戏

世间已无杨广，所以很多人有事要忙。后杨广时代的逐鹿游戏不会再欲诉还休，遮遮掩掩。人人图穷匕见，人人大干快上！

首先做出反应的是时任吴兴郡（今浙江湖州市）太守的沈法兴。

当时，沈法兴正在努力围剿东阳郡（今浙江金华市）一带的变民，一听说杨广被宇文化及弑杀，立刻起兵，以讨伐宇文化及之名，先后攻占江表（太湖流域及钱塘江流域）的十几个郡，自立为江南道大总管，同时设置文武百官。

这一年四月下旬，原来称梁王的萧铣也正式称帝，并迁都江陵（今湖北江陵市），随后派遣各路军队，大举向南扩张。原本一直在坚守城池的江南隋朝将吏，听到杨广被弑的消息后，纷纷放下武器投降萧铣。

萧铣的势力迅速壮大，其版图东至九江（今江西九江市），西至三峡（今湖北与重庆交界处），南至交趾（今越南），北至汉川（今汉水以南），成为当时南方最大的一支割据政权，并拥有常备军四十余万。

与此同时，杨广被弑的消息也传至长安。李渊仰天恸哭，十分伤心地说："吾北面事主，因关山阻隔而不能救，但实在不敢忘却悲哀啊！"

这场由李渊自导自演的"匡扶帝室"的政治秀，终于在这一抹煽情的泪水中画上了圆满的句号。接下来发生的一切就顺理成章了。

五月十四日，隋恭帝杨侑将皇位禅让给唐王李渊，回代王府居住。

五月二十日，五十三岁的李渊在太极殿登基称帝，同时祭天，大赦，改元武德。

同日，唐政府将隋朝的郡县制改为州县制，命现有管辖范围内的各郡太守一律改任州刺史，并按五行关系推演，推定唐朝属"土德"，以黄色为最高贵的颜色。

五月二十八日，李渊命裴寂和刘文静修订律法。

六月初一，李渊任命李世民为尚书令，裴寂为右仆射、知政事，刘文静为纳言，萧瑀、窦威为内史令，裴晞为尚书左丞，李纲为礼部尚书、参掌选事（即兼吏部尚书事），窦琎为户部尚书，屈突通为兵部尚书，独孤怀恩为工部尚书，陈叔达、崔民幹为黄门侍郎，唐俭为内史侍郎，殷开山为吏部侍郎，韦义节为礼部侍郎，赵慈景为兵部侍郎，李瑗为刑部侍郎。

同日，唐朝政府废除隋朝律令《大业律》，另行颁布新朝律法。

六月七日，李渊立李建成为太子，封李世民为秦王，李元吉为齐王；其他宗室诸人李孝基、李道玄、李神通等，也在这一日全部封王。

在唐朝建立仅仅四天之后，亦即五月二十四日，东都的留守官员王世充等人也拥立年仅十五岁的越王杨侗登基称帝，改元皇泰。

同日，杨侗任命段达与王世充同为纳言，段达封陈国公，王世充封郑国公，与元文都、卢楚、皇甫无逸、赵长文、郭文懿等七人共同执掌朝政，时人称为"七贵"。

东都朝廷的老少爷们儿虽然集体升格了，但东都的形势比以前更为严峻。因为一个李密就够让人头疼了，现在居然又来了一个宇文化及！

该怎么办？

有一个叫盖琮的人向杨侗上疏，建议招降李密，共同对付宇文化及。内史令元文都和卢楚等人商议说："而今我等大仇未报（指杨广被杀一事），且兵力不足，如果赦免李密，命他攻击宇文化及，让他们互相残杀，我等便有机可乘。等到宇文化及败亡，李密必定也是疲惫不堪，再加上他的将士贪图我们的官爵赏赐，到时候就容易离间，连同李密都能手到擒来！"

众人都觉得这是拯救东都的上上之策。杨侗遂命盖琮携带皇帝诏书，前去游说李密。

宇文化及进入中原后，虽然兵不血刃地拿下了东郡，但是此地有限的粮食储备显然不足以养活他的十几万军队。所以，必须找一个粮食充足的地方作为根据地，才能在中原长期立足。

宇文化及很快就把目光瞄向了东郡北面不远的一个地方。

那就是徐世勣驻守的黎阳仓。

这一年六月末，宇文化及擢升东郡通守王轨为刑部尚书，命他驻守滑台（东郡郡治所在地，今河南滑县），然后留下所有辎重，亲率大军北上，渡过黄河进围黎阳仓城。李密得到消息后，立刻率两万步骑进抵清淇（今河南淇县东南）。

可他不急着与宇文化及开战，而是深挖壕沟、高筑营垒。每当宇文化及发兵攻城，李密就从背后攻击他，牵制他的兵力，让他无法全力进攻。

有一次，李密与宇文化及对峙于淇水（古黄河支流），两个人隔河进行了一次简短的对话。李密一开口就劈头盖脸地数落他："你们宇文家族本来是匈奴（鲜卑）人的家奴，姓破野头，到后来才跟了主人的姓。父兄子弟，皆受隋朝厚恩，富贵累世，举朝无二。主上失德，你不能死谏倒也罢了，反而擅行弑逆，欲图篡位，此举天地不容，你还想逃到哪去？不如速来归我，尚可保子子孙后嗣。"

李密骂完以后，感觉十分酣畅。他估计宇文化及一准儿会以牙还牙地回敬他几句。

不料却是一阵沉默。宇文化及把头埋得很低，不知道在酝酿什么豪言壮语。默然良久，宇文化及才突然抬头，怒目圆睁地大喊一句："我和你谈的是厮杀，又何必搬弄一套书上的话？"（《资治通鉴》卷一八五：化及默然，俯视良久，瞋目大言曰："与尔论相杀事，何须作书语邪？"）

李密大笑着对左右说："宇文化及蠢到这个地步，连话都不会说，还异想天开要当帝王，我拿一根棍子就可以把他摆平！"

接下来的日子，恼羞成怒的宇文化及大举修造攻城武器，发誓一定要拿下黎阳仓。徐世勣不与他正面决战，而是深挖壕沟，令他寸步不前，此后又挖掘地道，偷袭宇文化及的军营。宇文化及猝不及防，被打得大败。徐世勣随即焚毁了隋军的所有攻城器具。

东都朝廷向李密抛出橄榄枝后，立刻得到了李密的热情回应。

因为李密一直担心会受到东都军队和宇文化及的前后夹击，所以一见到盖琮带来的诏书，大喜过望，当即拟就一道奏疏，请求归降。

双方一拍即合。

杨侗随即任命李密为太尉、尚书令、东南道大行台行军元帅，封魏国公，命他先讨平宇文化及再入朝辅政，同时任命徐世勣为右武候大将军。

在诏书中，杨侗极力褒扬了李密的忠诚，同时宣布："其用兵机略，一禀魏公节度！"（《资治通鉴》卷一八五）也就是说，东都军队今后的一切军事行动都要听从李密指挥。

成功招抚李密之后，段达、元文都等人大为兴奋，认为东都从此太平，随即在上东门举办了一场盛大的庆功宴，众人赋诗饮酒，载歌载舞，闹了个不亦乐乎。

只有一个人在宴会进行的过程中始终阴沉着脸。

他就是王世充。

王世充很愤怒。因为在招降李密这件事情上，他是最大的利益受损者。

谁都清楚，王世充在东都朝廷唯一的存在价值就是与李密抗衡，李密一日不死或一日不降，他王世充就一日不可或缺。可如今李密居然降了，而且还摇身一变成了仅次于皇帝杨侗的第二号人物，反倒骑到他王世充头上来了，这让王世充情何以堪？

李密收到东都朝廷的任命状后，长长地松了一口气。他终于可以调集精锐，全力对付宇文化及了。

李密知道，宇文化及现在最大的优势就是他的军队，毕竟这十几万人原本都是杨广的近卫军，其战斗力不可小觑。但是宇文化及最大的弱势有二：一是他本人没能耐；二是他军队缺粮食。

为了充分利用这两个弱点，李密想了一计——跟宇文化及言和。

宇文化及果然中计，从此让将士们放开肚皮大吃大喝，他相信李密的三大粮仓不久就会向他敞开。可很快，宇文化及就发现自己被愚弄了。因为李密有一个部属犯罪逃亡，投靠了他，把李密的阴谋一五一十都告诉了他。宇文化及勃然大怒，立刻率军渡过永济河，向童山（今河南滑县北）的李密大营发起进攻。

由于隋军的粮食已经吃光，所以这一仗，隋军将士人人抱定决一死战之心，对瓦岗的进攻空前猛烈。从辰时（上午七时）到酉时（下午七时），隋军的攻击一波紧接一波，一刻也没有停止。李密率部奋力抵御，激战中被流箭射中，从马背上一头栽下，当即晕厥。左右侍从四散逃命，隋军立刻蜂拥而上。

就在李密即将死于乱刀之下的一瞬间，有个人拼死挽救了李密的性命。

他就是秦叔宝。当所有人各自逃命的时候，只有他坚守在李密身边，以一人之力挡住了围上来的隋兵，李密才得以逃过一死。

秦叔宝救出李密后，马上召集残部，重新组织防御，又击退了隋军的数次进攻。由于天色已晚，激战了一整天的隋军士兵都已精疲力竭，宇文化及只好率部撤出了战场。

为了解决军队的粮荒，宇文化及一边进入汲郡（今河南淇县东）搜刮粮食，一边派人回东郡，逼迫当地官民缴纳军粮。东郡的官民不服，宇文化及的手下就将他们逮捕，并且严刑拷打。东郡通守王轨忍无可忍，遂暗中投降了李密。

宇文化及得知王轨叛变，意识到自己在中原已经难以立足，不得不撤出东都战场，率军北上，准备朝黄河北面发展。

可一路上不断有将领带着部众逃亡，南下投降了李密。他们是陈智略率领的岭南精锐一万余人、樊文超率领的江淮勇士数千人、张童儿率领的江东勇士数千人。宇文化及无力阻止，只能带着残部两万人继续北上，最后据守魏县（今河北大名西南）。

李密把宇文化及逐出中原后，东都朝廷人心大悦，群情振奋，只有王世充咬牙切齿地对麾下将士说："元文都这帮人只是一群刀笔吏罢了，依我看，他们早晚要死在李密手上！我们自从跟李密的瓦岗军交战以来，杀死他们的父兄子弟不计其数，一旦成为他的手下，我们恐怕也要死无葬身之地了！"

将士们听完后大感忧惧，而比他们更忧惧的是元文都。

他担心的不是李密，而是王世充。元文都立即与卢楚等人紧急磋商，决定先下手为强，在百官上朝的时候埋设伏兵，干掉王世充。然而，他们的暗杀计划刚刚拟订，一贯胆小如鼠的段达担心干不过王世充，索性第一时间就把消息告诉了他。

王世充冷笑：就凭这帮耍笔杆的，也想跟老子动刀？

这一年七月十五日深夜，三更时分，王世充突然发兵攻击皇宫的含嘉门。元文都闻变，急入皇宫，把杨侗"请"到了乾阳殿，派兵守卫，然后命令各将领死守各道宫门，并进攻王世充。将军跋野纲接到命令，刚刚率兵出宫，一遇到王世充立刻下马投降。而将军费曜和田阇在宫门外迎击王世充，也逐渐不支。元文都见情况危急，准备亲率禁军从玄武门出宫，绕到王世充背后进行攻击。

可接下来发生的事情让人感到匪夷所思。

负责管理宫门的长秋监（宦官总监）段瑜声称找不到钥匙，无法打开宫门。而心急火燎的元文都面对那把"铁将军"，居然也一筹莫展。直到天色将明，元文都才折回身，准备从另一头的太阳门出宫。

可一切都已经来不及了。当元文都行至乾阳殿时，王世充已经攻破了太阳门，带着士兵杀进了宫城。

果然就像王世充说的，元文都这种人的确只能耍耍笔杆子，要说跟王世充动刀子，那绝对是在找死。连玄武门上的一把"铁将军"都奈何不得，就算拿到钥匙，带兵出了宫，元文都也只能死得更快。

王世充一入宫，所有人都意识到死期已到，于是各自逃命。"七贵"之一的兵部尚书皇甫无逸抛下老娘和妻儿，慌忙砍开右掖门，逃出东都，直奔长安而去。而卢楚则一头躲进了太官署（宫廷膳食部），被王世充的士兵搜出，乱刀砍死。

王世充长驱直入，开始进攻乾阳殿前的紫微门。杨侗派人登上紫微门楼，质问王世充为何带兵入宫。王世充下马致歉，说："元文都和卢楚等人无端欲加害于臣，请诛杀元文都，臣甘愿领罪。"段达闻言，立刻下令逮捕元文都，交给王世充。

元文都最后看了杨侗一眼，说："我早上死，晚上就轮到陛下了。"

年仅十五岁的小皇帝杨侗当场恸哭不止，只能挥挥手让人把他带出去。

元文都一出门，转眼就被砍成了肉酱。随后，元文都和卢楚的儿子们悉数被王世充逮捕，全部砍杀。段达传天子命令，打开宫门迎接王世充入宫。王世充让部将立即接管皇宫的宿卫之权，然后入乾阳殿觐见杨侗。

面色惨白的小皇帝指着王世充说："你擅行诛杀，未曾奏报，这岂是为臣之道？莫非凭借手中兵权，连我也要杀吗？"

王世充拜伏在地，痛哭流涕地说："臣蒙先帝拔擢，粉身碎骨无以为报！元文都等人包藏祸心，欲召李密危害社稷，因臣不愿与其合作，便深相猜忌，臣为情势所迫，不暇奏报。如果臣有二心，辜负陛下，天地日月为证，臣情愿被满门抄斩！"

小皇帝终于被王世充的一番发誓赌咒彻底打动了，于是命他上殿，与之叙谈良久，然后带他一起晋见了皇太后。王世充解开头发，披散两肩，一再指天盟誓，称自己绝不敢怀有二心。杨侗当天就擢升他为左仆射，并总督内外诸军事。

十六日中午，王世充又捕杀了赵长文、郭文懿，随后亲自巡城，安抚军心。

至此，"七贵"死了四个，逃了一个，只剩下大权独揽的王世充和那个怯懦无能的段达。

东都朝廷从此完全落入王世充的掌心。他命自己的兄长担任内史令，让子弟掌管兵权，同时让自己的亲信党羽入主朝廷的所有要害部门。一时间，王世充权倾内外，朝野上下无不趋附，小皇帝杨侗被彻底架空。

四六 / 英雄末路：瓦岗的覆灭

大业十四年（618）（武德元年）九月，东都的秋凉一日比一日浓。而这些日子以来，瓦岗的人心也一日比一日凉。因为，李密自从干掉翟让之后，人就变得越来越骄矜，再也不像从前那么体恤下属了。

除此之外，让瓦岗将士心凉的原因还有两个：一、瓦岗除了粮食什么也没有，所以将士们虽然屡立战功，可从来得不到钱帛之类的赏赐；二、李密往往对新附的人礼遇甚周，相形之下就冷落了旧人。

瓦岗人为此愤愤不平。就连一向心胸宽广的徐世勣也忍不住在一次宴会上暗讽李密，希望他意识到身上的缺点和当下存在的问题。

可现在的李密已经听不进任何不和谐的声音了。他极为不悦，从此开始疏远徐世勣。把他派驻黎阳仓表面上是委以重任，实际上是将他排挤出了瓦岗总部。

对瓦岗人心离散的现状，李密固然有所察觉，可他认为事态并不严重，一切仍然在他的掌控之中。

到了这一年秋天，李密甚至感觉形势正在朝好的方向转化。因为，他刚刚击溃了宇文化及的十几万大军，收降了许多精锐，继而又听说东都发生了火拼，王世充那帮人正在自相残杀，其结果很可能是两败俱伤。这一切都让李密乐观地以为——东都已经指日可下了。

然而，李密过于乐观了。东都火拼不仅没有削弱王世充的力量，反而让他变得比以往任何时候都更加强大。他现在一手掌握了东都的军政大权，随时可以调集兵力对李密发起总攻。所以，在王世充看来，岌岌可危的恰恰不是东都，而是李密，以及他所领导的瓦岗军。

童山一战，宇文化及虽然败了，但李密的瓦岗军也遭受了重创。他的精锐多半死在了战场上，剩下这些人的战斗力也已大不如前。因此，王世充也同样乐观地相信——李密的败亡已经指日可待了。

两个同样乐观自信的男人，一对注定你死我亡的冤家。命运只好安排了一场终极对决，来结束他们之间旷日持久的对峙和较量。

这一年九月初十，王世充率先出手了。他严格挑选了两万精锐，火速东进，于次日进抵偃师（今河南偃师市）西面的洛水，迅速架设了三座浮桥。

此时的李密正驻守在洛阳北面的金墉城，而王世充甩开李密，全力东进，很明显是要抢占洛口仓——因为东都军队快断粮了。

李密急命王伯当留守金墉，自率精兵驰援偃师，在邙山南麓扎营，然后命单雄信率前锋骑兵进至偃师城北扎营。

九月十一日，李密召开军事会议，讨论战守之策。裴仁基主张采取守势，他说："王世充倾巢而出，洛阳必定空虚。我们可兵分两路，一路扼守险要，阻止他东进；另一路则直扑东都。如果王世充回军，我们就按兵不动；他如果再次东进，我们就进攻东都。这样一来我们就掌握了主动权，而他疲于奔命，必定被我军击破。"

李密同意裴仁基的方案，并进而分析说："隋军如今有三样锐不可当。其一，武器精良。其二，决意东进。其三，粮尽而战。所以我们只需据城固守，蓄力以待，王世充欲战不得，欲走无路，不出十天，他的首级就会送到我们的麾下。"

应该说，裴仁基和李密的这个战略是完全正确的。如果这一仗真的按照这个计划来打，失败的人肯定是王世充，绝不会是李密。

然而，命运之神在这关键的时刻背弃了李密，因为绝大多数将领反对这个计划。

刚刚从宇文化及手下归降的陈智略、樊文超等人都急于建功，所以和单雄信一起极力主战。他们坚持说："王世充的军队人数并不多，而且屡屡被我们打败，早已丧胆。兵法有言：'人数超过敌人两倍就应该进攻'，何况现在我们绝不止两倍！再说了，江淮新附的将士都希望抓住这个机会建立功勋，趁他们斗志高昂的时候作战，一定能够取胜。"

李密心动了。是啊，如果可以一战破敌，又何必拖延呢？

他随即采纳了多数人的建议——战！

此刻的李密当然不会知道，他的败亡之局就在这一个字中一锤定音了。

四六／英雄末路：瓦岗的覆灭・301

裴仁基苦苦劝阻，可李密心意已决。裴仁基顿足长叹，说："公必悔之！"

九月十一日午后，王世充派遣前锋部队的数百名骑兵渡过洛水，袭击单雄信的军营。李密得到消息，即命部将裴行俨和程知节等人前去增援。裴行俨抢先杀入敌阵，被流矢射中，坠落马下。程知节立刻冲上去，杀了数名敌兵，将裴行俨抱上自己的马背。隋军在后面穷追不舍，一个骑兵赶了上来，一矛刺出，刺破了程知节的铠甲。程知节转身抓住长矛，猛然将其折成两段，随后砍杀了隋兵，终于将裴行俨救回大营。

这次小规模的遭遇战，除了裴行俨之外，李密的部下骁将孙长乐等十几人全部受了重伤。当天深夜，王世充又派遣两百多名骑兵潜入邙山，埋伏在李密大营附近的山涧中，准备次日决战时作为内应。

九月十二日晨，决战的时刻终于到来。

王世充集合部队誓师，高声说："今日之战，不仅是争一个胜负；生死存亡，在此一举。如果赢了，荣华富贵自然到手；要是输了，没有一个人可以幸免。所以，这一战关系到每个人的存亡，不仅仅是为了国家而战，更是为了你们自己而战！"

正所谓哀兵必胜。

此时王世充的军队已经落入断粮的绝境，所以对这两万名士兵来讲，奋力前进，打败李密，他们还有生还的机会；要是退缩，就算回到东都，无疑也是死路一条。所以，当这支破釜沉舟、背水一战的军队进至李密大营时，王世充一声令下，麾下将士人人奋勇争先，拼死砍杀，其势果真就像李密说的——锐不可当。

这一仗打得空前惨烈，因为双方都志在必得。

两军激战正酣时，王世充使出了早已准备好的撒手锏。

他事先找了一个相貌酷似李密的人，此时将其五花大绑推到阵前，命人高呼："已活捉李密！"士卒皆高呼万岁。瓦岗军见状，顿时士气大挫。紧接着，昨夜埋伏在此的那些隋军又忽然出动，直扑李密大营，纵火焚烧帐篷房舍。当瓦岗军看到身后冲天而起的火光时，意志瞬间崩溃，开始四散逃命。昨天还极力主战的陈智略等人立刻投降了王世充。李密带着残部一万余人，仓皇逃奔洛口。

李密的这次逃亡真是一场伤心之旅。

因为他一路跑，他的部众就在身前身后一路降。

当天夜里，王世充进围郑颋镇守的偃师。还没等隋军攻城，郑颋的部将就打开城门，投降了王世充；裴仁基、郑颋、祖君彦等数十个文武将吏全部被俘。紧接着，单雄信等人又各自为战，拒绝接受李密的号令，致使王世充的军队迅速渡过洛水，单雄信随即率部投降。李密还没抵达洛口，驻守仓城的长史邴元真就已经暗中派人前去接应王世充的部队，准备开门迎降。

得知这些消息时，李密终于绝望了。

人心靠不住，真靠不住啊！

其实，自从除掉翟让之后，就不断有人建议李密斩草除根，把翟让的旧部全部干掉，以绝后患。比如当时房彦藻就曾力劝他除掉单雄信。他说，单雄信是一个"轻于去就"的人，不可能从一而终，早杀早好。可李密始终下不了手，因为单雄信勇冠三军，在军中有"飞将"之称，李密爱惜他的才干。再比如，部将宇文温也曾劝他干掉邴元真。他说邴元真这个人是翟让的死党，其"长史"的职位就是翟让力荐的，心里头对翟让感恩戴德，留着这样的人，迟早是个祸害。可李密听完不置可否，因为他不希望在攻克东都之前搞太多的窝里斗。此后，他只是暗中提防邴元真，一直没有采取任何行动。而邴元真显然也意识到了李密的猜忌，所以早就下了反叛的决心。

想起这一切，李密真是感慨万千，追悔莫及。

莫非自己真的是心太软，心太软，才把所有问题都自己扛？

可是，心不软又能怎样？杀人固然简单，问题是稳定太难！就算把翟让的旧部通通杀光、一个不留，瓦岗就能上下一心、坚如磐石了吗？

未必。而且提早动手的结果很可能是把这些骄兵悍将提前逼反！

况且，要杀多少人才算把翟让的"旧部"清除干净？瓦岗本来就不是一支军纪严明号令统一的正规部队，要论战斗力那是没得说，可要论部众的向心力和凝聚力，那基本就是扯淡。自从李密执掌领导权以来，虽然在一定程度上改变了这种松松垮垮、谁也不服谁的状况，但无法从根本上扭转他们三心二意、随时准备跳槽的"打短工思维"，当然也就不可能把瓦岗军打造成一支以他李密为核心的具有高度忠诚与合作精神的团队。所以，小团伙的利益、江湖哥儿们的义气等等潜规则其实一直在李密的表面权威之下大行其道。换句话说，瓦岗寨这些老少爷们儿之间各种潜在的利益关系始终是盘根错节、牢不可破的。在此情况下，李密凭什么认定哪些人是翟让的"旧部"、属于定点清除的对象，而哪些人是一干二净、与翟让小集团毫无瓜葛的？这个标准要如何厘定、如何拿捏？

其实，这样的标准根本就不存在。

因为说到底，真正对李密构成威胁的并不是什么翟让的"旧部"，而是一张无孔不入无所不在的隐性的利益联结网。除非李密彻底撕破这张网，把瓦岗军改造成一支真正意义上的正规军，否则各种隐患就不可能被消除。换句话说，除非李密只留下少数心腹，把其他的人通通杀光，否则就不能算清除干净。

然而，李密能这么做吗？

当然不能。

再说了，自从坐上瓦岗的头把交椅，李密基本上就没过过一天安生日子，先是跟东都军队打，继而跟王世充打，后来又跟宇文化及打，天天席不暇暖枕戈待旦，让他压根儿就腾不出手来清理内部。如果硬要动手，那无异于是在大敌当前的时候自毁长城！

李密能这么干吗？

当然不能。

所以，千言万语归结成一句——形势比人强！

就像当初柴孝和提出放弃东都、西进关中的建议时，李密只能表示无奈一样，此刻的李密也只有无奈。

洛口降了，惶惶若丧家之犬的李密打算前往黎阳投奔徐世勣。可左右立刻警告他："当初杀翟让的时候，徐世勣差一点儿就被做掉，眼下打了败仗才去投靠，您觉得安全吗？"

李密连忙勒住了缰绳。

是啊，徐世勣是地地道道的翟让旧部，而且被李密排挤到了黎阳，现在再去投奔他，即便不说自投罗网，起码也是凶多吉少！

好在原本驻守金镛城的王伯当此时已经退守河阳（今河南孟州市），李密即刻掉转马头，率残部投奔王伯当。抵达河阳后，李密马上又召开了一次军事会议，讨论瓦岗下一步的走向。

这次会议的气氛与几天前的那一次迥然不同。

人人垂头丧气。

人人心不在焉。

李密首先提出了自己的计划。他决定南以黄河为界，北以太行山为界，东面与黎阳遥相呼应，在这个地区重新打造出一块根据地，再慢慢谋求发展。

此时此刻，李密的目光仍然是坚定的、自信的、乐观的。

起码看上去是这样的。

然而，他的计划遭到了所有与会将领异口同声的反对。他们说："大军刚刚溃散，人心惶恐不安，要是留在这里，恐怕用不了几天都会逃光。人心已去，不愿再战，成不了什么事了！"

李密瞟了众人一眼，众人也瞟了李密一眼。

人心已去？李密在心里苦笑：要说人心已去，这瓦岗的人心早就去得一塌糊涂了！只不过从前去得隐晦、去得巧妙、去得偷偷摸摸，现在去得猖狂、去得潇洒、去得理直气壮罢了！

去就去吧，天下没有不散的宴席！既然一切都已随风远去，我也没什么好说的。

李密刷的一声抽出了身上的佩刀。

他想杀人。

杀一个叫李密的人。

李密一字一顿地说："孤所恃者众也！众既不愿，孤道穷矣！"说完一刀挥向自己的脖子。

不过，李密这一刀的速度是大有讲究的。既不能太快，也不能太慢。太快别人来不及拦他，太慢会露出破绽。

一张悲情牌。

要把这张悲情牌玩好的前提是要拿捏一个最恰当的时机，而且身边必须有人配合。否则这张牌砸在手里，就会把自己玩死。

现在跟李密配合的人就是王伯当。他一个箭步冲上前去，死死抱住李密，同时放声大哭，而且哭得荡气回肠，满座皆惊，直到把自己哭晕过去。

在座的人无不动容。有人赶紧跑过去掐王伯当的人中，而绝大多数的人则忍不住涕泪飞扬。于是，一屋子的大男人就这么哇哇地哭了起来。等大伙哭得差不多了，李密收起佩刀，也收起眼泪，对众人说："诸君若不嫌弃，当共归关中，密身虽无功，诸君必保富贵！"

众人闻言，纷纷破涕为笑。

这话他们爱听。这里混不下去就走人嘛，多简单的道理！让他们感到意外的是——现在居然是老大要亲自带领他们集体跳槽，这实在是让人惊喜。幕僚柳燮立即代表众人说："明公与唐公乃李氏同族，又曾订立过友好盟约，虽然没有一同举兵，却替他挡住了东都的隋军，使唐公不战而据长安，这也是明公的功劳啊！"

众人频频点头，异口同声地说："然！"

大业十四年（618）九月中旬，李密带着两万余人西向关中，投奔李渊而去。

李密一走，仍然驻守在中原各地的其余部众顿时群龙无首，只好连人带城纷纷归降东都朝廷。

世间再无瓦岗，李密彻底出局。

四七 / 李密之死

大业十四年（618）秋天，从东都战场上败逃、退守魏县的宇文化及遭遇了第三次未遂兵变。

宇文化及百思不解：为什么这该死的兵变老是像噩梦一样缠着他不放？

还好他的警惕性一直很高，军中遍布耳目，所以总能在兵变的前一刻得到消息。

这一次造反的人，是他的心腹张恺。宇文化及得到密报后，很快逮捕了张恺，连同他的一干党羽全部诛杀。

虽然每一次都能化险为夷，可宇文化及的心情还是一天比一天郁闷。

因为，从江都带出来的十几万军队死的死、逃的逃，已经所剩无几了；而且北面有势力强大的窦建德，南面有骁勇善战的徐世勣，他们宇文兄弟只能龟缩在这魏县一隅，眼见局面日蹙，却无计可施。

郁闷而无所事事的日子里，宇文兄弟只好整天借酒浇愁。每次喝醉，宇文化及就会瞪着一双血红的眼睛对宇文智及说："干这桩事，起初我并不知情，都是你的安排，强迫我当老大。现在可倒好，干什么都不成，兵马一天天逃散，还背上一个弑君的恶名，为天下所不容，眼看就要被灭族了，都是你小子惹的祸！"说完与两个儿子抱头痛哭。

宇文智及一听就跳了起来，怒气冲天地说："当初事情顺利的时候，你怎么不说这种话？现在要坏事了，就把屎盆子都扣到我头上！你干吗不干脆杀了我，去投降窦建德？"

在魏县的这些日子，宇文兄弟就这样抱着酒坛子终日对骂，除此之外什么也干不了。

部众不断有人逃亡。眼看自己的末日即将降临，宇文化及仰天长叹："人生固有一死，难道我就不能当一天皇帝？"

过把瘾就死！宇文化及豁出去了。

这一年九月末，宇文化及强迫傀儡皇帝杨浩喝下了一杯鸩酒，然后登基称帝，国号为许，改元天寿，同时设立文武百官。

李密刚刚进入潼关，李渊派出的使者就络绎不绝地前来迎接。李密大喜，对左右说："我拥众百万，一朝解甲归唐，山东数百座城池知我在此，一旦遣使招之，必定纷纷来归。我之功劳，比之东汉窦融（公元29年以河西之地归附刘秀，历任冀州牧、大司空等职）亦不算小，岂能不给我一个宰相当当！"

十月八日，李密率部抵达长安。

然而，李密并没有看到期待中的盛大欢迎仪式。非但如此，负责接待的部门对他们也相当冷淡，所提供的食宿条件也不好，有些士卒甚至整天吃不上饭。

连饭都吃不饱，还侈谈什么富贵？将士们大为恼火，满腹怨言。

更让李密感到失望和愤怒的是，几天后李渊虽然授予了他上柱国和邢国公的爵衔，可莫名其妙地给了他一个"光禄卿"的职务。所谓光禄卿，说好听点叫宫廷膳食部长，说难听点就是管食堂的。

既然是管食堂的，朝廷的文武百官当然没人拿正眼瞧他，某些高官甚至还向他索贿。李密的气真是不打一处来。

不过，李渊至少在表面上对他还是挺亲热的，每次见面都笑脸相迎，嘴里总是老弟长老弟短的，而且还亲自做媒，把他的表妹独孤氏嫁给了李密。

李密就这么不情不愿地当上了管理食堂的光禄卿，硬着头皮把这个素不相识的独孤后娶过了门。可他每天都会无数次地告诉自己——这里不是我的归宿。

但是，究竟哪里才是自己的归宿？李密感到无比茫然。

李密当了一个多月的光禄卿，感觉自己的人生很失败。想自己好歹也是牛角挂过书、瓦岗称过孤的，论学识，论事功，这李唐朝廷的衮衮诸公能有几个出其右者？可如今沦落到替人置办酒菜的地步，真是衰透了。

几天前，朝廷举办了一场大型宴会，李密职责所在，不得不忙里忙外地张罗。那几天李密心头的怒火真是蹿得比御膳房炒菜的炉火还高。

宴会散后，李密跟王伯当大发牢骚。当时王伯当已经被任命为左武卫大将军，可他对这个职务同样也不满意，于是怂恿李密说："天下事都在您的掌握之中。而今东海公徐世勣在黎阳，襄阳公张善相在罗口（今河南巩县西南），河南兵马犹在，何苦再待在这里？"

李密遂下定决心叛唐，离开长安再展宏图。他向李渊上奏说："臣虚蒙荣宠，安坐京师，无所报效；山东豪杰多为臣之旧部，请让臣前往收抚。凭借我大唐国威，取王世充就像从地上拾一根草！"

李渊也正有此意，当即首肯，但是群臣却纷纷劝谏说："李密性情狡猾，很容易谋反，如今派他前往，就像投鱼入水、纵虎归山，肯定是不会回来了！"

李渊笑着说："帝王自有天命，非小子所能取。纵使他叛我而去，也不过像'蒿箭射入蒿草'（隋唐民谚，指无用的蒿草制成有用的箭，但没入草中复归无用）。更何况，让他和王世充鹬蚌相争，我们正可坐收渔翁之利。"

十二月一日，李渊亲自设宴为李密等人饯行。同行的人有李密原来的幕僚贾闰甫。李渊把他们亲切地叫到身边来坐，还给他们夹菜，向他们敬酒，说："我们三人同饮此杯，以明同心。希望你们好好建立功名，不辜负朕之期望。大丈夫一言既出，千金不换。确实有人坚决反对让老弟前往，可朕以一颗赤心对待老弟，任何人都无法挑拨离间！"

李密和贾闰甫叩头拜谢。李渊随即又命王伯当担任李密副手，一同起程。

李渊虽然在群臣和李密面前表现得很坦然，可实际上他也是有顾虑的。

李密毕竟不是一枝蒿箭那么简单。

这个年轻人虽然自负，可他的自负不是没有缘由的。瓦岗过去只是一座名不见经传的山寨，可在他手里迅速崛起，成为一个战斗力异常强大的割据政权，让东都朝廷和隋朝军队焦头烂额，李密也因而一度成为四方群雄共推的"盟主"。虽然这个称号水分不小，但不可否认，李密确实是一个兼具文韬武略的人才，也的确具有睥睨世人的资本。把这样一个人重新放回关东，固然显示了李渊作为一个圣明君主的大度和自信，但是这么做就没有一点风险吗？李渊难道不担心李密东山再起、死灰复燃吗？

不，李渊承认这么做是有风险的，而且风险还不小。

但是，在没有明显证据表明李密确有复叛之心的情况下，李渊也只能暂时表现出他宽容大度和用人不疑的一面。当然，与此同时李渊也进行了防范。他没有让李密把瓦岗旧部悉数带走，而是命他把一半部众留在了华州（今陕西华县），只带另一半部众出关。

在随同李密出关的部众中,有一个人感到了强烈的不安。

这个人叫张宝德,是李密麾下的长史。

他之所以内心恐慌,是因为他料定李密此行必叛。而他现在已经一意归唐,再也不愿当一个四处流亡的草寇了,更不想在李密败亡的时候跟着他一块儿遭殃。所以张宝德迅速给李渊呈递了一封亲启密奏,列举了很多理由,揭露了许多内情,其结论只有一个——李密必叛。

看着这封密奏,李渊后悔了。

他承认,群臣说得没错,这的确是在放虎归山,很可能后患无穷。

但是李密早已走出潼关了。怎么办?

李渊的第一反应就是把李密召回来,可又担心会把他提前逼反。考虑再三,李渊只好颁了一道慰劳李密的诏书,命他暂且回京,再接受一个任务;让他的部众缓慢前行,等李密接受了任务再赶上去和部众会合。

然而,李渊的这招缓兵之计骗不了李密。

此刻的李密已经走到了稠桑(今河南灵宝市北)。他接到诏书后,发出一声冷笑,对贾闰甫说:"诏书遣我出关,无端又命我回去。李渊自己都说过,有人坚决反对我出关。看来他已经听信挑唆之言了,我现在要是回去,绝对难逃一死,不如先就近攻破桃林县(今河南灵宝市东北),收其士兵和粮草,北渡黄河。等消息传到唐军驻守的熊州(隋宜阳郡,今河南宜阳县西),我们早已远走高飞。只要能进入黎阳,大事必成,不知你意下如何?"

贾闰甫看着李密,忽然产生了一种不祥的预感。

他预感到李密的败亡就在眼前。

贾闰甫说:"皇上的姓名与图谶相应,天下终当一统。明公既已归附,岂能再生二心?况且,史万宝和任瑰等将军就驻守在熊州和穀州(隋新安郡,今河南新安县),我们早上发动,他们大军晚上就到。即便攻克桃林县,军队岂能一时集结?一旦被宣布为叛逆,还有谁愿意接纳?为明公计,不如暂且接受诏命,以表明绝无异志,如此一来,挑唆之言自会平息。前往山东之事,应当从长计议。"

李密勃然大怒:"李唐朝廷根本没有重用我之意,我岂能忍受!至于说图谶,我和李渊应验的机会一样大。如今他不杀我,让我东行,这足以证明王者不死!

纵使唐朝据有关中，山东终归我有，此乃上天所赐，我为何不取？反而要自缚双手去投降别人？你是我的心腹，竟然会有这种想法，如果不能跟我一条心，我只好杀了你再走！"

贾闰甫当即泪下，哽咽着说："明公虽应图谶，然时局已非同往日。今海内分崩，强者为雄，明公正在流亡，谁肯听从？况且自从诛杀翟让以来，人人都说明公弃恩忘本，今日谁肯将手中军队再交予您？他们担心被您夺走兵权，势必争相抗拒，一旦失势，岂有容身之地？若非身受重恩之人，谁肯像我这样直言不讳？愿明公熟思之，只恐大福不再。只要您有立足之地，闰甫又何惜一死！"

贾闰甫的话其实句句是忠言，对形势的判断也不可谓不准确。

然而，此刻的李密已经是一个输红了眼的赌徒。他只想孤注一掷，把所有的本捞回来。

刷的一声，李密再次抽出了佩刀。

这次李密不是把刀挥向自己，而是挥向了贾闰甫。

又有人迅速抱住李密，还是那个王伯当。

在王伯当的苦苦求情之下，李密放过了贾闰甫。当天，贾闰甫便逃往唐军驻守的熊州。王伯当也认为贾闰甫的分析有道理，所以极力劝阻李密。可李密什么话也听不进去。王伯当最后只说了一句："义士之志，不因生死存亡而改变。公必不听，伯当自应与公同死！只恐吾之一死无益于公。"

李密什么话也没说，随后就砍杀了李渊派来的传诏使者。

而他的悲剧也就此注定。

武德元年（618）十二月三十日。旧的一年即将过去，新的一年即将开始。

这一年里发生了太多事情。其中最重要的，莫过于隋炀帝杨广的死亡与大唐王朝的诞生。而在这一年的最后时刻，又会发生什么？

李密很快就会告诉我们答案。

这一天凌晨时分，李密派人通知桃林县令，说他接到皇帝诏书，准备暂返京师，请允许让他的家属在县府暂住数日。桃林县令当然表示欢迎。李密随即挑选了数十名麾下勇士，让他们换上女人衣服，头蒙面纱，刀藏裙下，诈称妻妾，随同李密进入县府（杨谅也用过这一招）。片刻后，李密带领他们突然杀出，占据了县城，然后裹挟当地士兵，直奔熊耳山，沿险要道路向东进发；同时派快马飞报他的旧部、时任伊州（今河南汝州市）刺史的张善相，命他出兵接应。

驻守熊州的唐右翊卫将军史万宝对副手盛彦师说："李密，骁勇之贼也，又有王伯当辅佐，而今决意叛变，其势恐怕难以抵挡。"

盛彦师笑着说："请给我几千人马，一定砍下他的人头。"

史万宝问："你有何计？"

盛彦师再次狡黠地一笑："兵不厌诈，恕在下无可奉告。"

随后，盛彦师率部赶在李密之前进抵熊耳山南麓，立刻封锁要道，命弓箭手埋伏在两侧高地，步兵埋伏在山涧之中，下令说："等贼人走到一半，同时发起攻击。"有部将问："听说李密要东奔洛阳，将军却进入深山，这是为何？"盛彦师胸有成竹地说："李密声称要去洛阳，实际上是打算出人不意直奔伊州，投奔张善相。如果让贼人先行一步进入谷口而我军从后面追击的话，山路险窄，我们难以进攻，他只要派一名部将殿后，就能挡住我们而从容逃脱。现在我们先占领了谷口，必定能将其手到擒来。"

李密率众马不停蹄地奔至熊耳山时，自认为已经脱离了危险，遂放慢速度，缓缓穿越山谷，刚好进入了盛彦师的伏击圈。盛彦师占据有利地形突然发动攻击，将他们拦腰截断。李密部众首尾不能相顾，顿时溃散，密密麻麻的唐兵向李密围了上去。

一个曾经驰骋中原、号令四方的英雄，终于走到了人生的最后一步。

李密仰望苍穹，泫然泪下。

唐兵举起了刀。一道寒光闪过，李密的头颅飞离了肩膀。

李密死时，年三十七。王伯当自始至终都站在李密身边，遂一同被杀。数日后，二人首级传至长安。

对李渊来说，这无异于一份新年贺礼——在王朝建立的第一个新年收到的第一份贺礼。

李渊很快就把这份贺礼转送给了一个人：徐世勣。

严格来讲，此时的徐世勣已经不姓徐了。因为早在一个多月前，李渊就已经把皇姓赐给了他。当时，李密入关归唐，徐世勣仍然据有李密旧地，却没有归属，而且他也没有自立的打算。随同李密归唐的魏徵由于不被李渊重视，就毛遂自荐，愿意代表朝廷前去招抚徐世勣。李渊遂派他前往黎阳劝降徐世勣。

徐世勣马上就同意了。可是，他的归附方式与众不同。他对长史郭孝恪说："这里的民众和土地都归魏公所有，如果以我自己的名义献给唐朝，就等于是利用主公之败，邀取自己的功劳和富贵，对此我深以为耻。所以，我决定把属下的郡县、户口、军队、马匹的数目开列一张清单，交给魏公，由他自己呈献。"随后，徐世勣便派遣郭孝恪携带这份清单前往长安。

李渊听说徐世勣的归降使者已经入朝，却无奏表呈给朝廷，只有一封信函呈给李密，他大为奇怪，遂召见郭孝恪。郭孝恪将徐世勣的本意做了说明，李渊听完后大为赞叹，说："徐世勣不背德，不邀功，真纯臣也！"当即将皇姓赐予徐世勣。

此刻，当李世勣看到长安使者送来的那颗头颅时，悲痛便不可抑制地向他袭来。

李世勣面向北方，长时间地叩拜恸哭，最后上疏朝廷，请求将李密的头颅与尸身合成一处安葬。李渊随即命人把李密的尸体运到了黎阳。李世勣及其部众全部换上丧服，以君臣之礼为李密举行了一个隆重的出殡仪式，把他安葬在了黎阳山（今河南浚县东南大伾山）的南麓。

诚如李渊所言，李世勣不愧是一个纯臣。

就是这样的纯臣，却始终得不到李密的信任。即便是在兵败邙山走投无路的时候，李密宁可归降唐朝也不敢投奔黎阳，这不能不说是一个重大的失策，也不能不说是一个莫大的遗憾。如果他当时不计前嫌，能够前往黎阳，与徐世勣坦诚相待、和衷共济，那么大事或许仍有可为。就算最终不能战胜李渊，起码不会这么快就败亡；就算最终一样要出局，也不至于因"降而复叛"而受人指摘，玷污了一世英名。

但是历史没有如果，历史只有结果。

当公元 619 年的阳光照临大地的时候，李密的坟头很快长出了离离青草。

四八 / 最后一个影子朝廷

李密败亡，最大的获益者无疑就是王世充。

他不但收降了李密的十几万部众，而且得到了单雄信、裴仁基、秦叔宝、程知节等一大批骁将，又夺回了洛口仓，解决了军队的粮荒，真是赢了个钵满盆满。此外，小皇帝还加封他为太尉、尚书令、总督内外诸军事，并特准开设太尉府，精选文武官吏。

王世充的权威达到了人臣的顶点，接下来，他还会干什么？

小皇帝杨侗对此忧心忡忡。

他意识到，王世充随时可能对自己下手，可又丝毫没有应对之策。每天活得战战兢兢的小皇帝最后只好命人取出宫中的财物，大量供养和尚，布施穷人，借此消灾祈福，希望能逃过一场注定要降临的灾难。

可是，就连最后这点可怜的精神安慰很快也被王世充剥夺了。因为王世充有一次入宫赴宴，回家后忽然上吐下泻，立刻怀疑是小皇帝让人在酒菜中下毒，从此便不再入宫朝见，并且命手下把守宫门，严禁小皇帝从宫中取出一针一线。

小皇帝彻底陷入了绝望。

那些日子里，无论是幼主杨侗还是洛阳士民，所有人都很清楚——这最后一个影子朝廷很快就要覆亡了。

宇文化及称帝后不久，听到了李密败亡的消息，顿时心中窃喜，觉得这是扩大地盘的良机，于是出兵攻打李密旧部元宝藏驻守的魏州（今河北大名县），但是打了四十多天，始终打不下来。

正在中原一带四处游说的魏徵立刻前往魏州，劝自己的老上级元宝藏归降唐朝。武德二年（619）正月七日，元宝藏向唐军献出了州城。

正月十八日，唐淮安王李神通率部攻击宇文化及的老巢魏县（今河北大名县西南），宇文化及无力抵抗，只好向东逃往聊城（今山东聊城市）。李神通进入魏县，俘虏并斩杀了两千余人，随即进围聊城。

与此同时，定都乐寿（今河北献县）的夏王窦建德也亲自率军南下，直逼聊城，准备与唐军拼抢胜利果实。他的目标并不是宇文化及这个人，而是宇文化及从江都带出来的那颗隋朝的传国玉玺。虽然这颗玉玺现在已经没有了任何实际价值，但它毕竟是一种象征——皇权的象征。

困守聊城的宇文化及很快就发现，自己已经陷入一南一北两大强敌的夹攻之中。他大为惊恐，急忙拿出重金，请求附近的变民首领王薄出兵援救。王薄看在钱的面子上，决定当一回雇佣军，率部进驻聊城协防。

可是援兵的到来并不能挽回宇文化及的败局，因为城中的粮食很快就吃光了。宇文化及顿时绝望，只好向李神通请求投降。

出人意料的是，李神通居然一口回绝。副手崔民幹劝他接受，李神通说："贼人既然粮食已尽，我们可以轻易将其摧毁，以耀我唐军兵威，同时掳获财宝，犒赏将士。要是接受投降，我们拿什么劳军？"

崔民幹焦急地说："窦建德马上就到，如果我们不能及时攻克，就会内外受敌，我军必败。眼下不战便可拿下聊城，此项军功得来甚易，为何要贪图财宝而拒绝呢？"

李神通勃然大怒，随即将崔民幹囚禁。

数日后，宇文士及从济北（今山东茌平县西南）运来粮食，聊城人心稍安，士气总算有所恢复，宇文化及遂继续抵抗。李神通亲自到城下督战，命各军全力攻城。贝州（今河北清河县）刺史赵君德第一个攻上城墙。因为他不是李神通的嫡系，李神通担心被他抢了首功，于是下令鸣锣收兵。赵君德大怒，但是军令难违，只好骂骂咧咧地从城头上撤了下来。

还没等李神通重新组织进攻，窦建德的大军已经杀到。李神通自知不敌，只好率部撤出战场。宇文化及出城迎战，可他显然不是窦建德的对手。在数战皆败之后，不得不缩回城中继续顽抗。窦建德随即对聊城发起猛烈进攻。

最后的时刻，被宇文化及重金请来的王薄并没有拿人钱财、替人消灾，而是忙不迭地打开了城门。窦建德大军入城后，立刻逮捕了宇文化及和宇文智及以及他们的一干亲信；随后又以人臣之礼觐见了萧皇后，并换上丧服，郑重其事地祭

· 四八 / 最后一个影子朝廷 · 315

悼了一回杨广。等这些场面上的事情都做完之后，窦建德才从容收取了隋朝的传国玉玺，还有各种印信和天子仪仗。

宇文化及和他的两个儿子最后一起被斩首。让人感到意外的是，行刑的时候，宇文化及既没有痛哭流涕，也没有磕头求饶，而是平静地说了一句，"我不辜负夏王"，随后便引颈就戮。

这位轻薄公子的称帝闹剧，就以这样一种"过把瘾就死"的方式匆匆开局又草草收场了。从称帝到败亡，历时仅四个月。

也许是因为对这一天早有准备，所有的担忧和恐惧也已提前透支，所以宇文化及在临死之前反而表现得比较平静。刽子手的大刀高高举起的那一刻，宇文化及的内心也许只有这么一个念头——出来混，迟早是要还的。

当大河南北的割据群雄逐一出局的时候，李唐王朝在中原、河北一带的主要对手就只剩下了两个人。

一个是王世充，另一个就是窦建德。

在隋末唐初的乱世群雄中，窦建德无疑是一个比较特殊的人物。

因为这个人具有很强的人格魅力。自从大业七年（611）起兵以来，凡是打了胜仗或攻陷城池，窦建德总是把掳获的金银财宝全部赏给将士，自己分文不取。此外，虽然他早已称王，但生活上一贯简单朴素，从不吃肉，只吃蔬菜和糙米饭；他的妻子曹氏也只穿布衣，从不穿绫罗绸缎，所用的婢女也只有十余人……所有这一切都让窦建德赢得了广大将士和百姓的衷心拥戴。

击败宇文化及后，夏军掳获了数以千计的隋六宫嫔妃和宫女，窦建德即刻将她们就地遣散，一个也没留。而隋朝那些有才干的旧臣，则大多得到了窦建德的赏识和任用，如裴矩、何稠、虞世南、欧阳询等人。至于那些不愿意为他效力，而宁愿投奔洛阳（隋朝廷）和长安（唐朝廷）的人，窦建德概不强留，一律尊重个人意愿，不但送给他们盘缠，还派兵护送他们出境。宇文士及和封德彝等人就是在这个时候投奔了李渊。

窦建德的所作所为使他广泛赢得了人心。

所谓得人心者得天下。从这个意义上说，窦建德无疑是天下群雄中最有潜力也最有资格与李渊父子抗衡的人。

相形之下，王世充在这点上就比窦建德和李渊父子差远了。他身上丝毫不具备让人服膺的人格力量，所以注定留不住人心——尤其是留不住秦叔宝和程知节这种豪杰的心。

秦、程二人归降王世充之后，虽然得到了他的重用和优待，但是王世充的为人让他们十分厌恶和不齿。为这种人效力，让秦、程二人不但觉得窝火，而且感觉前途渺茫。有一次，程知节忍不住对秦叔宝说："王世充气量狭窄，见识浅陋，却又喜欢信口开河，动不动就赌咒发誓，活像一个老巫婆，岂是铲除祸乱、匡扶正义之主？"于是二人决定寻找一个适当的时机归降唐朝。

武德二年（619）二月下旬，王世充在九曲（今河南宜阳县北）与中原唐军会战，命秦叔宝和程知节率军列阵。机会终于来了。秦、程二人对视一眼，忽然率领亲信骑兵数十人离开阵地，向西狂奔一百余步之后，下马回头向王世充叩拜，说："我等蒙公厚爱，本应深思报效，可您性情猜忌，喜听谗言，非我等托身之所，而今不能再侍奉您，请允许我们就此告辞。"说完立刻翻身上马，飞奔唐军阵地投降。

王世充恨得牙痒，却又不敢追击，只好眼睁睁看着他们绝尘而去。

秦叔宝和程知节投唐之后，被纳入了李世民帐下。李世民素闻其名，当即厚礼相待，任命秦叔宝为骑兵总管、程知节为左三统军。秦、程二人的弃暗投明马上给王世充麾下的其他将领树立了榜样。不久后，骠骑将军李君羡、征南将军田留安相继率部降唐；李厚德和赵君颖也驱逐了隋殷州（今河南获嘉县）刺史段大师，举城归降唐朝，李厚德随即被任命为殷州刺史。

这一年闰二月底，李厚德回家探望患病的父母，命弟弟李育德驻守殷州。恼羞成怒的王世充趁此时机，亲自率领大军进攻殷州，将其攻陷；李育德和三个弟弟全部战死。三月初，王世充又率军攻打榖州和熊州。熊州刺史史万宝出兵迎战，结果又被王世充击败。

几场胜仗打下来，总算让王世充捞回了一点面子，同时也让他增加了几分逐鹿天下的底气。

差不多在这个时候，一个在他心中隐藏已久的念头再次浮出了他的脑海：称帝。

王世充觉得，颠覆隋朝这最后一个影子朝廷的时机已经成熟。

他把这个想法跟属下一说，立刻产生两种针锋相对的意见。幕僚李世英深以为不可，他说："四方人士之所以奔驰归附东都，是以为您能匡扶社稷、中兴隋室，如今九州之地，连一处都没有平定，如果断然称帝，恐怕远近之人都会叛离！"

王世充目光闪烁地看了看他，低声说："嗯，言之有理。"

可长史韦节、杨续等人极表赞成，他们说："隋朝气数已尽，灭亡理所当然。此乃非常之事，不可与寻常之人讨论。"

王世充心中暗喜，脸上却不动声色。

紧接着，负责观测天象的太史令乐德融也不失时机地开口了。他把自己近期的观测结果绘声绘色地描述了一番，大意就是除旧布新之兆早已显现，而且星象所对应的地方正是郑国公王世充的封地，如果不及时顺应天道，反而会令王气衰弱云云。

王世充的脸上终于露出了笑容。

但是反对者的声音并未就此平息。部将戴胄又站了出来，说："君臣犹如父子，应当休戚与共！明公最好能竭尽忠心、报效朝廷，如此则家国俱安，否则的话……"戴胄后面的话没说，但显然已经含有警告的意味。

王世充的笑容凝结在脸上。

他干笑两声，称赞了一下戴胄的忠心，随即结束了当天的讨论。

知道自己的部众并不都跟自己一条心，王世充颇为恼怒，也有些无奈。他决定暂且将称帝之事按下不表，退而求其次，先把"九锡"搞到手再说，以此试探朝臣们的态度。所谓"九锡"，实际上就是"九赐"，是历代天子专门赏赐给功臣的九种特殊礼遇和器物。熟悉历史的人都知道，这是历代权臣的专利品，也是他们篡位称帝的敲门砖。

听说王世充企图加"九锡"后，不识时务的戴胄居然又跳出来竭力反对。王世充勃然大怒，马上把戴胄贬为郑州长史，让他出镇虎牢（郑州府所在地），随后授意段达向杨侗上奏。

最担心的事情终于来了。小皇帝杨侗知道胳膊终究拧不过大腿，可他还是想做最后的挣扎。他对段达说："郑公不久前平定李密，已经擢升为太尉，近来并无特殊功勋，等天下稍微平定之后，再议此事也为时不晚。"

段达也懒得再跟小皇帝废话了。

他直截了当地说了四个字——太尉想要。

小皇帝忽然用一种异样的目光盯着段达，而且盯了很长时间。最后小皇帝把头垂了下去，无力地吐出两个字：随你。

三月十二日，段达在朝会上宣布：遵奉天子诏命，拜王世充为相国，假黄钺（有权使用天子专擅诛杀的铜斧），总百揆，加九锡，晋爵为郑王，允许郑国设立丞相以及各种文武官吏……所有的表演，都与当年杨坚篡周的那一幕如出一辙。

四九 / 来世不生帝王家

四月初的一个早晨，薄雾刚刚散尽，坐在乾阳殿上的小皇帝杨侗就看见段达与十几个朝臣一起匆匆上殿，带着一种眉飞色舞的表情径直走到了他的面前。

他们带来了王世充的最后通牒。

几天前王世充就已下令，让他的心腹韦节、杨续，以及太常博士孔颖达等人着手筹备禅让仪式。

现在，仪式八成已经准备就绪了。杨侗听见段达用一种毋庸置疑的口吻说："天命不常，郑王功德兼隆，愿陛下遵循唐尧、虞舜之迹，即日举行禅让大典，顺应天意人心！"

尽管早有心理准备，可乍一听见"禅让"这两个字，御榻上的杨侗还是如遭电击。他猛然坐直了身子，双手死死按在身前的几案上，似乎要用力抓牢什么。段达看见小皇帝原本苍白如纸的面容忽然间涨得通红，然后冲着他声色俱厉地说："天下，是高祖之天下！若隋祚未亡，此言不应出口；若天命已改，何必再言'禅让'？公等皆为先帝旧臣，官尊爵显，既有斯言，朕复何望！"

那一瞬间，段达和身后的一帮大臣顿时汗流浃背、张口结舌。

这是他们生平第一次发现杨侗用这样的表情和声音跟他们说话。

当天的朝会就这样不欢而散。

下殿后，小皇帝神色恍惚地来到后宫，面见自己的母后。那一刻，杨侗止不住潸然泪下。面对即将来临的灾难，这对孤儿寡母能做的只有以泪洗面。

说到底，杨侗其实还是个孩子。

这一年他刚满十六岁。

第二天，王世充最后一次派人入宫对小皇帝说："今海内未宁，须立长君，等到天下太平，我会把政权归还给您，绝不背弃当初的誓言。"

四月初五，王世充以杨侗的名义宣布——将皇位禅让给郑王。

在整个禅让仪式举行的过程中，按照事先的安排，王世充三次上疏辞让，而杨侗则三次下诏敦劝。可事实上，杨侗对此一无所知。当王世充和一帮党羽在乾阳殿自导自演地玩"禅让"游戏的时候，杨侗正被囚禁在皇宫角落的含凉殿里。

四月初七，王世充乘坐天子法驾、陈列天子仪仗，大摇大摆地进入皇宫，正式登基称帝，次日改元开明。

至此，在隋炀帝杨广被弑之后又苟延残喘了一年多的这个影子朝廷终于宣告覆亡。

随着东都朝廷的覆灭，仍然忠于隋朝的最后一批将帅和残余郡县纷纷向李渊投降，其中就包括那个收葬杨广的江都通守陈棱；李渊随即将江都郡改为扬州，任命陈棱为扬州总管。与此同时，最先燃起反隋烽火的变民首领王薄等人也在此刻归降了唐朝，随后被任命为齐州（今山东济南市）总管。

王世充虽然如愿以偿地成了皇帝，一夜之间登上万众之巅，但他的执政能力没有随着他的地位的急剧提升而提升。尽管他也表现出一副励精图治的模样，一心想要当一个澄清宇内的新朝天子，可他的所作所为最终只能成为人们的笑柄。

为了表现自己的勤政爱民，王世充特意命人在宫城的各个城楼和玄武门等处设置了很多御座，随时进行现场办公，亲自接受各类上表和奏章。此外他还时常轻装简从，在街市上按辔徐行，既不戒严也不清道，而且笑容可掬地对两侧的百姓说："过去的天子都是居于九重深宫之中，民间的情况一无所闻，而今世充并非贪图天位，只是为了拯救时局艰危，就好像一州的刺史那样，亲揽庶务，与士庶共议朝政。并且我担心诸位受门禁阻拦，所以特意在各个门楼现场办公，希望能够尽量听取群众的声音。"随后王世充又下令，在西朝堂接受冤案诉状，在东朝堂接受朝政谏言。

王世充的"勤政爱民"措施很快产生了令他意想不到的结果。因为每天都有数百个群众响应他的号召，拥挤在宫门前上疏献策。王世充刚开始还硬着头皮勉强应付，可短短几天后，一摞摞的卷宗和文书就堆成了一座小山。王世充傻眼了，连忙一头躲进"九重深宫之中"，再也不敢"亲揽庶务，与士庶共议朝政"了。

别出心裁的"现场办公"成了一场有始无终的笑话，那么例行的"朝会办公"又如何呢?

很遗憾,王世充同样遭遇了尴尬。

每天主持朝会的时候,王世充都会以一副英明帝王的姿态发表长篇累牍的讲话,但是却一再重复,毫无重点,啰啰唆唆,千头万绪,把奏事的有关官员搞得一头雾水,让满朝的文武百官听得两眼发直,连侍卫人员也受不了他的疲劳轰炸,个个痛苦不堪。只有王世充一个人浑然不觉,乐此不疲。最后,御史大夫苏良实在忍不住,只好直言不讳地说:"陛下说话太多,却不得要领,其实只要做出结论就可以了,何必说那么多不相干的话!"

王世充默然良久。他没想到,自己那些语重心长的讲话和高瞻远瞩的指示,在百官心目中居然都是毫无意义的废话。

对许多朝臣来说,王世充最让人难以忍受的毛病倒还不是废话连篇和词不达意,而是他的心胸狭隘和刻薄猜忌。

称帝不久,王世充就开始猜忌一个颇有威望的前朝老臣了。

他就是时任礼部尚书的裴仁基。

王世充时常在想:此人既是隋朝旧臣,又是李密旧部,是在战败的情况下迫不得已投降的,他会老老实实地当自己的臣子吗?况且他儿子裴行俨此刻又在朝中担任左辅大将军,手中握有重兵。这样一对身经百战、历事多主的父子,能死心塌地帮我王世充打江山吗?

王世充对此产生了强烈的怀疑。

与此同时,裴仁基父子也强烈地感受到了王世充的怀疑。

都说王世充为人刻薄猜忌,此言果然不虚啊!

裴仁基父子不想坐以待毙,于是秘密联络了尚书左丞宇文儒童和散骑常侍崔德本等人,准备发动政变,诛杀王世充,拥立杨侗复位。

但是王世充早已在裴仁基父子身边安插了耳目,所以他们的政变计划刚刚开始酝酿,王世充就获知了消息,立即将裴仁基父子和参与密谋的朝臣全部捕杀,同时屠灭了他们的三族。随后,王世充的兄长、时封齐王的王世恽对他说:"裴仁基这帮人之所以谋反,是因为杨侗还在人世,不如趁早把他除掉。"王世充深以为然,随即命他的侄子王仁则和家奴梁百年去毒杀杨侗。

这是唐武德二年（619）、也是郑开明元年的五月末，洛阳皇宫的含凉殿里，隋朝的最后一任废帝杨侗看见一杯鸩酒赫然摆在他的眼前。

盛夏的阳光下，杨侗忽然打了一个哆嗦。

"请再向太尉请示，依他当初的誓言，当不至于如此。"杨侗的声音虽然有些颤抖，可在场的人都听见了，他仍然称王世充为"太尉"，而不是称他"陛下"。

此时此刻，就连王世充的家奴梁百年都不得不感到诧异和敬佩。因为这个看上去年轻而孱弱的废帝身上似乎具有一种不可动摇的凛然气节。梁百年的心中泛起一丝恻隐，于是向王世恽和王仁则建议再请示一下王世充。

可他的提议马上被王世恽否决了。

绝望的杨侗请求去和自己的母后辞别，还是遭到了王世恽的拒绝。

杨侗沉默了。他转身走进佛堂，最后一次在佛前焚香跪拜。

刺目的午后阳光从雕花的紫檀木窗射了进来。杨侗在一起一伏的叩拜中，看见一些簌簌颤抖的灰尘在阳光下惊惶不安地飞舞和奔走，有一些沾在佛前的鲜花上，有一些则落在自己的脚边。

这就是命运吗？

杨侗想，这就是命运。

可是，谁又能说，落在鲜花上的尘埃就一定比别的尘埃尊贵，落在地上的尘埃就一定比别的尘埃卑贱呢？杨侗想，自己何尝不是一粒落在帝王家的尘埃，可自己又何尝比落在百姓家的尘埃幸运呢？

外厢已经传来了王世恽急不可耐的催促声。杨侗知道自己该上路了。他最后在佛前一拜，说："愿自今已往，不复生帝王家！"（《资治通鉴》卷一八七）

杨侗随后平静地喝下了鸩酒，可他没有顺利地上路。

不知道是鸩酒的毒性不够，还是杨侗的体质太好，总之，喝完毒酒的杨侗尽管七窍流血、痛苦难当，却始终没有咽气。

最后，王世恽命人用绢巾勒住了杨侗的脖子，才帮他踏上了黄泉路。

对废帝杨侗而言，不管有没有来生，死亡都绝对是一种解脱。

随着隋朝最后一个影子朝廷的覆灭和废帝杨侗的被杀，杨坚当年缔造的那个繁荣富庶、统一强大的帝国，就此灰飞烟灭，仿佛从来不曾存在一样。

如果说，杨广之死算是正式敲响了隋帝国的丧钟，那么杨侗之死则是这记钟声中既无奈又悲怆的最后一个余音。如今，余音已绝。天地之间唯一响彻的，只有群雄相互攻伐的鼓角之声与无处不在的死亡哀鸣。

然而，这样的乱世并没有持续太久。因为，唐朝那个天纵英才的二皇子、骁勇无敌的秦王李世民，已经踏上了扫灭群雄、统一海内的征程：早在武德元年（618），李世民便已消灭薛仁杲（薛举之子），占据陇右；武德三年（620），他又大破刘武周，克复并州；武德四年（621），李世民在虎牢一战击溃夏朝大军，生擒窦建德，逼降王世充，一举平定了中原与河北。

而在这几年间，塞北的郭子和，河西的李轨，江南的萧铣、杜伏威、辅公祐、林士弘等割据群雄，也已或降或死，被唐朝一一平定。

短短十几年后，唐太宗李世民便在隋帝国轰然倒塌的废墟上，缔造了一个亘古未有、空前强大的帝国，开创了一个四海升平、万邦来朝的盛世，并与贞观群臣一起，为后世树立了一个王道仁政的制度典范。

可是，当后世的人们不断回望唐朝那令人目眩神迷的光芒时，却不应该忘记在它之前，那个只存在了短短三十七年的隋朝。

因为，如果给中国历史的走势画一张朝代K线图的话，不难看出，隋朝是在数百年的下降通道底部突然拉出的一根大阳线——有隋一朝，不仅终结了南北朝对峙分裂的纷乱局面，而且以一个恢宏的姿态拉开了中国历史触底反弹的序幕。可以说，没有隋朝奠定的组织框架和国家规模，就没有后来这个拉动大盘创出新高的盛世唐朝。

所以，在漫长的中国历史上，尽管隋朝短暂如流星一闪，刹那如昙花绽放，但它的身影不该被湮没。

大事年表

581 年　隋文帝开皇元年
杨坚篡周立隋，屠杀宇文宗室。

582 年　隋文帝开皇二年
突厥大军入寇，杨坚采纳长孙晟之策，用计退敌，并开始以"远交近攻，离强合弱"的战略削弱突厥。

583 年　隋文帝开皇三年
突厥再度入寇，杨坚命卫王杨爽为元帅，分八道北上迎敌，击退突厥。

584 年　隋文帝开皇四年
隋朝成功分化突厥，沙钵略可汗被迫遣使朝贡。

585 年　隋文帝开皇五年
沙钵略势弱，被迫南迁内附，从此彻底向隋称臣。

586 年　隋文帝开皇六年
梁士彦、刘昉、宇文忻等人因谋反被诛。

587 年　隋文帝开皇七年
杨坚采纳高颎之策，用计削弱陈朝，并命杨素大举督造战船，准备伐陈。

588 年　隋文帝开皇八年
杨坚发兵五十一万八千人，命杨广、杨素、贺若弼、韩擒虎等人分八路出击，大举伐陈。

589 年　隋文帝开皇九年
隋朝灭陈，结束了中国自西晋灭亡后二百七十余年的分裂局面。

590 年　隋文帝开皇十年
杨素平定江南、岭南叛乱。

591 年　隋文帝开皇十一年
吐谷浑遣使入朝，奉表称藩。

592 年　隋文帝开皇十二年

苏威免官，高颎、杨素共掌朝政。

593 年　隋文帝开皇十三年

杨坚下诏营建仁寿宫，使杨素监修；迫使突厥都蓝可汗废杀大义公主。

594 年　隋文帝开皇十四年

关中大旱，杨坚率民就食于洛阳。

595 年　隋文帝开皇十五年

仁寿宫落成，役夫劳累至死者陈尸于道，杨素悉令焚除。

596 年　隋文帝开皇十六年

虞庆则以谋反罪名被诛。

597 年　隋文帝开皇十七年

杨坚命盗一钱以上者皆处死刑，旋因民众强烈反对而废。

598 年　隋文帝开皇十八年

隋朝发三十万水陆大军伐高丽，因遇水患、瘟疫、风暴，无功而返，死者十之八九。

599 年　隋文帝开皇十九年

高颎罢相，废为庶民；以突利为启民可汗；王世积以谋反罪名被诛。

600 年　隋文帝开皇二十年

废黜太子杨勇，以晋王杨广为太子。

601 年　隋文帝仁寿元年

以杨素为尚书左仆射。

602 年　隋文帝仁寿二年

杨素一门权倾朝野，渐遭杨坚猜忌；蜀王杨秀被废为庶民。

603 年　隋文帝仁寿三年

突厥达头可汗因内乱亡奔吐谷浑，铁勒诸部尽归启民可汗。

604 年　隋文帝仁寿四年

杨坚驾崩，传闻被杨广所弑；杨广即位，平定汉王杨谅叛乱。

605 年　隋炀帝大业元年

征服林邑，营建东都，开凿运河；杨广乘坐大型龙舟，第一次南下江都。

606年　隋炀帝大业二年

杨素病卒；置洛口仓于巩县，置回洛仓于洛阳北七里。

607年　隋炀帝大业三年

杨广以"诽谤朝政"为名诛高颎、贺若弼；第一次北巡，至启民可汗王庭。

608年　隋炀帝大业四年

隋朝大破吐谷浑，遂置郡县，将其地纳入隋朝版图。

609年　隋炀帝大业五年

杨广西巡，至燕支山，命高昌等西域二十七国元首前往朝见。

610年　隋炀帝大业六年

杨广大做"国家形象广告"；开凿江南河；第二次下江都；征高丽王入朝，不果，遂着手准备东征高丽。

611年　隋炀帝大业七年

杨广下诏东征高丽；国内民不聊生，义军纷起。

612年　隋炀帝大业八年

杨广发一百余万大军，御驾亲征高丽，大败而还。

613年　隋炀帝大业九年

二征高丽，杨玄感起兵黎阳；杨广被迫班师，平定叛乱。

614年　隋炀帝大业十年

三征高丽，士兵纷纷逃亡；高丽请降，隋军班师。

615年　隋炀帝大业十一年

杨广第四次北巡，至雁门，遭突厥大军围困三十三天。

616年　隋炀帝大业十二年

杨广第三次下江都；李密投奔瓦岗；以李渊为太原留守。

617年　隋炀帝大业十三年、隋恭帝义宁元年

李密取得瓦岗领导权，杀翟让；李渊父子太原起兵，攻克长安，自封唐王，奉代王杨侑为帝，改元义宁。

618年　隋恭帝义宁二年、隋皇泰元年

江都政变爆发，杨广被弑，隋朝覆灭；李渊逼迫隋恭帝禅位，登基称帝，建立唐朝；李密降唐，复叛被杀。